U0927092

普通高等教育“十三五”规划教材
全国高等医药院校规划教材

供基础、临床、预防、口腔、康复、药学、护理等专业使用

临床中医学

第2版

王明杰　罗　仁　主编

科学出版社
北　京

内容简介

本书是“中医学”课程分段教学改革的配套教材之一，主要供高等医药院校非中医类专业使用。针对医学生的知识结构与学习需要，书中精选了具有中医药优势和特色的各科病种，采用西医病名，介绍中医药诊疗知识。治法除介绍辨证论治汤方外，还介绍了常用中成药、中药注射剂、单方验方、针灸疗法、外治法、饮食疗法等。本书特点：说理简明、分型简约、方法简便，注重实用性与可操作性。

本书不仅适用于医药院校本科生在校学习使用，还可作为毕业后继续学习和应用中医药知识的一本实用参考书，适合广大临床医生阅读。

图书在版编目 (CIP) 数据

临床中医学 / 王明杰，罗仁主编 . —2 版 . —北京：科学出版社，2017.8
普通高等教育“十三五”规划教材·全国高等医药院校规划教材
ISBN 978-7-03-054216-8

Ⅰ. 临… Ⅱ. ①王… ②罗… Ⅲ. 中医临床－医药院校－教材 Ⅳ. R24

中国版本图书馆 CIP 数据核字（2017）第 202857 号

责任编辑：郭海燕　王　鑫 / 责任校对：郭瑞芝
责任印制：徐晓晨 / 封面设计：陈　敬

科学出版社出版
北京东黄城根北街 16 号
邮政编码：100717
http://www.sciencep.com
北京虎彩文化传播有限公司印刷
科学出版社发行　各地新华书店经销
*
2006 年 8 月第　一　版　开本：787×1092　1/16
2017 年 8 月第　二　版　印张：19
2019 年 11 月第三次印刷　字数：430 000

定价：59.80 元

（如有印装质量问题，我社负责调换）

《临床中医学》编委会

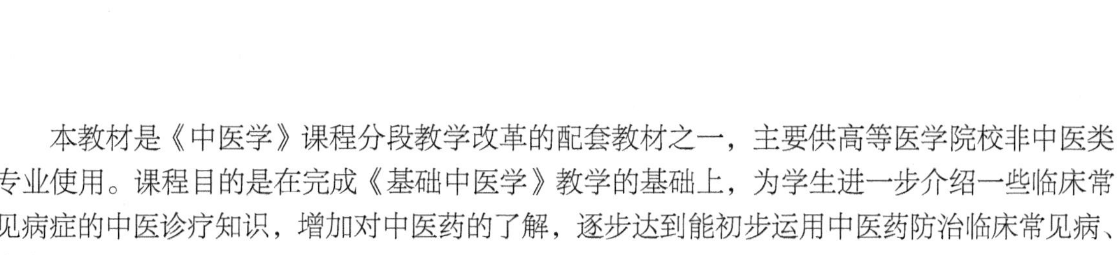

编写说明

本教材是《中医学》课程分段教学改革的配套教材之一，主要供高等医学院校非中医类专业使用。课程目的是在完成《基础中医学》教学的基础上，为学生进一步介绍一些临床常见病症的中医诊疗知识，增加对中医药的了解，逐步达到能初步运用中医药防治临床常见病、多发病。

书中临床病症分为内科疾病、肿瘤、妇科疾病、男科疾病、儿科疾病、外科疾病、皮肤科疾病、五官科疾病等 8 章，供不同专业及方向选讲。由于中医内科是临床各科的基础，因此内科疾病约占了一半的篇幅。考虑到针灸疗法的特殊性及教学的方便，另外单列 " 常见病症的针灸治疗 " 一章，重点介绍针灸对一些有优势病症的治疗方法。本书作为供西医学生使用的中医临床教材，主要从以下几方面着手打造本书特色：

（1）强调针对性。编写中注意适应西医学生的知识结构与学习需要，贯彻 " 少而精 " 的原则，精选中医药有优势或特色的各科病种。

（2）注重实用性。理论分析要求简明扼要，尽量减少古典文献引用，重点放在介绍临床切实有效的治疗方法上，除了中药汤方外，还包括常用中成药、注射剂、针灸疗法、外治法等丰富多彩的其它疗法，着力培养运用中医药处理常见病症的实际工作能力。为了便于读者查阅使用，书中主要选方均标明用量（儿科药量给出了一个幅度，为 3 ~ 9 岁儿童的用量范围，供选择使用及其他年龄段儿童折算参考），但由于各地用药习惯的差异等因素，尚需因时因地因人制宜。

（3）体现时代性。采用西医病名，体现中医辨证与西医辨病的结合；分型力求简约，并注意专病专方专药及其他疗法的应用；文字精练，通俗易懂，便于自学，举一反三。

通过以上努力，本教材不仅可作为学生在校学习中医临床的教科书，而且还可成为毕业后继续学习和应用中医药的一本实用参考书，也适合广大临床医生阅读。

本书编写分工：内科呼吸系统疾病由广州医科大学潘俊辉、王峰编写。心血管疾病由内蒙古医科大学常虹、李紫慕、高小明、刘岩编写，消化系统疾病由宁夏医科大学牛阳、高玉杰编写，泌尿系统疾病由南方医科大学罗仁、朱玲玲编写，代谢与内分泌疾病由重庆医科大学曹文富编写，脑血管与精神疾病由南方医科大学谢炜编写，类风湿性关节炎、系统性红斑狼疮、痛风、强直性脊柱炎由第三军医大学方勇飞编写，血液系统疾病由西南医科大学王明杰、江花编写，肿瘤由西南医科大学廖大忠编写，妇科疾病由吉林大学白求恩医学部高鹏翔、薛霁编写，男科疾病由吉林大学白求恩医学部高鹏翔、曹毅荣编写，儿科疾病由山西大同大学医学院张红夏、贺义恒编写，外科疾病由三峡大学医学院蔡三金编写，皮肤科疾病由宁夏医科大学钱月慧编写，五官科疾病由内蒙古医科大学苗茂编写，常见病症的针灸治疗由贵阳中医学院杨丹 、西南医科大学张丰正编写。全书由主编单位西南医科大学、南方医科大学负责统稿、审修。

在本书的编写及修订过程中，得到了西南医科大学杨思进教授、尹思源教授、赵春妮教授、南方医科大学吕志平教授的大力支持，在此深表感谢。本书在编写过程中参考了多种书刊的相关文献资料，对各位原作者，也在此致以衷心的谢意。

本书第一版于2006年8月出版后，得到各院校的高度重视，应用于五年制及八年制学生的教学。十余年来受到师生们普遍好评。为适应新形势下教学改革的需要，本书已列入"十三五"规划教材，编委会对全书进行了修改审定，补充了一些新的治法方药。限于时间与水平，书中疏漏错缪之处难免，殷切期望各院校师生及广大读者提出宝贵的批评意见。

《临床中医学》编委会

2017年5月

目　录

第一章 内科疾病

 第一节 急性上呼吸道感染 

急性上呼吸道感染（acute upper respiratory tract infection）是指局限在鼻腔和咽喉部呼吸道黏膜的急性炎症。约 80% 由病毒引起，支原体感染占 4% ~ 5%，细菌感染仅为 1% ~ 2%。主要病理是鼻腔及咽喉黏膜的充血、水肿、上皮细胞破坏及浆液性和黏液性的炎性渗出，伴有细菌性感染时可有中性粒细胞浸润，并有脓性分泌物。临床特点为潜伏期短，起病较急，临床表现差异不一，从单纯的鼻黏膜炎到广泛的上呼吸道炎症轻重不等。本病全年皆可发生，以冬春季节多发，一般病情较轻，病程较短，预后良好。

本病属于中医“感冒”范畴。又称“伤风”、“冒风”、“冒寒”、“重伤风”。

一、病因病机

（一）感受六淫，时行病毒

感受六淫以风邪为主因，风为六淫之首，最易伤人致病。风邪伤人，常兼时令之邪，临床以风寒、风热为多见。若四时六气失常，非时之气夹时行疫毒伤人，则更易引起发病，且不限于季节性，往往互为传染流行。

风性轻扬，多犯上焦。肺处胸中，位于上焦，主呼吸，气道为气出入升降的通路，喉为其系，开窍于鼻，外合皮毛，职司卫外。故外邪从口鼻、皮毛入侵，肺卫首当其冲，感邪之后，很快出现卫表及上焦肺系症状。

（二）正气不足，腠理不固

若体质偏虚，正气不足，腠理不固，稍有不慎，吹风受凉之后，则可见体虚感邪。或因生活起居不当，寒温失调，以及过度劳累，而致肌腠不密，外邪侵袭而为病。若肺经素有痰热、伏火，或痰湿内蕴，肺卫失于调节，则每易感受外邪而发病。

二、辨证论治

（一）辨证要点

1. 辨虚实

实证者，形体壮实，正气未衰，病程短；虚证者，多见年老、大病后、素体虚弱，病程长，缠绵难愈。

2. 辨普通与时行感冒

普通感冒多因外感六淫，以风邪为主，冬春季发病，一般呈散发，病情多轻，全身症状不重，多无传变；时行感冒因感时行疫毒而发病，季节不限，有传染流行疫情，全身症状明显，常传变入里合并他病。

3. 辨体虚感冒

气虚感冒多在感冒的基础上，兼恶寒甚或倦怠无力、气短懒言、无汗等气虚症状。阴虚感冒则在感冒的基础上，兼见身痛微热及心烦口干、手足心热、少汗等阴虚症状。

（二）治疗原则

急性上呼吸道感染病位在肺卫，属表证，故解表宣肺是基本治疗原则，即《素问·阴阳应象大论》“其在皮者，汗而发之”之意。注意：解表不可表散太过，以免伤正；补虚不可补益过甚，恐其留邪。时行感冒，常易化热，发生传变，故清热解毒至为重要。兼夹证，夹湿者、夹暑者应兼化湿和胃清暑，以免湿邪中阻。

（三）分证论治

1. 风寒证

【证候】 恶寒，鼻塞喷嚏，流清涕，无汗，周身酸痛，不发热或发热不甚，咳嗽痰稀白，苔薄白，脉浮紧。

【治法】 疏风解表，宣肺散寒。

【方药】 荆防败毒散加减。荆芥 9g，防风 10g，茯苓 12g，川芎 10g，羌活 9g，柴胡 12g，前胡 10g，枳壳 10g，桔梗 10g，甘草 6g。

加减：风寒重、恶寒甚者；加麻黄 9g、桂枝 6g；夹湿身热不扬，身重苔腻者，用羌活胜湿汤加减；兼气滞，症见胸闷呕恶者，合用香苏散；咳嗽明显者，用杏苏散；风寒轻证者，可选用葱豉汤；若夹痰浊，兼见咳嗽痰多，胸闷食少者，合用二陈汤。

【其他疗法】

（1）中成药：通宣理肺丸：口服，每次 6g，每日 3 次。

（2）针灸治疗：针列缺、风门、风池、合谷，用泻法。

（3）大蒜液滴鼻法：用 10% 大蒜液与适量甘油混合，滴入鼻腔，每次 1 滴，每日滴 3 次，可防治感冒。

2. 风热证

【证候】 恶风汗出，鼻塞喷嚏，流稠涕，咽痛，发热或高热，口干，咳嗽痰稠，苔薄黄，脉浮数。

【治法】 疏风解表，宣肺清热。

【方药】 银翘散加减。银花 15g，连翘 15g，竹叶 9g，荆芥穗 9g，牛蒡子 12g，薄荷 6g（后下），淡豆豉 9g，甘草 6g，桔梗 9g，芦根 15g。

加减：发热甚者，加黄芩 9g、石膏 15g、大青叶 10g；头痛重者，加蔓京子 10g、菊花 12g；咽喉肿痛者，加板蓝根 15g、马勃 9g、玄参 12g；口渴重者，重用芦根 30g，加花粉 15g；有湿热者，症见胸闷呕恶，头重体倦，加藿香 10g、佩兰 10g；咳嗽痰多者，加北杏仁

10g、浙贝 15g。

时行感冒传染力强，症状重，早期阶段辨证多属风热，治疗时除了辛凉解表，宣肺清热外，必须重用银花、板蓝根、连翘、贯众、黄芩等清热解毒之品。

【其他疗法】

（1）中成药

1）银翘解毒片：口服，每次 3 至 5 片，每日 3 次。

2）桑菊感冒冲剂：口服，每次 1 至 2 包，每日 3 次。

（2）针灸治疗：针大椎、曲池、合谷、外关，用泻法。

3. 暑湿证

【证候】 发热，汗出不解，身重倦怠，鼻塞流浊涕，头昏重胀痛，心烦口渴，胸闷欲呕，尿短赤，苔黄腻，脉濡数。

【治法】 清暑祛湿解表。

【方药】 新加香薷饮。香薷 9g，银花 15g，厚朴 10g，连翘 12g，鲜扁豆花 15g。

加减：根据时令特点，加鲜荷叶 15g、荷梗 10g、鲜藿香 15g、西瓜皮 30g 等清暑化湿；暑热偏盛者，加黄连 6g、黄芩 19g、青蒿 9g 以清暑泄热；湿困卫表者，加清豆卷、藿香、佩兰各 10g 芳香化湿宣表；小便短赤者，加六一散、赤茯苓以清热利湿。

【其他疗法】

中成药：藿香正气水：口服，每次 10 ～ 20ml，每日 3 ～ 4 次。

4. 表寒里热证

【证候】 发热，恶寒，无汗口渴，咳嗽气急，痰黄黏稠，鼻塞声重，咽痛，肢节烦痛，尿赤便秘，苔黄白，脉浮数。

【治法】 解表清里，宣肺疏风。

【方药】 双解汤加味。麻黄 6g，黄芩 12g，荆芥 9g，防风 9g，薄荷 6g，连翘 12g，桔梗 9g，栀子 10g，石膏 30g。

加减：本证亦可选用麻杏石甘汤加味；咳喘重者加杏仁 10g、桑白皮 12g、枇杷叶 9g 以止咳平喘；大便秘结不通，小便黄赤者，加大黄 10g、芒硝 9g 通腑泄热。

【其他疗法】

（1）中成药：抗病毒口服液：口服，每次 10 至 20ml，每日 3 ～ 4 次。

（2）注射剂：清开灵注射液：20 ～ 40ml 加入 5% ～ 10% 葡萄糖溶液 250 ～ 500ml 内静脉滴注，每日 1 次。

5. 气虚感冒

【证候】 发热，热势不高，恶寒较重，鼻塞流涕，头痛无汗，咳嗽咯痰无力，倦怠乏力，气短懒言，舌质淡，苔薄白，脉浮无力。

【治法】 益气解表。

【方药】 参苏饮加减。党参 12g，苏叶 9g，陈皮 9g，枳壳 9g，前胡 12g，法半夏 9g，葛根 15g，木香 9g，甘草 6g，桔梗 9g，茯苓 12g，生姜 9g，大枣 9g。

加减：表虚自汗者，加黄芪 30g、白术 15g、防风 9g、浮小麦 30g 以益气固表。若气虚较甚者，可合用补中益气汤加减。

【其他疗法】 中成药：玉屏风颗粒：口服，每次 5 ～ 10g，每日 3 次，可增强卫外功能。

6. 阴虚感冒

【证候】 发热，手足心热，微恶风寒，鼻塞流涕，少汗，干咳少痰，口渴咽干，头昏心烦，舌质红，少苔，脉细数。

【治法】 滋阴解表。

【方药】 加减葳蕤汤加味。玉竹 12g，白薇 10g，淡豆豉 9g，薄荷 6g，炙甘草 6g，桔梗 6g，红枣 10g，葱白 9g。

加减：表证较重，加荆芥 9g、防风 9g 以祛风解表；阴虚明显，心烦口渴甚者，加竹叶 9g、天花粉 15g 以清热除烦，生津止渴；咳嗽咽干，咯痰不爽者，加牛蒡子 12g、瓜蒌皮 15g 以利咽化痰。

三、预防与调护

（1）注意生活起居方面，注意休息，保持足够睡眠；避免雨淋受凉及过度疲劳，在气候变化剧烈时，及时增减衣服。

（2）饮食方面，宜清淡，多饮水，常配食用葱、蒜、姜，若饮食过饱，或多食肥甘厚味，易致中焦气机受阻，有碍肺气宣降，影响感冒的预后。

（3）时行感冒期间，可选用药物预防，如贯众、大青叶、板蓝根、荆芥、佩兰、藿香、薄荷等煎服。三椏苦、大枫、马鞭草各 90g，加水 4000ml，煎至 2000ml，供成人 10 人饮用。可用板蓝根冲剂、双黄连口服液、抗病毒口服液等，可治疗或预防时行感冒。

（4）食醋熏蒸法：选食醋 10ml/m^2，加水 2 倍稀释，每日熏蒸 2 小时，可预防时行感冒。

第二节　支气管炎

支气管炎（bronchitis）是因受到细菌、病毒的感染或物理、化学因素的刺激或过敏反应等而引起的支气管炎症。常以咳嗽、咯痰或喘促为主要症状。临床一般分为急性与慢性两类。一般以病程不超过一个月，伴有感冒症候群，病变局限于支气管黏膜，预后良好者为急性支气管炎；凡病程超过两个月，并连续两年以上发病，或一年发病连续三个月以上引起支气管黏膜及周围组织炎症，预后不佳者为慢性支气管炎。慢性支气管炎治疗不及时，可并发慢性阻塞性肺疾病和慢性肺源性心脏病，严重影响劳动力，甚至危及生命。本病发病季节以冬春多见，急性者可发生于任何年龄，慢性者以成年人为多，尤其是 50 岁以上者或长期吸烟者多见。

本病属于中医“咳嗽”、“喘病”、“痰饮”范畴。

一、病因病机

本病的发生与外邪侵袭以及肺、脾、肾三脏功能失调密切相关。

（一）外感

六淫外邪，侵袭肺系，多因肺的卫外功能减弱或失调，以致在天气寒暖失常，气温突变的情况下，外邪从口鼻或皮毛而入，均可使肺气不宣，肃降失司而引起咳嗽。由于四时主气的不同，因而感受外邪亦有区别，风为六淫之首，其他外邪多随风邪侵袭人体，所以外感咳嗽有风寒、风热和燥热之分。

（二）内伤

内伤原因甚多，有因肺自身病变；有因其他脏腑功能失调，内邪干肺所致。它脏及肺的咳嗽，可因嗜烟好酒，过食辛辣，熏灼肺胃；或过食肥甘，脾失健运，痰浊内生，上干于肺致咳；或由情志刺激，肝失条达，气郁化火，火气循经上逆犯肺，引起咳嗽。因肺脏自病者，常因肺系多种疾病迁延不愈，肺脏虚弱，阴伤气耗，肺的主气及宣降功能失常，而致气逆为咳。

本病的形成往往是外感与内伤同时相互影响而发病。外感咳嗽如迁延失治，邪伤肺气，更易反复感邪，咳嗽屡发，肺气日损，渐转为内伤咳嗽；而内伤咳嗽患者，由于脏腑虚损，肺脏已病，表卫不固，因而易感外邪而使咳嗽加重。

二、辨证论治

（一）辨证要点

首先辨外感与内伤。外感咳嗽多是新病，发病急，病程短，常伴肺卫表证，属于邪实，并根据脉象、舌苔、痰色、痰质及咯痰难易等情况，辨明风寒、风热、燥热之不同。内伤咳嗽多为久病，常反复发作，病程长，可伴见其他脏腑病证，多属邪实正虚。

（二）治疗原则

外感咳嗽治宜疏散外邪，宣通肺气为主，据病邪偏盛，分别治以发散风寒，疏散风热，清热润燥等法。内伤咳嗽治宜调理脏腑为主，健脾、清肝、养肺补肾，对虚实夹杂者应标本兼治，扶正祛邪，分清虚实主次处理。

（三）分证论治

1. 风寒袭肺证

【证候】 咽痒咳嗽声重，咯痰稀薄色白，鼻塞流涕，头痛，肢体酸痛，恶寒发热，无汗，舌苔薄白，脉浮或浮紧。

【治法】 疏风散寒，宣肺止咳。

【方药】 杏苏散加减。杏仁 10g，苏叶 9g，陈皮 6g，法半夏 10g，枳壳 9g，桔梗 9g，生姜 9g，前胡 10g，云苓 12g，大枣 9g，甘草 6g。

加减：咳嗽甚者加矮地茶 15g、金沸草 12g；咽痒者加葶苈子 9g、蝉衣 12g；鼻塞声重者加辛夷花 6g、苍耳子 9g；风寒咳嗽兼咽痛，口渴，痰黄稠（寒包火）加黄芩 9g、桑白皮 12g、牛蒡子 9g、花粉 15g。

【其他疗法】

（1）中成药

1）麻黄止嗽丸：口服，每次 6g，每日 3 次。

2）小青龙糖浆：口服，每次 15 ~ 20ml，每日 3 次。

（2）针灸治疗：针肺俞、列缺、合谷，用泻法。

2. 风热犯肺证

【证候】 咳嗽频剧，咳声粗亢，痰黄稠，咳嗽汗出，咯痰不爽，发热恶风，咽干口渴，舌苔薄黄，脉浮数。

【治法】 疏风清热，宣肺止咳。

【方药】 桑菊饮加味。桑叶 9g，菊花 12g，薄荷 9g，杏仁 10g，桔梗 9g，连翘 12g，芦根 15g，生甘草 6g。

加减：肺热内盛者，加青天葵 9g、黄芩 12g、知母 10g；咽痛，声嘶者，加射干 9g、岗梅根 15g、蝉蜕 6g；口干咽燥，舌质红者，加南沙参 15g、天花粉 15g。

【其他疗法】 中成药：

1）桑菊感冒片：口服，每次 3 ~ 5 片，每日 3 次。

2）蛇胆川贝液：口服，每次 10 ~ 20ml，每日 3 次。

3）急支糖浆：口服，每次 15 ~ 30ml，每日 3 次。

3. 风燥伤肺证

【证候】 新起咳嗽，咳声嘶哑，咽喉干痛，干咳无痰或痰少而粘连成丝状，不易咳出或痰中带血丝，或初起伴鼻塞，头痛，微寒，身热等表证，舌质红干而少苔，或苔薄白或薄黄，脉浮数或细数。

【治法】 疏风清肺，润燥止咳。

【方药】 桑杏汤加味。桑叶 9g，豆豉 9g，杏仁 12g，浙贝母 15g，南沙参 12g，梨皮 15g，山栀 9g。

加减：津伤甚者，加麦冬 12g、玉竹 10g；热重者，加石膏 30g、知母 9g；痰中带血丝者，加生地 12g、白茅根 15g。

【其他疗法】

（1）中成药

1）秋燥感冒冲剂：口服，每次 10g，开水冲服，每日 3 次。

2）二母宁嗽丸：口服，每次 3 ~ 5 片，每日 3 次。

3）川贝枇杷露（膏）：口服，每次 15 ~ 30ml，每日 3 次。

（2）饮食疗法：百合 30g、糯米 50g、冰糖适量，煮粥早晚温服。

4. 痰湿蕴肺证

【证候】 咳嗽反复发作，咳声重浊，胸闷气憋，色白或带灰色，体倦，脘痞，食少，腹胀便溏，苔白腻，脉濡滑。

【治法】 燥湿化痰，理气止咳。

【方药】 二陈汤合三子养亲汤加味。法半夏 9g，陈皮 9g，茯苓 15g，甘草 9g，苏子 15g，白芥子 6g，莱菔子 9g，菖蒲 10g，枳壳 9g。

加减：寒痰较重，痰黏白多泡沫者，加干姜 6g、细辛 3g 温肺化痰；脾虚甚者加白术 15g、党参 15g 健脾益气。

【其他疗法】

（1）中成药

1）半贝丸：口服，每次 2 ~ 4 片，每日 3 次。

2）陈夏六君丸：口服，每次 6g，每日 3 次。

（2）针灸治疗：针肺俞、脾俞、合谷、丰隆，用平补平泻手法。

（3）饮食疗法：生苡仁、山药各 60g，百合、柿饼各 30g，粳米 50g，同煮米粥，每日早晚温热服食。

5. 痰热郁肺证

【证候】 咳嗽，气息粗促或喉中有痰声，痰稠黄，咳吐不爽或有腥味或吐血痰，胸胁胀满，咳引胸痛，面赤，身热，口干引饮，舌红，苔薄黄腻，脉滑数。

【治法】 清热肃肺，化痰止咳。

【方药】 清金化痰汤加味。黄芩 12g，山栀 9g，知母 9g，麦冬 12g，桑白皮 9g，茯苓 15g，浙贝母 15g，瓜蒌 12g，桔梗 6g，橘红 9g，生甘草 9g。

加减：痰黄而脓，有热腥味者，加鱼腥草 30g、桃仁 9g、冬瓜仁 30g；胸满咳逆，痰多，便秘者，加葶苈子 9g、大黄 10g。

【其他疗法】

（1）中成药

1）双黄连口服液：口服，每次 15 ～ 30 片，每日 3 次。

2）清金止嗽丸：口服，每次 6 片，每日 3 次。

（2）饮食疗法：新鲜芦根（去节）100g，粳米 50g，同煮粥，每日 2 次温服。

6. 肝火犯肺证

【证候】 气逆咳嗽，干咳无痰或少痰，咳引胁痛，面红咽干，舌边红，苔薄黄，脉弦数。

【治法】 清肝泻火，润肺化痰止咳。

【方药】 黛蛤散合泻白散加味。青黛 9g（包煎），海蛤壳 18g，黄芩 9g，桑白皮 15g，地骨皮 15g，粳米 15g，生甘草 6g。

加减：火旺者，加山栀 12g、丹皮 9g、冬瓜仁 30g 清热豁痰；胸闷气逆者，加葶苈子 9g、瓜蒌皮 15g 利气降逆；胸胁痛者，加郁金 12g、丝瓜络 9g 理气和络；痰黏难咳者，加浮海石 15g、浙贝母 15g、冬瓜仁 30g 清热豁痰；火郁伤阴者，加北沙参 12g、百合 15g、麦冬 10g、五味子 6g 养阴生津敛肺。

【其他疗法】

（1）中成药

1）千金化痰丸：口服，每次 6g，每日 3 次。

2）三蛇胆川贝末：口服，每次 1 ～ 2 支，每日 3 次。

（2）针灸治疗：针肺俞、尺泽、太冲、阳陵泉，用平补平泻手法。

7. 肺阴虚损证

【证候】 干咳少痰或痰中带血或咯血，潮热，午后颧红，盗汗，口干，舌质红，少苔，脉细数。

【治法】 滋阴润肺，化痰止咳。

【方药】 沙参麦冬汤加味。沙参 12g，麦冬 15g，玉竹 12g，天花粉 15g，桑叶 9g，扁豆 9g，生甘草 6g。

加减：咯血者加侧柏叶 9g、仙鹤草 15g、藕节 9g、白及 15g、三七 5g（冲服）、阿胶 15g（烊化）以止血；午后潮热，颧红者加银柴胡 12g、地骨皮 15g、黄芩 9g；肾不纳气久咳不愈，咳而兼喘者用参蚧散加熟地、五味子。

【其他疗法】

（1）中成药

1）琼玉膏：口服，每次 15 ～ 30ml，每日 3 次。

2）玄麦甘桔冲剂：口服，每次 10g，开水冲服，每日 3 次。

（2）针灸治疗：针肺俞、足三里、三阴交，用补法。

（3）穴位注射：取肺俞、定喘、足三里、中府、膻中、丰隆，每次取穴 1 对，依次轮换取穴，用黄芪注射液 2 ～ 4ml 进行穴位注射。

（4）饮食疗法：大雪梨 1 个，蜂蜜适量，去梨核入蜂蜜，放炖盅内蒸熟，每晚睡前服 1 个。

三、预防与调护

（1）平素应注意气候变化，防寒保暖，预防感冒。平素易感冒者可服玉屏风颗粒。

（2）加强锻炼增强抗病能力。从夏至开始，经常以冷水洗手、洗脸，提高耐寒能力；做腹式呼吸和缩唇呼吸以改善肺脏通气；根据体质、病情和爱好，选择一、二项体育项目以提高抗病能力，如气功、太极拳、散步、慢跑等。

（3）咳嗽患者饮食不宜过于肥甘厚味，辛辣刺激饮食。

（4）内伤久咳者，应戒烟，避免烟毒留滞，再伤正气。

第三节 支气管哮喘

支气管哮喘（bronchial asthma）又简称为哮喘，是由嗜酸粒细胞、肥大细胞、中性粒细胞、T 淋巴细胞、气道上皮细胞等多种细胞和细胞组分参与的慢性气道炎症性疾病。主要是易感者对各种激发因子具有气道高反应性，并引起气道狭窄。临床特点为反复发作性的喘息、呼吸困难、胸闷、咳嗽、甚则喘息不能平卧等症状，常在夜间和 / 或清晨发作或加剧，常出现广泛多变的可逆性气流受限，多数患者可自行缓解或经治疗后缓解。本病各地患病率约 1% ～ 13% 不等，以儿童为多见，儿童高于青壮年，老年人患病率有增多的趋势，男女发病率大致相同，约 40% 患者有家族史。发达国家高于发展中国家，城市高于农村。合理的防治是治愈本病的关键。

本病属于中医“哮病”、“顽咳”范畴。

一、病因病机

本病病因包括两大类，其一是内因，即宿根，由于先天禀赋不足，脏腑功能失调导致宿痰停聚于肺，痰湿或痰热伏于肺内，成为哮喘的宿根。而伏痰来源有三：一因脾虚，运化水湿失常，水湿停聚成痰；二因肾阳虚弱，水气不化，上泛为痰；三因肺气不足，肃降失职而生痰。其二是外因，是诱发哮喘的主要因素。包括感受风寒外邪而引发，饮食不当引发哮喘，久居寒湿之地而加剧哮喘，感受火热暑邪而发，情志失常影响气血脏腑功能而引发哮喘，过度劳累亦引发哮喘。其基本病机是痰伏于内，遇新邪引动而触发，壅于气道，使肺气宣发与肃降功能失常。

（一）感受外邪

外感风寒或风热之邪，未及时表散，邪蕴于肺，使肺气壅塞，气不布津，聚液生痰，痰阻气道，肺气失于清肃，发为哮病。其它如吸入花粉、烟尘，影响肺气，亦可发生。

（二）饮食不当

过食生冷，寒饮内停，或嗜食酸咸肥甘，积痰生热，而致脾虚失运，饮食不归正化，痰浊内生，上贮于肺，肺气壅阻，不得宣降，致成哮病。

（三）体虚病后

素体不强，或病后体弱，或反复感冒，咳嗽日久等，导致肺肾亏虚。肺虚气不化津，痰饮内生，肃降无权，并因卫外不固，更易受外邪而诱发；肾虚摄纳失常，则阳虚水泛为痰，或阴虚灼津成痰，上干于肺，致肺气出纳失司，发为哮病。

二、辨证论治

（一）辨证要点

辨证时应首辨冷哮、热哮：哮病在发作期多为实证，但有寒热之别，寒证内外皆寒，谓之冷哮，症见喉中如水鸡声，咳痰清稀，或色白而如泡沫，口不渴，舌质淡，苔白滑，脉象浮紧；热证痰火壅盛，谓之热哮，其症见喉中痰声如曳锯，胸高气粗，咳痰黄稠胶黏，咯吐不利，口渴喜饮，舌质红，舌苔黄腻，脉象滑数。其次应辨肺、脾、肾之虚：哮病在缓解期多表现为虚证，但有肺虚、脾虚、肾虚之异。肺气虚者，症见自汗畏风、少气短气、语声低微；脾气虚者，症见食少、便溏、痰多；肾气虚者，症见腰酸耳鸣、动则喘发。

（二）治疗原则

治疗上以发作期治标，缓解期治本为原则。由于痰浊是本病之宿根，故发作期以宣肺豁痰为重点，并根据证候寒热之属性，或宣肺散寒，或宣肺清热。治本主要从肺、脾、肾着手，区别不同的证候，或补益脾肺，或肺肾双补。

（三）分证论治

1. 冷哮

【证候】　呼吸急促，喉中哮鸣有声，胸膈满闷如塞，咳不甚，痰少咳吐不爽，面色晦暗带青，口不渴，或喜热饮，天冷或受寒易发，形寒怕冷，舌苔白滑，脉浮紧或弦紧。

【治法】　温肺散寒，豁痰平喘。

【方药】　射干麻黄汤加味。射干 9g，麻黄 9g，细辛 6g，大枣 10g，法半夏 9g，五味子 6g，生姜 9g，紫苑 12g，款冬花 9g。

加减：痰涌喘逆不得卧者，加葶苈子 12g 泻肺涤痰；表寒里饮，寒甚者，选用小青龙汤；久病阳虚，发作频繁，哮时面白汗出，四肢不温，疲惫无神，气短难续，舌质淡胖，脉沉弱者，用苏子降气汤以温阳补虚。

【其他疗法】

单方验方：皂角 15g 煎水，浸白芥子 30g，12 小时后焙干，口服，每次 1 ~ 1.5g，每日 3 次，用于发作时痰涌气逆之证。

2. 热哮

【证候】 呼吸急促，喉中哮鸣，胸高胁胀，咳呛阵作，咯痰色黄，黏浊稠厚，咳吐不利，烦闷不安，汗出，面赤，口苦，口渴喜饮，舌质红，苔黄腻，脉弦滑或滑数。

【治法】 清热宣肺，化痰定喘。

【方药】 定喘汤加减。麻黄 6g，杏仁 12g，桑白皮 15g，白果 9g，黄芩 9g，苏子 12g，法半夏 15g，款冬花 12g，生甘草 9g。

加减：若热甚者可加银花 15g、知母 9g、鱼腥草 30g 以清肺；若痰稠黄咯吐不利者加葶苈子 12g、海蛤壳 15g、胆南星 9g 以清肺祛痰；内热壅盛、口渴、便秘者，加大黄 10g、玄明粉 9g、冬瓜仁 15g 以通腑利肺平喘；若见咳喘胸满，但坐不得卧，痰涎壅盛，黏腻难咯出，舌苔厚浊，脉滑实者，称为痰哮，为痰阻气机所致，治当涤痰除壅，利气平喘，方用三子养亲汤加葶苈子、青皮、厚朴、大黄、芒硝。

【其他疗法】 单方验方：地龙研末入胶囊：口服，每次 1.5g，每日 3 次，哮证发作时用。

3. 肺虚证

【证候】 气短声低，咯痰 清稀色白，面色㿠白，平素自汗，怕风，易感冒，每因气候变化诱发，发作前喷嚏频作，鼻塞流清涕，舌淡，苔白，脉细弱或虚大。

【治法】 补肺固卫。

【方药】 玉屏风散。黄芪 30g，白术 15g，防风 9g。

加减：怕冷，畏风者加桂枝汤调和营卫；气阴两虚者见咽干、舌红、脉细数用生脉散加北芪、玉竹、北沙参益气养阴。

【其他疗法】 贴敷法：用白芥子涂法：白芥子、延胡索各 20g，甘遂、细辛各 10g，加麝香 0.6g，和匀，在夏季三伏时，分 3 次用姜汁调敷肺俞、膏肓、百劳等穴，约 1 ~ 2 小时去之，每 10 日敷 1 次。对减少或控制哮病的发作有一定的疗效。

4. 脾虚证

【证候】 平素痰多，倦怠无力，食少便溏或食油腻易腹泻，每因饮食不当而诱发，面色萎黄不华，舌淡胖苔薄腻或白滑，脉细弱。

【治法】 健脾化痰。

【方药】 六君子汤。陈皮 9g，制半夏 9g，党参 15g，白术 15g，茯苓 15g，甘草 6g。

加减：若脾阳不振，形寒肢冷，便溏者加附子 6g、干姜 9g；若痰湿内阻，苔厚腻者加苍术 12g、厚朴 10g。

【其他疗法】

单方验方：健脾温肾膏方：黄芪、苍耳子各 200g，白术、山萸肉、巴戟天、当归、陈皮各 100g，党参、黄精、仙灵脾、菟丝子、补骨脂、蒲公英、桑白皮、白果仁、矮地茶、黄荆子各300g，南沙参、怀山药、辛夷、制半夏各150g，全蝎30g，蜈蚣20条。水煎浓缩为2500ml，再入阿胶（阴虚内热者改龟版胶）150g，冰糖300g收膏。加减：咳嗽痰多、胸闷加生南星150g，制半夏改为生半夏；喘重加麻黄150g；喉中痰鸣加射干150g；病久有瘀加桃仁100g，川芎120g；阳虚明显加熟附子、鹿角片各150g；失眠加合欢皮、夜交藤各300g；小儿哮喘加莱菔子200g，鸡内金150g。服法：每年冬季开始服用，每次25ml，每日2次，连服50日，整个冬季为1疗程。

5. 肾虚证

【证候】 平素短气息促，动则为甚，吸气浅，呼气延长，腰膝酸软，劳累后哮喘易发，或畏寒肢冷，面色苍白，舌淡苔白，脉沉细；或颧红，烦热，汗出黏手，舌红苔少，脉细数。

【治法】 补肾纳气。

【方药】 七味都气丸。地黄24g，山萸肉12g，山药12g，云苓19g，丹皮9g，泽泻9g，五味子9g。

加减：阳虚明显者加补骨脂12g、仙灵脾6g、鹿角片5g；阴虚明显者加龟版15g、知母9g、黄柏9g、麦冬12g；肾不纳气者加胡桃肉12g、紫石英15g、冬虫夏草3g或用参蛤散；本型可常服紫河车粉。

【其他疗法】

（1）中成药：黑锡丹：口服，每次3g，每日3次，6日为1疗程，疗程间隔5日，一般1～2疗程，对虚寒性哮证疗效好。

（2）饮食疗法：柿饼2个、核桃仁2个蒸服，每日2次，连服3个月，治疗老年虚性哮病。鲜胎盘1个，洗净切碎，冬虫草10g，放入锅内加水适量，炖至烂熟，调味服食，每周1次，连服5～10次，用于哮证缓解期。

6. 哮病危证（阳气暴脱）

【证候】 哮病发作过程中，陡见吐泻，呼吸困难加重，神倦气怯，面色青紫，汗出如油，四肢厥冷，脉微欲绝，舌色青黯，苔白滑。

【治法】 回阳救逆。

【方药】 四逆汤加人参。红参15g，熟附子15g，干姜9g，炙甘草10g。

加减：面色青紫，舌紫者，加桃仁9g、红花6g活血祛瘀；阳气津液两脱者，宜回阳固脱，益气生脉，用陶氏回阳急救汤。

【其他疗法】 注射剂：参附注射液：先50～100ml静脉注射；厥逆改善后，参附注射液20～50ml加入5%葡萄糖溶液250ml静脉滴注，每日1～2次。

三、预防与调护

（1）本病应重视预防，注意气候影响，防寒保暖，防止外邪诱发。

（2）饮食应忌生冷、油腻、辛辣。

（3）保持良好的生活习惯，戒烟酒。

（4）避免接触刺激性气味及过敏源。

（5）加强体质锻炼，勿过度劳累和情志刺激，以减少发作的机会。

第四节 肺 炎

肺炎（pneumonia）是由细菌、病毒、真菌、支原体、衣原体、立克次体、寄生虫等病原微生物或如放射线、化学、免疫损伤、过敏及药物等引起的终末气道、肺泡腔及肺间质的炎症。由于引起肺炎病因不同，所发生的病理变化也不尽相同，主要是病原体到达下呼吸道后，在其中生长繁殖，引起周围肺泡毛细血管充血、水肿，肺泡内纤维蛋白渗出及炎症细胞浸润。临床特点为寒战、高热、咳嗽、咯痰、胸痛及呼吸困难等。在我国，肺炎年均患病率3%左右，年均死亡人数居各种死亡原因第五位。去除病因是治愈本病的关键。肺脏受累的程度及病程变化是本病的重要预后因素。

本病属于中医“咳嗽”、“喘证”、“喘嗽”、“肺热病”范畴。

一、病因病机

本病的发生既有外感，又有内伤。外感为六淫侵袭，内伤可由饮食、情志、劳欲、久病所致。

（一）外邪侵袭

外邪以风寒为常见，风寒袭表犯肺，肺卫为外邪所伤，肺气不得宣畅，或因风热犯肺，肺为热壅，清肃失司，以致肺气上逆为喘咳。若表寒未解，内已化热，或肺有蕴热，寒邪外束，热不得泄，则热为寒郁，肺失宣降，亦能气逆而喘咳。

（二）痰湿内盛

饮食不节，或恣食肥甘、生冷，或嗜酒伤中，皆可损伤脾胃，以致脾湿不运，痰浊内生，上干于肺，肺气壅阻，升降不利，发为喘咳。若痰湿郁久化热，或肺热素盛，痰火交阻于肺，痰壅火迫，喘咳更易发生。

（三）情志所伤

情怀不遂，忧思气结，或郁怒伤肝，肝气逆乘于肺，皆使肺气不得宣肃，则上逆而发喘咳。

（四）肺肾虚弱

久咳伤肺，或病久肺虚，肺之气阴不足，气失所主，因而气短作喘咳。若久病迁延不愈，由肺及肾，或劳欲伤肾，精气内夺，根本不固，则气失摄纳，出多入少，气逆喘咳。在严重阶段，不但肺肾俱虚，并可影响心气，出现喘脱等危候。

二、辨证论治

（一）辨证要点

本病以实证居多，虚证者较少。辨证当分虚实。实证呼吸深长有余，呼出为快，气粗声高，伴有痰鸣咳嗽，因于外感者，发病急骤，病程短，多伴表证；因于内伤者，病程多久，反复发作，外无表证。虚证呼吸喘促难续，深吸为快，气怯声低，少有痰鸣咳嗽，病势较缓，时轻时重。实证以外邪、痰浊、肝郁气逆导致邪壅肺气，肺气宣降不利，病位在肺。虚证以久病劳伤、肺肾摄纳失常、虚实夹杂，病位在肺肾。

（二）治疗原则

实证治在肺，重在祛邪，以祛邪利气为主，清肃、祛痰、降气等法。虚证治在肺、肾，重在扶正，以培补摄纳为主，补肺、纳肾、温阳、益气、养阴、固脱等。肺实证病情的发展，往往与正虚有关，肺虚证病情的加重，也常由复感外邪，故须注意虚实夹杂，分清主次，权衡治标与治本，作出适当处理。

（三）分证论治

1. 风寒闭肺证

【证候】 咳喘胸闷，痰色白清稀，恶寒，无汗，头痛，鼻塞，发热，不渴，苔薄白，脉浮紧。

【治法】 宣肺散寒平喘。

【方药】 麻黄汤。麻黄 10g，桂枝 10g，杏仁 10g，生甘草 6g。

加减：喘重者加法半夏 12g、莱菔子 12g、陈皮 9g 化痰利气平喘；若得汗而喘不平用桂枝加厚朴杏仁汤和营卫、利肺气。

【其他疗法】

（1）单方验方：麻黄、五味子、甘草各 30g，研末装胶囊，口服，每次 3g，每日 2 次。

（2）针灸治疗：针肺俞、定喘、天突、膻中，用泻法。

2. 痰热壅肺证

【证候】 喘咳气粗，甚则鼻翼煽动，胸部胀痛，痰多黏稠色黄或夹血，胸闷烦热，身热灼手，有汗，渴喜冷饮，面红，咽干，尿赤，大便或秘，苔黄或腻，脉滑数。

【治法】 清泄痰热，宣肺平喘。

【方药】 桑白皮汤。桑白皮 12g，黄芩 9g，黄连 6g，栀子 9g，杏仁 12g，浙贝母 15g，法半夏 9g，苏子 12g，生姜 10g。

加减：痰多黏稠者加瓜蒌 12g、海蛤粉 15g 清化痰热；痰涌便秘，喘不能卧者加葶苈子 15g、大黄 10g 涤痰通腑；痰有腥臭味者加鱼腥草 30g、蒲公英 15g、大青叶 15g、冬瓜仁 30g。

【其他疗法】

（1）注射剂

1）双黄连粉注射液：每公斤体重 60mg，加入生理盐水或 5% 葡萄糖溶液 500ml 中静脉滴注，每日 1 次。

2）清开灵注射液：每次 4ml，肌注，或 20 ~ 30ml 加入生理盐水或 5% 葡萄糖溶液 500ml 中静脉滴注，每日 1 次。

（2）单方验方：葶苈子研末装胶囊，口服，每次 3g，每日 3 次。

（3）饮食疗法：白萝卜 500g、苦杏仁 15g、猪肺（洗净）250g，同放锅内炖烂，调味服食，隔天 1 次，连服 15 次。

（4）雾化疗法：双黄连粉注射液：600mg 加入生理盐水 20ml，雾化吸入，每日 2 次。

3. 痰浊阻肺证

【证候】 喘咳痰鸣，痰多而黏，咯吐不利，胸中满闷，呕恶纳呆，口黏不渴，舌苔白厚腻，脉滑。

【治法】 祛痰降逆平喘。

【方药】 二陈汤合三子养亲汤加减。法半夏 9g，陈皮 9g，茯苓 15g，甘草 9g，苏子 15g，白芥子 6g，莱菔子 9g，菖蒲 10g，枳壳 9g。

加减：临床应用时可加苍术 12g、厚朴 10g；痰浊壅盛，气喘难平者，加皂荚 6g、葶苈子 12g；痰浊夹瘀者可用涤痰汤加桃仁、红花各 10g、赤芍 15g、水蛭 6g。

【其他疗法】 针灸治疗：针足三里、丰隆、天突等穴，用泻法。

4. 正虚邪恋证

【证候】 喘促短气，气怯声低，咳声，痰稀色白，自汗畏风，易感冒，舌淡红，苔少，脉软弱或细。

【治法】 补肺益气定喘。

【方药】 补肺汤合玉屏风散加减。西洋参 15g，黄芪 30g，熟地 25g，紫苑 12g，桑白皮 9g，五味子 6g，白术 15g，防风 9g，山茱萸 12g，茯苓 15g。

加减：若见气阴两虚表现者，可用生脉散合补肺汤加减；若见中气下陷者，用补中益气汤加减；若肺阴虚甚者，加沙参、玉竹、百合以加强养肺阴。

【其他疗法】

（1）注射剂：香丹注射液：16 ~ 20ml 加入 5% ~ 10% 葡萄糖溶液 250ml 中静脉滴注，每日 1 次。

（2）针灸治疗：灸大椎、肺俞、肾俞、命门、足三里。

5. 喘脱

【证候】 喘逆剧甚，张口抬肩，鼻翼煽动，不能平卧，稍动则喘剧欲绝，心慌动悸，烦躁不安，面青唇紫，汗出如珠，脉浮大无根或脉微欲绝。

【治法】 扶阳固脱，镇摄肾气。

【方药】 参附汤送服黑锡丹。红参 15g，附子 15g 煎汤，送服黑锡丹（黑锡、硫黄、川楝子、胡芦巴、木香、炮附子、肉豆蔻、阳起石、沉香、茴香、肉桂、补骨脂），每次 6g。

加减：若气阴两竭之证，可用生脉散加生地、山萸肉、枸杞子；汗多不敛者加龙骨、牡蛎各 30g；本证还可加服蛤蚧粉 2 ~ 3g 以温肾定喘。

【其他疗法】 注射剂：

（1）参芪扶正注射液：250ml，静脉滴注，每日 1 次。

（2）参附注射液：20 ~ 100ml 静脉注射或加入生理盐水 250 ~ 500ml 中静脉滴注，每日 1 ~ 2 次。

三、预防与调护

（1）清淡饮食，忌辛辣刺激、甜腻肥厚之品。

（2）加强体质锻炼，戒烟酒。

（3）平素注意保暖，避免风寒，预防感冒。

（4）平素宜调畅情志，保持心情舒畅。

 第五节　慢性肺源性心脏病 

慢性肺源性心脏病（chronic cor pulmonale）又称为肺心病，属于由肺部、胸廓或肺动脉的慢性病变引起的肺循环阻力增高，导致肺动脉高压和右心室肥大，伴或不伴有右心功能衰竭的一类疾病。临床特点为呼吸和心脏功能的衰竭和其他脏器受累的表现，如呼吸困难、唇甲发绀、水肿、肝脾肿大及颈静脉怒张等。本病寒冷潮湿地区多于温暖地区，高原地区多于平原地区，患病年龄多在 40 岁以上。急性呼吸道感染是导致急性发作的主要诱因。

本病属于中医“肺胀”、“喘病”、“心悸”、“水肿”等范畴。

一、病因病机

本病与外感六淫、痰湿、水饮、瘀血息息相关，病位主要在肺、脾、肾、心等脏。本虚标实、虚实夹杂为本病之特点。本虚为肺脾肾心俱虚；标实为水停、痰浊内阻、气滞血瘀。本病病机转化有两端：一是季节性加重，二是季节性缓解。

外邪侵入，首先犯肺，肺失宣降，则发咳嗽、咯痰、喘息等症。肺病经久不愈，反复发作，形成宿疾，正气必衰，进而累及脾、肾、心等脏。脾主运化，脾失健运则水湿内停，酿湿生痰；肾主水，久病及肾，阳虚不能制水，水湿浸淫肌肤则成水肿。又因肺主呼吸，为气之主，肾主纳气，为气之根，肺肾俱虚，摄纳无权，则每见咳逆气促，不能平卧，动则喘甚，自汗易感冒等症。心主血脉，肺朝百脉而助心行血，肺病日久，气虚则无力推动血行，每致心血瘀阻，出现心悸、胸闷、紫绀、舌暗；水气凌心可使心悸、气短加重；心血瘀阻使水道进一步壅滞而发生水肿。

病久肺、脾、心、肾俱虚，易为外邪所侵，外邪引动伏痰，反复发病，使正气更虚，造成恶性循环。如病至晚期，痰浊蒙蔽清窍，可引起神昏谵语，烦躁不安等；痰热相兼，热极引动肝风可出现惊厥抽搐；如气滞血瘀，脉道不畅，或火热迫血妄行引起出血；又如热毒炽盛而致气阴两伤，或出血量多而致气血衰微；或痰涎壅盛而致肺气闭塞者，均可导致阴绝阳脱，出现大汗淋漓、四肢厥冷、脉微欲绝之危证。

二、辨证论治

（一）辨证要点

1. 辨标本虚实

本病多属标实本虚；标实有外邪，痰浊，瘀血等；本虚有平时体虚，正气虚衰，脏腑虚损等。

2. 辨脏腑阴阳

早期具有气虚或气阴两虚表现，病位在肺、脾、肾；后期多见气虚及阳或阴阳两虚，表现病位在肺、肾、心为主。

3. 辨兼夹病邪

夹水饮者，兼见心悸、气短、面浮；夹痰浊者，兼见痰黏难咯；夹气滞者，胸中膨胀满闷感；夹瘀血者，兼见面色晦暗、唇舌俱紫、手足青黑。

（二）治疗原则

以扶正祛邪为治疗原则。本病由于长期咳喘不愈，正气虚损，攻伐太过，患者难以耐受；而病邪内蕴，久伏不出，单纯补益，又恐留邪，治疗必须扶正祛邪并举，方可收到事半功倍的效果。

（三）分证论治

1. 外寒内饮证

【证候】 咳逆喘满不得卧，气短气急，咯痰白稀，呈泡沫状，胸部膨满，面色青黯，恶寒，周身酸楚，口干不饮，舌体胖大，质暗淡，苔白滑，脉浮紧。

【治法】 温肺散寒，降逆涤痰。

【方药】 小青龙汤加减。麻黄 6g，桂枝 9g，干姜 6g，细辛 3g，五味子 9g，白芍 12g，法半夏 9g，生甘草 6g，苏子 12g，白芥子 6g，陈皮 9g，茯苓 15g。

加减：饮郁化热，烦躁而喘，脉浮用小青龙加石膏汤；痰多胸满不能平卧者，加葶苈子泻肺祛痰。

【其他疗法】

（1）单方验方：炙麻黄 12g，葶苈子、桑白皮、苏子各 15g，白芥子、陈皮各 6g，每日 1 剂，煎服。

（2）针灸治疗：针定喘、合谷、足三里、丰隆、尺泽、天突，用泻法。

2. 痰热郁肺证

【证候】 咳逆喘息气粗，胸满烦躁，痰黄黏稠难咯，发热不恶寒，尿黄，便干，口干渴，舌红，苔黄或黄腻，脉滑数。

【治法】 清肺化痰，降逆平喘。

【方药】 越婢加半夏汤。麻黄 9g，石膏 25g，生姜 10g，大枣 10g，甘草 6g，法半夏 12g，全瓜蒌 12g，浙贝母 15，黄连 9g。

加减：痰热内盛，痰黏稠难咯出者加鱼腥草 30g、黄芩 9g、桑白皮 12g、以清热化痰利肺；痰鸣喘息，不得平卧者，加射干 6g、葶苈子 12g 泻肺平喘；便秘腹胀者加大黄 10g；口干渴，舌燥者加花粉 15g、知母 9g、玉竹 12g。

【其他疗法】

（1）单方验方：川贝 6g 打碎、玉竹 15g、冰糖适量，加水适量炖服，每天 2 次。

（2）针灸治疗：针肺俞、尺泽、丰隆、天突、定喘，用泻法。

3. 痰瘀阻肺证

【证候】 咳嗽痰多，色白或呈泡沫，喉间痰鸣，喘息不能平卧，胸部膨满，憋闷如塞，面色灰白而暗，唇甲紫绀，舌质暗或暗紫，舌下脉络增粗迂曲，苔腻或浊腻，脉弦滑。

【治法】 涤痰祛瘀，泻肺平喘。

【方药】 葶苈大枣泻肺汤合桂枝茯苓丸。葶苈 12g，大枣 10g，桂枝 9g，茯苓 15g，丹皮 9g，桃仁 10g，赤芍 9g，泽兰 15g，法半夏 12g，橘红 9g。

加减：痰多者加三子养亲汤；便秘者加大黄 10g、厚朴 10g 通腑除壅。

【其他疗法】

（1）针灸治疗：针肺俞、尺泽、丰隆、天突、定喘，用泻法。

（2）饮食疗法：当归、生姜各 10g，陈皮 5g，羊肉 100g，放入锅内加水适量，同煮至烂熟，加食盐少许，每天服食 1 次，连服 5 ～ 7 天。

4. 痰蒙神窍证

【证候】 意识蒙眬，谵妄，胸闷胀，烦躁不安，肢体搐动，咳逆喘促，或伴痰鸣，舌质暗，或紫暗，舌下脉络增粗迂曲，苔腻或浊腻，脉弦滑。

【治法】 涤痰，开窍，息风。

【方药】 涤痰汤加减。制半夏 10g，制南星 9g，陈皮 9g，枳实 9g，茯苓 15g，石菖蒲 9g，竹茹 10g，生甘草 10g，生姜 10g，竹沥 15g，远志 9g。

加减：可先灌服或鼻饲安宫牛黄丸、至宝丹，然后再煎服涤痰汤。若身热，痰黄稠，舌红苔黄者，加黄芩 9g、桑白皮 12g、葶苈子 12g、天竺黄 9g、竹沥 15g 清热化痰；便秘腹胀者合用凉膈散以泄热通便；肝风内动者加钩藤 18g、全蝎 3g、地龙 15g 以平肝息风；热伤血络者，加生地 15g、丹皮 9g、紫珠草 15g、水牛角 30g、生大黄 9g、白茅根 15g 以清热凉血止血；唇甲紫暗者，加丹参 15g、桃仁 10g、红花 6g 以活血通脉。

【其他疗法】 针灸治疗：针足三里、三阴交、血海，用泻法。

5. 肺肾气虚证

【证候】 胸满气短，咳声低怯，动则喘甚，甚则张口抬肩，倚息不能平卧，咳嗽，痰白如沫，形寒汗出，面色晦暗，舌淡或紫暗，苔白润，脉沉细或结代。

【治法】 补肺益气，降气平喘。

【方药】 补肺汤合参蚧散。红参 15g，黄芪 20g，熟地 15g，五味子 6g，紫苑 12g，桑白皮 12g，蛤蚧 10g，苏子 12g，山茱萸 12g。

加减：若兼有瘀血者，加当归尾 12g、丹参 15g、川芎 10g 以活血化瘀；若肺虚有寒怕冷者，舌质淡加桂枝 9g、细辛 6g 温阳散寒；阴虚有低热，舌红苔少加麦冬 12g、玉竹 9g、知母 9g 养阴清热；若见面色苍白，冷汗淋漓，四肢厥冷，血压下降，加黑锡丹或蛤蚧散补肾纳气，回阳固脱。

【其他疗法】

（1）单方验方

1）杏仁、胡桃仁 60g，共研为细末，每次 3g，加蜂蜜少许调服，每日 3 次。

2）制附子、仙灵脾、党参、云苓、白术、苏子、白芥子、莱菔子、百部各 15g，陈皮 10g，法半夏 12g，炙甘草 6g，每日 1 剂，水煎服。

（2）针灸治疗：针肺俞、气海、肾俞、太渊、太溪等穴，用补法。艾灸足三里。

（3）敷药治疗：三伏天，采用《张氏医通》中记载的白芥子敷药法，用白芥子、甘遂、细辛、延胡索等药研细成面，加生姜汁调匀涂敷于背部肺俞、心俞、肾俞等穴位。暑伏当天贴 1 次，二、三伏各 1 次，每次贴 4 ～ 6 小时。

（4）饮食疗法：粳米 50g，冰糖适量煮成稀粥时，取川贝母粉 10g，调入粥中，用文火稍煮片刻，每日分早晚温服。

6. 阳虚水泛证

【证候】 面浮肢肿，甚则一身悉肿，腹部胀满有水，尿少，心悸，喘咳不能平卧，咯痰清稀，怕冷，面唇青紫，舌胖质暗，苔白滑，脉沉虚数或结代。

【治法】 温阳化饮利水。

【方药】 真武汤合五苓散加减。制附子 12g，白芍 15g，生姜 15g，茯苓 15g，白术 15g，猪苓 10g，泽泻 12g，桂枝 9g，大腹皮 15g。

加减：心悸喘满，倚息不得卧者，加沉香 6g、黑丑 3g、葶苈子 12g 以行气逐水；四肢浮肿甚者，加车前草 15g 以加强利水；心悸，唇舌瘀暗者，加泽兰 15g、红花 6g 以活血化瘀；喘促，汗出，脉虚弱而数者，加红参 12g、蛤蚧 15g、五味子 9g 以益气固脱。

【其他疗法】

（1）单方验方

苏子、白芥子、莱菔子、葶苈子、法半夏、黄芩、神曲各 15g，蒲公英、车前子各 30g，陈皮、青天葵、炙甘草各 10g，每日 1 剂，水煎服。

（2）针灸治疗：针肾俞、脾俞、命门、大椎、足三里，用补法。

三、预防与调护

（1）及时治疗肺部疾病，阻断病情进展。

（2）慎起居、适寒温，尤以预防感冒为重。

（3）调节饮食，忌油腻生冷、辛辣，戒烟酒。

（4）节制房事，加强体质锻炼，提高抗病能力。

第六节　病毒性心肌炎

病毒性心肌炎（viral myocarditis）是指嗜心性病毒感染所引起的以心肌非特异性间质性炎症为主要病变的心肌炎，以心悸、气短、心前区不适或隐痛等为主症。随着风湿性心肌炎的减少，本病的发生率有逐年增高的趋势，病毒性心肌炎可为流行发病，潜伏期约 1 ~ 4 周，在病毒流行感染期约为 5% 的患者发生心肌炎，也可为散在发病，可见于各年龄组，小儿尤易罹患，临床谱包括从心肌局灶炎症无症状到心肌弥漫性炎症所致的重症心肌炎。41% ~ 88% 患者有前驱病毒感染史，部分成人患病毒性心肌炎后可迁延不愈发展成为扩张型心肌病（dileted cardiomyopathy DCM）。临床上观察 1 个月，异常体征消失者属轻症；重症心肌炎病程约需 3 个月，大多数患者可完全恢复健康。

本病在国家标准《中医临床诊疗术语》的病名定义中以“心痹”病名概之。根据其临床不同的表现，又可归属于中医“温病”以及由“温病”引起的“心悸”、“怔忡”、“胸痹”等病症的范畴。

一、病因病机

中医认为本病的发生以外感时邪温毒为主，或饮食不慎，使湿热之邪内犯胃肠，或手术创伤使温毒之邪从破损处直入血络等因素而发病。其病机为温热毒邪由鼻咽或卫表而入，导致肺卫不和，若禀赋薄弱，则邪毒可循肺朝百脉之径而入血脉，内舍于心而见心悸、气短；或适逢饥寒、劳累，或进食生冷不洁之物等使温毒之邪沿脾经从胃入膈，注入心中而见胸闷、心痛；或患他病未愈，致心气虚弱，心阴不足而致头晕乏力、脉律不整等；若病久不愈，阴损及阳，见阴阳两虚之尿少水肿、心悸喘促等症。

二、辨证论治

（一）辨证要点

本病初期多以邪实为主，随病情发展中期常以虚实夹杂多见，后期则以虚损为主。临床上首先要辨胸痛性质及部位，性质有闷痛、刺痛、隐痛之不同，部位有固定不移、游走不定之区别，结合其他伴随症状，可辨明胸痛的病理属性；其次辨心悸之虚实，因病变程度不同，心悸亦有轻重之分，轻者为惊悸，重者为怔忡；再则辨病变之轻重顺逆，轻者素体较强，正气能御邪于外，适当治疗即可向愈，病势为顺。而重症患者，素体虚弱，正气不支，无力抗邪，心之气阴两伤或阴阳虚脱于外，病情危重，如能积极治疗，尚有挽救之望，病势向顺。反之，失治或误治于濒危之时，阴阳离散则生命危矣。

（二）治疗原则

本病初期治疗重在祛邪，以清热、解毒、化湿，养心复脉为主；中后期治疗重在扶正，当以补气养阴、温阳益气、益心复脉为主。如伴严重心律失常、心力衰竭、心源性休克等，应中西医结合抢救治疗，待病情缓解之后再用中医药调理治疗，以巩固疗效。

（三）分证论治

1. 热毒侵心证

【证候】 心悸胸痛，气短乏力，恶寒发热，头痛身痛，咽痛咳嗽，口干口苦，小便黄赤，舌质色红，舌苔薄黄，脉浮数或促或结代。

【治法】 清热解毒，养心复脉。

【方药】 银翘散合清宫汤加减。金银花 15g，连翘 15g，水牛角 20g（先煎），麦门冬 15g，板蓝根 18g，射干 12g，牛蒡子 12g，桔梗 12g，玄参 12g，莲子心 3g，甘草 6g。

加减：咽喉疼痛者加蒲公英 20g 以清热解毒；热重者加青蒿 12g（后下）、柴胡 15g 以清热透邪；发热不甚而恶寒明显者去水牛角加荆芥穗 12g（后下）以疏风祛邪；泄泻者加葛根 25g、黄连 9g 以清利湿热；胸闷呕恶者加法半夏 12g、藿香 12g 以降气化湿止呕。

【其他疗法】

（1）中成药

1）板蓝根冲剂：口服，每次 10g，每日 4 次。

2）抗病毒口服液：口服，每次 10 ~ 20ml，每日 3 次。

（2）注射剂

1）清开灵注射液：每次 2 ～ 4ml，肌内注射，每日 1 次。

2）双黄连粉针：每次 60mg/kg，先以适量注射水充分溶解，再用生理盐水或 5% 葡萄糖溶液 500ml 稀释，静脉滴注，每日 1 次。

（3）单方验方

1）穿心莲 15g 或板蓝根 30g，水煎服，每日 1 剂，分 3 次口服。

2）银菊饮：金银花 20g，菊花 15g，用沸开水冲泡，代茶频饮。

3）夏桑菊冲剂：每次 1 包，冲服，每日 2 ～ 3 次。

4）银翘二根饮：将金银花 20g，连翘 10g，板蓝根 20g，芦根 20g，甘草 6g，于沙锅内煎煮，去渣取汁，加入白糖适量，每日 2 ～ 3 次饮用。

（4）针灸疗法

1）体针：针心俞、厥阴俞、内关、阳陵泉、三阴交、劳宫，单侧取穴，交替使用，每日 1 次，1 周为 1 个疗程。

2）耳穴疗法：选取内分泌、心、交感、神门等，两耳交替取穴，用胶布固定王不留行籽，每天按压 2 ～ 3 次，每次 5 分钟，保留 3 ～ 5 天。

（5）饮食疗法：金银花粥：金银花 30g，煎煮两次，去渣取汁，入粳米 50g，煮成稀粥，每日分 2 次服用。

2. 湿毒犯心证

【证候】 心悸胸闷，恶寒发热，腹痛腹泻，腹胀纳呆，恶心呕吐，困倦乏力，舌苔黄腻，脉濡滑数或促或结代。

【治法】 清热化湿，宁心复脉。

【方药】 香连丸合甘露消毒丹加减。木香 10g（后下），黄连 9g，黄芩 15g，苦参 10g，连翘 15g，茵陈蒿 18g，射干 12g，藿香 12g，白豆蔻 10g（后下），石菖蒲 12g，甘草 9g。

加减：表证明显者去木香、白豆蔻，加防风 12g、紫苏叶 12g 以疏风解表；胃纳欠佳者加谷麦芽各 15g 消食和胃；呕吐者加法半夏 12g 降逆止呕。

【其他疗法】

（1）中成药：藿香正气丸：口服，每次 6g，每日 3 次。

（2）注射剂

柴胡注射液：每次 2 ～ 4ml，肌内注射，每日 2 ～ 3 次。

（3）单方验方：苦参 30g，水煎服，每日 1 剂，分 3 次口服。

（4）针灸疗法：针心俞、厥阴俞、内关、太冲，每日 1 次，1 周为 1 个疗程。

（5）饮食疗法

1）扁豆薏米粥：扁豆 20g，薏苡仁 30g，大米 50g，加水适量，先煮成粥，油盐调味饮用。

2）龟苓膏：保健食品，每次 10 ～ 15g 用沸水冲开，待冷冻后服食。

3. 气阴两虚证

【证候】 心悸怔忡，气短乏力，自汗盗汗，舌红苔白，脉虚数或促、涩、结代。

【治法】 补气养阴，益心复脉。

【方药】 生脉散加味。炙甘草 10g，人参 6g（另炖），黄芪 25g，麦门冬 15g，五味子

10g。

加减：若无人参者可改用党参25g以益气；若阴虚明显者可选用西洋参6g；若心气虚衰，心悸喘咳者，加葶苈子10g、鹿衔草12g补气强心定喘；若兼水肿者加茯苓皮30g、泽泻15g、猪苓15g利水消肿；若自汗盗汗者加煅龙骨、煅牡蛎各30g（先煎）固涩敛汗；若虚烦失眠者加酸枣仁10g、柏子仁12g宁心安神。

【其他疗法】

（1）中成药

1）玉屏风颗粒冲剂：口服，每次1包，每天3次。

2）生脉饮：口服，每次10ml，每日2～3次。

（2）注射液

1）生脉注射液：每次2～4ml，肌内注射，每日1次；或20～60ml用5%葡萄糖溶液250～500ml稀释后静脉滴注，每日1次。

2）参麦注射液：每次2～4ml，肌内注射，每日1次；或10～60ml用5%葡萄糖溶液250～500ml稀释后静脉滴注，每日1次。

（3）单方验方：玉竹15g，水煎服，每日1剂，3次分服

（4）饮食疗法

1）人参茶或人参含片：开水冲服，每次1包（粒），每日3次。

2）参麦炖猪心：人参6g，麦门冬15g，蜜枣2枚，猪心1/3个，加水200ml，用瓦盅隔水炖熟，油盐调味食。

3）山药银麦粥：将金银花30g，麦冬15g洗净，加水浸泡，煎煮两次，去渣取汁，入鲜山药30g，粳米50g煮成粥，每日2次服食。

4. 阴阳两虚证

【证候】 心悸气短，动则喘憋，甚或倚息不得卧，胸闷痛，畏寒肢冷，乏力，自汗不止，水肿，面色晦黯或紫绀，舌黯淡苔白，脉虚数或促、结代。

【治法】 温阳益气，养阴通脉。

【方药】 炙甘草汤加减。炙甘草10g，人参6g（另炖），黄芪30g，生地黄18g，麦门冬15g，五味子10g，阿胶12g（烊化），肉桂3g（焗服），干姜6g。

加减：若无人参亦可改用党参25g替代以益气；畏寒肢冷脉迟者加制附子12g（先煎）温心阳；胸闷者去阿胶、生地黄，加丹参18g、三七末3g（冲服）、降香10g活血祛瘀；若喘咳胸闷者去阿胶、生地黄，加瓜蒌30g、薤白15g、法半夏6g通阳蠲痹；若尿少水肿者加茯苓皮30g、猪苓15g、泽泻15g利水消肿。

【其他疗法】

（1）中成药

1）宁心宝胶囊：口服，每次2粒，每日3次。

2）天王补心丹：口服，每次1丸，每日2次。

3）生脉口服液：口服，每次10ml，每日3次。

（2）注射剂

1）参附注射液：每次20～40ml，静脉推注，速度宜缓慢（5分钟以上），或用5%～10%葡萄糖溶液适量稀释后使用，根据病情于5～30分钟内重复1次，可连续用药2～4

次；或每次 50 ～ 100ml 用 5% 或 10% 葡萄糖溶液以 1 ～ 4 倍量稀释后静脉滴注。

2）黄芪注射液：20 ～ 60ml 用 5% 或 10% 葡萄糖溶液 250 ～ 500ml 稀释后静脉滴注，每日 1 次。

（3）单方验方

1）黄芪 30g，丹参 20g，降香 10g，每日 1 剂，水煎分 3 次服用。

2）淫羊藿 15g，每日 1 剂，水煎分 3 次服用。

（4）穴位注射：取天池、膻中、内关、郄上穴，以黄芪注射液 0.5 ～ 2ml，在上述穴位内分别注射，隔日 1 次，10 天为 1 个疗程。

三、预防与调护

1. 预防

病毒性心肌炎的预防应未病先防，既病早治。

（1）平时注意加强体育锻炼，提高身体素质，生活起居要有规律，提高抗病能力。

（2）积极预防感冒，注意饮食卫生，遇有感冒及腹泻要及早治疗。

2. 调护

（1）生活起居上应注意避风保暖，保持居室安静和空气流通，保持身心愉快，睡眠充足，避免忧愁思虑、惊恐不安。

（2）饮食调理上宜清淡，避免肥甘厚腻，急性期宜多进半流质，避免辛辣燥热刺激之品，戒烟戒酒。

（3）患病期间避免剧烈运动及重体力劳动，急性期应充分休息，一般要完全恢复正常至少半年以上，当然视病情轻重不一，恢复正常工作的时间可能有所不同，如果临床上仅有偶发早搏，休息时间可以缩短，有心力衰竭时则休息时间应该延长。

第七节　冠　心　病

冠状动脉粥样硬化性心脏病（coronary atherosclerotic heart disease），简称冠心病（CHD），是因粥样硬化使冠状动脉管腔狭窄甚至闭塞，导致心肌缺血、缺氧而影响冠状动脉循环的一种心脏病。由于冠状动脉粥样硬化的部位、范围、血管阻塞程度和心肌供血不足程度不同，本病可分为五个类型，即无症状性心肌缺血型、心绞痛型、心肌梗死型、缺血性心肌病型和猝死型等五型，本节仅就心绞痛型作一介绍。

心绞痛（angina pectoris）是冠状动脉供血不足，心肌急剧的、暂时的缺血与缺氧所引起的临床综合征。其特点为阵发性的前胸压榨性疼痛，主要位于胸骨后部，可放射至心前区与左上肢，或伴有其他症状，常发生于劳动或情绪激动时，持续数分钟，经休息或舌下含服硝酸甘油后消失。世界卫生组织“缺血性心脏病的命名及诊断标准”将心绞痛分为劳累性和自发性两大类。临床上根据心绞痛的发作诱因、发作频率、对治疗的反应和预后转归，又分为稳定型和不稳定型。

本病多见于男性，发病年龄多在 40 岁以上，四季均可发病，但以冬春季节居多，劳累、情绪激动、饱食、受寒、阴雨天气、急性循环衰竭等为本病常见诱因。

本病属于中医“心痛”、“胸痹”、“厥心痛”等范畴。在国家标准《中医临床诊疗术语》中其对应的中医病名为“胸痹（心痛）”。

一、病因病机

胸痹心痛的主要病机为心脉痹阻。饮食不节、情志失调、寒邪内侵、年老体虚等，均可致心脉痹阻而成胸痹心痛；病位在心，与肝、脾、肾三脏功能失调有关。其病理变化主要表现为本虚标实，虚实夹杂。其本虚可有气虚、阳虚、阴虚、血虚，且又可阴损及阳，阳损及阴，甚至阳微阴竭、心阳外越；标实为气滞、寒凝、痰浊、血瘀，且又可相互为病，如寒凝气滞、痰瘀交阻等。临床上常表现为虚实兼夹，如阴虚痰热互见，阳虚可兼痰饮等。发作期以标实表现为主，并以血瘀为突出，缓解期主要有心、肝、脾、肾气血阴阳之亏虚，其中又以心气虚最为常见。

二、辨证论治

（一）辨证要点

本病以本虚标实，虚实夹杂为主。标实应区别气滞、血瘀、寒凝、痰浊之不同，但临床以血瘀为主；本虚又应区别阴阳气血亏虚之不同，临床以气虚为多。同时临床上常根据疼痛持续时间的长短来辨病情的轻重，疼痛遇劳发作，休息或服药后能缓解者为顺症；服药后难以缓解者常为危候。一般疼痛发作次数的多少与病情轻重程度呈正比，亦有发作次数不多而病情严重者，临床上须结合实际，具体分析判断。

（二）治疗原则

本病的治疗应本着“急则治标”、“缓则治本”的原则。治疗应权衡轻重缓急，兼顾标本。在发作期以通脉止痛为要，主要选用有速效止痛作用之药剂如气雾剂、滴丸、片剂等以迅速控制病情，缓解心痛；在缓解期以本虚为主，重在根据不同证型予以补气养阴、活血化瘀等治疗，并针对与发病有关的危险因素采取综合性防治措施，控制或消除危险因素，以预防和减少心绞痛的发生。但严重心痛者，应及时采用中西医结合疗法以控制病情，以免发展为心肌梗死。

（三）分证论治

本病分发作期、缓解期分证治疗。

A. 发作期

此期发病急，治疗多采用中成药、注射液、针灸等疗法。

心绞痛发作时应用宽胸气雾剂等口腔喷雾给药，并舌下含化复方丹参滴丸、速效救心丸缓解疼痛。为预防复发尤其夜间发作，可应用硝酸甘油缓释贴膜敷贴心前区。

【其他疗法】

（1）中成药

1）宽胸气雾剂（檀香、细辛、荜茇、高良姜、冰片等组成）：每次舌下喷雾 1 ~ 2 次，具有理气止痛之功。

2）复方丹参滴丸（由丹参、冰片等组成）：舌下含化，每次10粒，每日3次。

3）速效救心丸（由川芎、冰片等组成）：舌下含化，每次4～6粒，每日3次。

（2）注射剂

1）复方麝香注射液（醒脑针）：10～20ml加入5%或10%葡萄糖溶液250ml中静脉滴注，每日1次。

2）灯盏细辛注射液：10～20ml加入10%葡萄糖溶液250ml中静脉滴注，每日1次。

（3）针灸治疗

1）针膻中（主穴），配内关、巨阙、间使，足三里，用泻法。

2）指压内关，有较强酸痛感时，令患者深呼吸，一般连续深呼吸3次，疼痛即可减轻。

3）取左侧厥阴俞与心俞之间压痛点，揉压1～2分钟，疼痛亦可明显缓解。

B. 缓解期

1. 气滞血瘀证

【证候】 心胸剧痛，如刺如绞，痛处固定，入夜尤甚，心悸不宁，舌质紫黯有瘀点或瘀斑，脉沉涩或结代。

【治法】 活血化瘀，通脉止痛。

【方药】 血府逐瘀汤加减。当归10g，生地黄15g，桃仁12g，红花8g，枳壳12g，桔梗10g，白芍15g，柴胡12g，川芎10g，丹参15g，牛膝12g，甘草6g。

加减：若兼胁痛者加香附15g、延胡索18g以增强疏肝理气止痛；若兼心气阴不足者加人参10g（另炖）、麦门冬15g以益气养心；若兼心烦失眠者加酸枣仁20g、夜交藤20g以养心安神。

【其他疗法】

（1）中成药

1）复方丹参滴丸：舌下含化，每次10粒，每日3次。

2）冠心通片：口服，每次3片，每日3次。

3）通脉口服液：口服，每次1支，每日3次。

4）通心络胶囊：口服，每次2粒，每日3次。

（2）注射剂

1）葛根素注射液：400～600mg加入5%葡萄糖溶液250ml中静脉滴注，每日1次，15天为1个疗程。

2）复方丹参注射液：2～4ml肌内注射，或10～20ml加入10%葡萄糖溶液500ml静脉滴注，每天1～2次，14天为1个疗程。

3）川芎嗪氯化钠注射液：100～200ml，静脉滴注，每日1次，15天为1个疗程。

（3）单方验方

1）五灵脂（醋制）10g，生姜3g，共捣碎，冲服，每次3g，每日1～2次。

2）丹参10g，红花10g，将以上药物制成流浸膏，涂于心前区即可。

（4）针灸治疗

1）体针：取内关、心俞、膻中、通里、厥阴穴、巨阙、足三里、膈俞、阴郄；每次选用4～5穴，轮流使用，连续治疗10次后可停针3～5日，再行治疗。

2）穴位敷贴：心绞痛宁膏：将丹参、红花加入载体药物中，每次2贴，贴敷心前区，24

小时更换 1 次。

（5）饮食疗法：桃仁粥：桃仁 15g，粳米 50g，共煮成粥，早晚热服。

2. 痰浊痹阻证

【证候】 胸闷如窒而痛，痛引肩背，气短喘促，肢体沉重，体胖多痰，或有咳嗽，呕恶痰涎，舌苔浊腻，脉象弦滑。

【治法】 化痰泄浊，通阳开胸。

【方药】 瓜蒌薤白半夏汤加减。全瓜蒌 15g，薤白 15g，法半夏 12g，陈皮 10g，茯苓 15g，枳实 15g，胆南星 12g，生姜 3 片，甘草 6g。

加减：若兼阳虚有寒者，加熟附子 12g（先煎）、肉桂 3g（焗服）助阳散寒；兼心脉瘀阻者，加丹参 20g、三七末 3g（冲服）活血通脉；若痰郁化火者，加黄连 9g、天竺黄 10g 清热除痰；若痰扰清窍眩晕者加天麻 12g、石菖蒲 12g 定眩止晕。

【其他疗法】

（1）中成药

1）活血通脉胶囊：口服，每次 2 粒，每日 3 次。

2）心脉通片：口服，每次 3 片，每日 3 次。

3）通天口服液：口服，每次 1 支，每日 3 次。

4）冠心丹参胶囊：口服，每次 3 粒，每日 3 次。

（2）注射剂

1）碟脉灵注射液：10 ～ 20ml 加入 10% 葡萄糖溶液 250ml 中静脉滴注，每日 1 次，15 天为 1 个疗程。

2）红花注射液：20ml 加入 10% 葡萄糖溶液 250ml 中静脉滴注，每日 1 次，15 天为 1 个疗程。

（3）针灸治疗

1）体针：针内关、心俞、膻中、通里、厥阴穴、巨阙、足三里、膈俞、阴郄、中脘、丰隆；每次选用 4 ～ 5 穴，轮流使用，连续治疗 10 次后可停针 3 ～ 5 日，再行治疗。

2）耳针：选心、皮质下、交感区等埋针或贴王不留行籽，自行按压刺激，亦可达缓解心痛的目的。

（4）饮食疗法：橘皮粥：橘皮 15g，粳米 50g，共煮成粥，早晚热服。

3. 寒凝心脉证

【证候】 胸痛彻背，感寒痛甚，胸闷气短，心悸喘息，面色苍白，四肢厥冷，冷汗自出，口淡不渴或吐清涎，小便清长，大便溏薄，舌淡苔白，脉象沉迟。

【治法】 温通心阳，散寒止痛。

【方药】 通脉四逆汤加减。熟附子 12g（先煎），炙甘草 10g，干姜 10g，葱白 9 根，桂枝 12g，当归 10g。

加减：若兼血瘀心痛剧者，加丹参 20g、三七末 3g（冲服）活血通脉；若兼气虚者，加人参 15g（另炖）补益心气。

【其他疗法】

（1）中成药

1）苏冰滴丸：舌下含化，每次 1 ～ 4 丸，每日 3 次。

2）麝香保心丸：口服，每次 1 ~ 2 丸，每日 3 次。

3）血栓心脉宁片：口服，每次 3 片，每日 3 次。

（2）注射剂

1）复方丹参注射液：2 ~ 4ml，肌内注射；或 10 ~ 20ml 加入 10% 葡萄糖溶液 500ml 静脉滴注，每天 1 ~ 2 次，14 天为 1 个疗程。

2）灯盏花素注射液：40mg 加入 10% 葡萄糖溶液 500ml 静脉滴注，每天 1 次，14 天为 1 个疗程。

（3）单方验方

1）丁桂香散：丁香 1.5g，肉桂 1g，檀香 0.5g，共为末，为 1 日量，分 2 次服。

2）参七散：高丽参、大田七，上二药等份，研极细末，和匀，每次 1g，每日 2 ~ 3 次，开水或少许葡萄酒送下。

（4）针灸治疗：针内关、心俞、膻中、通里、厥阴穴、巨阙、足三里、膈俞、阴郄；每次选用 4 ~ 5 穴，轮流使用，连续治疗 10 次后可停针 3 ~ 5 日，再行治疗。

4. 气阴两虚证

【证候】 胸闷隐痛，时发时止，心悸气短，甚则闷痛，舌偏红或有齿印，脉细数或结代。

【治法】 益气养阴，通脉止痛。

【方药】 生脉散合炙甘草汤加减。人参 10g（另炖），麦门冬 15g，五味子 6g，炙甘草 10g，桂枝 9g，生地黄 15g，阿胶 10g（烊化），大枣 15g。

加减：心血虚明显者，加当归 12g、川芎 10g、白芍 12g 以补养心血；心烦不眠者，加酸枣仁 18g、夜交藤 20g 以宁心安神；心胸闷痛明显者，加丹参 18g、三七末 3g（冲服）活血通络。

【其他疗法】

（1）中成药

生脉饮口服液：口服，每次 10ml，每日 2 ~ 3 次。

（2）注射剂

1）生脉注射液：每次 2 ~ 4ml，肌内注射，每日 1 ~ 2 次；或 20 ~ 60ml 用 5% 葡萄糖溶液 250 ~ 500ml 稀释后静脉滴注，每日 1 次，14 天为 1 个疗程。

2）参麦注射液：每次 2 ~ 4ml，肌内注射，每日 1 次；或 10 ~ 60ml 用 5% 葡萄糖溶液 250 ~ 500ml 稀释后静脉滴注，每日 1 次，14 天为 1 个疗程。

（3）单方验方

1）陈皮 10g，党参 15g，玉竹 12g，水煎服，每日 1 剂，30 天为 1 个疗程。

2）黄芪 30g，石斛 15g，丹参 15g，水煎服，每日 1 剂，30 天为 1 个疗程。

（4）针灸治疗：针内关、心俞、膻中、通里、厥阴穴、巨阙、足三里、阴郄、太溪、三阴交，每次选用 4 ~ 5 穴，轮流使用，连续治疗 10 次后可停针 3 ~ 5 日，再行治疗。

（5）饮食疗法

1）参麦炖猪心：人参 6g，麦门冬 15g，蜜枣 2 枚，猪心 1 个，加水 200ml，用瓦盅隔水炖熟，油盐调味食。

2）参竹膏：党参 300g、玉竹 500g，共研为末，加水煎 3 次，去渣浓缩，加炼蜜 250g 收膏，每次 15g，每日 2 次，白开水冲服。

5. 心肾阴虚证

【证候】 胸闷胸痛，心悸盗汗，心烦不寐，腰膝酸软，眩晕耳聋，大便秘结，舌红少苔或无苔，脉象细数。

【治法】 滋阴补肾，养心安神。

【方药】 左归饮合天王补心丹加减。山茱萸 12g，熟地黄 24g，山药 15g，枸杞子 15g，茯苓 15g，五味子 6g，当归 15g，麦门冬 15g，天门冬 15g，酸枣仁 15g，柏子仁 12g，丹参 15g，炙甘草 6g。

加减：心胸闷痛明显者，加丹参 18g、三七末 3g（冲服）以活血止痛；心气虚弱者，加人参 10g（另炖）补气养心；腰痛者，加续断 15g、杜仲 15g 补肾壮腰止痛。

【其他疗法】

（1）中成药

1）天王补心丹：口服，每次 1 丸，每日 3 次。

2）参松养心胶囊：口服，每次 3 粒，每日 3 次。

3）天丹通络胶囊：口服，每次 3 粒，每日 3 次。

（2）注射剂

1）生脉注射液：每次 2 ~ 4ml，肌内注射，每日 1 ~ 2 次；或 20 ~ 60ml 加入 5% 葡萄糖溶液 250 ~ 500ml 稀释后静脉滴注，每日 1 次，14 天为 1 个疗程。

2）舒血宁注射液：20ml 加入 5% 葡萄糖溶液 250 ~ 500ml 稀释后静脉滴注，每日 1 次，14 天为 1 个疗程。

（3）针灸治疗

1）体针：针心俞、厥阴俞、内关、膻中、间使、足三里、关元、气海、大椎，每日 1 次，每次 4 ~ 6 个穴位，10 ~ 15 次为 1 个疗程。

2）耳针：主穴为心、神门、皮质下、交感，配内分泌、肾、胃。每次选 3 ~ 5 穴，左右耳轮换针刺，留针 30 分钟，每日或隔日一次，10 ~ 15 次为 1 个疗程。

（4）饮食疗法

1）粉葛煲汤：粉葛 200g（去皮、切片），猪瘦肉 75g，水适量煲汤，油盐调味，分次饮服。

2）参七炖鸡：人参 6g，三七 3g，鸡肉 75g，水 200ml，放入瓦盅，隔水炖熟，油盐调味食用。

6. 心阳不振证

【证候】 心悸而痛，胸闷气短，自汗，动则更甚，神倦怯寒，面色㿠白，四肢欠温或肿胀，舌质淡胖，苔白或腻，脉沉细迟。

【治法】 补益阳气，温振心阳。

【方药】 参附汤合桂枝甘草汤。人参 15g（另炖），附片 12g（先煎），桂枝 10g，炙甘草 10g。

加减：若兼血瘀心痛者，加丹参 20g、三七末 3g（冲服）活血通脉；兼尿少水肿者，加茯苓 20g、猪苓 18g、葶苈子 10g 利水消肿。

【其他疗法】

（1）中成药

1）天王补心丹：口服，每次 1 丸，每日 3 次。

2）参芍胶囊：口服，每次 2 粒，每日 3 次。

3）振源胶囊：口服，每次 3 粒，每日 3 次。

（2）注射剂

1）灯盏细辛注射液：10 ～ 20ml 加入 10% 葡萄糖溶液 250ml 中静脉滴注，每日 1 次，10 天为 1 个疗程。

2）参芎葡萄糖溶液：100ml 静脉滴注，每日 1 次，10 天为 1 个疗程。

（3）单方验方：人参 30g，熟附子 30g，肉桂 15g，共研末后分 30 份，每次 1 份冲服，每日 2 次，30 天为 1 个疗程。

（4）针灸治疗：针内关、心俞、膻中、通里、厥阴穴、巨阙、足三里、命门（灸）、巨阙、关元、气海、大椎，每次选用 4 ～ 5 穴，10 ～ 15 次为 1 个疗程。

（5）饮食疗法

白果核桃粥：白果 12 粒，核桃肉 30g，大米 40g，水适量煲粥，油盐调味，饮服。

三、预防与调护

1. 预防

本病的预防应坚持三级预防：首先积极预防动脉粥样硬化的发生（一级预防）；如已发生，则应积极治疗，延缓病变的进展并争取其逆转（二级预防）；若发生并发症，则应积极处理、防止恶化，延长寿命（三级预防）。中医则强调动静结合，未病先防，既病防变。

（1）注意调摄精神：防治本病必须高度重视精神调摄，避免情绪波动，保持心情平静愉快。

（2）注意生活起居：本病的诱发或发生与气候异常变化有关，故要避免寒冷，居处保持安静、通风，注意寒温适宜。

（3）注意饮食调节：饮食宜清淡低盐，食勿过饱，忌辛辣刺激之品，严禁抽烟酗酒，多吃水果及富含纤维素食物，保持排便通畅。

2. 调护

（1）注意劳逸结合：坚持适当活动，发作期患者应立即卧床休息，缓解期要注意适当休息，保证充足的睡眠，坚持力所能及的活动，做到动中有静。

（2）加强护理及监护：发病时应加强巡视，密切观察舌、脉、体温、呼吸、血压及精神情志变化，必要时给予吸氧，心电监护及保持静脉通道通畅，并做好抢救准备。

第八节　慢性心功能不全

心功能不全（cardiac insufficiency）是指在有适量静脉血回流的情况下，由于心肌舒缩功能障碍，使心腔压力高于正常［左室舒张末期压＞ 2.4kPa（18mmHg），右室舒张末期压＞

1.3kPa（10mmHg）] 即为心功能不全，亦称为心力衰竭（heart failure）简称心衰。本病是一种出现以异常水、钠潴留和周围组织血液灌注不足为特征的、复杂的临床综合征，基本表现为呼吸困难、乏力、运动耐量下降及体液潴留造成的肺淤血和外周水肿。心衰呈进行性发展，即使没有新的心肌损害，临床处于稳定状态，心脏功能仍不断逐渐恶化。若心力衰竭发生在长期代偿失调后，称慢性心功能不全。按症状和体征可分为左心、右心或全心衰竭，根据心脏功能受损的病理生理基础，又分为收缩性心功能不全和舒张性心功能不全。

本病属于中医"心悸"、"怔忡"、"水肿"、"喘咳"、"痰饮"、"心痹"等范畴。

一、病因病机

中医认为慢性心功能不全的发生主要与"心主血脉"密切相关。凡心脏被外邪侵犯或脏真受损，皆可致心之气血阴阳受损，血脉瘀阻，水饮、痰湿内停而发病。一般病之初起，病变多以心肺受损为主，病久则可累及脾、肝、肾等诸脏。其主要病机为外邪侵袭，内舍于心或心脏本虚，使心之气血阴阳功能失调，而见气短乏力、心悸怔忡等；也可由它脏之病及心，脏腑功能失调，导致水饮内停，而见胸闷气短、心悸水肿；瘀血阻脉则见唇甲青紫等。

二、辨证论治

（一）辨证要点

本病以正虚为本，邪实为标。病位在心，常五脏俱损，虚实夹杂，标本互见。其本虚有阳虚、气虚、血虚、阴虚之别，标实则有寒凝、气滞、血瘀、水阻、饮停之异。初起病在心肺，症见心悸、咳嗽；久病累及脾肾，可有水肿、动则喘促等；心阳虚脱，且阳损及阴，阴损及阳，诸虚并见，甚则出现阳竭阴亡，心阳浮越之心衰危重证。

（二）治疗原则

以益气补心为本，活血通络、泻肺利水为标。益气补心可改善心肌的营养代谢，增强收缩力，活血通络能扩张小血管，降低外周阻力，泻肺利水可通利小便，减轻前负荷，在此基础上辨证选方用药，可适当选用有强心作用的中药如葶苈子、北五加皮、人参等以巩固疗效。

（三）分证论治

1. 心肺气虚兼痰瘀阻滞证

【证候】 心悸气短，动则尤甚，神疲乏力，时有汗出，胸闷心痛，咳唾痰涎，舌质暗红，或舌下脉络青紫迂曲，苔白腻或白滑，脉弦滑或细或涩或结代。

【治法】 补益心肺，通瘀化痰。

【方药】 圣愈汤合小陷胸汤加减。黄芪 25g，党参 15g，当归 15g，川芎 10g，白芍 12g，干地黄 15g，黄连 10g，半夏 6g，瓜蒌实 15g，丹参 15g。

加减：若喘促、痰多，加紫苏子 12g、葶苈子 12g 以泻肺平喘；若面白、肢冷，加熟附子 12g（先煎）温补阳气；若水肿、尿少，加泽泻 15g、猪苓 15g 利水消肿。

【其他疗法】

（1）中成药

振源胶囊（内含人参皂苷）：口服，每日 3 次，每次 3 粒。

（2）注射剂：黄芪注射液：20 ～ 40ml 加入 5% 葡萄糖氯化钠溶液 250ml 中静脉滴注，每日 1 ～ 2 次，7 天为 1 个疗程。

（3）单方验方

罗布麻根，每日 9 ～ 15g，水煎服，每日 1 剂，7 天为 1 个疗程。

（4）针灸治疗

1）体针：针内关、间使、少府、心俞、神门、足三里、尺泽、丰隆，每次取穴 4 ～ 5 个，每日 1 次，7 ～ 10 天为 1 个疗程，休息 2 ～ 7 天，再行下 1 个疗程。

2）穴位注射：每日从内关、间使、定喘、肺俞、心俞中选出 1 ～ 2 穴位，每穴注入当归注射液 0.5ml，10 天为 1 个疗程。

2. 心肾阳虚兼痰饮上逆证

【证候】 喘促气逆，不能平卧，或夜间喘甚，心悸不寐，咳痰清稀量多，形寒肢冷，腰膝酸软，小便不利，舌质淡紫，苔白腻或白滑，脉沉细或弦细而滑。

【治法】 温补心肾，泻肺逐饮。

【方药】 参附汤合葶苈大枣泻肺汤加味。人参 6g（另炖），熟附子 12g（先煎），葶苈子 12g，大枣 5 枚，桑白皮 15g，茯苓 15g，泽泻 15g，桂枝 9g。

加减：若无人参者可改用党参 25g 以益气；如痰涎壅盛者可加浙贝母 10g、陈皮 12g 以除痰止咳而兼通肺络；若兼有脘腹胀满，心痛时作，兼气滞血瘀者可加桃仁 10g、红花 10g、当归 15g、川芎 12g、枳实 10g 行气活血；若兼下肢浮肿者宜加猪苓 15g、车前子 10g（包煎）利水消肿。

【其他疗法】

（1）中成药

1）参附补心丸（由人参、淡附子、大黄等组成，制成丸剂）：口服，每次 1 丸，每日 3 次。

2）心宝丸（由洋金花、人参、肉桂、附子、鹿茸、冰片、人工麝香、三七、蟾酥组成），温补心肾，益气助阳，活血通脉，用于心肾阳虚、心脉瘀阻引起的慢性心功能不全。心功能 1 级者用 120mg（2 丸），一日 3 次；2 级者 240mg（4 丸），一日 3 次；3 级者用 360mg（6 丸），一日 3 次，一疗程为二个月。心功能正常后改为日维持剂量 60 ～ 120mg。

（2）注射剂：参麦注射液：40ml 加入 5% 葡萄糖氯化钠溶液 250ml 中静脉滴注，每日 1 ～ 2 次，7 天为 1 个疗程。

（3）单方验方

1）黄芪 10g，附片 6g，葶苈子 15g，甘草 6g，每日 1 剂，水煎服，7 天为 1 个疗程。

2）葶苈子研末，每日服用 3 ～ 6g，分 3 次饭后服用。

（4）针灸治疗：针内关、间使、通里、少府、心俞、神门、足三里、肺俞、合谷、膻中、天突，每次取穴 4 ～ 5 个，每日 1 次，7 ～ 10 天为 1 个疗程，休息 3 ～ 5 天，再行下 1 个疗程。

（5）饮食疗法：泻肺平喘膏：将葶苈子 50g，大枣 75 枚，枳实 150g，蜂蜜 240g，做成膏剂，每次 10g，每日 3 次，白开水冲服。

3. 心肾阳虚兼水湿泛滥证

【证候】 下肢或全身水肿，喘促气急，形寒肢冷，腰膝酸软，心悸胸闷，小便短少，舌淡，苔白或白腻，脉沉细。

【治法】 温补心肾，通阳利水。

【方药】 真武汤合五苓散加减。人参 6g（另炖），熟附子 12g（先煎），茯苓 15g，泽泻 15g，猪苓 15g，白术 12g，桂枝 10g，车前子 10g（包煎），甘草 6g。

加减：若兼气阴不足者加黄芪 30g、麦冬 12g 益气养阴；若水饮上逆，凌心犯肺而喘促不止者加葶苈子 12g、苏子 10g、桑白皮 15g 泻肺利水；若兼血脉瘀阻，口唇发绀，肋下有痞块者加桃仁 10g、红花 10g、川芎 12g、赤芍 10g、当归 15g、益母草 30g 以活血祛瘀消肿。

【其他疗法】

（1）中成药：生脉饮口服液：口服，每支 10ml，每次 2 支，每日 3 次。

（2）注射剂

参附注射液：20 ~ 40ml 加入 5% 葡萄糖氯化钠溶液 250ml 中静脉滴注，每日 1 ~ 2 次，7 天为 1 个疗程。

（3）单方验方

1）黄芪 10g，附片 6g，葶苈子 15g，甘草 6g，每日 1 剂，水煎服，7 天为 1 个疗程。

2）北五加皮粗苷：口服，每次 20mg，每日 3 ~ 4 次，服 2 ~ 3 天后改维持量，每日 20 ~ 40mg。

（4）针灸治疗

1）体针：针水分、水道、阳陵泉、天枢透曲骨，或三阴交、水泉、飞扬、复溜、肾俞，两组穴位可交替使用。每次取穴 4 ~ 5 个，每日 1 次，7 ~ 10 天为 1 个疗程，休息 2 ~ 7 天，再行下 1 个疗程。

2）耳针：针穴肾上腺、皮质下、心、肺、内分泌，两耳交替取穴，适当刺激后间歇留针，留针 2 ~ 4 小时，7 天为 1 个疗程。

（5）饮食疗法

1）人参麦冬炖鸡：人参 5 ~ 10g，麦冬 15g，大枣 3 枚，母鸡肉 100g，水 1 碗，用瓦盅隔水炖熟，食用。

2）冬瓜鲤鱼赤小豆汤：冬瓜 150g，赤小豆 30g，薏苡仁 30g，鲤鱼 1 小条，水适量，煲汤，少许油盐调味食。

4. 心肾阳衰兼阳气虚脱证

【证候】 喘促日久，呼多吸少，动则更甚，身肿尿少，形寒神疲，渐至喘憋持续不解，抬肩撷肚，面赤躁扰，汗出如油，四肢厥冷，舌质淡紫，苔少或无，脉浮大无根。

【治法】 回阳救逆，益气固脱。

【方药】 参附龙牡汤合通脉四逆汤。人参 15g（另炖），炮附子 15g（先煎），干姜 6g，葱白 3 根，龙骨 30g（先煎），牡蛎 30g（先煎），炙甘草 10g。

此型病情极为严重，务必全力抢救，急救时通常先用参附芪注射液 20ml 加入 5% 葡萄糖氯化钠溶液 250ml 中静脉滴注，继而用参附芪注射液 40 ~ 60ml 加入 5% 葡萄糖氯化钠溶液 250ml 中静脉滴注以回阳救逆，后再服汤剂或中成药维持疗效。

【其他疗法】

（1）中成药

1）生脉饮口服液：口服，每支 10ml，每次服 2 支，每日 3 次。

2）振源胶囊（内含人参皂苷）：口服，每次 3 粒，每日 3 次。

（2）注射剂

1）参附注射液：20 ～ 40ml 加入 5% 葡萄糖氯化钠溶液 250ml 中静脉滴注，每日 1 ～ 2 次，7 天为 1 个疗程。

2）参附芪注射液：20 ～ 40ml 加入 5% 葡萄糖氯化钠溶液 250ml 中静脉滴注，每日 1 ～ 2 次，7 天为 1 个疗程。

（3）单方验方：人参 10g 或红参 30g，用瓦盅隔水炖 1 小时，服用，昏迷者灌服或鼻饲。

（4）针灸治疗：灸神阙、气海、关元，以回阳固脱。

（5）饮食疗法

1）参糖饮：红参 6g，红糖 15g，将红参水煎，沸后放入红糖再将糖熬化，一次顿服，昏迷者灌服或鼻饲。

2）玉参味蜜饮：西洋参 6g，玉竹 25g，五味子 15g，蜂蜜 30g，三味药加水 200ml，煎至 100ml，去玉竹、五味子，调入蜂蜜，每日 3 剂，频频饮用。

三、预防与调护

1. 预防

（1）减少各种心脏病的发病率：例如饮食控制，抗感染，去除感染灶，抗风湿，降压，降糖，克服胰岛素抵抗等即可以降低冠心病、风湿性心脏病、高血压性心脏病及糖尿病性心脏病的发病率。

（2）避免诱因：对已患心脏病的患者，应及时控制和去除心衰发生的各种诱因。例如及时控制感染或去除心内外感染灶、迅速纠正心律失常、纠正电解质紊乱和酸碱平衡失调、避免输液过多过快等。育龄妇女患心脏病，应视情况避孕，病情严重者应终止妊娠。

（3）适当进行体育锻炼：动静结合，以提高心脏代偿功能和改善全身状况，防止心功能的恶化。对于中、重度心衰患者，则应适当限制活动，以“静”为主。

2. 调护

（1）适当安排休息：心衰Ⅰ度者不宜参加较重的体力劳动和体育活动，心衰Ⅱ度者应该限制其体力活动，心衰Ⅲ度者，则应卧床休息，但要鼓励病人作肢体运动以防血栓形成。

（2）加强精神护理：保持室内环境清静，避免精神刺激，解除病人思想顾虑，增强战胜疾病的信心，保持良好的精神状态，以利疾病康复。

（3）合理调配饮食

1）加强营养：饮食易于消化、富于营养，例如鱼类及兔肉、瘦猪肉、鸡肉等。

2）忌食肥腻、辛辣之品：如动物内脏、蛋黄、墨鱼、章鱼等高脂食品以及浓茶、咖啡等，应戒烟戒酒，少食多餐，防止过饱，多食水果蔬菜。

3）适当限制食盐：对于心衰水肿者，每日食盐可限制在 2 ～ 5g 之间，对含盐高的食品，例如咸菜、咸蛋、咸鱼、咸鸡、咸猪肉、酱油等亦应限制。

第九节 高血压病

高血压是以体循环动脉压增高为主要表现的临床综合征，可分为原发性及继发性两大类。对于迄今原因尚未完全阐明的高血压称为原发性高血压（primary hypertension），又称高血压病，此类患者占总高血压患者的95%以上。高血压病是最常见的心血管病之一，长期高血压不仅使冠心病的发病率成倍增加，且是造成脑血管意外及心、肾功能损害的重要原因。目前我国采用国际上统一的标准，即非同一日两次以上收缩压（SBP）≥18.7kPa（140mmHg）和/或舒张压（DBP）≥12.0kPa（90mmHg）即诊断为高血压。

本病属于中医“眩晕”、“头痛”范畴。

一、病因病机

中医学认为本病的发病原因与长期情志失调，脏腑气血功能紊乱；饮食不节损伤脾胃，体内痰浊内生；久病、过劳，伤及人体正气及先天禀赋异常等因素密切相关。在上述病因作用下，机体阴阳平衡失调，脏腑、经络、气血功能紊乱，从而形成以头晕头痛为主要表现的高血压病。其主要病机为长期精神紧张或忧思郁怒，使肝气郁结，气郁化火伤阴，肝阴耗伤，肝阳上亢，上扰头目或肝肾阴虚，不能涵敛阳气，阳气亢逆上冲，而出现眩晕、头痛；饮食不节或忧思劳倦伤脾，使痰湿中阻，或兼内生之风火作祟，则表现头痛、脘闷、眩晕欲仆等；如病程延续，病情进一步发展，使血行不畅，终致瘀血阻络，如病久不愈，阴损及阳，终致阴阳两虚。

二、辨证论治

（一）辨证要点

一辨相关脏腑：高血压病虽病在清窍，但肝、脾、肾三脏及气血功能失调是发病的内在因素，且眩晕为其主症，临床上可根据眩晕的伴随症来区别病变所累及的相关脏腑；二辨标本虚实：其发病机理主要是上实下虚，上实为肝阳上亢，肝火，肝风上扰，气血并走于上；下虚为肝肾阴虚，水不涵木，肝失滋养，而致肝阳偏盛。患病日久，阴损及阳，又导致阴阳两虚，出现相应的证候。一般说来，该病早期多为肝阳偏盛，中期多属肝肾阴虚，晚期多属阴阳两虚。

（二）治疗原则

本病的早期多属“风、火、痰、瘀”所致，治疗重在潜阳息风，以平肝清热、化湿除痰、祛瘀通脉为主；中期多属肝肾阴虚，治疗重在滋阴潜阳，以滋补肝肾为主；晚期多为本虚，治疗重在益阴助阳，当以补肾养肝之品调之。

（三）分证论治

1. 肝阳上亢证

【证候】 头晕头痛，面红目赤，烦躁易怒，口干口苦，溲黄便秘，舌红苔黄，脉弦。

【治法】 平肝潜阳，清热息风。

【方药】 羚羊角汤加减。羚羊角15g（先煎），钩藤18g，石决明30g（先煎），龟甲20g（先煎），夏枯草12g，生地黄18g，牛膝12g，白芍15g，菊花12g，牡丹皮15g，酸枣仁18g，甘草6g。如无羚羊角则用水牛角或山羊角25g代替。

加减：若肝火偏盛者，加龙胆草15g以增强清肝泄热之力；如大便秘结者，加大黄10g以通腑泄热；若阳盛生风眩晕者，加天麻12g息风。

【其他疗法】

（1）中成药

1）牛黄降压丸：口服，每次1～2丸，每日3次。

2）复方罗布麻片：口服，每次2片，每日3次。

3）夏桑菊冲剂：冲服，每次1小包，每日3次。

（2）单方验方

1）苦丁茶10g，夏枯草30g，野菊花15g，水煎服，每日1剂。

2）钩藤30g，水煎10分钟，每日1剂，口服。

（3）针灸治疗

1）体针：主穴取风池、曲池、足三里、太冲，肝火炽盛加行间、太阳。每次选主穴2个和配穴1～2个，用泻法，留针20分钟，7天为1个疗程。

2）耳针疗法：取皮质下、神门、心、交感、降压沟，每穴捻针半分钟，留针30分钟，每日1次，可埋针1～2天，10天为1个疗程；或揿针埋藏或王不留行籽按压，每次选2～3穴，每日按压3～5次，7天为1个疗程。

3）穴位注射：取①足三里、内关；②合谷、三阴交；③太冲、曲池3组穴，交替使用，每穴注射0.25%盐酸普鲁卡因1ml，每日1次，3～5天为1个疗程。

2. 痰浊中阻证

【证候】 头晕头重，困倦乏力，心胸烦闷，腹胀痞满，呕吐痰涎，少食多寐，手足麻木，舌淡苔腻，脉象弦滑。

【治法】 健脾化湿，除痰息风。

【方药】 半夏白术天麻汤加减。天麻12g，白术15g，法半夏15g，姜竹茹12g，枳实12g，茯苓15g，石菖蒲12g，远志9g，罗汉果6g。

加减：若痰阻血瘀，心胸闷痛者加丹参18g、延胡索12g以活血止痛；若脘闷腹胀，纳呆便溏者，加砂仁10g（后下）、藿香12g以行气化浊止泻；若痰浊化热，舌苔黄腻者，加黄连10g以清热；肢麻甚者，加白僵蚕15g、天南星10g以息风通络。

【其他疗法】

（1）中成药

复方罗布麻片：口服，每次2粒，每日3次。

（2）针灸疗法：针风池、曲池、足三里、太冲，痰湿内盛加丰隆、内关，用泻法，留针20分钟，7天为1个疗程。

（3）饮食疗法

1）山楂荷叶苡米汤：三药各50g，加水适量后去渣，取汁服用。

2）沙葛或芹菜炒肉片：沙葛120g或芹菜100g，瘦猪肉或兔肉或鱼肉50～75g，加适量油盐共炒至熟。

3. 血脉瘀阻证

【证候】 头痛经久不愈，固定不移，偏身麻木，心痛胸痹，面唇发绀，舌质紫黯，脉象弦涩。

【治法】 活血祛瘀，疏通血脉。

【方药】 血府逐瘀汤加减。赤芍 15g，桃仁 10g，生地黄 15g，红花 10g，柴胡 12g，郁金 12g，牛膝 12g，益母草 18g，合欢皮 20g，甘草 6g。

加减：兼气虚，自汗者加黄芪 30g 以补气固表涩汗；若兼血瘀化热者，加牡丹皮 12g、地骨皮 12g 以清瘀热。

【其他疗法】

（1）中成药

1）复方罗布麻片：口服，每次 2 粒，每日 3 次。

2）松龄血脉康胶囊：口服，每次 4 粒，每日 3 次。

（2）注射剂：复方丹参注射液：20ml 加入 5% ～ 10% 葡萄糖溶液 250 ～ 500ml 内静脉滴注，每日 1 次，15 ～ 20 天为 1 个疗程。

（3）针灸疗法：针足三里、丰隆、脾俞、阴陵泉，用平补平泻法，每周 3 次，10 周为 1 个疗程。

（4）饮食疗法

1）茜水鱼汤：茜草 9g，仙鹤草 9g，水鱼（鳖）1 只，调料适量。将茜草、仙鹤草煎汤，去渣留汁，加入洗净之鱼，炖熟，加入调料，稍煮即可。每日分 2 次服食。

2）荷叶郁金粥：将荷叶 1 张，郁金 15g，共煎汤去渣，再同粳米 100g、冰糖共煮成粥服食。

4. 肝肾阴虚证

【证候】 头晕目眩，耳鸣，健忘，口燥咽干，腰膝酸软，五心烦热，小便黄短，大便干结，舌红少苔或无苔，脉弦细或细数。

【治法】 滋补肝肾。

【方药】 杞菊地黄汤加减。枸杞子 15g，菊花 12g，生地黄 15g，山茱萸 12g，泽泻 12g，牡丹皮 15g，茯苓 15g，山药 15g，杜仲 12g，酸枣仁 18g，甘草 6g。

加减：若症见手足心热，盗汗，咽干，舌红少苔等虚火上炎甚者加知母 10g、黄柏 10g、龟甲 15g（先煎）以滋阴泻火。

【其他疗法】

（1）中成药

1）全天麻胶囊：口服，每次 3 粒，每日 3 次。

2）杞菊地黄丸：口服，每次 6g，每日 3 次。

3）养血清脑颗粒：口服，每次 4g，每日 3 次。

（2）单方验方：桑寄生 15g，每日 1 剂，水煎服。也可代茶饮。

（3）针灸治疗：针曲池、足三里、太冲、太溪、三阴交、神门，用平补平泻法，留针 20 分钟，7 天为 1 个疗程。

（4）饮食疗法

1）黄精熟地脊骨汤：将猪脊骨洗净，与黄精 15g、熟地 15g 一起炖 2 小时，入盐调味，每日 1 剂，分 2 次饮服。

2）杞子核桃汤：枸杞子 30g，核桃肉 15g，天麻 15g，加水煮 20 ～ 30 分钟，每日 1 次，分 2 次饮汤食核肉。

5. 阴阳两虚证

【证候】 头晕眼花，头痛耳鸣，心悸气短，腰酸腿软，失眠多梦，遗精，肢冷麻木，尿频数或少尿水肿，舌淡苔白，脉象弦细，尺弱。

【治法】 补肾养肝，益阴助阳。

【方药】 金匮肾气丸合二仙汤加减。熟地黄 15g，山茱萸 12g，山药 15g，茯苓 15g，牡丹皮 12g，泽泻 12g，熟附子 10g（先煎），肉桂 3g（焗服），淫羊藿 15g，金樱子 30g，炙甘草 6g。

加减：若兼见手足心热，盗汗，咽干，舌红少苔等虚火上炎者加知母 10g、黄柏 10g、龟甲 15g（先煎）以滋阴泻火；若畏寒肢冷甚，小便清长，面色㿠白者加鹿角胶 15g（烊化）、杜仲 18g 以温阳补肾。

【其他疗法】

（1）中成药

1）八珍丸：口服，每次 1 丸，每日 2 次。

2）附桂八味丸：口服，每次 6g，每日 3 次。

（2）单方验方：芹菜根 30g，龙葵 60g，水煎服，每日 1 剂，亦可代茶饮用。

（3）注射剂：参麦注射液（红参、麦冬提取物）：每次 2 ～ 4ml，肌内注射，每日 1 次；或 20 ～ 60ml 加入 5% 葡萄糖溶液 250 ～ 500ml 稀释后静脉滴注。

（4）针灸治疗：针曲池、足三里、太冲、气海，用平补平泻法，留针 20 分钟，关元（灸），7 天为 1 个疗程。

（5）饮食疗法

天麻炖鱼头：天麻 10g，鳙鱼头 1/2 个，生姜 2 片，大枣 2 枚，水 1 碗，炖熟，油盐调味服食。

三、预防与调护

1. 预防

（1）畅情志，慎起居：高血压病的发生多与情志失调、劳倦过度等因素有关，预防高血压病的发生，应避免和消除能导致高血压病发生的各种内、外致病因素，故应保持心情舒畅，防止七情内伤；要注意劳逸结合，避免体力和脑力的过度劳累；坚持适当的体育锻炼，如练太极拳、太极剑等以达到疏通气血的作用，以增强体质。

（2）节饮食：高血压病的发生多与饮食不节有关，故要饮食有节，注意饮食清淡，防止暴饮暴食、过食肥甘醇酒及过咸伤肾之品，尽量戒烟戒酒。

2. 调护

高血压病一经确诊后就要及时治疗，注意休息，严重者当卧床休息；保持情绪稳定，避免突然、剧烈的体位改变和头颈部运动，以防高血压病症状的加重，或发生昏仆；有高血压病史的病人，当避免剧烈体力活动，避免高空作业；有重要脏器并发症者，应卧床休息，住院治疗。

第十节 慢性胃炎

慢性胃炎（chronic gastritis）是指由各种病因引起的胃黏膜慢性炎症。主要是感染、自身免疫、十二指肠液反流等因素引起的胃黏膜的炎症、萎缩和肠上皮细胞化生，按病变发生的部位可以分为慢性胃体炎（A 型胃炎）和慢性胃窦炎（B 型胃炎）两类。慢性胃炎是常见的消化道疾病之一，本病病程迁延，大多无明显临床症状，可有上腹胀满、疼痛、嗳气吞酸、恶心呕吐、纳呆等症状。本病任何年龄都可以发病，但随年龄增长亦有发病率增高的趋势，男性稍多见于女性。

本病属于中医“胃痛”、“痞满”、“呕吐”等范畴。

一、病因病机

中医认为本病的病因病机多是由于脾胃素虚，加之外邪侵袭所致，主要与外邪犯胃、饮食所伤、情志不畅等有关，导致胃气不调，胃失和降。外感寒、热、湿邪，内客于胃，使胃脘气机阻滞，不通而痛；饮食不节，食滞内生；或寒温失宜，损伤脾胃；或进食不洁之物，邪从口入；或偏食辛辣肥甘厚味，或嗜酒过度，湿热内生，均可引起脾胃运化失职，胃失和降；长期焦虑、忧思、悲伤等，情志不和，肝失疏泄，致使脾失健运，胃失和降，导致肝胃不和或肝郁脾虚；或肝气郁久化火，致肝胃郁热；素体脾胃虚弱，或久病及脾胃，或误治损伤脾胃，致脾运化无力，湿浊内生，阻遏气机。本病病位在胃，与肝脾关系密切。

二、辨证论治

（一）辨证要点

应辨虚实寒热，在气在血及兼杂证。本病初起多实，病在气分；久病则多以虚为主，或虚实相兼，病在血分。各证在临床上一般不是单独出现或一成不变的，而是相互转化和相互兼杂，如寒热错杂、气血同病、虚中夹实、实中兼虚等。

（二）治疗原则

治疗以理气和胃为主，审证求因，辨证论治。邪气盛则驱邪为先，正气虚以扶正为主，虚实错杂者，则扶正祛邪并用。

（三）分证论治

1. 寒邪客胃证

【证候】 胃痛暴作，恶寒喜暖，得温痛减，遇寒加重，口不渴或喜热饮，舌淡苔薄白，脉弦。

【治法】 温胃散寒，行气和胃。

【方药】 良附丸加减。高良姜 12g，吴茱萸 6g，香附 12g，乌药 6g，陈皮 9g，藿香 12g，炙甘草 6g。

加减：有恶寒、头痛等风寒表证者，加苏叶 9g、生姜 9g 以疏散风寒；若兼见胸脘痞闷，胃纳呆滞，嗳气或呕吐者，是为寒夹食滞，加枳实 10g、鸡内金 9g、制半夏 12g 以消食导滞，降逆止呕。若寒邪郁久化热，寒热错杂，可用半夏泻心汤辛开苦降，寒热并调。

【其他疗法】

（1）中成药：温胃舒胶囊：口服，每次 1 ~ 2 袋，每日 2 次。

（2）针灸治疗：针中脘、内关、足三里、胃俞，用泻法，中脘可以温针灸。

（3）饮食疗法：粳米 100g，生姜 9g。将粳米用水浸泡后，用麻纸 5 ~ 6 层包好，烧成炭，研成细末；用生姜煎水，冲服粳米炭粉末 6 ~ 9g，早晚各 1 次。

2. 肝气犯胃证

【证候】 胃脘胀痛，痛连两胁，遇烦恼则痛作或痛甚，嗳气、矢气则痛舒，胸闷嗳气，喜长叹息，大便不畅，舌苔薄白，脉弦。

【治法】 疏肝解郁，理气止痛。

【方药】 柴胡疏肝散加减。柴胡 15g，枳壳 15g，芍药 15g，川芎 9g，郁金 15g，香附 9g，陈皮 9g，佛手 10g，甘草 6g。

加减：胃痛较甚者，加川楝子 6g、延胡索 9g 以加强理气止痛；嗳气较频者，加旋覆花 10g 以顺气降逆；泛酸者加乌贼骨 10g、煅瓦楞子 10g 中和胃酸；痛势急迫，嘈杂吐酸，口干口苦，舌红苔黄，脉弦或数，乃肝胃郁热之证，改用丹栀逍遥散加黄连 9g 以疏肝泄热和胃。

【其他疗法】

（1）中成药：胃苏颗粒：口服，每次 5g，每日 3 次。

（2）单方验方：柴胡 6g，炒黄芩、炒白术、香扁豆、炒白芍各 9g，炙甘草 3g，苏梗 6g，制香附、炙延胡各 9g，八月札 15g，炒六曲、香谷芽各 6g。水煎，分 2 次，饭后 1 小时温服。本方为上海名老中医张镜人方，功能调肝和胃，健脾安中。

（3）针灸治疗：针中脘、内关、足三里、太冲、阳陵泉，用平补平泻法。

（4）饮食疗法：佛手砂仁瘦肉汤：佛手片 15g（鲜品可用 30g），砂仁 5g，新鲜猪瘦肉 250g。先将佛手片与猪瘦肉洗净，同放进汤煲内，用中火煲汤，1 小时后，放进砂仁，再煲 5 分钟，停火待温，调味，饮汤食猪瘦肉。

3. 脾胃湿热证

【证候】 胃脘疼痛，痛势急迫，脘闷灼热，口干口苦，渴不欲饮，小便黄，舌红苔黄腻，脉滑数。

【治法】 清化湿热，理气和胃。

【方药】 清中汤加减。黄连 10g，栀子 6g，制半夏 12g，茯苓 12g，草豆蔻 10g，陈皮 9g，生甘草 6g。

加减：湿偏重者加苍术 10g 燥湿醒脾；热偏重者加黄芩 10g 清胃泄热；伴恶心呕吐者，加竹茹 9g、生姜 9g 以清胃降逆；大便秘结不通者，可加大黄 6g（后下）通下导滞；纳呆少食者，加神曲 10g、鸡内金 9g 以消食导滞。

【其他疗法】

（1）中成药：三九胃泰颗粒：开水冲服，每次 6g，每日 2 ~ 4 次。

（2）针灸治疗：针中脘、内关、足三里、内庭、阴陵泉，用泻法。

4. 瘀血阻络证

【证候】 胃脘疼痛如针刺，似刀割，痛有定处，拒按，或见黑便，舌质紫黯或有瘀斑，脉弦涩。

【治法】 化瘀通络，理气和胃。

【方药】 失笑散加减。五灵脂 10g，蒲黄 6g，丹参 10g，檀香 10g，砂仁 6g。

加减：胃痛甚者，加郁金 9g、枳壳 9g 以加强活血行气止痛之功；便黑者，加三七 6g 化瘀止血；若口干咽燥，舌光无苔，脉细，为阴虚无以濡养，加麦冬 10g、天花粉 10g 以滋阴润燥。

【其他疗法】

（1）中成药：三七粉：口服，每次 1.5 ～ 3g，每日 2 次。

（2）单方验方：丹参 10g，赤芍 9g，五灵脂 6g，生蒲黄 9g，檀香、砂仁、香附各 6g，川楝子 9g。水煎服，每日 1 剂，分 2 次服。

（3）针灸治疗：针中脘、内关、足三里、梁门、血海，用泻法。

（4）饮食疗法：红枣益脾糕：当归 10g，红枣 30g，鸡内金 10g，面粉 500g，白糖 300g，发面适量（用酵母发面）。当归、红枣、鸡内金放入锅内，用武火烧沸后，转用文火煮 20 分钟，去渣留汁。面粉、白糖、酵母放入盆内，加药汁，清水适量，揉成面团，待面团发酵后，做成糕坯。将糕坯上笼用武火蒸 15 ～ 20 分钟即成，每日 1 次，作早餐食用。

5. 胃阴亏虚证

【证候】 胃脘隐隐作痛，饥而不欲食，口渴思饮，消瘦乏力，口干咽燥，大便干结，舌红少津，脉细数。

【治法】 养阴益胃，和中止痛。

【方药】 沙参麦冬汤合芍药甘草汤加减。沙参 15g，麦冬 15g，生地 15g，枸杞子 15g，当归 10g，砂仁 6g（后下），芍药 15g，炙甘草 6g。

加减：嘈杂泛酸者，加左金丸以制酸；胃脘胀痛较剧，兼有气滞者，加厚朴 10g、佛手 10g 行气止痛；大便干燥难解者，加瓜蒌仁 15g 润肠通便；若阴虚胃热者，加石斛 10g、知母 10g 养阴清胃。

【其他疗法】

（1）中成药：养胃舒颗粒：口服，每次 1 ～ 2 袋，每日 2 次。

（2）单方验方：沙参 10g，麦冬 15g，玉竹 12g，石斛、百合各 10g，山药、扁豆各 12g，白芍 9g，川楝子 12g。水煎服，每日 1 剂，分 2 次服。

（3）针灸治疗：针中脘、内关、足三里、太冲、太溪，用平补平泻法。

（4）饮食疗法：大枣百合汤：大枣 10 枚，百合 60g，冰糖适量。将大枣洗净，去核；百合洗净，撕散鳞片；将上 2 味共入沙锅煮烂，加水冰糖适量调匀即可；服法：饮汤，食大枣、百合；每日 1 次，5 ～ 7 日为 1 个疗程。

6. 脾胃虚寒证

【证候】 胃痛隐痛，喜温喜按，空腹痛甚，得食则缓，劳累或受凉后发作或加重，神疲纳呆，四肢倦怠，大便溏薄，舌淡苔薄白，脉沉缓。

【治法】 温中健脾，和胃止痛。

【方药】 黄芪建中汤加减。黄芪 30g，党参 15g，白术 15g，桂枝 10g，生姜 10g，芍药 15g，炙甘草 9g，饴糖 30g，大枣 10g，陈皮 10g。

加减：泛吐清水较多者，加干姜 10g、茯苓 10g 以温胃化饮；泛酸者可去饴糖，加黄连 9g、煅瓦楞子 10g 以制酸和胃；胃脘冷痛，里寒较甚，呕吐，肢冷者，加理中丸以温中散寒。

【其他疗法】

（1）中成药：附子理中丸：口服，每次 1 丸，每日 2 次。

（2）针灸治疗：针中脘、内关、足三里、脾俞、胃俞，用补法。

（3）饮食疗法：温胃羊肉汤：肥羊肉 250g，山药 75g，生姜 8g，葱白 15g，胡椒 3g，黄酒 10g、食盐 1.5g 左右。姜葱洗净拍破备用。先将羊肉洗净，入沸水锅内，焯去血水，山药用清水浸透后切片，与羊肉一起放入锅内，加入清水适量。投入生姜、葱白、胡椒、黄酒，先用武火煮沸，去泡沫，改文火炖至熟透，捞出羊肉待凉，切片，再将原汤除去姜葱，调味，连山药一起倒入羊肉碗内食用即可。

三、预防与调护

（1）慎饮食：患者要养成有规律的生活与饮食习惯，忌暴饮暴食，饥饱不匀。尽量避免进食浓茶、咖啡、烈酒和辛辣食物，进食宜细嚼慢咽，戒烟戒酒，慎用水杨酸、肾上腺皮质激素等西药。

（2）调情志：保持乐观的情绪，避免过度劳累与精神紧张。

第十一节　消化性溃疡

消化性溃疡（peptic ulcer，PU）主要指发生在胃和十二指肠的慢性溃疡，即胃溃疡（gastric ulcer，GU）和十二指肠溃疡（duodenal ulcer，DU）。溃疡不同于糜烂，其黏膜缺损超过黏膜肌层。溃疡浅者只累及黏膜肌层，深者达肌层甚至浆膜层，溃破血管时引起出血，穿破浆膜层时引起穿孔。临床表现的特点为慢性过程反复发作、发作时上腹痛呈节律性、发作呈周期性。本病是人类的常见病，呈世界性分布，估计 10% 的人一生中患过此病。据胃镜检查发现率我国南方高于北方，城市高于农村。临床上 DU 较 GU 为多见，两者之比约 3 ∶ 1。DU 好发于青壮年，GU 的发病年龄较迟，平均晚十年。消化性溃疡的发作有季节性，秋冬和冬春之交远比夏季常见。

本病属于中医“胃痛”、“吐酸”等范畴。

一、病因病机

中医认为消化性溃疡发病的原因是多方面的，主要有脾胃素虚、饮食不节、情志所伤、外邪犯胃等。

（一）饮食不节

饮食不节，或过饥过饱，损伤脾胃，胃气壅滞，致胃失和降，不通则痛。五味过极，辛辣无度，肥甘厚腻，饮酒如浆，则蕴湿生热，伤脾碍胃，气机壅滞。

（二）情志内伤

忧思恼怒，伤肝损脾，肝失疏泄，横逆犯胃，脾失健运，胃气阻滞，均致胃失和降，而发本病。

（三）脾胃素虚

脾胃为仓廪之官，主受纳和运化水谷。若素体脾胃虚弱，运化失职，湿浊内生，气机不畅，若气滞日久或病久入络可致不通而痛。

二、辨证论治

（一）辨证要点

1. 辨缓急

凡病暴作，起病急者，多因外受寒邪，或恣食生冷，或暴饮暴食，以致寒伤中阳，或积滞不化，胃失通降，不通则痛。凡胃痛渐发，起病缓者，多因肝郁气滞，木旺乘土，或脾胃虚弱，土壅木郁，而致肝胃不和，气滞血瘀。

2. 辨寒热

寒性凝滞收引，故寒邪犯胃之疼痛，多伴脘腹胀满拒按，纳呆，苔白，脉弦紧等症。脾胃阳虚之虚寒胃痛，多见隐隐作痛，喜暖喜按，遇冷加剧，四肢不温，舌淡苔薄，脉弱等症。热结火郁，胃失通降的胃痛，多伴烦渴思饮，恶热喜凉，溲赤，便结，苔黄少津，脉象弦数等症。

3. 辨虚实

胃痛而胀，大便闭结不通者多实；痛而不胀，大便不闭结者多虚；喜凉者多实，喜温者多虚；拒按者多实，喜按者多虚；食后痛甚者多实，饥则腹痛者多虚；脉实气逆者多实，脉虚气少者多虚；痛剧而坚，固定不移者多实，痛徐而缓，痛处不定者多虚；新病体壮者多实，久病体衰者多虚；用补法治疗不效者多实，用攻法治疗加重者多虚。

4. 辨气血

胃痛有在气在血之分。一般初病在气，久病在血。凡痛属气分者，多见既胀且痛，以胀为主，痛无定处，时作时止，聚散无形，此乃无形之气痛。凡痛属血分者，多见刺痛，痛有定处，舌质紫暗，此乃有形之血痛。

（二）治疗原则

本病治疗上多用通法，使气血调畅，纳运复常，则其痛自止。但当辨虚实寒热，分别论治。如寒凝者当散寒行气；食积者当消积导滞；气滞者当疏肝理气；肝郁化火者当疏肝泄热；血瘀者当活血化瘀；阳气虚者当温阳益气；阴津亏者当养阴益胃。

（三）分证论治

1. 饮食积滞证

【证候】 胃脘胀满疼痛拒按，嗳腐吞酸，或呕吐不消化之食物，吐后较舒，不思食，大便不爽，舌苔厚腻，脉滑。

【治法】 消导行滞，和胃止痛。

【方药】 保和丸加减。山楂 15g，制半夏 10g，茯苓 12g，莱菔子 6g，陈皮 9g，神曲 12g，连翘 10g。

加减：气滞比较明显者，加香附 9g、枳壳 9g 以行气导滞；若食积化热，苔黄，便秘者，加芒硝 6g、大黄 6g 以荡涤通腑。

【其他疗法】

（1）中成药：摩罗丹：口服，大蜜丸每次 1 ～ 2 丸，小蜜丸每次 55 ～ 110 粒，每日 3 次。

（2）单方验方：莱菔子 15g 水煎，送服木香面 4.5g。

（3）针灸治疗：针中脘、下脘、足三里、丰隆、胃俞，用泻法。

（4）饮食疗法：红茶蜂蜜饮：红茶 5g，蜂蜜、红糖各适量。将红茶放入保温杯中，以沸水冲泡，盖上盖温浸 10 分钟，再调入蜂蜜与红糖，趁热饮服，每日 3 次。

2. 肝胃不和证

【证候】 胃脘胀满，攻撑作痛，牵及两胁，遇情志不遂而加重，吐酸，善太息，苔薄白，脉弦。

【治法】 疏肝理气，和胃止痛。

【方药】 四逆散加减。柴胡 12g，佛手 15g，枳壳 12g，广木香 10g（后下），延胡索 15g，苏梗 15g，郁金 15g，川楝子 15g，白芍 15g，炙甘草 6g。

加减：伴反酸者，加海螵蛸 10g、浙贝母 10g 制酸；痛甚者，加三七末（冲服）以祛瘀止痛；嗳气频繁者，加沉香 10g、白蔻仁 6g（后下）、代赭石 15g 以顺气降逆；大便不通者，加槟榔 10g、大黄 6g（后下）以通便。若兼见舌红、苔黄、脉弦数等肝胃郁热症状者，以清化郁热为法，改用方药如下：柴胡 15g、郁金 10g、大黄 6g、蒲公英 15g、海螵蛸 10g、浙贝母 10g、延胡索 10g、川楝子 6g、竹茹 10g、黄连 6g、枳壳 10g。

【其他疗法】

（1）中成药：金沸止痛丸：口服，每次 10g，每日 3 次。

（2）单方验方：鸡内金 10g，香附 10g，乌贼骨 10g，共研细末，每次 1 ～ 2g，每日 3 次。

（3）针灸治疗：针中脘、足三里、合谷、太冲、阳陵泉，用泻法。

（4）饮食疗法：佛手饴糖汤：佛手片 15g（鲜品可用 30g），饴糖 30g，先将佛手用中火煲汤，1 小时后，放进饴糖，再煲 5 分钟，停火温服。

3. 脾胃湿热证

【证候】 胃痛或胸脘胀闷，口干口苦，渴不欲饮，舌质红，苔黄厚腻，脉弦滑或弦数。

【治法】 清热燥湿，理气和胃。

【方药】 泻心汤加减。黄芩 15g，黄连 10g，大黄 10g，蒲公英 30g，延胡索 15g，佛手 15g，枳实 10g，厚朴 15g，海螵蛸 15g，浙贝母 10g。

加减：伴恶心呕吐者，加竹茹 10g、法半夏 10g 以清热和胃降逆；大便秘结不通者，加虎杖 10g、大黄改后下以清热攻下；纳呆少食者，加鸡内金 10g、神曲 15g 以开胃消滞。

【其他疗法】

（1）中成药：三九胃泰颗粒：用开水冲服，每次 6g，每日 2 ～ 4 次。

（2）针灸治疗：针中脘、足三里、内庭、阴陵泉、丰隆，用泻法。

（3）饮食疗法：包心菜粥：包心菜 500g，粳米 50g。先将包心菜水煮半小时，捞出菜后，入米煮粥，每日 2 次。

4. 脾胃虚寒证

【证候】 胃脘隐痛，喜暖喜按，绵绵不断，遇凉痛甚，每于受凉、劳累后疼痛发作，空腹痛甚，得食痛减，口泛清水，纳差，神疲乏力，大便溏薄，舌淡苔白，脉细弱。

【治法】 健脾温中，和胃止痛。

【方药】 理中汤加味。党参 20g，黄芪 30g，法半夏 10g，白术 15g，茯苓 15g，砂仁 6g（后下），干姜 10g，陈皮 6g。

加减：胃脘冷痛、喜温喜按、四肢不温者，为脾胃虚寒，加制附子 10g、桂枝 10g；泛吐酸水明显者，加吴茱萸 6g、海螵蛸 10g、浙贝母 10g 以制酸；大便潜血阳性者，加炮姜炭 10g、白及 10g 以温中止血。

【其他疗法】

（1）中成药：小建中胶囊：口服，每次 2 ～ 3 粒，每日 3 次。

（2）针灸治疗：针中脘、足三里、脾俞、胃俞、关元，用补法。

（3）饮食疗法

胡椒猪肚汤：用猪肚 1 只洗净，加入胡椒 6g，文火炖熟，可适量佐料后服食，每周 1 ～ 2 次。

5. 胃阴亏虚证

【证候】 胃脘隐痛或灼痛，午后尤甚，或嘈杂心烦，口燥咽干，纳呆食少，大便干结或干涩不爽，舌质红，舌苔少或剥脱，或干而少津，脉细数。

【治法】 养阴清热，和胃止痛。

【方药】 一贯煎加减。生地黄 30g，天花粉 20g，沙参 15g，麦冬 15g，石斛 15g，白芍 15g，川楝子 10g，延胡索 15g，佛手 10g。

加减：泛酸者，加海螵蛸 10g、浙贝母 10g 或配用左金丸以制酸；气阴两虚者，加黄芪 15g、党参 10g、山药 30g 以益气健脾；大便干结者，加用火麻仁 15g 以润肠通便。

【其他疗法】

（1）中成药：阴虚胃痛片：口服，每次 6 片，每日 3 次。

（2）单方验方：百合 30g，乌药、玄胡各 9g，水煎服，每日 1 剂，2 次服。

（3）针灸治疗：针中脘、足三里、三阴交、太溪、太冲，用补法。

6. 瘀血阻络证

【证候】 胃脘疼痛有定处，如针刺或刀割，痛而拒按，食后痛甚，或见吐血、黑粪，舌质紫黯，或见瘀斑，脉涩或沉弦。

【治法】 活血祛瘀，通络止痛。

【方药】 失笑散合丹参饮加减。蒲黄 10g，五灵脂 10g，丹参 20g，延胡索 15g，三七粉 3g（冲服），郁金 15g，枳壳 10g，川楝子 10g。

加减：气虚者，加黄芪 30g、党参 15g 以补中益气；泛酸者，加海螵蛸 15g、浙贝母 10g 以制酸；瘀热者加赤芍 10g、大黄 6g 以清热祛瘀。

【其他疗法】

（1）中成药：祛瘀益胃胶囊：口服，每次 5 粒，每日 3 次。

（2）针灸治疗：针中脘、足三里、梁门、血海、合谷，用泻法。

（3）饮食疗法：当归粥：当归粉 15g，糯米 100g，大枣 5 个，蜂蜜 25g。用糯米、大枣、蜂蜜加水煮至粥将熟时，将当归粉入粥中，改文火稍煮片刻，待粥汤稠黏时即可。每日 2 次，温热食，10 天为 1 个疗程。

三、预防与调护

（1）畅情志，适劳逸：避免情绪激动和过度劳累，保证充足的睡眠，生活有规律，劳逸适度。

（2）慎饮食：少食烟熏、油炸、辛辣、酸甜、粗糙多渣食物。戒烟戒酒，按时进餐，进食不可过急、过快，注意养成细嚼慢咽的良好习惯，以减少对胃黏膜的机械性刺激。不食过冷、过热、过咸的食物。

第十二节　上消化道出血

上消化道出血（upper gastrointestinal hemorrhage）是指屈氏韧带以上的消化道，包括食管、胃、十二指肠及胰腺和胆道等病变引起的出血；胃空肠吻合术后的空肠病变出血亦属于此范围。上消化道疾病及全身性疾病均可引起上消化道大量出血，临床上最常见的病因是消化性溃疡、食管胃底静脉曲张破裂、急性胃黏膜损害和胃癌。呕血和黑粪是上消化道出血的特征性临床表现。本病好发于冬春两季，男性多于女性，以中青年多见。

本病属于中医“吐血”、“便血”等范畴。

一、病因病机

中医认为上消化道出血的病因与饮食不节、情志不和、劳倦过度、久病伤脾等因素有关。上述病因可导致火热炽盛，气血逆乱，迫血妄行；瘀血阻络，血不循经；或脾虚不能统血，均可致出血。

凡外感风热燥火之阳邪、或风寒之邪郁而化热，热伤营血，邪热迫血妄行，血随胃气上逆而吐血。饮食不节，如饮酒过度，或过食酸辣煎炸之品，均可导致热蕴胃肠，或燥热伤阴，虚火扰动血络，血因火动而产生出血。而忧思恼怒，情志失和则可致肝郁化火，横逆犯胃，损伤胃络，气逆血奔，从而产生吐血；若劳倦过度，或肝病、胃病日久导致脾胃虚弱，统摄无权，则血不循经，溢于脉外。肝主藏血，性喜条达疏泄，若肝病日久迁延不愈，则见气滞与血瘀，造成瘀血阻络，血行失常；或因胃病反复不愈，久病入络，从而使血不循经而外溢。本病病位在胃，与肝脾关系密切。

二、辨证论治

（一）辨证要点

1. 辨有火无火

火盛迫血妄行或火热灼伤胃络而致的吐血，一般多见心烦、面红、血色较红、脉数等症。

有火者大多属实，或虚中挟实。无火者，多有中气虚弱或气血亏虚的症状。实证者一般多为初起，久病则多虚证。而有火者，当辨实火虚火，实火如热伤营血，胃火内炽，湿热伤胃，肝火犯胃等证；虚火引起的吐血，主要为阴虚火旺。

2. 辨证候虚实

主要是根据病程、临床证候及血色。新病吐血，大多属实；久病多虚。实者症见胃脘部疼痛，胀满不舒，出血量多，血色较红或紫黯挟有血块，苔黄脉数；虚者症见脘痛绵绵或不痛，吐血色淡或紫暗不鲜，舌淡脉虚等。

（二）治疗原则

本病病情较急，尤其是出血多者，往往危及生命。所以根据证候的不同，审证求因，辨证施治，具有十分重要的意义。针对其主要病机，吐血的治疗以清火降逆、凉血止血、活血化瘀、益气摄血为主要治法。

（三）分证论治

1. 胃热伤络证

【证候】 脘腹胀闷，嘈杂不适，突然呕血，色鲜赤或呈紫暗，夹有食物残渣，胃脘灼热而痛，口干苦，喜凉饮，口泛秽臭，小便短赤，大便色黑呈柏油状，舌质红，苔黄燥，脉滑数。

【治法】 清胃泻火，凉血止血。

【方药】 泻心汤合十灰散加减。大黄 6g，黄连 12g，黄芩 15g，白及 5g，大蓟 15g，小蓟 15g，茜草根 12g，侧柏炭 15g，紫珠草 30g，牡丹皮 12g。

加减：泛酸者，加乌贼骨 10g、珍珠粉 3g 中和胃酸；胃热烦闷，加栀子 6g、荷叶炭 10g 泄热除烦；恶心呕吐者，加代赭石 15g、旋覆花 10g 和胃降逆；热伤胃阴而见舌干口渴者，加麦冬 10g、天花粉 10g 养胃生津。

【其他疗法】

（1）中成药：云南白药：口服，每次 0.5 ~ 1g，每日 4 次。

（2）针灸治疗：针曲池、内庭、大椎，用泻法。

（3）饮食疗法：藕汁 100ml，白糖 20g。将鲜白嫩藕榨取藕汁，加入白糖即可。

（4）外治法：生栀子 15g，生大黄 15g，陈米醋适量，生药研极细末，醋调成膏状，敷脐。每日 1 次，待脐发痒时，或吐血止住时可去掉。

2. 肝火犯胃证

【证候】 吐血鲜红量多，来势急迫，口苦，胁痛，心烦善怒，寐少梦多，烦躁不安，舌质红绛，脉弦数。

【治法】 清肝泻胃，凉血止血。

【方药】 龙胆泻肝汤加减。牡丹皮 12g，栀子炭 12g，茜草根 10g，白芍 12g，柴胡 10g，茯苓 15g，黄芩 12g，生地黄 30g，龙胆草 9g，泽泻 9g，白茅根 15g，甘草 5g。

加减：呕吐者，加代赭石 15g、竹茹 10g 降逆和胃；舌红脉数火热炽盛者，加水牛角 10g、大黄 10g 凉血止血；胁痛甚者，加郁金 9g、香附 10g 理气活络止痛。

【其他疗法】

（1）中成药：云南白药：口服，每次 0.5 ～ 1g，每日 4 次。

（2）单方验方：用嫩荷叶 7 个，捣汁服。又方：用干荷叶、生蒲黄，等分为末，每服 10g，桑白皮煎汤调下。

（3）针灸治疗：针中曲池、内庭、阳陵泉、太冲，用泻法。

3. 脾虚不摄证

【证候】 吐血不止，时轻时重，血色暗淡，体倦神疲，面色无华，心悸气短，头晕，舌淡，苔白，脉细弱。

【治法】 健脾益气，养血止血。

【方药】 归脾汤加减。党参 15g，黄芪 30g，白术 15g，当归 12g，茯苓 15g，炙甘草 6g，仙鹤草 30g，血余炭 12g，白及 15g，阿胶 12g（烊化）。

加减：脾胃虚寒肢冷面白者，加炮姜炭 10g、熟附子 10g（先煎）、灶心土 15g 温中止血；挟瘀者，加三七 10g、炒蒲黄 10g 活血止血。

【其他疗法】

（1）中成药：云南白药：口服，每次 0.5 ～ 1g，每日 4 次。

（2）注射剂：参麦注射液：40 ～ 100ml 加入 5% ～ 10% 葡萄糖溶液 250 ～ 500ml 中静脉滴注，每日 1 次。

（3）单方验方：用人参（焙）、侧柏叶（先蒸后焙）、荆芥穗（烧存性）各 15g，共研为末，每次取 6g 加入面粉 6g，以水调成稀糊吃下。

（4）针灸治疗：针中脘、足三里、三阴交、脾俞、胃俞，用平补平泻法。

4. 气随血脱证

【证候】 吐血量多不止，大便溏黑，甚则紫黯，面色及唇甲苍白，冷汗淋漓，四肢厥冷，尿少，神志恍惚或模糊，舌淡，脉细数无力或微细欲绝。

【治法】 益气摄血，回阳固脱。

【方药】 参附汤。人参 15g（另炖），熟附子 20g（先煎）。

加减：四肢厥冷者，加炮干姜 15g 温中回阳；汗多，加北芪 30g、煅龙骨 30g、煅牡蛎 30g 益气敛汗。

【其他疗法】

（1）中成药：云南白药：口服，每次 0.5 ～ 1g，每日 4 次。

（2）注射剂：参附注射液：50 ～ 100ml 加入 5% 的葡萄糖盐水 250 ～ 500ml 中静脉滴注，每日 1 次。

（3）针灸治疗：灸关元、神阙、足三里。

三、预防与调护

（1）慎起居，调饮食：要做到生活有规律，饮食定时，不酗酒和进食粗糙食物。忌用损害胃黏膜的药物。

（2）防治原发病：积极预防和治疗原发病，保证治疗的连续性和长期性，如降低门脉高压，抗溃疡治疗等。

第十三节　病毒性肝炎

病毒性肝炎（viral hepatitis）是由于多种肝炎病毒引起的一类传染病，具有传染性强、传播途径复杂、流行面广、发病率高等特点。临床上以乏力、食欲减退、恶心、肝区疼痛、腹胀、肝肿大、肝功能异常为主要表现，部分患者可出现黄疸、发热。按病原学分类，目前已发现肝炎病毒至少有六型（甲型、乙型、丙型、丁型、戊型、庚型），病毒性肝炎是世界范围内的严重的公众健康问题，全球约有3亿乙肝病毒携带者，其中1.3亿在我国，约1/3出现肝损害。甲型肝炎多发生于儿童及青少年；乙型肝炎在低发区HBsAg阳性的高峰年龄为20 ~ 40岁，高发区的高峰年龄为4 ~ 8岁；丙型肝炎以成年多见，约80% ~ 90%的输血后感染的肝炎为丙型肝炎。本节主要论述各型肝炎有黄疸的中医治疗。

本病属于中医“黄疸”、“胁痛”等范畴。

一、病因病机

中医学认为，本病的病因有内伤和外感两个方面，外感多为感受湿热疫毒之邪，内伤则与先天禀赋不足、后天饮食不节有关。外感湿热疫毒之邪，由表入里，蕴积中焦，熏蒸肝胆，使肝脏失于疏泄，胆汁不循常道，外溢肌肤，下注膀胱，而致黄疸；饥饱失常或恣食生冷，或劳倦太过，均可导致脾虚而寒湿内生，困遏中州，壅塞肝胆，而发本病；嗜酒无度，或过食肥甘厚腻，或饮食不洁，致使脾胃受损，运化失职，湿浊内生，郁而化热，湿热熏蒸而发病。

总之，本病病位在肝，与脾、肾有关，初期以实证为主，证属湿热阻滞；久病虚实夹杂，实为湿阻、气滞、血瘀，虚为脾肾两虚、肝肾阴虚。病久肝、脾、肾俱伤，肝失疏泄，脾失运化，肾与膀胱气化不利，则水湿停聚而成鼓胀。

二、辨证论治

（一）辨证要点

临床上辨治黄疸，应以阴阳为纲，阳黄以湿热疫毒为主，其中有热重于湿、湿重于热、胆腑郁热与疫毒炽盛的不同；阴黄以脾虚寒湿为主，注意有无血瘀。临证应根据黄疸的色泽，结合病史、症状，区别阳黄与阴黄。

（二）治疗原则

本病有黄疸者的治疗大法，主要为化湿邪，利小便。至于急黄热毒炽盛，邪入心营者，又当以清热解毒、凉营开窍为主；阴黄脾虚湿滞者，治以健脾养血，利湿退黄。

（三）分证论治

A. 阳黄

1. 湿热熏蒸，热重于湿证

【证候】　身目俱黄，黄色鲜明，口干口苦，恶心呕吐，脘腹胀闷，小便黄赤，大便秘结，舌红，苔黄腻，脉弦数或滑数。

【治法】 清热通腑，利湿退黄。

【方药】 茵陈蒿汤加减。茵陈 30g，栀子 10g，大黄 6g，黄柏 10g，田基黄 15g，连翘 15g，赤芍 15g，茯苓 15g，车前草 30g。

加减：热毒内盛，心烦懊恼者，加黄连 10g、丹皮 10g；胁痛者，加柴胡 10g、延胡索 10g 疏肝理气止痛。

【其他疗法】

（1）针灸治疗：针胆俞、阴陵泉、太冲、内庭、曲池，用泻法。

（2）饮食疗法：山药赤小豆粥：赤小豆 30g，山药 30g，大米 50g，白糖 10g。把赤小豆去杂质，洗净；山药用清水润透，切 3cm 见方的薄片；大米淘洗干净。把赤小豆、大米、山药、白糖同放锅内，加水 600ml。把锅置武火上烧沸，再用文火炖煮 50 分钟即成。每日 1 次，每次吃粥 100g。

2. 湿热熏蒸，湿重于热证

【证候】 身目俱黄，黄色鲜明，头重身困，胸脘痞闷，纳呆便溏，小便黄赤，舌苔厚腻微黄，脉濡数或濡缓。

【治法】 清热利湿，运脾化浊。

【方药】 茵陈五苓散合甘露消毒丹加减。茵陈 30g，白术 10g，厚朴 10g，茯苓 15g，猪苓 15g，藿香 10g，薏苡仁 30g，白蔻仁 10g，佩兰 10g，车前子 15g，黄芩 10g，连翘 15g。

加减：纳呆食少者，加砂仁 6g、麦芽 15g 以芳香化湿、醒脾开胃；恶心厌油者，加竹茹 10g、法半夏 10g 以清热燥湿、和胃止呕。

【其他疗法】

（1）单方验方：车前草 30g，绵茵陈、白花蛇舌草各 30g，板蓝根、郁金各 10g，水煎，每日 1 剂，分 3 次服。

（2）针灸治疗：针胆俞、阴陵泉、太冲、内庭、水分，用泻法。

3. 疫毒炽盛证

【证候】 发病急骤，黄疸迅速加深，其色如金，高热口臭，烦躁抽搐，神昏谵语，舌质红绛，苔黄燥，脉弦数或弦滑。

【治法】 清热解毒，凉血开窍。

【方药】 犀角散加味。水牛角 30g（先煎），栀子 10g，黄连 10g，土茯苓 15g，茵陈 30g，大黄 9g，板蓝根 15g，生地 15g，玄参 10g，丹皮 10g。

加减：神昏谵语者，加服安宫牛黄丸以凉开透窍；动风抽搐者，加用钩藤 15g、石决明 15g，另服羚羊角粉或紫雪丹，以息风止痉；衄血、便血、肌肤瘀斑重者，加侧柏叶 10g、茜根炭 10g 凉血止血；腹大有水，小便短少不利者，加马鞭草 15g、白茅根 30g、车前草 15g 以通利小便。

【其他疗法】

（1）中成药：高热神昏时，可用安宫牛黄丸 1 粒水调口服或鼻饲，或保留灌肠，每日 1 ~ 2 次。

（2）针灸治疗：针百会、印堂、人中、足三里、太冲，用泻法。

（3）饮食疗法：玉米须煲鲜蚌：玉米须 60g，鲜蚌肉 100g，姜 5g，葱 5g，盐 5g，西芹

100g。把玉米须洗净，放入炖杯内，加水 250ml，用武火烧沸，文火炖煮 25 分钟，去渣，留汁液待用。把鲜蚌肉洗净，切薄片；姜切片，葱切段，西芹洗净，切 5cm 长的段。把锅置武火上烧热，六成熟时，下入姜、葱爆香，随即加入蚌肉、西芹、盐及玉米须汁液，煮 20 分钟即成。每日 2 次，佐餐食用。

B. 阴黄

1. 寒湿阻遏证

【证候】 身目俱黄，黄色晦暗，或如烟熏，神疲纳呆，脘腹痞胀，口淡不渴舌淡苔腻，脉濡缓或沉迟。

【治法】 温中健脾，化湿利水。

【方药】 茵陈术附汤加减。制附子 10g（先煎），白术 15g，干姜 10g，茵陈 30g，猪苓 15g，茯苓 15g，泽泻 10g。

加减：脘腹胀满，胸闷、呕恶显著者，加苍术 15g、半夏 10g 以健脾燥湿，行气和胃；胁腹疼痛作胀者，加柴胡 10g、醋香附 15g 以疏肝理气；湿浊不清，气滞血瘀，胁下疼痛，腹部胀满，肤色黧黑，加服丹参 10g、当归 10g、鳖甲 15g、桃仁 10g 以活血祛瘀软坚。

【其他疗法】

（1）单方验方：干姜茵陈饮：干姜 9g，茵陈 30g，加水 1000ml，煎至 400ml 加适量红糖，每次饮用 200ml，每日 2 次。

（2）针灸治疗：针胆俞、阴陵泉、关元、水分，用泻法。关元用灸法。

2. 脾虚湿滞证

【证候】 面目及肌肤淡黄，甚则晦暗不泽，肢软乏力，心悸气短，大便溏薄，舌质淡苔薄，脉濡细。

【治法】 健脾养血，利湿退黄。

【方药】 黄芪建中汤加减。黄芪 30g，桂枝 10g，炒白术 15g，茯苓 15g，当归 10g，白芍 15g，大枣 15g，茵陈 30g，生姜 10g，甘草 6g。

加减：气虚乏力明显者，加党参 30g，以增强补气作用；畏寒，肢冷，舌淡者，加制附子 10g、肉桂 3g（焗服）温阳祛寒；心悸不宁，脉细而弱者，加熟地 15g、首乌 10g、酸枣仁 10g 补血养心。

【其他疗法】

（1）针灸治疗：针胆俞、阴陵泉、脾俞、胃俞、水分，用平补平泻法。

（2）饮食疗法：陈皮木香鸡：陈皮 6g，木香 6g，仔鸡肉 100g，蘑菇 30g，姜 5g，葱 5g，盐 5g，素油 30g。把木香、陈皮烘干，打成细粉；仔鸡肉洗净，切成 3cm 见方的块；蘑菇发透；去蒂根一切两半；姜切片，葱切段。把炒锅置武火上烧热，加入素油，烧六成熟时，下入姜、葱爆香，随即下入鸡肉、蘑菇、盐、药粉，再加清水 50ml，用文火煲 15 分钟即成。每日 1 次，每次吃鸡肉 50g。

三、预防与调护

（1）慎饮食：在饮食方面，要讲究卫生，避免不洁食物，注意饮食节制，勿过嗜辛热甘肥食物，应戒酒类饮料。进食富于营养而易消化的饮食，以补脾益肝；禁食辛热、油腻之品，防止助湿生热，碍脾运化。

（2）适劳逸：注意起居有常，不妄作劳，顺应四时变化，以免正气损伤，体质虚弱，邪气侵袭。本病的调护，在发病初期，应卧床休息，急黄患者须绝对卧床，恢复期和转为慢性久病患者，可适当参加体育活动，如散步、太极拳、静养功之类。

（3）调情志：保持心情愉快舒畅，肝气条达，有助于病情康复。

第十四节 肝 硬 化

肝硬化（cirrhosis of liver）是一种以肝组织弥漫性纤维化、假小叶和再生结节形成为特征的慢性肝病。通常肝硬化的起病隐匿，病程发展缓慢，可潜伏 3 ～ 5 年或 10 年以上，少数因短期肝大片坏死，而 3 ～ 6 个月便发展为肝硬化。目前临床上将肝硬化分为肝功能代偿期和失代偿期，但二者界限不明显。临床上表现为多系统受累，以肝功能损害和门静脉高压为主要表现，晚期常出现消化道出血、肝性脑病、继发感染等严重并发症。肝硬化是我国常见疾病和主要死亡病因之一。肝硬化占内科总住院人数的 4.3% ～ 14.2%，发病高峰年龄在 35 ～ 48 岁，男女比例约为 3.6 ～ 8 ∶ 1。

本病属于中医“鼓胀”、“单腹胀”等范畴。

一、病因病机

本病主要由于情志所伤、酒食不节、感染血吸虫，以及黄疸、积聚迁延日久所致，发病与肝脾肾三脏受损密切相关。

（一）情志失调

肝主疏泄，性喜条达。情志抑郁，肝气郁结，气机不利，则血行不畅，以致肝之脉络为瘀血阻滞。同时，肝气郁结，横逆克脾，运化失职，以致气滞血瘀与水湿交结渐成本病。

（二）酒食不节

嗜酒过度，或饮食不节，使脾胃受伤，运化失职，酒湿浊气蕴结中焦，升降失司，以致清浊相混，壅塞中焦，土壅木郁，肝失疏泄，气滞血瘀，致使气、血、水互结而成鼓胀。

（三）感染血吸虫

在血吸虫流行区，遭受血吸虫感染，又未能及时进行治疗，晚期内伤肝脾，脉络瘀阻，升降失常，清浊相混，遂成鼓胀。

（四）黄疸、积聚失治

黄疸属湿邪致病，湿邪困脾，土壅木郁，肝脾受损，日久及肾，导致腹部胀大；积证日久，积块增大，影响气血的运行，气血瘀阻，水湿停聚不化成为本病。

总之，本病的病位在肝，与脾、肾密切相关，初起在肝脾，久则及肾。病机主要为肝脾肾三脏功能失调，气滞、血瘀、水饮互结于腹中。

二、辨证论治

（一）辨证要点

1. 辨鼓胀的虚实

一是从体质的强弱、年龄大小、神色方面来进行判断。二是从临床的症状和体征方面来进行判断。从腹胀与浮肿出现的先后、二便的性质、脉象等方面来辨虚实。

2. 辨气结、血瘀、水裹的主次

鼓胀主要是由于气、血、水瘀积于腹内，但在疾病发展的各个阶段，气结、血瘀、水裹的主次又有所不同，应辨明主次，才能恰当用药。大凡鼓胀初起一般以气结为主，按压腹部，随按随起，如按气囊。若治疗不当，病情逐渐深入，病变则以水裹或血瘀为主。以水裹为主者，腹部坚满，摇动有水声，按之如囊裹水。若以血瘀为主，则见腹上青筋暴露，面、颈、胸部出现红缕赤痕。

（二）治疗原则

鼓胀的治疗，鼓胀初起，多属实证，可根据病情选用行气、利水、消瘀、化积等治法以消其胀。但由于鼓胀病起于肝、脾、肾三脏功能障碍，从病一开始，就是实中有虚，而使用上述治法，又往往能耗伤脏气，因此用药遣方，勿求速效，千万不要攻伐过猛。在治疗过程中，若发现有各个脏腑的虚证出现，尚需适当给予照顾。

鼓胀晚期，则多属虚证，可根据病情，选用温补脾肾或滋养肝肾等治法以培其本。但由于鼓胀病的病机是气、水、血瘀结而成，此时虽属本虚，但仍有标实，故在补虚的同时应兼顾祛邪。

（三）分证论治

1. 寒湿困脾证

【证候】 腹大胀满，按之如囊裹水，甚则颜面微浮，下肢浮肿，怯寒懒动，精神困倦，脘腹痞胀，得热则舒，食少便溏，小便短少，舌苔白滑或白腻，脉缓或沉迟。

【治法】 温阳散寒，化湿醒脾。

【方药】 实脾饮加减。制附子 10g（先煎），木瓜 10g，槟榔 12g，茯苓 15g，干姜 9g，白术 12g，炙甘草 6g，厚朴 10g，草果 10g。

加减：若浮肿较甚，尿少者，加猪苓 10g、肉桂 3g、泽泻 10g 通阳利水；脘腹胀满者，加枳壳 10g、砂仁 6g 宽中消胀；兼有气虚者，加黄芪 30g、党参 10g。

【其他疗法】

（1）单方验方：苍术、白术各 30g，川、怀牛膝各 30g，防己、大腹皮各 30g 水煎服。

（2）针灸治疗：针三阴交、阴陵泉、气海、关元、足三里、肝俞、肾俞，用平补平泻法。

（3）饮食疗法：茯苓赤小豆粥：茯苓 15g，赤小豆 50g，大米 100g。把茯苓打成细粉，赤小豆洗净，去杂质，用水浸泡 2 小时；大米淘洗干净。把大米、赤小豆放入锅内，注入清水 800ml，用武火烧沸，再用文火炖煮 40 分钟后，加入茯苓粉，再煮 10 分钟即成。食法：

每日 1 次，每次吃粥 100g。

2. 气滞湿阻证

【证候】 腹大胀满，按之软而不坚，胁下胀痛，纳呆食少，食后作胀，小便短少，舌苔薄白腻，脉弦细。

【治法】 疏肝理气，健脾除湿。

【方药】 柴胡疏肝散合胃苓汤加减。柴胡 15g，枳壳 15g，芍药 15g，川芎 9g，白术 15g，香附 9g，猪苓 10g，茯苓 10g，泽泻 6g，桂枝 10g，陈皮 6g，厚朴 10g。

加减：口干而苦，苔黄脉数者，为气郁化火，加丹皮 10g、栀子 6g；胁下刺痛，舌紫脉涩者，为气滞血瘀，加延胡索 10g、丹参 10g；兼见头晕失眠，脉弦细数者，为气郁化火伤阴，加制首乌 15g、枸杞子 10g。

【其他疗法】

（1）单方验方：木香、山楂各 10g，陈皮、红花、大腹皮、苍术各 6g，莪术、砂仁各 3g，干姜 3 片，水煎服，每日 1 剂。

（2）针灸治疗：针三阴交、阴陵泉、气海、足三里、阳陵泉、肝俞、肾俞，用平补平泻法。

（3）饮食疗法：瓜蒌大腹皮炖猪肚：瓜蒌 20g，大腹皮 25g，猪肚 1 个。把大腹皮洗净，瓜蒌洗净；猪肚洗净，放沸水焯透，捞起待用。把猪肚放炖锅内，大腹皮、瓜蒌放在猪肚内，加水 1500ml，把炖锅置武火上烧沸，再用文火炖煮 1 小时即成。每日 1 次，每次吃猪肚 50g，随意喝汤。

3. 湿热蕴结证

【证候】 腹大坚满，脘腹胀急，烦热口苦，渴不欲饮，或有面、目、皮肤发黄，小便赤涩，大便不爽或干结，舌暗红，苔黄腻，脉弦数或弦滑。

【治法】 清热化湿，行气利水。

【方药】 中满分消丸合茵陈蒿汤加减。厚朴 15g，枳实 10g，茵陈蒿 15g，栀子 6g，大黄 10g，姜黄 9g，干姜 6g，黄芩 10g，制半夏 10g，知母 10g，茯苓 15g，白术 15g，砂仁 6g，人参 10g。

加减：若湿热壅盛症见黄疸者，去人参、砂仁、干姜，加虎杖 15g、金钱草 15g 清热利湿退黄；小便赤涩量少者，加马鞭草 10g、滑石 15g 清热利尿；腹胀甚，腹水不退，尿少便秘者，用舟车丸、甘遂或禹功散等攻下逐水，但此类药作用峻烈，应中病即止，不可久服。

【其他疗法】

（1）针灸治疗：针三阴交、阴陵泉、气海、足三里、阳陵泉、水分、肝俞、脾俞，用平补平泻法。

（2）饮食疗法：鲜芹菜 100 ~ 150g，萝卜 100g，鲜车前草 30g，蜂蜜适量，前三味捣烂取汁，加蜂蜜炖沸后温服，每日 1 次。

4. 肝脾血瘀证

【证候】 腹大胀满，脉络怒张，胁腹刺痛，面色晦暗黧黑，胁下刺痛者，面颈胸壁等处可见红点赤缕，手掌赤痕，口干不欲饮，或大便色黑，舌质紫黯，或有瘀斑，脉细涩。

【治法】 活血化瘀，行气利水。

【方药】 调营饮加减。川芎 10g，大黄 6g，赤芍 10g，莪术 6g，延胡索 10g，当归 10g，瞿麦 15g，槟榔 10g，葶苈子 10g，桑白皮 10g，大腹皮 15g，陈皮 6g，肉桂 3g，甘草 6g。

加减：若胁下瘕块者，加水蛭 6g、穿山甲 6g 破血化瘀，消瘕散结；大便色黑者，加蒲黄 10g、三七粉 3g 化瘀止血；腹水甚者，加猪苓 15g、车前子 10g。

【其他疗法】

（1）中成药：大黄䗪虫丸：口服，每次 6g，每日 3 次。

（2）单方验方：太子参 30g，白术 15g，楮实子 12g，川萆薢 10g，云苓 15g，菟丝子 12g，土鳖虫 3g，甘草 6g，丹参 18g，鳖甲（醋炙）30g。土鳖虫烘干研成细末。水三碗，入鳖甲先煎半小时，纳诸药煎至一碗，冲服土鳖虫末，渣再煎服。

（3）针灸治疗：针三阴交、阴陵泉、气海、足三里、阳陵泉、水分、血海、肝俞、脾俞，用平补平泻法。

（4）饮食疗法：田七郁金蒸乌鸡：田七 6g，郁金 9g，乌鸡 1 只（500g），绍酒 10g，姜 5g，葱 5g，盐 5g，大蒜 10g。田七切成小颗粒（绿豆大小）；郁金洗净，润透，切片；鸡宰杀后，去毛、内脏及爪；大蒜去皮，切片，姜切片，葱切段。乌鸡放入蒸盆内，加入姜、葱，在鸡身上抹匀绍酒、盐；把田七、郁金放入鸡腹内，注入清水 300ml。把蒸盆置蒸笼内，用武火蒸 50 分钟即成。每日 1 次，吃鸡肉 50g，佐餐食用。

5. 脾肾阳虚证

【证候】 腹大胀满，形如蛙腹，朝宽暮急，神疲怯寒，面色苍黄，脘闷纳呆，下肢浮肿，畏寒肢冷，小便不利，舌淡胖，苔白滑，脉沉弱。

【治法】 温补脾肾，化气利水。

【方药】 附子理中汤合五苓散加减。制附子 10g（先煎），干姜 10g，党参 15g，白术 10g，甘草 6g，泽泻 9g，猪苓 15g，茯苓 15g，桂枝 6g。

加减：若青筋暴露者，加丹参 10g、水蛭 6g 活血化瘀；神疲乏力、少气懒言者，加黄芪 30g、薏苡仁 15g 以益气健脾；肾阳虚衰较甚，症见怯寒肢冷，腰膝酸软者，可改用济生肾气丸。

【其他疗法】

（1）单方验方：黄芪、猪苓、泽泻、茯苓皮、车前子各 15g，白术、桂枝各 10g，瞿麦 12g，椒目 3g，水煎服，每日 1 剂。

（2）针灸治疗：针三阴交、阴陵泉、气海、关元、水分、命门、肝俞、脾俞，用平补平泻法。关元、命门可用灸法。

6. 肝肾阴虚证

【证候】 腹大胀满，甚或青筋暴露，面色晦滞，口干舌燥，心烦失眠，牙龈出血，时或鼻衄，小便短少，舌红绛少津，少苔或无苔，脉弦细数。

【治法】 滋养肝肾，化瘀行水。

【方药】 一贯煎合膈下逐瘀汤加减。生地 30g，当归 15g，沙参 15g，麦冬 10g，枸杞 10g，赤芍 15g，五灵脂 9g，桃仁 10g，红花 10g，丹皮 10g，川楝子 6g，川芎 10g，延胡索 10g，香附 12g，枳壳 9g，甘草 6g。

加减：若口干咽燥者，加石斛 10g、天花粉 10g 生津止渴；牙龈出血、鼻衄者，加侧柏叶 10g、仙鹤草 10g 以止血；小便短少者，加车前子 10g、猪苓 10g 利尿；若阴虚阳浮，症见头晕耳鸣，面赤颧红者，加龟版 10g、鳖甲 10g、牡蛎 30g 等滋阴潜阳；阴虚内热，症见潮热盗汗，加地骨皮 10g、青蒿 10g 清虚热。

【其他疗法】

（1）中成药：六味地黄丸：口服，每次 6g，每日 2 次。

（2）针灸治疗：针三阴交、阴陵泉、气海、水分、肝俞、脾俞、太冲、太溪，用平补平泻法。

（3）单方验方：大枣 50g，赤小豆 500g，活鲤鱼 1 条（重约 500g），将大枣，赤小豆洗净，鲤鱼洗净，共入锅加水煮至烂熟，分次服食，每日或隔天 1 次。

三、预防与调护

（1）防肝病：肝硬化在我国最常见的病因是病毒性肝炎，故积极防治病毒性肝炎，是防止肝硬化的关键。应早期发现病毒性肝炎，积极给予治疗。

（2）慎饮食：预防工、农业化学物品中毒，防治血吸虫病，避免使用对肝脏损伤的药物。肝硬化病人以清淡，富有营养而易消化的饮食为宜，忌食粗糙、质硬及辛辣油腻的食品，严禁饮酒。

（3）调情志：注意保持心情愉快，避免情志过激。

第十五节　肠道易激综合征

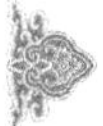

肠道易激综合征（irritable bowel syndrome，IBS）是指一组包括腹痛、腹胀、排便习惯改变和大便性状异常、黏液便等表现的临床综合征，持续存在或反复发作，经检查排除可引起这些症状的器质性疾病。目前认为 IBS 的病理生理学基础主要是胃肠动力学异常和内脏感觉异常。本病起病隐匿，症状反复发作或慢性迁延，病程可长达数年或数十年，但全身健康状况却不受影响，最主要的临床表现是腹痛与排便习惯和粪便形状的改变。本病是最常见的一种功能性肠道疾病，患者以中青年居多，50 岁以后首次发病少见。男女比例约 1 ∶ 2。

本病属于中医“腹痛”、“泄泻”、“便秘”等范畴。

一、病因病机

本病的发生与情志失调，思虑劳倦，饮食不节密切相关。肝主疏泄，郁怒忧愁过度，可致肝失条达，气机不畅，甚则气滞血瘀，脉络不通而腹痛。肝气郁结，横逆乘脾犯胃，可致脾运失健；脾主运化，思虑劳倦、饮食失调，易伤脾胃，日久及肾，命门火衰，脾失温煦，运化无权，水谷不能化为精微而反为“湿”与“滞”，于是清浊不分，混杂而下，泄泻乃作。湿邪郁久化热，湿热之邪蕴结肠道，故便带黏冻。气机阻滞，不能宣达，肠道通降失常，或气虚阳虚，肠道通降无力，可出现便秘，排便不畅；又或嗜食辛辣之物，胃肠积热，伤津化燥，肠失濡润，腑气不畅，故见大便秘结。肝脾不调，升降失常，大肠传导失司，故腹泻与便秘交替。

本病病位在肠，与肝、脾密切相关，病久及肾，脾肾阳虚，肠腑失于温养，以致病情迁延难愈。

二、辨证论治

（一）辨证要点

1. 辨虚实

凡病势急骤，脘腹胀满，腹痛拒按者，多属实证；凡病程较长，腹痛不甚者，多属虚证。

2. 辨寒热

腹痛喜暖，手足欠温，完谷不化或排便困难者，多属寒证；小便短赤，口干，渴喜冷饮，便下黄臭或大便干结者，多属热证。

（二）治疗原则

本病早期多属肝郁气滞；若夹寒、夹热、或郁久化火伤阴又可形成寒热错杂，虚实并见的证候；病久及肾，可表现为脾肾阳虚；气滞日久可致血瘀脉络。本病治疗以调理肝脾气机为大法，腹泻者运脾化湿，便秘者宽肠通下。

（三）分证论治

1. 肝郁气滞证

【证候】 大便时结时烂，欲便不能或排便不爽，便带黏冻，矢气频频，腹痛，时及两胁，时时嗳气，苔薄白或微腻，脉弦。

【治法】 疏肝解郁，行气通便。

【方药】 六磨汤加减。沉香 9g（后下），槟榔 12g，乌药 12g，枳实 15g，大黄 6g（后下），郁金 12g。

加减：气郁日久化火，出现烦躁、口苦者，加丹皮 10g、栀子 10g 清肝泄热；夹瘀腹痛，痛有定处者，加丹参 10g、延胡索 10g 以祛瘀止痛；呕吐恶心者，加制半夏 10g、竹茹 10g 和胃降逆。

【其他疗法】

（1）单方验方：鲜嫩番泻叶 50 ～ 100g，加适量油盐炒熟食，每日 2 次。

（2）针灸治疗：针天枢、足三里、三阴交、支沟、阳陵泉，用泻法。

（3）饮食疗法：郁李仁粥：郁李仁 10 ～ 15g，粳米 100g，将郁李仁捣碎，同粳米煮粥，代早餐服食。

2. 肝气乘脾证

【证候】 腹痛肠鸣，泻后痛减，腹泻常因情绪变化诱发，胸胁痞闷，烦躁易怒，苔薄，脉弦。

【治法】 疏肝健脾，理气止泻。

【方药】 痛泻要方加减。白术 15g，郁金 10g，白芍 15g，陈皮 9g，甘草 6g，柴胡 12g，防风 12g，木香 9g（后下），葛根 18g。

加减：气虚乏力者，加党参 15g 益气健脾；大肠湿热较重，舌苔黄腻者，加白头翁 15g、黄连 10g 清热化湿；心烦失眠加酸枣仁 15g 养心安神。

【其他疗法】

（1）单方验方：取决明子 20g，放置茶杯内，白开水冲泡，代茶饮。

（2）针灸治疗：针天枢、足三里、三阴交、支沟、阳陵泉、肝俞、脾俞，用平补平泻法。

（3）饮食疗法：佛手粥：佛手片 30g（鲜品可用 60g），粳米 30g，先将佛手用中火煎汤，后入粳米煲粥，每日食用 2 次。

3. 肠燥气滞证

【证候】 大便干燥，粪如羊屎或细杆状，便带黏冻，排便不畅，腹胀腹痛，矢气频频，烦闷易怒，口苦咽干，舌红少苔或舌苔薄黄，脉弦。

【治法】 理气宽肠，润肠通便。

【方药】 麻子仁丸加减。火麻仁 15g，杏仁 10g，郁李仁 15g，枳实 12g，厚朴 10g，广木香 10g，白芍 10g，玄参 15g，大黄 6g（后下）。

加减：血虚者，加当归 10g、生地黄 15g 养血润燥；腹痛较剧者，加台乌 10g、郁金 10g 理气止痛。

【其他疗法】

（1）中成药：双仁润肠口服液：口服，每次 10 ~ 20ml，每日 2 次，早晚分服。

（2）针灸治疗：针天枢、足三里、三阴交、支沟、太溪，用泻法。

（3）饮食疗法：猪油蜜膏：猪油、蜂蜜各 100g，分别用文火煎煮至沸，待凉，油蜜混合均匀即可，每次服 5 ~ 10ml，每日 2 次。

4. 脾胃气虚证

【证候】 大便稀烂，或排便不畅，进食生冷肥腻等食物易发生腹泻，或餐后即便，神疲倦怠，纳谷欠佳，腹痛喜按，面色萎黄，舌淡苔白，脉细弱。

【治法】 益气健脾，理气化湿。

【方药】 参苓白术散加减。党参 20g，白术 15g，茯苓 15g，砂仁 6g（后下），陈皮 6g，桔梗 9g，炒扁豆 20g，莲子肉 15g，炒薏苡仁 15g，甘草 6g。

加减：脾虚湿重者，加苍术 10g、佩兰 10g 芳香化湿；脾胃虚寒，四肢不温，加干姜 10g 温中散寒；气虚明显，排出不畅者，加黄芪 30g。

【其他疗法】

（1）单方验方：南瓜烧豆腐，可作菜肴，每日 1 ~ 2 次，常食可治愈。

（2）针灸治疗：针天枢、足三里、三阴交、气海、脾俞、胃俞，用平补平泻法。

5. 脾肾阳虚

【证候】 晨起腹泻，完谷不化，腹部冷痛，形寒肢冷，腰膝酸软，舌淡胖苔白滑，脉沉细。

【治法】 温肾健脾，固涩止泻。

【方药】 四神丸合理中丸加减。补骨脂 15g，白术 15g，吴茱萸 6g，党参 15g，茯苓 15g，肉豆蔻 6g，五味子 6g，干姜 6g，炙甘草 5g。

加减：泻下不禁，加罂粟壳 10g、诃子 10g 固肠止泻；中气下陷加黄芪 30g、升麻 6g 益气升阳；阳虚明显者，改用肾气丸加肉苁蓉 15g 以温阳通便；寒热夹杂者，改用乌梅丸平调寒热。

【其他疗法】

（1）中成药：理中丸：口服，每次 6g，每日 3 次。

（2）针灸治疗：针天枢、足三里、三阴交、脾俞、肾俞、命门、神阙，用补法；命门、神阙用灸法。

三、预防与调护

（1）慎饮食：注意饮食的调理，合理膳食，以清淡为主，多吃粗纤维的食物及香蕉、西瓜等水果，勿过食辛辣厚味或饮酒无度。

（2）调情志，适锻炼：保持心情舒畅，加强身体锻炼，特别是腹肌的锻炼，或腹部按摩，有利于胃肠功能的改善。

第十六节　溃疡性结肠炎

溃疡性结肠炎（ulcerative colitis，UC）又称非特异性溃疡性结肠炎，是一种病因不明的直肠和结肠炎性疾病。病变主要限于大肠黏膜与黏膜下层。本病病变早期有黏膜弥散性炎症，其中结肠炎症在反复发作的慢性过程中，由于大量新生肉芽组织增生，常出现炎性息肉。临床表现为腹泻、黏液脓血便、腹痛。病情轻重不等，多呈反复发作慢性病程。本病可发生在任何年龄，多见于 20 ～ 40 岁，亦可见于儿童或老年。男女发病率无明显差别。本病在我国较欧美少见，且病情一般较轻，但近年患病率似有增加，重症也常有报道。

本病属于中医“腹痛”、“泄泻”、“肠风”、“大瘕泻”、“痢疾”等范畴。

一、病因病机

本病的病因有外感湿邪，饮食所伤，情志失调，禀赋不足等。感受湿邪，或饮食不节，损伤脾胃，湿浊内生，蕴于大肠，阻滞气机，或思虑劳倦过度伤脾，或恼怒伤肝，肝失疏泄，气机不畅，不通则痛，故致腹痛；肝气乘脾，脾失健运，清浊不分，混杂而下，故成泄泻；日久脾病及肾，肾阳亏虚，脾失温煦，可成命门火衰之五更泄泻。以上诸原因亦可致湿邪内蕴或脾虚湿困，湿热或寒湿蕴于大肠，气血与之相搏结，肠道传导失司，脉络受损，气血凝滞，化腐成脓而痢下赤白；伤及气分，则为白痢；伤及血分，则为赤痢；气血俱伤，则成赤白痢。

本病病位在肠，与肝、脾、肾有关。脾虚湿盛是主要的病机，其证以脾虚、肾虚为本，以湿、寒、热、气滞、血瘀等为标。发作期以标实为主或虚实相兼；缓解期则以本虚为主。其症以泄泻为主者，久之则致气阴两伤，暴泻无度可成气阴两衰而最终成亡阴亡阳之变；如便脓血甚或痢下鲜血，则可导致阴血亏虚，甚者气随血脱成厥脱危候。

二、辨证论治

（一）辨证要点

1. 辨痢色

下痢色泽往往随着病的性质而变化，痢下白色，或为黏冻，或涕液状者，一般属寒、属气，病较浅，但久痢亦可见之。白而滑脱为虚寒，白而有脓者则属热；痢下赤色，或纯血鲜红者，一般属热、属火、属血，病较深；痢下赤白相兼者，一般属热者多，为气血俱受邪，深浅皆及。赤白相兼如鱼脑（即脓血状）者，多属热；其中又有赤多白少及赤少白多之别，前者属热，后者可属寒。

2. 辨里急后重

凡外邪所致的里急后重，每便后得减。而寒邪为病，其腹痛而拘急。火热之邪为病，其腹窘迫，肛门灼热。积之为病，其腹痛必多胀满坚硬，痛而拒按；凡虚痢的里急后重，或便后不减。证属虚寒者，腹微痛而不实不坚，或喜揉按，或喜暖熨，或虽痛而并无努责。气虚、气脱者，里急而频见污衣。气陷者，后重而便后转甚。阴血虚者，虚坐努责。

（二）治疗原则

本病无论虚实，肠中总有积滞，而气血失于疏畅，故导滞、调气、和血为治疗本病的基本原则。然而在具体运用时，则又须根据证情的虚实缓急灵活掌握之。实证者，当以去除肠中邪滞为主，须审其邪之寒、热、燥、湿而分别治之；虚实夹杂者，当区别以虚为主，还是以实为主，抑或虚实并重，而治以补为主，或以泻为主，或补泻兼施。

（三）分证论治

1. 湿热痢

【证候】 腹部疼痛，里急后重，痢下赤白脓血，黏稠如胶冻，腥臭，肛门灼热，小便短赤，舌苔黄腻，脉滑数。

【治法】 清肠化湿，调气和血。

【方药】 芍药汤加减。芍药 24g，黄芩 12g，黄连 9g，当归 10g，甘草 6g，木香 10g，槟榔 10g，大黄 6g，金银花 15g，肉桂 3g（焗服）。

加减：若痢下赤多白少，口渴喜冷饮，属热重于湿者，配秦皮 10g、黄柏 6g 清热解毒；若瘀热较重，痢下鲜红者，加丹皮 10g、苦参 15g 凉血行瘀；若痢下白多赤少，舌苔白腻，属湿重于热者，可去当归，加茯苓 15g、苍术 10g、陈皮 10g 等健脾燥湿；若兼饮食积滞，嗳腐吞酸，腹部胀满者，加莱菔子 10g、山楂 15g 等消食化滞；若食积化热，痢下不爽，腹痛拒按者，加用枳实导滞丸行气导滞，泄热止痢，乃通因通用之法。

【其他疗法】

（1）单方验方：马齿苋 150g 水煎，每日两次；或鲜马齿苋捣汁半杯，加蜂蜜两勺，隔水炖温，空腹分两次服。

（2）针灸治疗：针天枢、上巨虚、三阴交、曲池、内庭，用泻法。

（3）饮食疗法：马齿苋粥：马齿苋 500g，洗净，捣烂取汁、粳米 100g，将马齿苋汁与粳米同煮粥，空腹食用。

2. 寒湿痢

【证候】 腹痛拘急，痢下赤白黏冻，白多赤少，或为纯白冻，里急后重，口淡乏味，脘胀腹满，头身困重，舌质或淡，舌苔白腻，脉濡缓。

【治法】 温中燥湿，调气和血。

【方药】 胃苓汤加减。陈皮 12g，苍术 10g，白术 12g，猪苓 12g，茯苓 15g，桂枝 9g，泽泻 15g，生甘草 6g，生姜 10g，当归 10g，木香 10g，炮姜 10g。

加减：痢下白中兼赤者，加桃仁 6g、芍药 10g 调营和血；脾虚纳呆者加鸡内金 10g、神曲 15g 健脾开胃；寒积内停，腹痛，痢下滞而不爽，加大黄 6g、肉桂 3g（冲服）温通导滞。

暑天感寒湿而痢者，可用藿香正气散加减，以祛暑散寒，化湿止痢。

【其他疗法】

（1）中成药：藿香正气丸：口服，每次6g，每日3次。

（2）单方验方：凤尾草50g，加水250ml，煎至100ml左右，再加白糖或冰糖10g，分3次服用。

（3）针灸治疗：针天枢、上巨虚、三阴交、中脘、气海，用泻法。

3. 疫毒痢

【证候】 起病急骤，壮热口渴，头痛烦躁，恶心呕吐，大便频频，痢下鲜紫脓血，腹痛剧烈，后重感特著，甚者神昏惊厥，舌质红绛，舌苔黄燥，脉滑数或微欲绝。

【治法】 清热解毒，凉血除积。

【方药】 白头翁汤合芍药汤加减。白头翁15g，黄连10g，黄柏10g，秦皮10g，金银花15g，地榆10g，牡丹皮10g，芍药12g，甘草6g，木香10g，槟榔10g。

加减：若见热毒秽浊壅塞肠道，腹中满痛拒按，大便滞涩，臭秽难闻者，加大黄6g、枳实6g、芒硝6g通腑泄浊；神昏谵语，甚则痉厥，舌质红，苔黄糙，脉细数，属热毒深入营血，神昏高热者，用犀角地黄汤、紫雪丹以清营凉血开窍；若热极风动，痉厥抽搐者，加钩藤15g、石决明15g以息风镇痉。若暴痢致脱，症见面色苍白，汗出肢冷，唇舌紫黯，尿少，脉微欲绝者，应急服独参汤或参附汤，加用参麦注射液等以益气固脱。

【其他疗法】

（1）中成药：三黄片：口服，每次2片，每日3次。

（2）单方验方：扁蓄60g，生山楂30g，水煎服，服时加入红白糖各30g，每日2次。

（3）针灸治疗：针天枢、上巨虚、三阴交、大椎、合谷、太冲，用泻法。

（4）饮食疗法：大蒜粥：紫皮大蒜30g，粳米100g，将大蒜去皮，放沸水中煮1分钟后捞出，然后取粳米，洗净，放入煮蒜水中煮成稀粥，再将蒜放入粥内，同煮为粥。

4. 虚寒痢

【证候】 腹部隐痛，缠绵不已，喜按喜温，痢下赤白清稀，无腥臭，或为白冻，甚则滑脱不禁，肛门坠胀，便后更甚，形寒畏冷，四肢不温，食少神疲，腰膝酸软，舌淡苔薄白，脉沉细而弱。

【治法】 温补脾肾，收涩固脱。

【方药】 桃花汤合真人养脏汤。人参10g，白术15g，干姜10g，肉桂3g（冲服），粳米30g，炙甘草6g，诃子10g，罂粟壳10g，肉豆蔻10g，赤石脂10g，当归10g，白芍15g，木香10g。

加减：若积滞未尽，应少佐消导积滞之品，如枳壳10g、山楂15g、神曲15g等。若痢久脾虚气陷，导致少气脱肛，加黄芪30g、柴胡6g、升麻6g、党参15g以补中益气，升清举陷。

【其他疗法】

（1）中成药：补脾益肠丸：口服，每次6g，每日3次。

（2）针灸治疗：针天枢、上巨虚、三阴交、气海、关元，用平补平泻法。气海、关元可用温针灸。

5. 阴虚痢

【证候】 痢下赤白，日久不愈，脓血黏稠，或下鲜血，脐下灼痛，虚坐努责，食少，心烦口干，至夜转剧，舌红绛少津，苔腻或花剥，脉细数。

【治法】 养阴和营，清肠化湿。

【方药】 黄连阿胶汤加减。阿胶 10g（烊化），当归 9g，黄连 12g，干姜 6g，黄芩 10g，芍药 10g，甘草 6g，生地榆 10g。

加减：若虚热灼津而见口渴、尿少、舌干者，加沙参 10g、石斛 10g 以养阴生津；如痢下血多者，加丹皮 10g、旱莲草 10g 以凉血止血；若湿热未清，有口苦、肛门灼热者，加白头翁 15g、秦皮 10g 清解湿热。

【其他疗法】

（1）中成药：复方阿胶颗粒：开水冲服，每次 4g，每日 3 次。

（2）针灸治疗：针天枢、上巨虚、三阴交、太溪，用泻法。

（3）饮食疗法：葡萄姜蜜汁：鲜葡萄汁、生姜汁各 50ml，绿茶 5g，蜂蜜适量，以沸水冲浸绿茶 1 杯，兑入葡萄汁、姜汁、蜂蜜，每日 2 次，趁热顿服。

6. 休息痢

【证候】 下痢时发时止，迁延不愈，常因饮食不当、受凉、劳累而发，发时大便次数增多，夹有赤白黏冻，腹胀食少，倦怠嗜卧，舌质淡苔腻，脉濡软或虚数。

【治法】 温中清肠，调气化滞。

【方药】 连理汤加减。人参 10g，白术 15g，枳实 10g，黄连 10g，干姜 15g，茯苓 15g，甘草 6g，木香 10g，槟榔 10g。

加减：若脾阳虚极，肠中寒积不化，遇寒即发，症见下痢白冻，倦怠少食，舌淡苔白，脉沉者，用温脾汤加减以温中散寒，消积导滞；若久痢兼见肾阳虚衰，关门不固者，宜加肉桂 3g（冲服）、熟附子 10g（先煎）、吴茱萸 6g、五味子 6g、肉豆蔻 10g 以温肾暖脾，固肠止痢。

【其他疗法】

（1）中成药：固本益肠片：口服，每次 8 片，每日 3 次。

（2）单方验方：用鸡内金焙过，研为末，每次 3g，每日 3 次，温开水冲服。

（3）针灸治疗：针天枢、上巨虚、三阴交、脾俞、肾俞、关元，用平补平泻法。

（4）饮食疗法：乌梅粥：乌梅 10 ~ 15g，粳米 10g，冰糖适量，先将乌梅煎取浓汁去渣，入粳米煮粥，粥熟后加热冰糖少许，稍煮即可，每日 2 次，温热食。

三、预防与调护

（1）畅情志，适劳逸：对长期反复发作或持续不稳定的病人，保持心情舒畅平稳，起居有常，避免劳累，预防肠道感染，对防止复发或病情进一步发展有一定作用。

（2）慎饮食：注意饮食调理，对腹痛、腹泻者，宜食少渣、易消化、低脂肪、高蛋白饮食；对可疑不耐受的食物，如鱼、虾、蝎、鳖、牛奶、花生等应尽量避免食用；应忌食辣椒，忌食冰冻、生冷食品，戒除烟酒嗜好。

第十七节　慢性肾小球肾炎

慢性肾小球肾炎（chronic glomerulonephritis）简称慢性肾炎，是由不同发病机制、多种

病理类型所组成的一组原发性肾小球疾病。临床特点为起病缓慢，病情迁延，临床表现可轻可重，或时轻时重。随着病情发展，多数病人可有不同程度的肾功能减退、高血压、贫血。尿常规检查可有不同程度的蛋白，尿沉渣检查可有红细胞、管型。临床上所谓慢性肾炎一般指蛋白尿、血尿、管型尿、水肿及高血压等肾小球肾炎症状迁延不愈超过 1 年以上或伴有肾功能减退的原发性肾小球疾病。

本病属于中医“血尿”、“水肿”、“虚劳”、“腰痛”等范畴。国家标准《中医临床诊疗术语》载其对应中医病名为“石水”。

一、病因病机

本病以内因为主，“邪之所凑，其气必虚”，禀赋不足，脏腑柔弱；饮食不节，内伤七情，劳倦伤肾，致正气不足，均是疾病发生、发展的内在原因；感受六淫是发病的外因，但只有在正气虚弱的基础上才能引起疾病，故病机的关键在脏腑虚损，病位在肾，与肺脾关系密切。肺气不宣，脾不运化，或肾失温化可致水液潴留而成水肿；脾不摄精或肾失封藏，精微下注，则可见蛋白尿；精血同源，血不内藏，随尿而泄，则为血尿；肝肾阴虚，阳亢于上，则可致头晕、头痛等血压升高之症。由于起病隐袭，病程较长，发现时多已到病程中后期，故本病主要为本虚标实，虚实夹杂。

二、辨证论治

（一）辨证要点

本病辨证多属本虚标实，虚实夹杂。本虚主要以肺肾气虚、脾肾两虚、肝肾阴虚为主；标实以外感风邪、湿热内盛、血瘀内阻多见。

（二）治疗原则

由于本病病机关键为脾肾虚损，湿停瘀阻，病位在肾，与肝脾肺关系密切，故治疗当以健脾补肾、化瘀利湿为治疗原则。

（三）分证论治

1. 风邪袭肺证

【证候】 素有面浮肢肿，骤然加重，小便量少，可伴恶寒发热，鼻塞流涕，头身痠痛，咳嗽气促，或有咽痛，舌淡红，苔薄白或薄黄，脉浮紧或浮数。

【治法】 疏风宣肺利水。

【方药】 越婢加术汤加减。麻黄 10g，杏仁 10g，生姜皮 10g，甘草梢 6g，生石膏 25g，茯苓皮 30g，桑白皮 15g，白术 15g，黄芪 18g。

加减：本证多见慢性肾炎的急性发作，恶寒重发热轻，为风寒外袭，可去石膏，加桂枝 10g、防风 10g；发热重，恶寒轻，咽痛口干者，为风热外袭，加金银花 15g、连翘 15g；小便量少者，加车前子 15g。

【其他疗法】

（1）中成药

1）荆防败毒散：口服，每次9g，每日3次，适用于风寒外袭者。

2）羚羊感冒片：口服，每次4～6片，每日3次，适用于风热外袭者。

（2）针灸治疗：针三焦俞、肾俞、肺俞、膀胱俞、合谷、偏历、阴陵泉，采用泻法或平补平泻法。

（3）饮食疗法

1）鲜芥菜适量，水煎代茶。

2）用鲤鱼佐胡椒、小茴香、葱、姜作汤配合治疗。

2. 湿热壅盛证

【证候】 眼睑浮肿，渐及周身，皮色绷急光亮，身发疮疡，甚者溃烂，或先有疮疡病史，脘腹痞满，烦热口渴，口干苦，大便干结，小便短赤或如浓茶，舌质红，苔白腻，脉弦数、沉数或濡数。

【治法】 清热解毒，利湿消肿。

【方药】 麻黄连翘赤小豆汤合五味消毒饮加减。麻黄10g，连翘15g，杏仁10g，赤小豆25g，桑白皮15g，金银花15g，苍术10g，蒲公英15g，紫花地丁15g，紫背天葵15g，大腹皮25g。

加减：湿盛糜烂者，加黄柏10g、苦参10g、土茯苓25g；风盛瘙痒者，加白鲜皮15g、地肤子15g；咽痛者，加射干10g、蝉衣10g、牛蒡子10g；尿血者，加侧柏叶15g、白茅根15g、丹皮10g。

【其他疗法】

（1）中成药

1）血尿胶囊：口服，每次3粒，每日3次。

2）黄葵胶囊：口服，每次4粒，每日2次。

（2）针灸治疗：针膀胱俞、三焦俞、中极、水道、阴陵泉、阳陵泉、丰隆，用泻法。

（3）饮食疗法

1）苡米30g，赤小豆30g，冬瓜60g，煲汤。

2）车前子30g，滑石30g，布包煎取汁去药渣，再入陈仓米100g煮粥食以配合治疗。

3. 肺脾气虚证

【证候】 有水肿病史，水肿不明显或晨起稍肿，神疲乏力，面色少华萎黄，少气懒言，自汗恶风，纳食不香，易感冒，舌淡红，苔白腻，脉细弱。

【治法】 健脾补肺 益气固表。

【方药】 玉屏风散加减。黄芪30g，白术15g，防风10g，党参30g，陈皮10g，泽泻10g，甘草6g，茯苓15g。

加减：神疲乏力，两膝酸软甚者，加杜仲15g、狗脊15g；形寒肢冷者加干姜10g、制附子10g、仙灵脾15g；蛋白尿不消者，加金樱子18g、蝉衣10g、益母草24g。

【其他疗法】

（1）中成药

1）玉屏风散：口服，每次6g，每日3次。

2）参苓白术散：口服，每次 6g，每日 3 次。

（2）注射剂：黄芪注射液：20 ~ 40ml 加入 5% 葡萄糖溶液 250ml 稀释后静脉滴注，每日 1 次，7 ~ 14 天为 1 个疗程。

（3）针灸治疗：针肺俞、脾俞、肾俞、三阴交、足三里、气海、关元，用补法或艾灸。

（4）饮食疗法：黄芪、山药、薏苡仁、赤小豆各 30g，瘦猪肉 250g，煲汤食用。

4. 脾虚湿困证

【证候】 面浮肢肿不甚，或午后双足微肿，肢体困重，神疲乏力，脘腹满闷，纳少便溏，或呕吐痰涎，起病缓慢，病程较长，面白唇淡，舌淡胖有齿印，苔白腻，脉细缓或濡。

【治法】 健脾益气，祛湿利水。

【方药】 参苓白术散加减。党参 15g，黄芪 30g，茯苓皮 25g，山药 25g，陈皮 10g，桔梗 10g，白术 10g，苍术 10g，白扁豆 15g，薏苡仁 30g，木香 6g（后下）。

加减：纳少气短，肛门坠胀者，加柴胡 10g、升麻 6g；腹满甚者，加厚朴 10g、枳壳 10g；水肿较重者，加泽泻 15g、车前子 15g。

【其他疗法】

（1）中成药

1）参苓白术散：口服，每次 6g，每日 3 次。

2）补中益气丸：口服，每次 6g，每日 3 次。

（2）注射剂：黄芪注射液：20 ~ 40ml 加入 5% 葡萄糖溶液 250ml 稀释后静脉滴注，每日 1 次，7 ~ 14 天为 1 个疗程。

（3）针灸治疗：针脾俞、肾俞、三焦俞、膀胱俞、阴陵泉、三阴交、足三里，用平补平泻法或用艾灸法。

（4）饮食疗法

1）冬虫草 10g，老水鸭 1 只，文火煲汤，调味食用。

2）鲤鱼 500g，大蒜 1 根，胡椒、缩砂仁、荜茇各 3g，将葱、精盐、花椒、蒜等放入鱼肚煮熟作羹，五味调和食用。

5. 脾肾两虚证

【证候】 全身浮肿，或有胸腹水，神疲乏力，面白，纳少腹胀，腰膝酸软或足跟痛，便溏尿清，或畏寒肢冷，或遗精、阳痿、早泄，或月经不调，舌淡胖有齿印，或如水滑，舌苔薄白腻，脉沉迟无力或沉细。

【治法】 健脾温肾，利水渗湿。

【方药】 实脾饮合金匮肾气丸加减。党参 15g，黄芪 30g，制附子 10g，陈皮 10g，白术 10g，茯苓 15g，干姜 10g，肉桂 3g（焗服），熟地 12g，山茱萸 9g，泽泻 12g，山药 12g，甘草 6g。

加减：纳呆、腹胀明显者，加厚朴 10g、枳壳 10g；水肿明显者，加车前子 15g、猪苓 20g；伴胸水而咳逆上气不能平卧者，加葶苈子 15g、大枣 6g；面色黧黑，腰痛如针刺，舌暗有瘀点瘀斑者，加丹参 15g、益母草 30g、桃仁 10g、红花 10g。

【其他疗法】

（1）中成药

1）附子理中丸：口服，每次 6 克，每日 3 次。

2）肾炎温阳片：口服，每次 4 ~ 5 片，每日 3 次。

（2）注射剂：黄芪注射液：20 ~ 40ml 加入 5% 葡萄糖溶液 250ml 稀释后静脉滴注，每日 1 次，7 ~ 14 天为 1 疗程。

（3）针灸治疗：针肾俞、脾俞、足三里、阴陵泉、水分、气海、三焦俞、三阴交，用补法或艾灸。

（4）饮食疗法：黄芪 30g，薏苡仁 30g，赤小豆 30g，粳米 100g，煮粥食用。

6. 肝肾阴虚，湿热留恋证

【证候】 肢体轻度浮肿，头晕目眩，两目干涩，视物昏花，心悸失眠，五心烦热或午后低热，腰膝酸软，口干咽燥，大便不畅，小便短赤，舌红苔黄，脉细数或弦细。

【治法】 滋补肝肾，清热利湿。

【方药】 杞菊地黄汤加减。枸杞子 15g，菊花 10g，知母 10g，黄柏 10g，熟地黄 24g，淮山药 12g，丹皮 10g，猪苓 12g，山萸肉 12g，当归 6g，黄芩 15g，茯苓 10g，泽泻 10g，白茅根 30g。

加减：低热盗汗者，加青蒿 10g、银柴胡 15g；咽痛者，加玄参 15g；心烦失眠者，加山栀子 10g、竹叶 10g。

【其他疗法】

（1）中成药

1）杞菊地黄丸：口服，每次 6g，每日 3 次。

2）知柏地黄丸：口服，每次 6g，每日 3 次。

（2）注射剂：脉络宁注射液：10 ~ 20ml 加入 5% 葡萄糖溶液 250ml 稀释后静脉滴注，每日 1 次，7 ~ 14 天为 1 个疗程。

（3）针灸治疗：针肾俞、复溜、三阴交、太溪、志室、曲骨、命门、水分，用补法。

（4）饮食疗法：枸杞子、生地、薏苡仁、赤小豆各 30g，粳米 100g，煮粥食用。

7. 瘀血内阻证

【证候】 病久不愈，水肿迁延不退，血尿或尿蛋白久治不愈，面色黯黑，身有瘀斑，大便色黑，舌质暗红有瘀点瘀斑，苔白，脉细涩、或涩、或结代。

【治法】 理气化瘀。

【方药】 桃红四物汤加减。黄芪 30g，熟地 24g，山药 12g，丹皮 10g，泽泻 12g，桃仁 10g，红花 10g，当归 6g，赤芍 10g，川芎 10g。

加减：咽干咽痛者，加玄参 15g、沙参 15g；腰痛甚者，加川牛膝 15g、川断 15g、桑寄生 30g。

【其他疗法】

（1）中成药

1）大黄䗪虫丸：口服，每次 6g，每日 3 次。

2）肾康宁片：口服，每次 5 片，每日 3 次。

（2）注射剂：复方丹参注射液：20ml 加入 5% 葡萄糖溶液 250ml 稀释后静脉滴注，每日 1 次，7 ~ 14 天为 1 个疗程。

（3）针灸治疗：针肾俞、关元、阳陵泉、肩井、膈俞、血海、三焦俞等穴，用平补平泻法。

（4）饮食疗法：赤小豆 50g，桃仁 10g，粳米 100g，煮粥食用，配合治疗。

三、预防与调护

1. 预防

（1）积极防治急性肾炎，避免受冷、受湿、过度疲劳，以免诱发慢性肾炎发生。

（2）预防感染，以减少使肾炎恶化的诱因。

（3）除非病情严重，一般可以适当活动，以免体力减弱，抵抗力减退。

（4）避免使用对肾脏有损害的药物。

（5）恢复期要防止外感，预防反复。

2. 调护

慢性肾炎有浮肿及高血压者应忌盐，其他可用低盐饮食；慢性肾炎伴肾功能不全者，蛋白摄入量不宜过高。同时饮食应忌辛热肥甘厚味之品。另外，慢性肾炎病程较长，经久不愈，易使患者丧失治疗信心，应当克服悲观情绪，树立与疾病做长期斗争的信心，积极配合治疗。

第十八节　慢性肾功能衰竭

慢性肾功能衰竭（chronic renal failure，CRF）简称为慢性肾衰，是指由于各种慢性肾脏疾病，或全身性疾病引起肾脏进行性损害，临床以代谢产物潴留，水、电解质和酸碱平衡紊乱以及肾脏内分泌功能失调等为特征的一系列症候群。由于本病常呈现一个慢性、进行性的肾功能损害，直至最后发展为终末肾阶段（尿毒症期），治疗十分困难，一般预后较差。

临床上根据肾功能损害的不同程度，可以分成以下四个阶段：肾功能不全代偿期、肾功能不全失代偿期、肾功能衰竭期、尿毒症期。

本病在中医文献中，根据其少尿、无尿、水肿、恶心、呕吐等临床表现，病情演变经过和预后，常将其归属于“癃闭”、“关格”、“肾风”、“溺毒”、“肾劳”等范畴。

一、病因病机

慢性肾功能衰竭由于是多种肾脏疾患转化而来，因其原发病的不同，病因病机也有差异，但肾元虚衰，湿浊内蕴是其根本病机。感受外邪、饮食不当、劳倦过度、药毒伤肾常常是其诱发及加重因素。

久患肾脏疾患，肾元亏虚，脾运失健，气化功能不足，开阖升降失司，则当升不升，当降不降，当藏不藏，当泄不泄，形成本虚标实之证。水液内停，泛溢肌肤而为肿，行于胸腹之间，而成胸水、腹水。肾失固摄，精微下泄，而成蛋白尿、血尿；湿蕴成浊，瘀瘀阻滞，升降失司，浊阴不降，则见少尿、恶心、呕吐。

感受外邪，特别是风寒、风热之邪是该病的主要诱发及加重因素。感受外邪，肺卫失和，肺失通调，水道不利，水湿、湿浊蕴结，更易伤败脾肾之气，使正愈虚，邪愈实；饮食不洁或不节，脾胃受损，运化失健，聚湿成浊，水湿壅盛，或湿蕴化热而成湿热；脾肾虚衰，则不能化气行水，升清降浊，水液内停，湿浊中阻，而成肾劳、关格之证。肾精亏虚，肝木失养，阳亢风动，遂致肝风内扰。

总之，本病病位主要在肾，涉及肺、脾（胃）、心、肝等脏腑，其基本病机是本虚标实，本虚以肾元亏虚为主；标实为水气、湿浊、湿热、血瘀、肝风之证。

二、辨证论治

（一）辨证要点

1. 辨虚实

面色黯淡无华，神疲乏力，头晕目眩，少气懒言，心悸气短，腰膝酸软，为脾肾心肝虚损，气血不足，属虚；恶心呕吐，泛呕痰涎，胸闷腹胀者，为湿浊内阻，属实。

2. 辨呕吐

恶心呕吐兼见口淡不渴，大便溏薄，舌淡胖苔白腻者，为寒湿困脾；若兼有口干欲饮，大便干结，舌红苔腻者，为湿热内蕴。

（二）治疗原则

本病以健脾补肾、扶正泄浊为治疗大法。外感六淫，或邪热内蕴常使病情加重，故疏风宣肺、清热利湿亦常辨证合用。疾病迁延，肝郁气滞，可按“久病入络”配合化瘀通络等法。若病情好转，湿浊渐清，当健脾益气，补肾养血、不可一味攻邪，须知“衰其大半而已”。若病情恶化，则以和胃降逆，通腑泄浊为主，亦应照顾正气。疾病后期，常出现神志不清、抽搐惊厥等邪犯心包，肝肾阴亏，虚风内动之象，当涤痰开窍，息风镇痉。

（三）分证论治

1. 气阴两虚证

【证候】 面色少华，倦怠乏力，腰酸膝软，皮肤干燥，口干不喜饮，五心烦热，或手足不温，大便不调，尿少色黄，舌淡有齿痕，脉沉细。

【治法】 益气养阴，健脾补肾。

【方药】 参芪地黄汤加减。太子参 15g，生黄芪 15g，生地黄 24g，山萸肉 12g，山药 12g，枸杞子 15g，制首乌 12g，茯苓 9g，泽泻 9g。

加减：如出现面色萎黄，唇甲色淡，头晕心悸，纳呆乏力，舌淡，脉沉无力等气血亏虚者，治疗以归脾汤或归脾丸。

【其他疗法】

（1）中成药：金匮肾气丸合洋参丸：金匮肾气丸，口服，每次 6g，每日 2 次；洋参丸，口服，每次 2 粒，每日 2 次。

（2）注射剂：参麦注射液：30 ~ 60ml 加入 5% 葡萄糖溶液 100 ~ 250ml 中静脉滴注，每日 1 次，10 ~ 15 天为 1 疗程。

（3）中药灌肠：用生大黄（后下）15 ~ 30g，煅牡蛎 50g，蒲公英 50g，生甘草 6g。浓煎成 150 ~ 200ml 保留灌肠，每晚 1 次，连续 10 ~ 15 天为 1 个疗程。

（4）针灸疗法：针肾俞、脾俞、复溜、太溪、志室、曲骨、阳陵泉、膈俞、血海，用补法。

（5）饮食疗法：黄芪 30g，麦冬 15g，赤小豆 50g，粳米 100g，煮粥食用。

2. 脾肾阳虚证

【证候】 面色少华或晦滞，形寒肢冷，两足虚浮，倦怠乏力，气短懒言，食少纳呆，腰酸膝软，脘腹胀满，大便溏薄，夜尿清长，口淡不渴，舌淡苔润，脉沉微迟。

【治法】 温补脾肾，祛湿化浊。

【方药】 实脾饮加减。制附子 10g（先煎），干姜 10g，苍术 10g，陈皮 10g，白术 15g，党参 15g，熟地 15g，茯苓 15g，木香 6g，砂仁 6g（后下），薏苡仁 30g，黄芪 30g。

加减：脾阳虚弱，水湿不化，时泛痰涎者，加理中化痰丸以温中化痰；脾胃虚寒，胃脘冷痛，得热则舒者用小建中汤或理中丸以温胃散寒止痛；脾肾阳虚，水湿内停，溢于肌肤，见两足虚浮，小便不利者，加真武汤、五苓散心温补脾肾，化气行水。

【其他疗法】

（1）中成药

1）金匮肾气丸：口服，每次 6g，每日 3 次。

2）附子理中丸：口服，每次 6g，每日 3 次。

（2）针灸疗法：针脾俞、肾俞、关元、气海、命门、足三里、三阴交、膀胱俞、中极、阴陵泉，用平补平泻。

（3）中药灌肠：生大黄（后下）15 ~ 30g，制附子 10g，肉桂 3g，煅牡蛎 50g，蒲公英 50g，生甘草 6g。浓煎成 150 ~ 200ml 保留灌肠，每晚 1 次，连续 10 ~ 15 天为 1 个疗程。

（4）饮食疗法：山药 20g、黄芪、薏苡仁、赤小豆各 30g，草果 10g，肉桂 3g，粳米 100g，煮粥，食用。

3. 肝肾阴虚证

【证候】 头晕头痛，腰酸膝软，口干咽燥，五心烦热，大便干结，尿少色黄，舌淡红少苔，脉沉细或弦细。

【治法】 滋肾平肝。

【方药】 杞菊地黄汤加减。熟地 24g，山萸肉 12g，山药 12g，茯苓 9g，泽泻 9g，丹皮 9g，枸杞子 15g，菊花 6g，潼蒺藜 15g，怀牛膝 15g。

加减：兼头晕头痛明显，心烦易怒，口苦口干，脉弦数等肝阳上亢之证者，用天麻钩藤饮加减；症见头晕头痛，四肢麻木甚则抽搐、痉厥，舌红苔薄黄，脉弦细等肝风内动表现者，宜育阴息风，方用羚羊钩藤汤或大定风珠加减。

【其他疗法】

（1）中成药

1）杞菊地黄丸：口服，每次 6 粒，每日 3 次。

2）六味地黄丸：口服，每次 6 粒，每日 3 次。

（2）注射剂：参麦注射液或生脉注射液：30 ~ 60ml 加入 5% 葡萄糖溶液 100 ~ 250ml 中静脉滴注，每日 1 次，10 ~ 15 天为 1 个疗程。

（3）中药灌肠：生大黄（后下）15 ~ 30g，煅牡蛎 50g，蒲公英 50g，生甘草 6g。浓煎成 150 ~ 200ml 保留灌肠，每晚 1 次，连续 10 ~ 15 天为 1 个疗程。

（4）针灸疗法：然肾俞、肝俞、复溜、志室、阳陵泉、三阴交、太冲，用平补平泻法。

（5）饮食疗法：麦冬 20g，黄芪、生地、薏苡仁各 30g，粳米 100g，煮粥食用。

4. 湿浊困脾证

【证候】 胸脘痞闷，纳呆腹胀，口淡乏味，头眩心悸，小便短少，恶心干呕，或呕吐频繁，吐清水痰涎，甚则水入即吐，苔白腻，脉滑或弦。

【治法】 和胃降逆，温中化饮。

【方药】 小半夏汤加减。生姜10g，干姜10g，法半夏10g，竹茹25g，砂仁6g（后下），桂枝15g，苍术15g，厚朴10g。

加减：呕吐甚者，加代赭石30g、丁香10g；胸闷者加瓜蒌皮15g、枳壳15g。

【其他疗法】

（1）中成药：尿毒清冲剂：口服，每次10g，每日3次。

（2）中药灌肠：生大黄（后下）30g，制附子10g，煅牡蛎50g，煅龙骨30g，荆芥穗15g，厚朴10g，蒲公英50g，生甘草6g。浓煎成150～200ml保留灌肠，每晚1次，连续10～15天为1个疗程。

（3）针灸疗法：针脾俞、胃俞、中脘、三焦俞、丰隆、足三里，用泻法或平补平泻法。

（4）饮食疗法

1）法半夏10g，煎取汁，再入陈皮10g，草果10g，粳米30g，煲汤配合治疗。

2）用苏叶15g，砂仁6g，黄连3g煎汤代茶。

5. 气滞血瘀证

【证候】 病程绵长，迁延不愈，神疲乏力，胁肋胀满，女子月经延期或经闭，经色暗，有血块，面色晦暗，唇色暗紫，腰酸腰痛，尿道涩痛，舌紫暗，有瘀斑，脉沉涩。

【治法】 理气活血化瘀。

【方药】 血府逐瘀汤加减。桃仁10g，红花10g，当归10g，川芎10g，黄芩10g，枳实10g，黄芪30g，白茅根30g，丹参15g，柴胡10g，赤芍15g，牛膝15g。

加减：神疲乏力，纳呆腹胀，两胁胀满者，为气虚气滞夹瘀，加厚朴、白术、陈皮各10g，以疏肝健脾，消胀除满；五心烦热，头痛头晕，舌红脉细数者，为阴虚夹瘀，加生地黄25g、丹皮10g、枸杞子18g及二至丸以滋阴清热；畏寒肢冷，腰膝不温者，为阳虚夹瘀，加制附子、仙茅、仙灵脾各10g；瘀血留存多在疾病后期，常与气虚、阴虚、阳虚等同时出现，宜合方应用；若见病程已久，无明显血瘀征象，临床治疗效果欠佳，可适当加入化瘀药物，往往能收到较好的效果。

【其他疗法】

（1）中成药

1）复方丹参片：口服，每次4片（滴丸每次10粒），每日3次。

2）血府逐瘀丸：口服，每次6粒，每日3次。

3）保肾康：口服，每次3～4片，每日3次。

（2）注射剂

1）复方丹参注射液：20～30ml加入5%～10%葡萄糖溶液250ml中静脉滴注，每日1次，14天为1个疗程。一般用2个疗程，每疗程之间可间隔5～7天。

2）川芎嗪注射液：40～80mg加入5%葡萄糖溶液或0.9%氯化钠溶液250～500ml中静脉滴注，每日1次，7～14天为1疗程。

（3）中药灌肠：生大黄（后下）15～30g，制附子10g，煅牡蛎50g，煅龙骨30g，丹参 20g，蒲公英 50g，海藻 30g。浓煎成 150 ~ 200ml 保留灌肠，每晚 1 次，连续 10 ~ 15 天为 1 个疗程。

（4）针灸疗法：针脾俞、肾俞、三阴交、肩井、血海、膈俞，用泻法或平补平泻法。

（5）饮食疗法：赤小豆 30g，粳米 100g，煮粥食用。

6. 水凌心肺证

【证候】 尿少尿闭，胸胁胀满，喘促痰鸣，咳嗽，心悸，烦躁不安，浮肿，腰以下为甚，或有畏寒肢冷，纳呆腹胀，腰膝酸软，大便溏薄，舌淡暗，苔滑腻，脉弦滑。

【治法】 通阳化气，泻水逐饮。

【方药】 苓桂术甘汤合葶苈大枣泻肺汤加减。茯苓 15g，桂枝 10g，白术 15g，党参 18g，黄芪 30g，葶苈子 15g，丹参 30g，泽泻 10g，五味子 10g。

加减：神疲乏力，纳呆腹胀，肢寒畏冷，两膝酸软甚者，为脾肾阳虚，气不化水，上凌心肺，可用济生肾气丸加减，以温补脾肾，化气行水；浮肿甚，腹大者，加牵牛子 6g，或用己椒苈黄丸以泻水逐饮。

【其他疗法】

（1）中成药

1）舟车丸：口服，每次 6 粒，每日 3 次。

2）生脉饮：口服，每次 1 ~ 2 支，每日 3 次。适用于水凌心肺，心悸气短者。

（2）针灸疗法：针人中、十宣、气海、神门、三阴交、肾俞、心俞、内关，用补法。

（3）饮食疗法：山药、车前子（包）、薏苡仁、赤小豆各 30g，白术 15g，粳米 100g，煮粥食用。

三、预防与调护

1. 预防

（1）一级预防：主要是及早发现肾脏病或可能累及肾脏的原发疾病，积极控制，防止发生慢性肾衰。

（2）二级预防：对已出现慢性肾衰者，要积极控制诱发加重的可逆因素，治疗原发病，纠正高血压及水、电解质、酸碱平衡失调，以延缓肾衰进展。

（3）三级预防：主要针对尿毒症晚期患者，需防治高钾血症、心衰等严重尿毒症并发症。

2. 护理

（1）精神、心理护理：即中医所说的调养情志，由于肾脏疾病病程绵长，且易于反复，患者思想包袱较重，因此要学会调养情志，树立战胜疾病的信心，使病体早日康复。

（2）饮食起居有规律：保证充足睡眠；摄入高热量（以糖为主）、优质低蛋白饮食，限制进液量，保持水平衡；养成每天定时排便的习惯，有利于排出代谢废物、毒素。

（3）注意口腔护理：早晚及餐后应漱口，保持口腔清洁，去除口臭，减少恶心，防止细菌和真菌生长。

（4）加强皮肤护理：勤用温水擦洗，保持皮肤清洁，忌用肥皂和乙醇。勤换衣裤、被单。对有严重水肿的病人，更需注意保持皮肤，经常更换卧姿，按摩受压部位，预防褥疮。

（5）仔细记录每天液体的出入量，每日定时测量血压，以了解有无水钠潴留等情况。

第十九节　肾病综合征

肾病综合征（nephrotic syndrome，NS），是以大量蛋白尿（每天＞3.5g）、低蛋白血症（白蛋白＜30g/L）、高脂血症（血清胆固醇＞6.5mmol/L）及程度不同的水肿为特征的症候群。肾病综合征有原发性和继发性之分，可由多种不同病理类型的肾小球疾病引起，其共同的病理生理改变是肾小球毛细血管壁对血浆蛋白的通透性明显增高。

本病属于中医“水肿”范畴，水肿消退后可参照虚劳、腰痛等论治。在国家标准《中医临床诊疗术语》中，将本病归入“肾水”范畴。

一、病因病机

本病以水肿为主要临床表现，其病因为风邪、水湿、湿热、血瘀以及劳倦内伤或纵欲等，主要与肺、脾、肾三脏及三焦对水液代谢功能的失调有关。由于外邪侵袭，肺之治节失司，可出现面部水肿，或加重原来的水肿；脾虚不能运化则水湿贮留而成水肿；肾虚不能气化，亦可水湿潴留而肿。三焦为水湿运行之通道，三焦气化的正常与否，直接与肺、脾、肾三脏的功能有关。另外，肝主疏泄，肝气失于条达，亦可致使三焦气机壅塞，决渎无权，而致水湿内停。在水肿的发生过程中，临床上还要注意水、气、血三者的关系，气行则水行，气滞则水停。病变过程中，主要是肺、脾、肾三脏阴阳气血不足，尤其阳气不足为病变之本；以水湿、湿热、瘀血阻滞为病变之标，表现为虚实夹杂之证。病程中易感外邪，也常因外感而加重病情。如病情迁延，正气愈虚，邪气愈盛，日久则可发生癃闭、肾衰竭等病。

二、辨证论治

（一）辨证要点

首先辨阳水、阴水。阳水属实，由风、湿、热、毒诸邪所致水气潴留；以起病急，头面眼睑先肿，腰以上肿甚为特点，多伴尿少而赤，舌红脉数。阴水多属本虚标实，本虚多为脾肾亏虚，标实有水湿、瘀阻等；以起病缓，肿从下肢始，腰以下肿甚为特点，多伴尿少排尿无力，舌淡脉虚。

其次应辨别外感和内伤。凡起病急，病程短，伴有风寒或风热之表证或湿热内蕴证候者，辨证属实或以实证为主；若有神疲乏力，腰膝酸软，舌淡脉虚者，辨证为肾虚，或以肾虚为主。外感多实，内伤多虚，但外感日久不愈，也可由实转虚；内伤正气不足，表卫虚弱，又易招致外感。

（二）治疗原则

发汗、利尿、泻下逐水为水肿治疗的三个基本原则，即《内经》提出的“开鬼门”、“洁净府”、“去菀陈莝”。阳水表现为表、热、实证，可发汗、利小便或攻逐，以祛邪为主；阴水表现为里、虚、寒证，治以健脾温肾等扶正为主；上半身肿甚，以发汗为主，下半身肿甚，以利小便为主；如有瘀血证候者，可结合应用活血化瘀法。

（三）分证论治

1. 风水相搏证

【证候】 首先眼睑浮肿，继则四肢浮肿、全身浮肿，皮肤光泽，按之凹陷易复，伴有外感风热证或风寒证，舌红或舌苔薄白，脉浮或数。

【治法】 疏风透表，宣肺行水。

【方药】 越婢加术汤加减。麻黄 9g，生石膏 30g（先煎），白术 12g，大枣 5 枚，浮萍 10g，泽泻 15g，石韦 15g，生姜皮 10g。

加减：偏于风热者，加板蓝根 15g、连翘 15g、黄芩 15g 以清热解毒；若风寒偏盛，去石膏，加苏叶 10g、防风 10g 以助麻黄疏风散寒解表；若见喘咳，加杏仁 10g、前胡 10g，甚则加桑白皮 15g、葶苈子 10g 以泻肺平喘行水。若水肿重者，加白茅根 30g、车前子 15g 加强利水消肿。

【其他疗法】

（1）中成药

1）防风通圣散：口服，每次 6g，每日 3 次。

2）雷公藤总苷片：口服，每次 2 片，每日 3 次。

（2）针灸疗法：针偏历、肺俞、曲池、合谷，用泻法。风热者加大椎等穴；风寒者加列缺、太渊、尺泽等穴，用泻法。

（3）饮食疗法

1）服药期间可选用薄荷、荷叶各 10g 煎水代茶饮。

2）荷叶 10g，车前子、滑石各 30g，煎取汁再入粳米 100g，煮粥食用。

2. 湿热壅盛证

【证候】 遍身浮肿，皮肤绷急光亮，腹大胀满，胸闷烦热，口苦口干，大便干结或便溏灼肛，小便黄，舌红，苔黄腻，脉滑数或弦数。

【治法】 清热利湿，利水消肿。

【方药】 疏凿饮子加减。羌活 10g，大腹皮 25g，茯苓皮 30g，生姜皮、栀子、生大黄（后下）、椒目、商陆各 10g，泽泻、槟榔各 15g，赤小豆 25g。

加减：尿血盛者，加白茅根、大蓟、小蓟各 30g；皮肤疮毒者，加金银花 25g、连翘 10g、蒲公英 30g；乏力纳呆者，加白术、黄芪各 15g，苍术 10g。

【其他疗法】

（1）中成药

1）舟车丸：口服，每次 1 丸，每日 2 次。

2）火把花根片：口服，每次 4 片，每日 3 次。

（2）针灸疗法：针偏历、膀胱俞、三焦俞、阴陵泉、中极、水道、金门，用泻法。

（3）饮食疗法

1）服药期间可选用金银花 15g、荷叶 12g 煎水代茶饮。

2）或用车前子、滑石、菊花各 30g，煎取汁再入粳米 100g，煮粥食用。

3. 瘀水内阻证

【证候】 遍身浮肿，少尿或无尿，或尿中有血，伴鼻出血、咯血、便血、皮肤瘀斑；

或身重腰痛，小腹拘急，乏力倦怠，纳呆泛恶，或有躁扰发狂；舌体胖有瘀斑，苔腻，脉涩或沉细。

【治法】 活血化瘀，利水散结。

【方药】 桃红四物汤合五苓散加减。桃仁、红花、当归、川芎、桂枝各10g，赤芍、生地、茯苓、白术、泽泻各15g，黄芪30g，大腹皮30g，炙甘草6g。

加减：晚间热甚者，加丹皮15g、白茅根30g。

【其他疗法】

（1）中成药

1）四物丸：口服，每次1丸，每日2次。

2）血府逐瘀丸合五苓丸：口服，每次各1丸，每日3次。

3）三七粉，口服，每次1.5～3g，每日2次。

4）复方丹参片（滴丸）：口服，每次3片（滴丸每次10粒），每日3次。

（2）注射剂

1）复方丹参注射液：10～20ml加入5%～10%葡萄糖溶液500ml中静脉滴注，每日1次，14天为1个疗程。一般用2个疗程，每疗程之间可间隔5～7天。

2）川芎嗪注射液：40～80mg加入5%葡萄糖溶液250ml中静脉滴注，每日1次，7～14天为1个疗程。

（3）针灸疗法：针用肾俞、关元、阳陵泉、肩井、膈俞、血海、三焦俞，用补法。

（4）饮食疗法：服药期间可选用赤小豆50g、粳米100g，煮粥食用。

4. 肾气亏虚证

【证候】 尿多，大量蛋白尿或有血尿，晨起面浮，傍晚足跗肿或肿不甚，腰部冷痛酸重，形体困倦，面色白或灰滞，舌淡胖，苔白，脉沉细或沉迟无力。

【治法】 温肾助阳，化气行水。

【方药】 济生肾气丸合真武汤。熟地24g，山药12g，山萸肉12g，泽泻12g，茯苓15g，肉桂3g（焗服），熟附子10g（先煎），淫羊藿15g，牛膝15g，车前子15g，丹皮9g。

加减：若心悸、唇绀、脉结代者，加丹参20g以活血通脉定悸；若喘促、汗出、脉虚面浮者，宜重用人参15g（另炖服）、加五味子15g、煅牡蛎30g以益气固脱，宁心定悸。

【其他疗法】

（1）中成药

1）金匮肾气丸：口服，每次6g，每日3次。

2）右归丸：口服，每次6g，每日3次。

3）龟鹿补肾片：补肾益气、每次2～4片，一日2次。

（2）针灸治疗：针脾俞、肾俞、命门、关元、大都、足三里、三阴交，用补法。

（3）饮食疗法：黄芪、薏苡仁、淮山、麦冬、白术各30g，粳米50g，煲粥食用。

5. 脾肾阳虚证

【证候】 全身浮肿，形寒怕冷，久病不愈，劳累后小便频数，淋漓不尽，时作时止，夜尿多，尿色混浊，腹胀纳少，面色黯淡，神疲乏力，腰膝酸软，大便或溏，舌淡胖，苔白腻或白滑，脉沉缓或沉弱。

【治法】 温肾健脾，利水消肿。

【方药】 无比山药丸加减。山药、熟地各25g，茯苓、牛膝、黄芪、巴戟天各15g，制附子、桂枝、山萸肉、菟丝子各10g，车前子15g（包煎），滑石25g（包煎），丹参30g。

加减：少腹坠胀者，加党参、白术各15g；畏寒肢冷、面浮肢肿者，重用杜仲25g、巴戟天25g，干姜12g；水肿退而不尽者，加胡芦巴15g、苍术12g、川牛膝12g；恶心欲呕者，加法半夏、生姜、吴茱萸各10g；若肿甚，尿蛋白多者，加用桑螵蛸15g，金樱子20g。

【其他疗法】

（1）中成药

1）金匮肾气丸：口服，每次6g，每日3次。

2）百令胶囊：口服，每次4粒，每日3次。

（2）针灸治疗：针脾俞、肾俞、命门、关元、气海、足三里、三阴交，用补法或艾灸。

（3）饮食疗法：山药20g，黄芪、赤小豆各30g，肉桂3g，瘦肉50g，粳米50g，煮粥食用。

6. 肝肾阴虚证

【证候】 头晕目眩，两目干涩，视物昏花，心悸失眠，五心烦热，或午后低热，腰膝酸软，口干咽燥，大便干结，小便短赤，舌干红，无苔或有裂纹，脉细数无力。

【治法】 滋补肝肾。

【方药】 杞菊地黄丸加减。枸杞子15g，生地24g，丹皮、泽泻、白术、山萸肉各10g，淮山药12g，猪苓、茯苓、牛膝、女贞子各15g，菊花10g。

加减：低热盗汗者，加青蒿10g、银柴胡15g；头晕头痛者，加生龙骨、生牡蛎、石决明、代赭石各25g。

【其他疗法】

（1）中成药

1）杞菊地黄丸：口服，每次6g，每日3次。

2）六味地黄丸：口服，每次6g，每日3次。

3）知柏地黄丸：口服，每次6g，每日3次。

（2）注射剂：生脉注射液或参麦注射液50ml静脉滴注，每日1次，10～15次为1个疗程。

（3）针灸治疗：针偏历、膀胱俞、三焦俞、脾俞、肾俞、复溜、三阴交、太白、太冲，用平补平泻法。

（4）饮食疗法：麦冬20g，生地、薏苡仁、赤小豆各30g，粳米100g，煮粥食用。

三、预防与调护

（1）避风寒：家庭居室要清洁、卫生、通风，房间温、湿度适宜，光线充足、明亮。定期空气消毒，可用紫外线灯照射或食醋熏蒸法。一旦感冒，患者可先用板蓝根冲剂、桑菊感冒冲剂、小柴胡冲剂、午时茶等中成药制剂。

（2）慎起居：起居有时，不宜过度疲劳，尤应节制房事，以防损伤真元。

（3）调情志：保持情绪稳定，限制剧烈运动，减少患者的焦虑烦躁与不安，保持睡眠充足。

（4）节饮食：水肿初期，应吃无盐饮食，待肿势消退后，逐步改为低盐，最后恢复普通饮食。忌食辛辣、烟酒等刺激性物品。

（5）慎用药：患病期间尽可能避免使用有可能导致肾损害的药品，如生物制品、解热镇痛类以及易引起过敏反应的抗生素类药物与可致肾损害的中药。

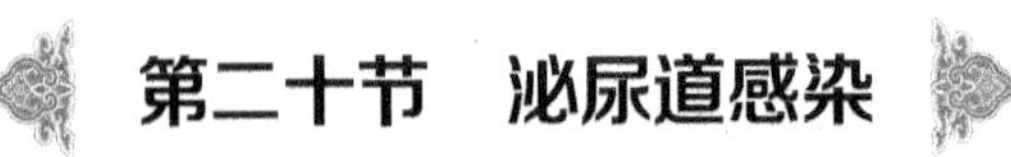

第二十节　泌尿道感染

泌尿道感染（urinary tract infection，UTI）简称尿感，广义上是指尿路内有大量微生物（包括细菌、真菌和病毒）繁殖而引起的尿路炎症，狭义上是指尿路的细菌性感染。主要症状有尿频，尿急，尿痛，小便淋沥，耻骨弓上不适，还可见腰痛、肋脊角压痛或/和叩痛和寒战，发热，头痛，恶心等全身症状。

尿感可分为初发尿感（首次发作）和再发性尿感。依据感染的病程可分为急性尿感和慢性尿感，急性尿感包括急性膀胱炎和急性肾盂肾炎。依据感染发生的部位，可分为下尿路感染和上尿路感染。本病多发生于尿路功能或解剖上有异常的患者，女性多于男性。任何细菌侵入尿路均可发病，最常见的致病菌为革兰阴性杆菌，其中以大肠杆菌多见。

本病属于中医"淋证"、"腰痛"等范畴。

一、病因病机

中医学认为，尿感病位在于膀胱和肾，且与肝脾有关。病因多由于：饮食不节，多食辛热肥甘之品，或嗜酒太过，酿成湿热，下注膀胱；或下阴不洁，秽浊之邪侵入膀胱，酿成湿热，发而为淋。久淋不愈，湿热耗伤正气，或年老、久病体弱，以及劳累过度，房室不节，均可导致脾肾亏虚。脾气虚则中气下陷，肾气亏虚则下元不固，因而小便淋漓不已。七情违和，恼怒伤肝，气滞不宣，气郁可以化火，或者郁于下焦，影响膀胱的气化，则见少腹作胀，小便艰涩而痛，余沥不尽，发为淋证。

本病病机主要是湿热蕴结于下焦，导致膀胱气化不利。《金匮要略·五脏风寒积聚病脉证并治》云："热在下焦者，则尿血，亦令淋秘不通"。《丹溪心法·淋》指出："淋有五，皆属乎热"，论述淋证属于热证，实证。《诸病源候论》指出："肾虚则小便数，膀胱热则水下涩，数而且涩，则淋沥不尽"，又指出肾脏虚损，膀胱气化失利，湿热之邪则易侵入膀胱，导致膀胱气机不畅。淋证初起多属湿热蕴结膀胱，若病延日久，热郁伤阴，湿遏阳气，或伤津耗气，可导致脾肾两虚，膀胱气化功能下降，病证可由实转虚，虚实夹杂。

二、辨证论治

（一）辨证要点

本病初起以实证常见，日久可转为虚证。实证为湿热之邪蕴结下焦，或偏于湿邪，或偏于热邪，或湿热并重。虚证以脾肾亏虚为主，有偏于脾虚和偏于肾虚的区别。体质虚弱或久病不愈者，可虚实夹杂，既有湿热、气滞，又有脾虚、肾虚。

（二）治疗原则

实则清利，虚则补益是治疗本病的基本原则。实证以膀胱湿热为主者，治宜清热利湿；

以气滞不利为主者，治宜利气疏导。虚证以脾虚为主者，治宜健脾益气；以肾虚为主者，治宜补虚益肾。虚实夹杂者，应攻补兼施。

（三）分证论治

1. 膀胱湿热证

【证候】 小便短数，灼热刺痛，溺色黄赤，少腹拘急胀痛，或恶寒发热，或有寒战，口苦口干，恶心呕吐，或有腰痛拒按，舌质红，苔黄或黄腻，脉滑数或弦数。

【治法】 清热利湿通淋。

【方药】 八正散加减。车前子 15g，瞿麦 15g，扁蓄 10g，滑石 30g（包煎），灯心草 2 扎，栀子 10g，大黄 6g，炙甘草 6g。

加减：见寒热，口苦呕恶者加柴胡 10g、黄芩 10g、半夏 10g、黄连 6g；少腹胀痛者加乌药 9g、川楝子 12g；见肉眼血尿或镜下血尿，加白茅根 30g、小蓟、大蓟各 15g；湿热腰痛者，加黄柏、苍术、牛膝各 10g，薏苡仁 24g。

【其他疗法】

（1）中成药

1）八正合剂：口服，每次 15 ～ 20ml，每日 3 次。

2）泌尿宁颗粒：开水冲服，每次 12g，每日 3 次。

3）三金片：口服，小片每次 5 片，大片每次 3 片，每日 3 ～ 4 次。

4）热淋清颗粒（胶囊、糖浆）：颗粒剂，开水冲服，每次 1 ～ 2 袋，每日 3 次；胶囊，口服，每次 4 ～ 6 粒，每日 3 次；糖浆，口服，每次 10 ～ 20ml，每日 3 次。7 天为 1 个疗程，慢性患者连服 2 ～ 3 个疗程。

5）五淋丸：口服，每次 6g，每日 2 次。

6）尿感宁冲剂：口服，每次 1 袋，每日 3 ～ 4 次。

（2）针灸治疗：针中极、肾俞、三阴交、水道、膀胱俞，用泻法。

（3）饮食疗法

1）连皮冬瓜 500g，生薏苡仁 100g，加水 1000ml，煮熟，饮汤及食冬瓜、薏苡仁；

2）白茅根 50g，加水 500ml，煮至 300ml，分服。

（4）单方验方

1）白茅根 30g，金钱草 30g，水煎服。

2）鲜马齿苋 1 握，捣汁，每日 3 次口服。

3）鱼腥草 30g，水煎服，每日 2 次。

2. 肝郁气滞证

【证候】 尿频尿急，淋沥不畅，余沥难尽，脐腹满闷，胁痛口苦，舌质红，苔黄腻，脉弦。

【治法】 疏肝理气通淋利水。

【方药】 沉香散加减。沉香 6g（后下），橘皮 6g，当归 9g，白芍 15g，滑石 30g，栀子 12g，王不留行 15g，冬葵子 15g，石韦 15g，生甘草 6g。

加减：胸闷胁胀者，加青皮 6g、乌药 6g、小茴香 6g；有刺痛感者，加红花 6g、赤芍 15g、川牛膝 12g。

【其他疗法】

（1）中成药

1）柴胡疏肝散：口服，每次 6g，每日 3 次。

2）逍遥丸：口服，大蜜丸，每次 1 丸，每日 2 次；浓缩丸，每次 8 丸，每日 3 次。

（2）针灸治疗：针肝俞、胆俞、膀胱俞、中极、期门，用泻法。

3. 脾肾两虚证

【证候】 小便不甚赤涩，但淋沥不已，病程较长，缠绵难愈，时轻时重，遇劳加重或诱发，腰酸膝软，神疲乏力，舌质淡，苔白腻，脉虚弱。

【治法】 健脾益肾利湿。

【方药】 无比山药丸加减。山药 15g，茯苓 20g，泽泻 15g，生地 10g，山萸肉 10g，菟丝子 12g，炒杜仲 15g，川牛膝 12g，五味子 9g，肉苁蓉 10g，赤石脂 10g，巴戟天 10g。

加减：神疲乏力，少腹坠胀，小便点滴而出者，加黄芪 15g、党参 15g；若见面色潮红，五心烦热，舌质红，脉细数者，加知母 9g、黄柏 9g、丹皮 9g；若见面色少华，畏寒怯冷，四肢不温，舌淡苔白，脉沉细者，加炮附子 6g、肉桂 3g（焗服）。

【其他疗法】

（1）中成药

1）补中益气丸：口服，水蜜丸，每次 6g；浓缩丸，每次 8 ～ 10 丸，每日 3 次。

2）八珍丸：口服，水蜜丸，每次 6g，浓缩丸；每次 8 丸，每日 3 次。

3）六味地黄丸：口服，大蜜丸，每次 1 丸；小蜜丸，每次 9g；水蜜丸每次 6g；浓缩丸，每次 8 丸，每日 2 次；软胶囊，每次 3 粒，每日 2 次。

4）金匮肾气丸：口服，蜜丸，每次 1 丸；浓缩丸，每次 8 丸，每日 2 次。

（2）注射剂

1）生脉注射液：20 ～ 60ml 加入 5% 葡萄糖溶液 250 ～ 500ml 稀释后静脉滴注，每日 1 次。

2）参麦注射液：20 ～ 50ml 加入 5% 葡萄糖溶液 250ml 稀释后静脉滴注，每日 1 次。

3）黄芪注射液：10 ～ 20ml 加入 5% 葡萄糖溶液 250ml 稀释后静脉滴注，每日 1 次。

（3）针灸治疗：针脾俞、胃俞、肾俞、足三里、中极、关元、命门，中极用提插泻法，以麻电感到达前阴。关元穴以呼吸补法，余均施捻转补法。

三、预防与调护

（1）慎起居：急性肾盂肾炎应卧床休息，多饮水，禁止性生活。慢性患者常可因外感诱发，应注意保暖，避免感受风寒。虚证患者还应加强身体锻炼，以增强体质，并节制房事。平时要做到起居有常，动静结合，避免过劳。

（2）调情志：尿路感染患者不论是处于急性病期还是慢性病期，尤其是病情反复时，极易产生急躁情绪，故应注意情志调摄，增强病人战胜疾病的信心。平日保持心情舒畅，防止五志太过，郁而化火。

（3）节饮食：忌食辛辣肥甘食品，忌烟酒等；饮食宜清淡，多食易消化食物，多吃水果、蔬菜、多饮开水或茶。

（4）讲卫生：注意保持外阴清洁，尤其女性。女性应注意经期卫生，婴儿应注意会阴部及尿布清洁。避免不必要的导尿及泌尿道器械操作，也可减少本病的发生。

第二十一节 糖 尿 病

糖尿病（diabetes mellitue，DM）是一组以血葡萄糖（简称血糖）水平增高为特征的代谢性疾病。引起血糖升高的病理生理机制为胰岛素分泌缺陷及 / 或胰岛素作用缺陷。血糖明显增高时可出现多尿、多饮、体重减轻，有时尚可伴多食及视力模糊。糖尿病可危及生命的并发症为酮症酸中毒及非酮症高渗综合征。糖尿病患者长期血糖增高可致各器官组织损害，引起功能不全以致功能衰竭。在慢性并发症中，视网膜病变可导致视力丧失；肾病变可导致肾功能衰竭；周围神经病变可引起活动障碍及足病变。糖尿病患者中，伴发动脉粥样硬化性心血管病、脑血管病及周围血管病变者明显增加，高血压及脂代谢异常亦较常见。如不进行积极防治，由于上述多种因素的影响，糖尿病患者的生活质量将明显降低，寿命将缩短，病死率将增高。

糖尿病属于中医“消渴”范畴。

一、病因病机

消渴病的病因病机比较复杂，由于禀赋不足、饮食失节、情志失调、劳欲过度等原因均可导致消渴。消渴病变的脏腑主要在肺、胃、肾，其病机主要在于阴津亏损，燥热偏胜，以阴虚为本，燥热为标，两者互为因果。

禀赋不足，五脏柔弱；或饮食不节，恣食肥甘酒醴、辛辣香燥；或情志过极，郁怒失节；或劳心竭虑，耗伤心阴；或房室不节，纵欲过度；或感染邪毒，罹患热病等因素，致肺、胃、肾受损，郁热内蕴，阴精损耗，气化失常，津液精微失于正常输布，或淫溢血脉，或直趋下泄。病有上、中、下三消之分，肺燥、胃热、肾虚之别。肺燥为主，多饮突出者为上消；胃热为主，多食突出者为中消；肾虚为主，多尿突出者，为下消。病情初起以实证为主，中期虚实并见，后期以虚损为主，病程中多见夹瘀之候。

二、辨证论治

（一）辨证要点

1. 辨病位

消渴病的“三多”症状，往往同时存在，但根据其程度的轻重不同，而有上、中、下三消之分，以及肺燥、胃热，肾虚之别。通常以肺燥为主，多饮症状较突出者，称为上消；以胃热为主，多食症状较为突出者，称为中消；以肾虚为主，多尿症状较为突出者，称为下消。

2. 辨标本

消渴病以阴虚为本，燥热为标，两者互为因果。常因病程长短及病情轻重的不同，阴虚和燥热表现各有侧重。患病初期多以燥热为主，病程较长者则阴虚与燥热互见，日久则以阴虚为主，进而气阴两虚，阴损及阳，终致阴阳俱虚。

3. 辨本症与并发症

多饮，多食、多尿、乏力及消瘦为消渴病本症的基本表现，以易发生诸多并发症为本病的另一特点。就本症与并发症的关系而言，一般以本症为主，并发症为次。多数患者，先见本症，随病情的发展而出现并发症，但亦有少数患者“三多”及消瘦的本症表现并不明显，而常因痈疽、眼疾、心脑肾等病证为线索，最后确诊为本病。

（二）治疗原则

本病的基本病机是阴虚为本，燥热为标，故养阴生津、清热润燥为本病的主要治法。《医学心悟·三消》说：“治上消者，宜润其肺，兼清其胃”；“治中消者，宜清其胃，兼滋其肾”；“治下消者，宜滋其肾，兼补其肺”；可作为治疗消渴病的要旨。

本病常发生血脉瘀滞及阴损及阳的病变，以及易并发痈疽、眼疾、肾劳等症，故还应针对具体病情，及时合理地选用活血化瘀、清热解毒，健脾益气，滋补肾阴、温补肾阳等治法。

（三）分证论治

1. 肺热伤津证

【证候】 口渴喜饮，咽干胸闷，尿频量多，色黄味甜，舌红而燥，苔黄，脉滑数。

【治法】 清热润肺，生津止渴。

【方药】 消渴方加减。天花粉 30g，生地黄 30g，黄连 10g，藕汁 10g。

加减：口干甚者，加麦冬 15g、葛根 15g 以生津止渴；大便干燥者，加玄参 20g、决明子 15g，以润肠通便。

【其他疗法】

（1）中成药

1）康威降糖胶囊：口服，每次 4 粒，每日 3 次。

2）金芪降糖片：口服，每次 6 片，每日 3 次。

（2）单方验方：天花粉 90g，黄连 90g，共为末，制成蜜丸，每次 6g，麦冬汤送服，每日 2 次。

（3）针灸治疗：针脾俞、膈俞、足三里、三阴交、肺俞、胃俞、中脘，用泻法。

（4）饮食疗法：苦瓜蚌肉汤：苦瓜 250g，蚌肉 100g，熬煮，喝汤吃苦瓜和蚌肉。具有养阴清热，润燥止渴作用。

2. 胃燥伤液证

【证候】 多食善饥，口渴喜饮，形体消瘦，舌红苔黄，脉滑实有力。

【治法】 清胃泻火，养阴增液。

【方药】 玉女煎加减。石膏 30g，知母 15g，麦冬 15g，生地 15g，牛膝 10g。

加减：燥热便结者，加大黄 6g（后下）、火麻仁 10g 以泻热通便；津伤便难者，加玄参 30g、决明子 30g 以润肠通便；牙龈肿痛者，加栀子 10g、蒲公英 10g 以清热解毒。

【其他疗法】

（1）中成药

1）十味玉泉胶囊：口服，每次 4 粒，每日 4 次。

2）消渴降糖胶囊：口服，每次 3 ~ 5 粒，每日 3 次。

（2）单方验方：玉米须 10g，山药 30g，天花粉 15g，水煎，分 2 次服用。

（3）针灸治疗：针脾俞、膈俞、足三里、三阴交、肺俞、胃俞、中脘、曲池，用泻法。

（4）饮食疗法：山药粥：山药 60g、粳米 60g，共熬成粥，早餐食用，用于多食易饥者。

3. 肾虚伤精证

【证候】 尿量频多，浊如脂膏，或有甜味，腰膝酸软，遗精，失眠，舌红少苔，脉细数。

【治法】 滋阴清热，补肾填精。

【方药】 知柏地黄丸加减。知母 10g，黄柏 10g，丹皮 10g，茯苓 10g，泽泻 10g，生地 20g，山茱萸 15g，淮山药 15g。

加减：烦渴多饮者，加天花粉 30g 以生津止渴；失眠者，加百合 10g、酸枣仁 15g 以养心安神；或加女贞子 10g、旱莲草 10g 以滋养肾阴；视力欠佳者，加枸杞子 12g、菊花 10g 以清肝明目。

【其他疗法】

（1）中成药：消渴灵片：口服，每次 8 片，每日 2 次。

（2）单方验方：生地 20g，黄芪 30g，山萸肉 18g，猪胰 1 具，水煎，分 3 ～ 4 次服用。

（3）针灸治疗：针脾俞、膈俞、足三里、三阴交、肾俞、胃俞、太溪，用平补平泻法。

（4）饮食疗法：山药地黄猪胰汤：山药 60g，干地黄 30g，猪胰 1 具，同煎，饮汤吃肉。

4. 气阴两虚证

【证候】 气虚自汗，乏力消瘦，尿多而清，头晕目眩，口干舌燥，五心烦热，大便干结，舌质暗淡，苔薄少，脉细无力。

【治法】 益气养阴，健脾滋肾。

【方药】 生脉散合六味地黄丸加减。西洋参 10g，麦冬 15g，五味子 6g，生地 30g，淮山药 20g，山茱萸 15g，茯苓 10g，泽泻 10g，丹皮 10g。

加减：自汗明显者，加北黄芪 30g 以益气固表；口干明显者，加天花粉 20g、天门冬 10g 以生津止渴。

【其他疗法】

（1）中成药

1）渴乐宁胶囊：口服，每次 4 粒，每日 3 次。

2）糖尿乐胶囊：口服，每次 3 ～ 4 粒，每日 3 次。

3）参芪降糖颗粒：口服，每次 1 袋，每日 3 次。

4）消渴丸（由黄芪、地黄、天花粉、格列本脲组成，每 10 丸含格列本脲 2.5mg）：口服，每次 5 ～ 10 丸，每日 3 次。

（2）单方验方：生地 20g，黄芪 30g，山萸肉 18g，猪胰 1 具，水煎，分 3 ～ 4 次服用。

（3）针灸治疗：针脾俞、膈俞、足三里、三阴交、肾俞、胃俞、太溪，用平补平泻法。

（4）饮食疗法：生山药知母汁：生山药粉 30g，花粉 15g，知母 15g，生鸡内金粉 10g，五味子 10g，葛粉 10g。将知母、五味子煎汁去渣，再将山药粉、葛粉、天花粉、内金粉冷水调糊，趁药液沸滚时倒入搅拌为羹。每次服 100ml，每日 3 次。

5. 脉络瘀阻证

【证候】 口渴喜饮，胸痛心悸，半身不遂，头晕耳鸣，或有视朦，舌质瘀暗，脉涩或结代。

【治法】 益气活血，化瘀通络。

【方药】 四物汤加味。黄芪 30g，川芎 6g，当归 10g，赤芍 10g，益母草 10g，生地

20g，丹参 15g。

加减：胸痛明显者，加元胡 10g 以活血止痛；半身不遂者，加蜈蚣 2 条、地龙 10g，或水蛭 10g 以疏通脉络；头昏、眼花甚者，加红花 6g、石决明 30g 以活血祛瘀、清肝明目；或加石菖蒲 6g、葛根 15g 以宣中辟浊、解肌通脉；眼睛视朦者，加密蒙花 10g、菊花 10g、枸杞子 15g 以养肝明目。

【其他疗法】

（1）中成药

1）糖脉康颗粒：口服，每次 1 包，每日 3 次。

2）川黄液：口服，每次 10ml，每日 3 次。

（2）针灸治疗：针脾俞、膈俞、足三里、三阴交、肾俞、胃俞、太溪、太冲、十宣，用平补平泻法。

（3）饮食疗法：苦瓜 250g，清炒佐膳，既能清热解毒、除烦止渴，又能降低血糖。

三、预防与调护

（1）饮食调摄：本病除药物治疗外，应特别注意生活调摄。正如《儒门事亲·三消之说当从火断》说："不减滋味，不戒嗜欲，不节喜怒，病已而复作。能从此三者，消渴亦不足忧矣。"其中，尤其是节制饮食，具有基础治疗的重要作用。在保证机体合理需要的情况下，应限制碳水化合物及油脂的摄入，可配以蔬菜、豆类、瘦肉，鸡蛋等，定时定量进餐。

（2）慎起居：起居有常，制定并实施有规律的生活起居制度。戒烟酒、浓茶及咖啡等；讲求卫生，预防感受外邪。

（3）调情志、适运动：保持情志平和，按年龄、性别、体力、有无并发症等情况，循序渐进，长期坚持体育锻炼。

第二十二节　甲状腺功能亢进症

甲状腺功能亢进症（hyperthyroidism）简称甲亢，系由多种病因引起的甲状腺功能增强，甲状腺激素分泌过多导致以机体代谢率增高为主要表现的临床综合征。其中，graves 病（又称毒性弥漫性甲状腺肿）是各种病因所致甲亢中最常见的一种，属器官特异性自身免疫性疾病。由于甲状腺素分泌过多，造成机体神经、循环、消化、运动等系统兴奋性增高和机体代谢亢进，graves 病患者还可伴有浸润性突眼、少数伴胫前黏液性水肿及指端增厚。

本病属于中医"瘿气"范畴。

一、病因病机

瘿气多因情志内伤，肝郁脾虚，气滞化火，耗伤津液，炼液为痰，气滞则血行不畅，瘀血内生，乃至气滞、痰凝、血瘀壅结颈前，形成颈前肿块；瘿气日久，肝阴及心阴并损，出现心悸、烦躁，脉数等症；阴虚火旺则急躁易怒、畏热多汗；阴虚阳亢动风，则见手指颤抖；

后期可见女子经闭，男子阳痿，性欲减退等久病及肾，阴津亏虚之症。气、痰、瘀三者日久合而为患，引起血脉瘀阻，变生诸症。

瘿气的病变部位主要在肝脾，且与心密切相关。病理性质以实证居多，久病由实致虚，可见气虚，阴虚等虚候或虚实夹杂之候。病变过程中，常发生病机转化。如痰气郁结日久可化火，形成肝火亢盛证；火热内盛，耗伤阴津，导致阴虚火旺证；重症患者阴虚火旺的各种症状常随病程的延长而加重，出现烦躁不安，谵妄神昏、高热、大汗、脉疾等病情危重表现。

二、辨证论治

（一）辨证要点

本病的辨证需辨明在气在血，火旺与阴伤的不同及病情的轻重。

1. 辨在气在血

颈前喉结两旁结块肿大，质软不痛，颈部觉胀，胸闷，喜太息，属气郁痰阻，病在气分；病久肿块质地较硬，甚则质地坚硬，属痰结血瘀，病在血分。

2. 辨火旺与阴伤

如症见烦热，易汗，性情急躁易怒，眼球突出，手指颤抖，面部烘热，口苦，舌红苔黄，脉数者，为火旺；如症见心悸不宁，心烦少寐，易出汗，手指颤动，两目干涩，头晕目眩，倦怠乏力，舌红，脉弦细数者，为阴虚内热。

（二）治疗原则

治疗以理气化痰，消瘿散结为基本治法。瘿肿质地较硬及有结节者，配合活血化瘀；火郁阴伤而表现阴虚火旺者，以滋阴降火为主，肝火亢盛者，以清肝泻火为主。

（三）分证论治

1. 气郁痰凝证

【证候】 颈粗瘿肿，精神抑郁或急躁易怒，胸闷心烦，饮食减少或恶心嗳气，大便溏泄，舌苔白腻，脉弦或弦滑。

【治法】 理气舒郁，化痰消瘿。

【方药】 四海舒郁丸加减。海蛤粉 15g，海藻 15g，海螵蛸 15g，柴胡 12g，昆布 12g，赤芍药 10g，陈皮 10g，佛手 10g。

加减：胸闷、胁痛者，加柴胡 12g、香附 12g 理气解郁；恶心欲呕者，加半夏 12g、生姜 3 片降逆止呕；腹胀便溏者，加白术 12g、扁豆 12g、大腹皮 12g 健脾益气；瘿肿较硬者，加黄药子 6g、露蜂房 10g 解毒化痰，散结消瘿。

【其他疗法】

（1）中成药：甲亢丸：口服，每次 15g，每日 2 次。

（2）针灸治疗：针合谷、足三里、天突、间使、三阴交、气瘿、颈 3 ～ 5 夹脊穴，用泻法或平补平泻法。

（3）饮食疗法：佛手粥：佛手 9g，粳米 60g，红糖适量。佛手水煎去渣，加入粳米、红糖煮粥食用。每日 1 剂，连服 10 ～ 15 天。

2. 肝火亢盛证

【证候】 颈前轻度或中度肿大，质地柔软光滑无结节，心烦易怒，畏热多汗，面部烘热，口苦口干，食欲亢进，目突，双手颤抖，大便量多，舌质红，苔黄燥，脉弦数。

【治法】 清肝泻火。

【方药】 栀子清肝汤加减。栀子 15g，茯苓 15g，丹皮 15g，柴胡 15g，白芍 15g，当归 10g，川芎 10g，牛蒡子 10g，甘草 5g。

加减：烦躁易怒者，加龙胆草 10g、夏枯草 10g、黄芩 10g 清肝泻火；手颤严重者，加钩藤 15g、白蒺藜 30g、石决明 30g 平肝息风；多食易饥者，加白虎汤清泻胃火，益胃护津。

【其他疗法】

（1）中成药：复方甲亢宁片：口服，每次 10 片，每日 3 次，1 个月为 1 疗程。

（2）单方验方：黄药子 6g，每日水煎服用 1 剂。

（3）针灸治疗：针合谷、太冲、阳凌泉、间使、三阴交、气瘿、颈 3 ～ 5 夹脊穴，用泻法或平补平泻法。

（4）饮食疗法：青柿子糕：青柿子 1000g，去柄绞汁，加蜂蜜 1 倍，熬膏备用。每次 1 汤匙，每日 2 次，连服 10 ～ 15 天。

3. 心肝阴虚证

【证候】 颈前肿块或大或小，质地光滑，双手颤抖，心悸不宁，失眠多梦，目眩手颤，善饥能食，消瘦体疲，口咽干燥，舌质红，舌苔薄黄或少苔，脉细数。

【治法】 滋阴养血，宁心柔肝。

【方药】 天王补心丹加减。生地 12g，元参 12g，天冬 12g，麦冬 12g，当归 12g，五味子 10g，远志 6g，酸枣仁 12g，人参 5g，茯苓 15g，柏子仁 15g，丹参 15g。

加减：手颤严重者，加钩藤 12g、白芍 12g、白蒺藜 12g 平肝息风；大便稀而次数多者，加白术 10g、苡仁 15g 健脾止泄。

【其他疗法】

（1）针灸治疗：针合谷、太冲、阳凌泉、间使、三阴交、气瘿、颈 3 ～ 5 夹脊穴，用泻法或平补平泻法。

（2）饮食疗法

1）酸枣仁粥：酸枣仁 9g，大米 100g 煮粥，加糖适量饮服。

2）百合银耳羹：百合 100g、银耳 15g 同煮成羹，加冰糖适量服食。

4. 心肾阴虚证

【证候】 颈前肿大，目突手颤，口干目涩，心悸头晕，烦躁易怒，耳鸣，消瘦，消谷善饥，女子月经不调或闭经，男子阳痿，性欲减退，腰膝酸软，舌质红，无苔或少苔，脉沉细数。

【治法】 滋阴养精，补心益肾。

【方药】 六味地黄丸合黄连阿胶汤加减。熟地 10g，山药 10g，山茱萸 10g，茯苓 10g，泽泻 10g，丹皮 10g，黄芩 10g，芍药 10g，阿胶 10g，黄连 8g，鸡子黄 1 个。

加减：耳鸣，腰膝酸软者，加桑寄生 15g、牛膝 15g 壮腰强肾；男子阳痿者，加仙灵脾 10g、仙茅 10g 补肾壮阳；女子月经量少或经闭者，加何首乌 15g、益母草 30g 养血活血。

【其他疗法】

（1）中成药：甲亢灵片：口服，每次 7 片，每日 3 次，1 个月为 1 个疗程。

（2）针灸治疗：针合谷、太冲、太溪、间使、三阴交、气瘿、颈 3 ～ 5 夹脊穴，用泻法或平补平泻法。

（3）饮食疗法

1）川贝丹参粥：川贝、丹参各 15g 煎汤去渣，加薏米 30g，冬瓜 60g，红糖适量，共煮为粥。每日 1 次，连服 15 ～ 20 天。

5. 脾肾阳虚证

【证候】 颈前肿大，质软，表情淡漠或神情呆滞，神疲乏力，畏寒肢冷，纳差，腹胀便溏，头晕目眩，腰膝酸软，或面浮足肿，舌边有齿痕，舌苔薄白或白腻，脉沉细弱或沉迟。

【治法】 温补脾肾，散结消瘿。

【方药】 桂附八味丸加减。熟地 15g，山药 15g，山茱萸 15g，泽泻 15g，丹皮 15g，茯苓 20g，附子 10g，肉桂 3g（冲服）。

加减：腹胀明显者，加木香 10g、砂仁 10g 理气行滞；浮肿明显者，加车前子 10g 利水消肿；纳呆、便溏重者，加淫羊藿 10g、巴戟天 10g、补骨脂 10g 温补脾肾；腰膝酸软者，加桑寄生 15g、杜仲 15g 温肾壮骨；颈前瘿肿者，加桃仁 10g、红花 10g、黄药子 10g、浙贝母 10g 祛瘀化痰散结。

【其他疗法】

（1）针灸治疗：针合谷、足三里、太溪、间使、三阴交、气瘿、颈 3 ～ 5 夹脊穴，用泻法或平补平泻法。

（2）饮食疗法：芹菜芦根汤：芹菜 100g、芦根 50g 煎汤，加糖适量，饮服。

三、预防与调护

（1）调情志：保持精神愉快，防止情志内伤。

（2）节饮食：饮食宜清淡，避免过食辛燥之品，忌用刺激性较强的浓茶、咖啡、烟酒等。在易容发生缺碘性甲状腺肿地区，经常食用些海带，使用加碘食盐。

（3）注意病变变化：病程中要密切观察瘿肿的形态、大小、质地软硬及活动度等方面的变化。如瘿肿久治不消，增大变硬，应高度重视，定期复查，防止恶变。

第二十三节　肥　胖　症

肥胖病（obesity）是一种代谢疾病，是由于能量摄入过多，超过能量消耗而使多余的能量以脂肪的形式在体内积聚，表现为脂肪细胞增多，细胞体积加大，体重超过按身长计算的标准体重 20% 以上，体质指数［BMI= 体重（kg）/ 身高 ^{2}（m）］大于 28 以上者，是遗传和环境因素共同作用的结果。其中，无明显病因可寻者称为单纯性肥胖，而有明确病因者称为继发性肥胖。肥胖不仅影响工作和生活，更重要的是对人体健康有一定的危害性。现已证实，在肥胖人群中糖尿病、冠心病、高血压、中风、胆石症及痛风等疾病的发病率明显高于体重正常者。近年来随着人民生活水平的提高和寿命延长，肥胖病患者明显增多。

中医历代医籍对肥胖病的论述很多。《内经·素问·阴阳应象大论》即有“肥贵人”的描述。

《素问·奇病论》中有“喜食甘美而多肥”的记载。《灵枢·卫气失常篇》根据人皮肉气血的多少将肥胖分为“有肥，有膏，有肉”三种类型。《内经》中已经认识到肥胖与消瘅等病证有关，极度肥胖者，常易合并消渴、头痛，眩晕，胸痹、中风、胆胀、痹证等。

一、病因病机

本病多因饮食不节、缺乏运动、先天禀赋等导致气虚阳衰、痰湿瘀滞形成。

病机总属阳气虚衰、痰湿偏盛。因饮食不节、缺乏运动、先天禀赋等致脾气虚弱则运化转输无力，水谷精微失于输布，化为膏脂和水湿，留滞体内而致肥胖；肾阳虚衰，则推动血液运行无力，水液失于蒸腾气化，血行迟缓，水湿内停，而成肥胖。病位主要在脾与肌肉，与肾虚关系密切，与心肺功能失调及肝失疏泄亦有关。

本病多属本虚标实之候。本虚多为脾肾气虚，或兼心肺气虚；标实为痰湿膏脂内停，或兼水湿、血瘀、气滞等，临床常有偏于本虚及标实之不同。历代医家有“肥人多痰”、“肥人多湿”、“肥人多气虚”等说。

病变过程中常发生病机转化，一是虚实之间的转化，如食欲亢进，过食肥甘，湿浊积聚体内，化为膏脂，湿浊化热，胃热滞脾，形成肥胖，但长期饮食不节，可损伤脾胃，致脾虚不运，甚至脾病及肾，导致脾肾两虚，从而由实证转为虚证；而脾虚日久，运化失常，湿浊内生，或土壅木郁，肝失疏泄，气滞血瘀，或脾病及肾，肾阳虚衰，不能化气行水，可致水湿内停，泛溢于肌肤，阻滞于经络，使肥胖加重，从而由虚证转为实证或虚实夹杂之证。二是各种病理产物之间也可发生相互转化，主要表现为痰湿内停日久，阻滞气血运行，可致气滞或血瘀。而气滞，痰湿、瘀血日久，常可化热，而成郁热、痰热、湿热、瘀热。三是肥胖病变日久，常变生它病。

二、辨证论治

（一）辨证要点

1. 辨标本虚实

本病多为标实本虚之候。本虚要辨明气虚，还是阳虚。标实要辨明痰湿、水湿及瘀血之不同。

2. 辨明脏腑病位

肥胖病有在脾、在肾、在心肺的不同，临证时需加详辨。临床症见身体重着，神疲乏力，腹大胀满，头沉胸闷，或恶心，痰多者，病变主要在脾；症见腰膝酸软，动则气喘，形寒肢冷，下肢浮肿，夜尿频多者，病已累及于肾。若见心悸气短，少气懒言，神疲自汗等症者，病已累及心肺。

（二）治疗原则

治疗当以补虚泻实为原则。补虚以健脾益气为主，结合益气补肾；泻实常用祛湿化痰法，结合行气、利水、消导、通腑、化瘀等法，以祛除体内病理性痰浊、水湿、瘀血、膏脂等。其中祛湿化痰法是治疗本病的最常用方法，贯穿于本病治疗的全过程。

（三）分证论治

1. 脾虚湿阻证

【证候】 形体肥胖，神疲乏力，肢体困重，腹胀纳呆，尿少便溏，舌质淡胖，苔白腻，脉滑或濡。

【治法】 健脾化湿。

【方药】 防己黄芪汤合苓桂术甘汤加减。茯苓 30g，黄芪 20g，车前草 20g，泽泻 15g，苍术 12g，白术 10g，防己 10g，桂枝 10g，甘草 5g。

加减：气虚明显者，加太子参 30g，以加强补气健脾之力；湿重者，加半夏 12g、苡仁 30g，以燥湿化痰；腹胀者，加大腹皮 15g、厚朴 10g、枳壳 15g，以行气消胀；纳呆者，加陈皮 10g、焦山楂 10g、佛手 10g，以醒脾健胃，消脂化浊。

【其他疗法】

（1）中成药：减肥降脂片：口服，每次 4 ～ 6 片，每日 3 次，连服 2 ～ 3 月为 1 个疗程。

（2）单方验方：减肥饮：荷叶、山楂、泽泻各 3g，代茶饮，疗程 3 个月。

（3）针灸治疗：针粱丘、公孙，每日 1 次，用泻法，产生强烈针感后接电针仪 20 分钟。

（4）饮食疗法：山药 30g、粳米 50g、茯苓 20g，熬粥，服用，每日 1 餐量。

2. 胃热湿阻证

【证候】 形体肥胖，多食易饥，腹胀中满，口干喜饮，大便秘结，头晕头胀，舌质红，舌苔薄黄，脉弦数或弦滑。

【治法】 清胃化湿。

【方药】 连朴饮合玉女煎加减。制厚朴 15g，制半夏 15g，栀子 15g，芦根 15g，生石膏 20g，石菖蒲 10g，麦冬 12g，知母 15g，黄连 8g，竹叶 10g。

加减：大便秘结者，加芒硝 6g，以泻热通便；口渴明显者，加荷叶 10g、麦冬 15g、天花粉 15g，以生津止渴；头晕头胀者，加野菊花 10g，以平肝息风。

【其他疗法】

（1）中成药：防风通圣丸：口服，每次 6 ～ 10g，每日 2 ～ 3 次。

（2）针灸治疗：针天枢、大横、气海、关元，每日 1 次，用泻法。

（3）饮食疗法：鲜冬瓜 50g、粳米 50g、薏苡仁 50g、茯苓 20g，熬粥食，每日 1 次。

3. 肝气郁结证

【证候】 形体肥胖，胸胁苦满闷，烦躁易怒，胃脘痞满，腹胀纳呆，月经失调，舌苔腻，脉弦。

【治法】 疏肝解郁。

【方药】 逍遥散加减。柴胡 10g，白芍 10g，当归 10g，薄荷 6g，茯苓 15g，甘草 5g，香附 12g。

加减：气郁重者，加郁金 10g、苍术 10g、法半夏 12g，以加强疏肝解郁之力；失眠重者，加茯神 15g、酸枣仁 15g、夜交藤 15g，以养心安神；胁痛者，加川楝子 10g、川芎 10g，以行气活血；腹胀重者，加茯苓 30g、大腹皮 15g，以行气利湿；口干者，加生地 15g，以滋阴润肺；湿热重者，加茵陈蒿 15g，以清热利湿。

【其他疗法】

（1）中成药：减肥降脂片：口服，每次4～6片，每日3次，连服2～3月为1个疗程。

（2）针灸治疗

1）体针：针天枢、大横、阳陵泉、间使，每日1次，用泻法。

2）耳针：取神门、脾、胃、内分泌为主穴，并根据病因或症状选配交感、肺、三焦、渴点、饥点、心、肝等穴。

4. 痰浊中阻证

【证候】 身体肥胖，嗜食肥甘厚味，头晕头胀，腹胀胸闷，肢体困重，手足麻木，咳吐黏痰，舌苔白腻或黄腻，脉滑。

【治法】 健脾化痰。

【方药】 温胆汤加减。半夏12g，枳实12g，竹茹12g，陈皮10g，炙甘草10g，茯苓30g，瓜蒌仁10g，桔梗10g，黄芩10g。

加减：痰浊重者，加二陈汤，以加强理气化痰，健脾祛湿之力；食欲亢进者，加黄芩15g，以清泻胃火；小便不利者，加泽泻15g，以利水通淋；恶心者，加荷叶12g、生姜3片，以和胃止呕。

【其他疗法】

（1）中成药：减肥降脂灵：每次4粒，每日2次，口服，1个月为1个疗程。

（2）针灸治疗：针天枢、大横、阳陵泉、间使、丰隆、足三里，每日1次，用泻法。

（3）饮食疗法：莱菔子25g、山楂20g、粳米50g，熬粥，每日1次。

5. 脾肾阳虚证

【证候】 形体肥胖，畏冷肢凉，神疲乏力，腹胀纳呆，腰膝酸软，肢体浮肿，尿清便溏，性欲减退，舌质淡，苔白，脉沉细无力。

【治法】 温补脾肾。

【方药】 真武汤合防己黄芪汤加减。黄芪15g，制附片10g（先煎），党参30g，茯苓30g，白术15g，白芍15g，补骨脂15g。

加减：浮肿者，加车前草12g，以清热利湿消肿；便溏者，加白术15g、佛手10g，以和胃健脾；腰膝酸软者，加牛膝15g、肉苁蓉15g、杜仲15g，以补肾强筋。

【其他疗法】

（1）中成药：减肥降脂灵：口服，每次4粒，每日2次，1个月为1个疗程。

（2）针灸治疗：耳针：取神门、脾、胃、内分泌为主穴，并根据病因或症状选配交感、肺、三焦、渴点、饥点、心、肝等穴。耳穴常规消毒后，用止血钳夹住皮内针针圈，将针尖对准穴位刺入，然后以0.5cm胶布固定埋针，每日自行按压针处2～3次，每次按压1分钟，每4～6日换针1次，两耳穴交替使用。

（3）饮食疗法：鲜冬瓜50g、薏苡仁50g、茯苓20g、粳米50g，熬粥，每日1次。

三、预防与调护

（1）提高认识：肥胖对人体健康危害极大，一旦形成本病，治疗一般不易。对本病积极预防非常必要，应积极主动，持之以恒，坚持治疗。减肥须循序渐进，使体重逐渐减轻，接近正常体重，不宜骤减，以免损伤正气，降低体力。

（2）节制饮食：本病患者饮食宜清淡，忌肥甘醇酒厚味，多食蔬菜，水果等富含纤维素、维生素的食物，适当补充蛋白质。饮食宜低糖、低脂、低盐、低热量；养成良好的饮食习惯，忌多食，暴饮暴食，忌食零食；必要时有针对性地配合药膳疗法。

（3）适当运动：坚持适当的体育锻炼和体力活动：如根据情况可选择散步、快走、慢跑、骑车、爬楼，拳击等，也可做适当家务等体力劳动。运动不可太过，以防难以耐受，贵在持之以恒，勿中途中断。

第二十四节　脑　卒　中

脑卒中（stroke）是急性脑循环障碍迅速导致局限性或弥漫性脑功能缺损的临床事件。依据病理性质可分为缺血性卒中和出血性卒中；前者又称脑梗死，包括脑血栓形成和脑栓塞；后者包括脑出血和蛛网膜下腔出血。临床表现为不同程度的神经功能缺失症状。我国1986 ~ 1990 年大规模人群调查显示，脑卒中发病率为 109.7 ~ 217/10 万，发病率男：女比为 1.3 ~ 1.7 ： 1。发病率、患病率和病死率随年龄增长。本病与高血压、心脏病、糖尿病、高血脂症及饮食习惯等有密切关系。脑卒中预后受病变性质、病因、严重程度和病人年龄等影响，10 年存活率约为 35%。

本病属于中医学“中风”、“偏枯”、“风痱”等范畴。

一、病因病机

中医学认为，脑卒中是由于脏腑功能失调，正气虚弱，在情志过极，劳倦内伤，饮食不节，用力过度，气候骤变等诱发下而发病。其病机为气血亏虚，气虚则血行不畅，脑脉为之瘀阻不通；或痰热互结，闭阻经络，上蒙清窍，脑失濡养；或阴虚风动，血随气逆，夹火夹痰，横窜经脉，蒙蔽脑窍，表现为眩晕、偏瘫、偏身感觉障碍、偏盲等神经功能缺失症状；甚者导致血不循脑脉，溢于脉外，而成本病危候，表现为头痛、呕吐、意识障碍、偏瘫等。

二、辨证论治

（一）辨证要点

中风根据有无神志障碍可分为中经络、中脏腑。中脏腑者出现神志障碍，病位深，病情较重。中脏腑又有闭证、脱证之分，闭证多见于中风骤起，病性以实为主，根据热象的有无，又有阳闭与阴闭之分；脱证多由闭证恶化转变而成，病性以虚为主，病势危急，预后凶险。本病按病程可分为急性期、恢复期、后遗症期三个阶段，应抓住各期不同的病理特点有针对性的辨证施治。本病起病急骤，变证尤多，中经络与中脏腑之间可相互转化，中脏腑向中经络转化病势为顺，若中经络向中脏腑转化则为逆。应及时掌握病势逆顺，采取相应对策。

（二）治疗原则

急性期以标实更突出，急则治其标，分别投以平肝息风，清热涤痰，化痰通腑，活血通络，醒神开窍等法；脱证则应治本为先，急需益气回阳、扶正固脱；至于内闭外脱，又当醒神开窍、扶正固本兼用。恢复期及后遗症期，多为虚实夹杂，邪实未清，而正虚已现，治宜扶正祛邪，并当配合针灸、按摩及其他康复法治疗。

（三）分证论治

A. 中经络

1. 络脉空虚，风邪入中

【证候】 手足麻木，肌肤不仁或突然口眼㖞斜，言语不利，口角流涎，甚则半身不遂，或兼见恶寒发热，肢体拘急等，舌苔薄白，脉浮弦或弦细。

【治法】 祛风通络。

【方药】 大秦艽汤加减。秦艽 15g，石膏 30g，甘草 6g，川芎 10g，当归 10g，白芍 15g，羌活 10g，独活 10g，防风 10g，黄芩 12g，白芷 6g，生地 12g，熟地 12g，白术 9g，茯苓 12g，细辛 3g。

加减：头晕目眩，痰涎多，苔白腻者，加半夏 10g、胆南星 10g 以化痰通络；舌质暗，或有瘀斑，脉涩者，加丹参 15g、鸡血藤 20g、穿山甲 20g 以祛瘀活络。

【其他疗法】

（1）中成药：醒脑再造丸：口服，每次 1 丸，日 3 次。

（2）注射剂

1）灯盏花素注射液：10 ~ 15ml 加 5% 葡萄糖盐水 500ml 中静脉滴注，每日 1 次，15 天为 1 疗程。

2）川芎嗪注射液：40 ~ 80mg 加入 5% 葡萄糖溶液 500ml 中静脉滴注，每日 1 次，15 天为 1 疗程。

（3）针灸治疗：针水沟、三阴交、足三里、阴陵泉、丰隆、环跳、风市、阳陵泉、极泉、曲池、外关，用泻法。

（4）饮食疗法：贝母粥：贝母粉 15g，粳米 50g，冰糖适量，粳米、冰糖如常法煮粥，煮至半开汤未稠时，加入贝母粉，改用文火稍煮片刻，视粥稠时停火，每日早晚服。

2. 肝肾阴虚，风阳上亢

【证候】 半身不遂，肢体强痉，口舌㖞斜，素有头晕头痛，耳鸣目眩，腰酸腿软，舌质红，苔白或薄黄，脉弦细而数。

【治法】 滋养肝肾，平肝息风。

【方药】 镇肝息风汤加减。怀牛膝 15g，生龙骨 20g，生牡蛎 20g，生龟版 10g，白芍 15g，玄参 15g，天冬 15g，川楝子 12g，生麦芽 12g，茵陈 15g，甘草 6g。

加减：心中烦热者加黄芩 9g、生石膏 20g；头痛重者加生石决明 30g、夏枯草 15g。

【其他疗法】

（1）中成药

1）脑立清：口服，每次 10 丸，每日 2 次。

2）清眩治瘫丸：口服，水蜜丸，1 次 6g，日 2 次。

（2）注射液：刺五加注射液：40 ～ 80ml 加入 5% 葡萄糖溶液 500ml 中静脉滴注，每日 1 次，15 天为 1 个疗程。

（3）针灸治疗：针水沟、三阴交、曲池、内关、极泉、外关、环跳、阳陵泉、太冲，用泻法。

（4）饮食疗法：芹菜粥：新鲜芹菜 60g（切碎）、粳米 100g，放沙锅内，加水如常法煮粥，每日早晚温热服食。

3. 痰热腑实，风痰上扰

【证候】 半身不遂，肢体强痉，言语不利，口舌㖞斜，腹胀便秘，头晕目眩，口黏痰多，舌蹇，舌红，苔黄腻或黄燥，脉弦滑。

【治法】 通腑泄热化痰。

【方药】 星蒌承气汤加减。全瓜蒌 15g，胆南星 10g，生大黄 15g，芒硝 9g。

加减：若头晕重者加钩藤 15g、菊花 15g、珍珠母 30g；若舌质红而烦躁不安、彻夜不眠属痰热内蕴兼阴虚者，加生地 20g、麦冬 20g、茯苓 15g、夜交藤 20g。

【其他疗法】

（1）中成药：心脑静片：口服，每次 4 片，每日 2 ～ 3 次。

（2）注射液

1）醒脑静注射液：每次 2 ～ 4ml，肌内注射，每日 1 ～ 2 次。

2）毛冬青甲素注射液：20ml 加入 5% 葡萄糖溶液 500ml 中静脉滴注，每日 1 ～ 2 次。

（3）针灸治疗：针水沟、三阴交、内关、上巨虚、丰隆、天枢、环跳、风市、阳陵泉、极泉、曲池、外关，用泻法。

B. 中脏腑

1. 闭证

【证候】 突然昏仆，不省人事，半身不遂，口噤，两手握固，肢体强痉，面赤身热，气粗口臭，躁扰不宁，舌苔黄腻，脉弦滑而数等，此为阳闭。

【治法】 辛凉开窍，清肝息风。

【方药】 至宝丹一粒灌服或鼻饲，并用羚羊角汤加减。至宝丹：水牛角、牛黄、玳瑁、麝香、龙脑、朱砂、琥珀、雄黄、安息香、金银箔。

羚羊角汤：羚羊角 30g，龟版 20g，生地 30g，丹皮 15g，白芍 15g，柴胡 12g，薄荷 6g，蝉衣 15g，菊花 15g，夏枯草 15g，石决明 30g。

加减：痰涎多者加竹沥 20g、胆南星 15g，或用竹沥水鼻饲，每次 30 ～ 50ml，间隔 4 ～ 6 小时 1 次。兼抽搐者加全蝎 5g、蜈蚣 3g 息风止痉。

若在突然昏仆，半身不遂，口噤，两手握固，肢体强痉的同时，伴面白唇黯，静卧不烦，四肢不温，痰涎壅盛，舌苔白腻，脉沉滑或缓，此为阴闭，当用辛温开窍，除痰息风的苏合香丸一粒灌服或鼻饲以开窍，并用涤痰汤加减（半夏 15g，胆南星 15g，橘红 12g，枳实 12g，茯苓 12g，人参 6g，菖蒲 12g，竹茹 12g，甘草 8g）。

【其他疗法】

（1）中成药

1）安脑丸：口服或鼻饲，每次 1 ～ 2 丸，每日 2 次。

2）安宫牛黄丸：口服或鼻饲，每次 1 丸，每日 1 ～ 2 次。

（2）注射液：清开灵注射液：100ml 加入 5% 葡萄糖溶液 500ml 中静脉滴注，每日 1 次。

（3）针灸治疗：针水沟、十宣、内关、风池、太冲等，用泻法，十宣用三棱针点刺出血。

2. 脱证

【证候】 突然昏仆，不省人事，目合口张，鼻鼾息微，手撒肢冷，汗多，大小便自遗，肢体瘫痪，舌痿，脉微欲绝。

【治法】 回阳固脱。

【方药】 参附汤急煎灌服或鼻饲。人参 15g，附子 6g。

【其他疗法】

（1）注射液

1）参附注射液：20ml 加入 25% 葡萄糖溶液 20ml，静脉缓慢推注，每 15 ～ 30 分钟 1 次，连续 3 ～ 5 次。

2）参麦注射液：20ml 加入 50% 葡萄糖溶液 40ml 静脉注射；或 20 ～ 100ml 加入 10% 葡萄糖溶液 500ml 中静脉滴注，每日 1 ～ 2 次。

（2）针灸治疗：取穴：关元、神阙、足三里、水沟、内关。以大艾炷灸关元、神阙，以危候转轻为佳，足三里可针灸并施，水沟、内关平补平泻。

（3）饮食疗法：五味子汤：五味子 10g，苏叶 18g，人参 12g，砂糖 10g，加水 500ml，煎至 200ml，滤去渣，在病人苏醒后口服或鼻饲。

C. 后遗症

1. 半身不遂

【证候】 偏身瘫痪不用，肢体麻木，甚则感觉完全丧失，口舌㖞斜，或偏侧肢体强痉而屈伸不利，或见患侧肢体浮肿，舌质淡紫或紫暗，或有瘀斑，苔薄白或白腻，脉弦涩或脉细无力。

【治法】 益气活血通络。

【方药】 补阳还五汤加减。黄芪 120g，归尾 12g，川芎 9g，桃仁 12g，地龙 15g，赤芍 15g，红花 10g。

加减：兼言语不利者加菖蒲 15g、远志 15g 化痰开窍；若以患侧下肢瘫软无力突出者加桑寄生 20g、川断 30g、怀牛膝 15g、熟地 20g、山萸肉 15g、肉苁蓉 20g 补益肝肾。

【其他疗法】

（1）中成药

1）复方丹参滴丸：口服，每次 10 粒，每天 3 次。

2）消栓通络片：口服，每次 6 片，每天 3 次。

3）脑络通胶囊：一次 1 ～ 2 粒，一日 3 次。

（2）注射液：血塞通注射液：20 ～ 40ml 加入 10% 葡萄糖溶液 250 ～ 500ml 中静脉点滴，每日 1 次。

（3）针灸治疗

1）针刺肩髃、曲池、合谷、外关、内关、环跳、阳陵泉、足三里、三阴交、解溪、昆仑等用补法或平补平泻。中风失语者，加廉泉，并点刺金津、玉液出血。

2）电针：主穴分两组交替使用。甲组肩髃透臂臑，曲池透少海，合谷透后溪，环跳透承扶，承山透阴陵泉，昆仑透太溪。乙组肩髃透臑会，曲池透支沟，外关透内关，髀关透风市，阳陵泉透阴陵泉，太冲透涌泉。配穴随症加减。用断续波调至患肢适度抽动为宜。

3）耳针：取脑点、皮质下、肝、肾、三焦、瘫痪部位相应穴。失语加心，吞咽困难加口、耳迷根、咽喉。

4）穴位注射：用当归注射液、维生素 B_1 注射液、维生素 B_{12} 注射液，于患侧肩髃、曲池、阳陵泉、足三里，健侧心俞、肝俞、脾俞、肾俞，每穴注射 2ml。

（4）推拿治疗：常用手法有推、按、捻、搓、拿、擦等法，以患侧颜面部、背部、肢体为重点，取穴有风池、肩井、天宗、肩髃、曲池、手三里、合谷、环跳、阳陵泉、委中、承山等。

（5）饮食疗法：牛蹄筋 50g、当归 10g，加水文火煮至极烂，去当归，食筋饮汤，每日 1 次。

三、预防与调护

（1）密切观察病情变化：急性期病情极不稳定，短时间内可出现各种变证，应密切观察病情，掌握疾病动态，重点注意神志、瞳神、气息、脉象等变化，并采取相应的应对措施。

（2）康复护理：从中风开始应积极鼓励和辅导患者进行康复护理。早期多以被动运动为主，并进行肢体按摩，之后以自主运动为主，对中风言语謇涩或失语患者，应引导语言训练，应做到耐心、循序渐进，可配合针灸、推拿、拔火罐等综合治疗。

（3）慎起居，调情志饮食：老年人应重视适量的体育锻炼，如太极、气功、散步等，使气机宣畅，血脉流通。保持心情舒畅和情绪稳定，避免精神刺激；饮食要清淡，多食瓜果蔬菜，保持大便通畅，避免过食肥甘厚味及嗜烟酗酒。

（4）重视中风先兆症状，避免复发：中老年人经常出现一过性头晕，肢麻肉惕者，乃中风先兆，应引起重视，及早诊治，以防发生中风。对已有中风病史的患者，仍应加强预防调摄，以防为主。

第二十五节　血管神经性头痛

头痛（headache）是临床常见的症状，指局限于头颅上半部，包括眉弓、耳轮上缘和枕外隆突连线以上的疼痛。中医的头痛概念为：外感或内伤引起头局部经脉的血滞所引致的慢性、不断复发的头痛。血管性头痛属西医慢性头痛，系颅内外血管舒缩功能障碍、大脑皮层功能失调和机体生化物质改变所致的头痛。临床以偏头痛较多见，我国发病率男性为 35.0/10 万，女性为 124.5/10 万，男女患病率之比为 1 ∶ 4，且发病率呈上升趋势。其临床特点为单侧或双侧的搏动性痛或胀痛，病程缠绵反复，迁延日久不愈。

本病属于中医“偏头痛”、“头风”、“脑风”等范畴。

一、病因病机

头痛的病位在头，涉及脾肝肾等脏腑，风、瘀、痰、虚为主要致病因素，脉络阻闭，神机受累，清窍不利为其病机，有外感与内伤和证候虚实之分。外感头痛，多由风邪引起，夹寒、夹热、夹湿，引起血脉痹阻而失养，绌急而病，其证属实。内伤头痛，多因内伤而成，有因肾虚、气虚、血虚而造成脉络失充，清窍失养而发病，其证属虚者；又有肝阳、痰浊、瘀血致经脉血滞，清窍不利而发病，其证属实或虚实夹杂。

二、辨证论治

（一）辨证要点

头痛辨证当分清外感与内伤及虚实。外感头痛，为时短暂，多由风邪为主，但必须注意分析其夹寒、夹热、夹湿；内伤头痛以气血虚、肾虚、肝阳、痰浊、瘀血致病为多见，为时较久，有虚有实，或虚中夹实，错综复杂。内伤夹外感者，必须分清主次，明辨标本。

（二）治疗原则

本病发生是因脉络痹阻绌急或失养，清窍不利而成，因此治疗时必以调神利窍、缓急止痛为基本原则。临证时，对外感头痛，治以祛邪为急；内伤头痛，以补虚扶正为先；本虚标实者，或先以治标，继则扶正，或标本兼顾，当因证制宜。

（三）分证论治

A. 外感头痛

1. 风寒证

【证候】 头痛起病较急，其痛如破，连及项背，恶风畏寒，遇风尤剧，口不渴，苔薄白，脉多浮紧。

【治法】 疏风散寒。

【方药】 川芎茶调散加减。川芎 12g，荆芥 12g，白芷 6g，羌活 6g，细辛 3g，防风 6g，薄荷后下 12g，甘草 6g。

加减：若巅顶头痛，干呕，吐涎，四肢厥冷，苔白，脉弦，用吴茱萸汤加半夏、藁本、川芎。若头痛背冷，足寒气逆，脉沉细，用麻黄附子细辛汤加白芷、川芎。

【其他疗法】

（1）中成药

1）川芎茶调丸：饭后清茶冲服，每次 6g，每日 2 次。

2）都梁丸：口服，每次 1 丸，每日 3 次。

（2）单方验方：白芷研为细末，温开水冲服，每次 6g，每日 3 次，连用 7 ~ 10 天。

（3）针灸治疗：针列缺、迎香、支正、风门、风池、合谷、印堂、太阳，用泻法，并可加灸。

（4）外治法：香白芷，切碎，用萝卜汁浸透，晒干为末，白汤下。

（5）饮食疗法：葱姜粥：葱白、姜适量，洗净，粳米 30 ~ 50g，米醋少许，水 750ml 共煮粥食。

2. 风热证

【证候】 头痛而胀，甚则头痛如裂，发热或恶风，口渴欲饮，面红耳赤，便秘溲黄，舌红苔黄，脉浮数。

【治法】 疏风清热。

【方药】 芎芷石膏汤加减。川芎 12g，白芷 12g，菊花 15g，石膏 20g，羌活 9g，藁本 15g。

加减：若舌红少津，加知母、石斛、天花粉；若头痛如雷鸣，头痛起核或肿痛红赤，用清震汤合普济消毒饮加减；若大便秘结，口鼻生疮，合用黄连上清丸。

【其他疗法】

（1）中成药

1）清眩片：口服，每次 4 片，每日 2 次。

2）牛黄上清片：口服，每次 4 片，每日 2 次。

（2）单方验方：葛根 10 ~ 30g，水煎分两次服，连用 10 ~ 15 天。

（3）针灸治疗：针尺泽、鱼际、曲池、大椎、外关，用泻法，大椎可用三棱针点刺出血。

（4）饮食疗法：菊花粥：菊花、粳米煮粥，用于风热感冒、发热头痛。

（5）外治法：决明子炒、研，茶调敷两太阳穴。

3. 风湿证

【证候】 头痛如裹，肢体困重，胸闷纳呆，小便不利，大便或溏，苔白腻，脉濡滑。

【治法】 祛风胜湿。

【方药】 羌活胜湿汤加减。羌活 10g，独活 10g，藁本 10g，防风 10g，川芎 10g，蔓荆子 10g，炙甘草 6g。

加减：若胸闷纳呆、便溏，加厚朴、陈皮；若恶心呕吐者，加生姜、半夏、藿香；若夏季暑湿引起头痛而胀，见身热汗出，胸闷口渴者，用黄连香薷饮加藿香、佩兰。

【其他疗法】

（1）中成药：九味羌活颗粒：开水冲服，每次 1 袋，每日 2 ~ 3 次。

（2）针灸治疗：针太阳（患侧）、太冲（患侧）、合谷（健侧）、列缺和率谷，用泻法。

（3）饮食疗法：荷叶粳米粥：荷叶 30g 切细丝，入粳米 50g 加水共煮粥，每日 2 次。

B. 内伤头痛

1. 肝阳证

【证候】 头胀痛而眩，心烦易怒，胁痛，夜眠不宁，口苦，舌红苔薄黄，脉沉弦有力。

【治法】 平肝潜阳。

【方药】 天麻钩藤饮加减。天麻 9g，钩藤 12g（后下），石决明 18g，栀子 9g，黄芩 9g，川牛膝 12g，杜仲 9g，益母草 15g，桑寄生 15g，夜交藤 15g，朱茯神 15g。

加减：若头痛剧烈、口苦、便结，加夏枯草、丹皮、生地；失眠加枣仁、远志。

【其他疗法】

（1）中成药：镇脑宁胶囊：口服，每次 4 粒，每日 3 次。

（2）单方验方：芦根决明茶：芦根、决明子各 30g，水煎代茶频饮。

（3）针灸治疗：针悬颅、颔厌、风池、太冲、丘墟、阿是穴，眩晕者加四神聪，用泻法。

（4）饮食疗法：芹菜根煮鸡蛋：取芹菜根 250g，洗净切碎，与鸡蛋 2 枚加水煮至蛋熟，食蛋饮汤。

2. 肾虚证

【证候】 头痛而空，每兼眩晕，腰痛酸软，神疲乏力，遗精，带下，耳鸣少寐，舌红少苔，脉沉细无力。

【治法】 补肾养阴。

【方药】 大补元煎加减。熟地黄 20g，山药 18g，山茱萸 12g，枸杞子 15g，党参 15g，当归 10g，杜仲 15g，白芍 12g，女贞子 15g，甘草 6g。

加减：若肾阳不足者，可用右归丸；若兼见外感寒邪者，用麻黄附子细辛汤。

【其他疗法】

（1）中成药：杞菊地黄丸：口服，每次 6g，每日 3 次。

（2）单方验方：广安头痛方：女贞子、旱莲草、茯苓各 15g、山萸肉 12g、菊花 9g，水煎服，每日 1 剂。

（3）针灸治疗：针百会、肝俞、肾俞、三阴交、太冲透涌泉；五心烦热甚者，可加劳宫、涌泉，用补法。

（4）饮食疗法：枸杞鸡汤：取枸杞 30g、母鸡 1 只，煮汤食用。

3. 气血两虚证

【证候】 头痛而晕，心悸不宁，遇劳则重，自汗，气短，畏风，神疲乏力，面色㿠白，舌淡苔薄白，脉沉细而弱。

【治法】 气血双补。

【方药】 八珍汤加减。人参 9g，白术 9g，白茯苓 9g，当归 9g，川芎 9g，白芍药 9g，熟地黄 9g，甘草 6g。

加减：若肝血不足，头晕目眩、爪甲不荣、视物模糊，加首乌，枸杞，黄精、枣仁；若因肝血不足，阴不敛阳，肝阳上亢引起头痛耳鸣、腰膝酸软、五心烦热等，宜去川芎加石决明、钩藤、牡蛎、女贞子。

【其他疗法】

（1）中成药：当归补血丸：口服，每次 1 丸，每日 2 次。

（2）单方验方：养血祛风汤：当归、川芎各 15g，蔓荆子、辛夷花各 10g，细辛 5g，水煎服，每日 1 剂。

（3）针灸治疗：针上星、百会、血海、足三里、三阴交，用补法，亦可加灸。头痛缓解后，酌灸肝俞、脾俞、肾俞、气海。

（4）饮食疗法：木耳羹：木耳 15g，加水泡发洗净，加入清水 300ml，冰糖 10g，文火炖烂即可服食。

4. 痰浊证

【证候】 头痛昏蒙，胸脘满闷，呕恶痰涎，舌胖大有齿痕，苔白腻，脉沉弦或沉滑。

【治法】 健脾化痰，降逆止痛。

【方药】 半夏白术天麻汤加减。半夏 10g，天麻 10g，茯苓 10g，橘红 10g，白术 15g，生姜 6g，甘草 6g。

加减：如胸脘痞闷加厚朴、枳实以和中行气；若痰湿郁久化热，出现口干、便结加黄芩、竹茹以清化热痰。

【其他疗法】

（1）中成药：复方天麻片：每次4片，每日3次。适用于痰浊之头痛。

（2）单方验方：川芎，洗切，晒干，为末，炼蜜为丸如小弹子大，不拘时嚼一丸，淡茶汤送下。

（3）针灸治疗：针中脘、丰隆、百会、印堂、阿是穴，用平补平泻法。呕吐者，加内关；便溏者，加天枢。

（4）饮食疗法：加味橘皮粥：将橘皮15～20g、半夏10g煎取汁，去渣，然后下山药30g，与适量粳米煮粥；或将橘皮晒干，与山药、半夏共研为细末、每次用3～5g调入已煮沸的稀粥中，再同煮为粥服食。

5. 瘀血证

【证候】 头痛经久不愈，其痛如刺，固定不移，或头部有外伤史者，舌紫暗或有瘀点、瘀斑，苔薄白，脉沉细或细涩。

【治法】 通窍活络化瘀。

【方药】 桃红四物汤加减。桃仁10g，红花10g，白芍15g，当归10g，川芎10g，熟地15g，白芷10g。

加减：头痛甚者，加虫蚁搜剔之品如：全蝎、蜈蚣、地龙；若夹寒邪，遇寒痛甚，加细辛、桂枝。

【其他疗法】

（1）中成药

正天丸：口服，每次6g，每日2～3次。

（2）注射剂

1）川芎嗪注射液：40～80mg加入5%葡萄糖溶液500ml中静脉滴注，每日1次。

2）丹参注射液：10ml加入5%葡萄糖溶液250ml中静脉滴注，每日1次，连用5天。

（3）单方验方：头痛神效方：川芎15～20g，白芍10～20g，当归、生地黄、桃仁、红花、防风、羌活、白芷各10g，独活6g，鸡血藤30g。每日1剂，水煎服。

（4）针灸疗法：针阿是穴、合谷、三阴交、膈俞、委中；眉棱骨痛者，加攒竹；侧头痛者，加太阳；后头痛者加天柱、风池；头顶痛者，加四神聪。用补泻兼施法；或阿是穴、委中刺络出血。

（5）外治法：当归、川芎各12g，香附9g，食盐30g，共研成粗末，炒热，用纱布包裹，外敷于头痛处。

三、预防与调护

（1）慎起居：头痛的急性发作期，注意生活和心理卫生，劳逸结合，保持心情舒畅，避免淋雨受凉或太阳光持续暴晒。

（2）用药法：患病期间避免服用导致本病发生的药物，并可服用预防头痛的药物和食物。

（3）节饮食：不宜吃辛辣油腻的食物，同时限制烟酒，避免或过多食用诱发头痛的食物，如酒类、巧克力、动物内脏和柠檬汁等。平时可食用蜂蜜、豆腐、鸡蛋、香菇、蘑菇、银耳、黑木耳、黄花菜、芝麻等。

（4）康复法：在头痛缓解后应注意情志、饮食及寒温等的调护，适当锻炼身体，以防止复发。

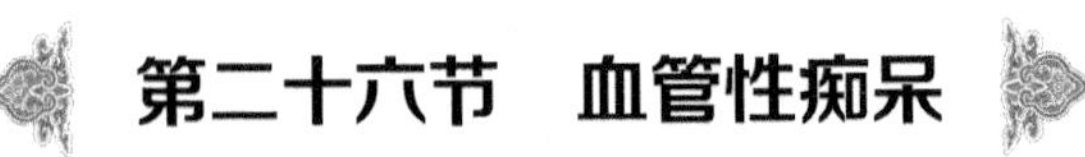

第二十六节　血管性痴呆

血管性痴呆（vascular dementia，VD）是脑血管疾病导致的认知功能障碍临床综合征，是痴呆第三位常见的病因。VD 可由主要脑动脉闭塞引起大面积皮质梗死，主要病因是动脉粥样硬化；或由于皮质下白质、基底节或丘脑多发性腔隙梗死所致。还有许多病人存在神经性痴呆病变，表现混合性痴呆。临床表现以不同程度的智能障碍为主，还有性格障碍、情感障碍、记忆障碍和行为障碍以及局灶性神经症状和体征。早期临床诊断尤为重要，预后相对较好。

本病属于中医“痴呆”、“呆痴”、“呆病”范畴。

一、病因病机

本病多发于老年人，患者多因脑髓空虚，气血不足，痰浊蒙窍，瘀阻脑络，以及心肝火旺而发病。其基本病机为肾精气血亏虚，使脑髓失养，神明无所依附，而致理智活动、记性减退，出现神情涣散，反应迟钝，呆滞善忘等；或痰瘀上扰清窍，闭阻脑络，脑髓失聪，神机失用，发为痴呆。亦有年老精衰，加之情志过极，心火偏亢，扰乱神明而发病。

二、辨证论治

（一）辨证要点

本病乃本虚标实之证，临床以虚实夹杂者多见。本虚者不外乎精髓、气血、阴阳等正气的衰少；标实者不外乎痰火、瘀血、火邪等病理产物。无论为虚为实，都能导致髓减脑消，脏腑功能失调。辨证当分清虚实，辨明主次。

（二）治疗原则

补虚益损，解郁散结是本病的治疗大法。对脾肾不足，髓海空虚者，宜培补先天、后天，以冀脑髓得充，化源得滋；气郁血瘀痰滞者，气郁应开，血瘀应散，痰滞应清，以冀气充血活，窍开神醒。同时在用药上不可忽视血肉有情之品的应用；另外，移情易性，智力和功能训练与锻炼亦不可轻视。

（三）分证论治

1. 髓海不足证

【证候】 耳鸣耳聋，记忆模糊，失认失算，精神呆滞，发枯齿脱，腰脊酸痛，骨痿无力，舌质瘦色红，少苔或无苔，多裂纹，脉沉细。

【治法】 补肾益髓，填精养神。

【方药】 七福饮加减。党参15g，白术15g，炙甘草6g，远志12g，杏仁10g，鹿角胶15g，龟版胶15g，紫河车12g。

加减：若舌质红而苔黄腻者，为内蕴痰热，干扰心窍，加用清心滚痰丸，每次1丸，日服2次。

【其他疗法】

（1）中成药

1）补肾宜脑丸：口服，每次1丸，每日3次。

2）补脑丸：口服，每次3～6g，每日2～3次。补肾填精，健脑益智，安神镇惊、化痰息风。适用于精血不足，髓海空虚，心脑失养及风痰扰心者。

（2）注射液：参麦注射液：60ml加入5%葡萄糖溶液500ml中静脉滴注，每日1次。

（3）针灸治疗

1）针百会、神庭、心俞、肾俞，用捻转补法。

2）梅花针疗法：四神聪、夹脊（3、5、7、12、14椎）轻刺激，每日或隔日1次，10次为1疗程。

（4）饮食疗法：核桃粥：核桃仁50g，大米100g，煮粥，每晨起服食，连服半月。

2. 脾虚气陷证

【证候】 健忘迟钝，头中空痛，神疲气少，体倦乏力，二便自遗，舌淡苔白，脉细弱。

【治法】 健脾益气，升阳举陷。

【方药】 益气聪明汤加减。黄芪30g，升麻6g，蔓荆子10g，白术10g，葛根15g，党参12g，川芎10g，陈皮10g，益智仁15g，诃子15g。

加减：神呆苔腻加菖蒲10g、远志10g；失眠多梦加夜交藤、合欢皮各15g。

【其他疗法】

（1）中成药

1）补中益气丸：口服，每次服6g，每日2～3次。

2）归脾丸：口服，每次服6g，每日3次。

（2）注射液：黄芪注射液：20～40ml加入5%葡萄糖溶液500ml中静脉滴注，每日1次。

（3）针灸治疗

1）针心俞、脾俞、膈俞、三阴交、百会，用补法。

2）穴位注射：当归注射液注射双侧足三里，每穴每次2ml，每日1次。

3. 痰浊蒙窍证

【证候】 终日无语，表情呆钝，智力衰退，口多涎沫，头重如裹，纳呆呕恶，脘腹胀痛，苦笑无常，舌质胖大有齿痕，苔腻，脉滑。

【治法】 健脾化浊，豁痰开窍。

【方药】 洗心汤加减。人参9g，白术12g，半夏10g，神曲12g，制南星10g，甘草6g，陈皮10g，菖蒲15g，炮附片9g，肉豆蔻9g。

加减：纳呆腹胀明显者，加茯苓10g、砂仁6g；舌质紫暗加丹参10g、川芎10g；若症见健忘神呆，时作谵妄，舌红苔黄，脉细数，此属心火亢盛，当清心泻火开窍；用黄连解毒汤加味：黄连10g、黄柏10g，黄芩10g、栀子10g、生地10g、玄参10g、灯心草3g、菖蒲10g、远志10g。

【其他疗法】

（1）中成药

1）指迷茯苓丸：口服，每次 6g，每日 2 次。

2）二陈丸：口服，每次 6g，每日 3 次。

（2）注射液：醒脑静注射液：20 ～ 40ml 加入生理盐水 500ml 中静脉滴注，每日 1 次。

（3）针灸治疗

1）针刺：脾俞平补平泻，阴陵泉、丰隆，用泻法，神庭、百会捻转补法。

2）头针：选取双侧语言区及晕听区。

（4）外治法：健康药枕：杭菊花 500g，荷叶 300g，草决明 300g，绿茶 500g，青葙子 200g，红花 100g，辛夷花 100g，制成药枕睡之。

4. 瘀血内阻证

【证候】 言语不利，善忘，易惊恐，或思维异常，行为古怪，肌肤甲错，面色黧黑，唇甲紫暗，双目暗晦，口干不欲饮，舌质暗，或有瘀点、瘀斑，脉细涩。

【治法】 活血化瘀，通络开窍。

【方药】 桃红四物汤加减。桃仁 12g，红花 10g，赤芍 15g，川芎 10g，白芷 10g，当归 10g，生地 10g，郁金 15g，丹参 15g。

加减：大便燥结加大黄 10g、芒硝 10g；如见头痛，呕恶等症，多为久病瘀血化热，致肝胃火逆，加钩藤 10g、菊花 10g、夏枯草 10g、竹茹 10g 以清肝和胃。

【其他疗法】

（1）中成药

1）麝香心脑乐：口服，每次 4 片，每日 3 次。

2）抗脑衰胶囊：口服，每次 5 ～ 6 粒，每日 3 次。

（2）注射液：川芎嗪注射液：40 ～ 80mg 加入 5% 葡萄糖溶液 500ml 中静脉滴注，每日 1 次，15 天为 1 个疗程。

（3）针灸治疗

1）体针：针肝俞、膈俞、大陵、太冲，用泻法。

2）耳针：针取耳门、皮质下、肾、脑点、交感、心、枕。每次 2 ～ 3 穴，每日 2 次，20 次为 1 疗程。

（4）饮食疗法：补髓汤：猪脊骨 200g，鳖（250g 左右）1 只，调料适量。将鳖及猪脊骨洗净切块，放入调料小火炖烂，至汤白液浓，加胡椒粉及味精调味，食肉饮汤。

三、预防与调护

（1）精神调摄，智能训练，调节饮食起居：重视精神调摄，关心病人的心理需求，既是预防措施，又是治疗的重要环节。病人应养成有规律的生活习惯，饮食宜清淡。

（2）医护人员应帮助病人正确认识和对待疾病，解除情志因素：对早期痴呆者要鼓励参加简单的户外活动或社交活动，以振奋精神，增强体质；对重症病人则应注意生活照顾，防止因大小便自遗及长期卧床引发褥疮、感染等。平素应调节情志勿使其过激。

（3）要防止病人自伤或伤人。

第二十七节　抑　郁　症

抑郁症（depression）是情感性精神障碍（mood disorder）的一种临床类型，以显著而持久的情绪低落为主要临床特征，表现为精力减退、持续疲乏、活动减少及兴趣感丧失，精神运动迟滞，多伴有躯体症状，可伴有焦虑或躁狂发作。临床生化检查多无特异性异常，主要由抑郁自评定量表确诊。通常在体质易感性基础上，因精神刺激发病。抑郁症为临床高发病，并常隐匿起病，有较高致残率，对患者和社会危害较大。某些特定类型抑郁症如儿童、老年、更年期、产后、卒中后抑郁症有特定易发人群。

本病属于中医“郁病”范畴，“脏躁”、“百合病”、“卑惵”中也有相关描述，重型抑郁症患者可出现“癫病”症状，有精神病症状的抑郁症患者临床上应注意与精神分裂症相鉴别。

一、病因病机

中医学认为，抑郁症的病机在于气机郁滞，脏腑功能失调，即“悲哀愁忧则心动，心动则五脏六腑皆摇”（《灵枢·口问》），或由于个人性别、年龄、体质差异不同，一遇刺激易发本病。发病之初多由情志不舒导致肝失条达，气机郁滞，可见胸满抑郁等症状，病位在肝；肝失疏泄久之则气滞痰阻或横克脾土导致脾失健运，纳差乏力，嗜卧少动；日久心失所养，神思运动迟钝甚至可见木僵。病情多为由实致虚的过程。

二、辨证论治

（一）辨证要点

本病见症多样，且因人、因时而异，稳定性差，但总以情绪抑郁为主，神思迟缓、行动减少。同样的症状在虚证实证中都可见，临证时首应辨清症状虚实真假，在气在血，病变涉及脏腑。注意隐匿性、躁郁性等特定类型抑郁症的鉴别诊断。

（二）治疗原则

怡情易性是治疗本病的基本原则。病程早期重在疏肝解郁、调气活血；后期重在调补脏腑。郁证一般病程较长，用药不宜峻猛。

（三）分证论治

1. 肝气郁滞证

【证候】　精神抑郁，情绪不宁，有痛哭，欲自杀等发作性表现，或伴见烦躁，易激惹，善叹息，或伴见胸胁胀满，不思饮食，大便不调，入睡困难或早醒，多见体形歪曲等躯体症状，苔薄腻，脉弦。

【治法】　疏肝解郁，理气畅中。

【方药】　柴胡疏肝散加减。陈皮（醋炒）10g，柴胡 12g，川芎 6g，香附 10g，枳壳

10g，芍药 15g，炙甘草 6g。

加减：嗳气脘闷者，加苏梗 15g、半夏 10g 和胃降逆；食滞腹胀加神曲 9g、山楂 10g 消食化滞。

【其他疗法】

（1）中成药

1）柴胡疏肝丸：口服，每次 9g，每日 3 次。

2）解郁安神颗粒：口服，每次 5g，每日 2 次。

3）舒肝丸：口服，每次 5 丸，每日 3 次。

（2）针灸治疗：针期门、太冲、阳陵泉、支沟、内关、足三里、脾俞、胃俞，用泻法。

（3）饮食疗法：绿萼梅、玫瑰花、合欢花、柑橘皮适量泡水代茶饮。

2. 脾虚痰阻证

【证候】 情绪抑郁，多愁善感，兴趣下降，倦怠乏力；纳差悲观较它证明显；失败感，易激惹，多疑较它证为轻；或神思昏蒙，嗜卧少动，胸胁脘腹胀满，善叹息；或妄见妄闻；或眩晕，恶心，泛吐痰涎；或咽部不舒，如有物梗塞；舌质淡红或淡白，脉细或弦细。

【治法】 疏肝健脾，解郁化痰。

【方药】 逍遥散合半夏厚朴汤加减。柴胡 12g，当归 10g，白芍 15g，陈皮 10g，炙甘草 6g，半夏 10g，厚朴 10g，茯苓 10g，生姜 9g，苏叶 10g。

加减：烦躁、舌红苔黄者，加竹茹 9g、瓜蒌 9g、黄芩 6g 清化痰热。

【其他疗法】

（1）中成药

1）逍遥丸：口服，每次 9g，每日 3 次。

2）礞石滚痰丸：口服，每次 9g，每日 1 ~ 2 次。

（2）针灸治疗：针脾俞、丰隆、足三里、神门、心俞；妄见妄闻者加睛明、听宫，用平补平泻法。

（3）饮食疗法：玫瑰菊花粥：干玫瑰花 10g，白菊花 10g，橘红 10g，糯米 50g，粳米 100g，同煮食用。

3. 心脾两虚证

【证候】 情绪低落明显，无昼夜变化，面色萎黄，心悸，倦怠乏力，神思运动迟滞明显，纳差，腹胀，少寐，尤以早醒为明显，或善悲欲哭，易惊胆怯，绝望善疑，舌质淡胖或有齿痕、脉沉细或细弱。

【治法】 健脾养心，补益气血。

【方药】 归脾汤加减。炒白术 9g，茯神 9g，黄芪 12g，龙眼肉 12g，炒枣仁 12g，人参 6g，木香 6g，甘草 6g，当归 9g，远志 6g。

加减：躁扰、失眠者，加柏子仁 9g、夜交藤 12g、合欢皮 12g，养心安神。

【其他疗法】

（1）中成药

1）归脾丸：口服，每次 6g，每日 3 次。

2）解郁安神颗粒：口服，每次 5g，每日 2 次。

3）参芪五味子片：口服，每次 5 片，每日 3 次。

（2）针灸治疗：针神门、心俞、三阴交、足三里、中脘、章门，用补法；加灸脾俞、心俞、足三里。

（3）饮食疗法

1）酸枣仁粥：酸枣仁末 15g，粳米 100g，先煮粳米至将熟，加入酸枣仁末再煮片刻即可，早晚温服。

2）龙眼肉粥：龙眼肉 15g，红枣 5 枚，粳米 100g，煮粥，早晚温服。

4. 脾肾阳虚证

【证候】 情绪抑郁，表情沮丧，神思迟钝，嗜卧少动，倦怠乏力；或严重精神运动性抑制乃至抑制性木僵；伴面色苍白，形寒肢冷，纳差腹胀，大便溏，小便清长，舌质淡胖或有齿痕，脉沉细或细弱。

【治法】 温补脾肾，行气解郁。

【方药】 右归丸合理中丸加减。熟地 24g，山药 12g，山茱萸 9g，枸杞子 9g，菟丝子 12g，鹿角胶 12g，杜仲 12g，肉桂 3g，当归 9g，制附子 6g，人参 9g，干姜 9g，甘草 6g，白术 9g。

加减：畏寒肢冷加补骨脂 6g、仙茅 6g、仙灵脾 6g；气短自汗加黄芪 12g。

【其他疗法】

（1）中成药

1）右归丸：口服，每次 9g，每日 3 次。

2）肉蔻五味丸（蒙族中药）：口服，每次 6 粒，每日 2 次。

（2）针灸治疗：灸肾俞、命门、关元，针补心俞、神门、大钟、百会、上星、风府。

（3）饮食疗法：枸杞子酒：干枸杞子 200g，30° 左右白酒 500ml。将干枸杞子洗净加入白酒，密封一周后开始饮用，边饮边加白酒。每日晚餐时饮用 5 ～ 10ml。

三、预防与调护

（1）畅情志：本病发病关键为情志内伤，故心理调护“意疗”具重要意义。中医情志疗法中的情志相胜法“忧伤于肺……以喜胜之；思伤于脾……以喜解之”不仅可以调节情志障碍，也可治疗躯体障碍。此外，移念疗法、语言疏导法、内观静养法可运用。

（2）适当运动：劳逸有节，则气血得以流通。体育运动可以提高去甲肾上腺素的分泌，5-羟色胺的代谢，调控人的不良情绪，特别是太极拳、瑜伽等身心兼修的有氧运动，更为适合。

（3）调饮食：现代研究证明富含不饱和脂肪酸的食物如海产品、鱼类等具有抗抑郁功效，而含饱和脂肪酸的如人造黄油等对情绪有不良影响，应注意避免。宜多食含维生素 B、E 的食物，如小米、黄豆等，特别是结合辨证食用中医具有食疗价值的食物如山药、枸杞子、玫瑰花等。忌咖啡、烟酒、浓茶等刺激性食物。

第二十八节　类风湿关节炎

类风湿关节炎（rheumatoid arthritis，RA）是一种原因不明的系统性自身免疫性疾病。主

要特征是周围关节的慢性、对称性、侵蚀性滑膜炎。临床表现为不同程度关节疼痛、肿胀、畸形和功能障碍。可伴发皮下结节、血管炎、心包炎、肺间质纤维化、神经炎、虹膜炎等关节外表现。大部分患者血清类风湿因子（rheumatoid factor，RF）滴度增高。本病呈全球性分布，我国的患病率为 0.32% ~ 0.36%。

本病属于中医“痹证”、“痹病”的范畴。

一、病因病机

迄今为止，类风湿关节炎的病因仍然不明，可能与遗传背景、感染、性激素等相关。中医认为其与感受外邪和饮食、生活环境有关，但是否发病还与荣卫之气调和与否、腠理致密与否有关。

本病的病因病机可以简要地概括为“正虚”、“邪侵”、“痰瘀”六个字。正气不足，则邪气易侵，如汗出当风，居住湿地，以致风寒湿等外邪侵入。风邪善行而数变，感之则多关节受累。寒邪凝滞收引，感之则筋骨屈伸困难，气血阻滞不行，疼痛；湿邪黏滞凝着，感之则患处肿胀，缠绵不愈；火热之邪炎上，炽伤阴津，受之则关节红肿灼痛。邪气留着关节、经络日久，经络气血运行不畅而变生瘀血、痰浊，深入筋骨，停留关节骨骼，痰瘀胶结，痹阻加重，关节强直、畸形而致残。此外邪气内侵还可导致脏腑阴阳气血受损而使病情加重或迁延反复。

二、辨证论治

（一）辨证要点

本病为本虚标实之证。初起以邪实为主，病久则以正虚为多。急性发作期以湿热阻络或寒热错杂证较多见，在缓解期则以肝肾两虚，气血不足证为主；瘀血阻络在不同发展阶段都可伴随而见；寒湿阻络证在寒冷地区或冬季相对较多。

（二）治疗原则

本病初起或发作期以祛邪为先，根据感邪的不同，分别治以祛风、散寒、除湿、清热等法。在病变的中后期或缓解期则以扶正为主，因病变主要累及筋肉、骨节，根据中医肝主筋，脾主肌肉四肢，肾主骨的理论，法当以补益肝肾，健脾益气养血为主。

（三）分证论治

1. 湿热阻络证

【证候】 关节或肌肉局部红肿，灼热，疼痛，有重着感，发热，口渴不欲饮，步履艰难，尿黄，烦闷不安，舌质红，苔黄腻，脉濡数或滑数。

【治法】 清热除湿，宣痹通络。

【方药】 当归拈痛汤加减。当归 9g，羌活 15g，防风 9g，升麻 6g，猪苓 9g，泽泻 9g，茵陈 15g，黄芩 9g，苍术 6g，白术 5g，葛根 6g，人参 6g，知母 9g，炙甘草 6g，苦参（酒浸）6g。

加减：关节肿胀甚者，加萆薢 9g、木瓜 15g、薏苡仁 25g。

【其他疗法】

（1）中成药：湿热痹颗粒：开水冲服，每次 1 袋，每日 3 次。

（2）针灸治疗

1）体针：主穴：以督脉、阳经穴为主，足三里、阴陵泉、丰隆；配穴：上肢肩、肘、腕关节痛甚者取风池、肩髃、曲池、外关、虎口透后溪；下肢关节痛甚者取肾俞、环跳、阳陵泉、足三里、绝骨、丘墟、太冲、三阴交等；指关节痛剧变形者加合谷透后溪，腕关节痛甚者加阳池；肩关节痛甚者加肩髃、肩贞；膝关节疼痛屈伸不利者加鹤顶、膝眼；踝关节肿痛变形者加解溪、昆仑；脊椎病变者加相应节段的夹脊穴，以多刺、浅刺、疾刺，或刺络出血。

2）穴位注射：取穴：根据辨证多采用原穴、郄穴、合穴等特定穴及一些经验穴，方法：一般情况下，轻度疼痛可选用中草药活血化瘀类如当归注射液，中、重度疼痛则应采用作用强烈的具有消炎止痛的中药如追风速注射液、蜂毒制品，每次治疗选用 4 个注射点。

3）电针：在毫针针刺的基础上，以关节邻近穴位为主，一般选用疏密波或变频连续波，刺激强度中等，时间一般应在 30 分钟以上。

2. 寒湿阻络证

【证候】 肢体关节冷痛，重着，痛有定处，昼轻夜重，常于天寒雨湿季节发作，得热痛减，遇寒则增，舌质胖淡，舌苔白腻，脉弦紧，弦缓或沉紧。

【治法】 温经散寒，祛湿通络。

【方药】 乌头汤加减。制川乌 9g，麻黄 9g，白芍 15g，甘草 9g，生黄芪 15g。

加减：寒盛者加附子、防风、桂枝；湿盛肢肿者，防己、萆薢、薏苡仁、木瓜。

【其他疗法】

（1）中成药：寒湿痹颗粒［由附子（制）、制川乌、黄芪、桂枝、麻黄、白术（炒）、当归、白芍等组成］：开水冲服，每次 3g（无糖型）或 5g（减糖型），每日 3 次。

（2）针灸治疗

1）体针：主穴：以督脉、阳经穴为主，大椎、曲池；配穴同风热阻络证，脊椎病变者加相应节段的夹脊穴，以多刺、浅刺、疾刺，或刺络出血。

2）温针：主穴：大椎、至阳、命门、腰阳关、华佗夹脊；配穴：肩髃、合谷、曲池、足三里、阳陵泉、解溪、外关；方法：先取华佗夹脊穴，左右间隔交替及大椎等，后取四肢穴位，采用 0.3mm 粗、40mm 长的毫针，速刺进针，捻转得气后，针炳上插入 1.5 ~ 2cm 长艾条，将艾条点燃，待艾条燃尽后取针。

3. 寒热错杂证

【证候】 关节红肿热痛，遇寒痛甚，触之不热，或关节作痛，自觉局部怕冷，但触之发热，皮肤结节红斑，关节强直、变形，局部喜热，微恶风寒，舌质淡红，舌苔黄，或黄白相兼，脉紧数，弦紧或弦数。

【治法】 清热除湿，温经散寒。

【方药】 桂枝芍药知母汤。桂枝 12g，白芍 9g，甘草 6g，麻黄 6g，生姜 15g，白术 15g，知母 12g，防风 12g，炮附子 9g。

加减：热盛伤阴，口渴心烦者，加生地 15g、麦冬 12g；皮肤红斑者，加丹皮 9g、赤芍 15g、生地 15g、紫草 15g。

【其他疗法】

（1）中成药：寒热痹颗粒（由桂枝、防风、白芍、知母、附子、干姜、麻黄等组成）：用开水冲服，每次 10g，每日 3 次。

（2）针灸治疗：体针：主穴：大椎、曲池、肾俞、关元；配穴：同风热阻络证，用平补平泻法。

4. 瘀血阻络证

【证候】 肌肉关节刺痛，痛处固定不移，久痛不已，痛处拒按，局部肿胀，或瘀斑或硬结，或面部黧黯，肌肤甲错或干燥无光泽，口干不欲饮，舌质暗紫或有瘀斑，脉细涩或沉涩。

【治法】 活血化瘀，舒筋通络。

【方药】 身痛逐瘀汤。桃仁 10g，红花 6g，当归 10g，五灵脂 10g，制香附 6g、秦艽 9g，羌活 9g，牛膝 9g，乳香 6g，地龙 15g，炙甘草 9g，川芎 6g。

加减：瘀血明显，关节肿痛、强直、畸形、活动不利者，加莪术 9g、三七 6g、地鳖虫 5g；痰瘀交阻，疼痛不已者，加白花蛇 9g、全蝎 5g、蜈蚣 1 ~ 2 条、胆南星 9g。

【其他疗法】

（1）中成药：瘀血痹颗粒［由乳香（炙）、威灵仙、红花、丹参、没药（炙）、川牛膝、川芎、当归等组成］：开水冲服，每次 10g，每日 3 次。

（2）针灸治疗：体针：主穴：大椎、曲池、膈俞、关元，血海；配穴：同风热阻络证，用泻法。

5. 肝肾两虚证

【证候】 关节烦疼或骨蒸潮热，筋脉拘急，腰膝酸软，夜重日轻，头晕目眩，形体消瘦，咽干耳鸣，失眠盗汗，关节屈伸不利，关节变形，精神不振，男子遗精，女子月经量少，舌淡或红，苔白或少苔，脉沉细。

【治法】 滋补肝肾，强壮筋骨。

【方药】 独活寄生汤加减。独活 9g，桑寄生 15g，秦艽 10 在，防风 6g，细辛 3g，桂枝 6g，杜仲 15g，牛膝 12g，当归 15g，赤芍 12g，熟地黄 15g，川芎 9g，党参 12g，茯苓 9g，甘草 6g。

加减：腰膝酸软、乏力等肾气虚盛者，加鹿角霜 15g、川断、杜仲、菟丝子各 12g；畏寒肢冷、关节疼痛拘急者，加附子 12g、干姜 10g、巴戟天 12g、仙灵脾 12g。

【其他疗法】

（1）中成药

1）尪痹冲剂（由生熟地、附片、骨碎补、淫羊藿、独活、桂枝、防风、蜈蚣、知母、皂刺、羊胫骨、白芍、红花、威灵仙、伸筋草、补骨脂等组成）：开水冲服，一次 1 袋，每日 2 ~ 3 次；重者，每次 2 袋，每日 2 ~ 3 次。

2）益肾蠲痹丸（由熟地、仙灵脾、鹿衔草、淡苁蓉、全当归、蜂房、祁蛇、地鳖虫、僵蚕、蜣螂虫、炮山甲、全蝎、蜈蚣、干地龙、甘草等组成）：口服，每次 6g，每日 2 次。

（2）针灸治疗

1）体针：主穴：大椎、血海、肾俞、命门、关元；配穴：同风热阻络证，上述穴位中选用 4 ~ 6 穴，针用补法。

2）穴位：同风热阻络证。

3）温针：同寒湿阻络证。

4）电针：同寒湿阻络证。

三、预防与调护

因本病的病因病机为正虚、邪侵，因此固护正气，防止邪气入侵对预防发生或反复发作与加重有重要的意义。应尽量避免汗出当风或久居寒冷、潮湿之地。

（1）饮食：本病发作期间如表现为热甚者，忌食辛辣刺激及助热生湿的食物，如葱蒜、牛肉、羊肉、狗肉、公鸡等。应特别注意防止脾胃受损，抗风湿病药物宜饭后服用，避免饮酒。

（2）康复：病变活动期关节肿痛明显时应适当减少关节负重活动。缓解期应配合适当运动，以散步为主，配合肌肉、关节训练，以保持或改善关节活动。

（3）规范治疗：本病特别强调长期、规范治疗，药物调整应在医生指导下进行。多数类风湿关节炎患者病情表现为多周期性，即反复发作，时轻时重。需要经过长期治疗才能得到控制，部分患者需终生治疗。有 20% 左右的患者呈单周期性，经过治疗可以达到临床痊愈或长期缓解。

尽管迄今为止类风湿关节炎的发病机制仍不甚明了，治疗上尚无特效方法。但只要患者能在风湿病专业医师的指导下，能够得到早期诊断、规范治疗、定期复查，配合心理调节和功能锻炼，大多数能收到较好的疗效，达到减轻疼痛及控制关节炎症，恢复关节功能和阻止软骨及骨破坏的目的。

第二十九节　系统性红斑狼疮

系统性红斑狼疮（systemic lupus erythematosus，SLE）是一种累及多系统、多器官并有多种自身抗体出现的自身免疫性疾病。我国发病率约为 75/10 万。育龄女性多见，幼儿及老人也可发病。其基本病理改变是免疫复合物所介导的血管炎。遗传、感染、环境、性激素、药物等综合因素所致的免疫紊乱导致了该病的发生。

系统性红斑狼疮因伴有较多的脏腑证候，很难明确地划属于某一病证。如有人根据其全身证候认为本病近于中医所称“温毒发斑”之类。有人从皮疹特征出发称之为“红蝴蝶”、“蝴蝶丹”、“阴阳毒”、“日晒疮”等。有人认为本病可累及周身，故称为“周痹”，而多关节疼痛属于“痹症”，有肾炎、肾功能损害属“水肿”，有肝脏损害属“黄疸”、“胁痛”，有心、脑、肺及长期发热等相应地称为“心悸”、“喘证”、“眩晕”、“头痛”、“内伤发热”等中医病名。

一、病因病机

红斑狼疮病起于先天禀赋不足，复因七情内伤，或劳累过度，或误服温燥之药过多，或感受温热外邪，导致气血阴阳失常、脏腑亏损而发为本病。

（一）先天不足

本病多有先天禀赋不足，阴阳失调，肾阴亏耗。女子体阴而用阳，阴常不足，少妇、少年正值气火旺盛之时，故多有阴虚内热，外邪乘虚而入，“邪入于阴则痹”，痹阻先在阴分，阴虚为本，血虚有火，时有外感引发，病深则阴阳两虚。

（二）外感六淫

在六淫中，风、暑、火、燥四邪，被称为阳邪，外能伤肤损络，内能波及营血、脏腑。如兼肾虚水亏，则阴虚火旺更炽，火盛伤血，血热妄行，可致多脏器损伤。

本病基本病机是素体虚弱，真阴不足，热毒内盛，痹阻脉络，内侵脏腑。病位在经络血脉，以三焦为主，与心、脾、肾密切相关，可及于肝、肺、脑、皮肤、肌肉关节遍及全身多个部位和脏腑。

本病初病在表，四肢脉络痹阻，先表后里，由表入里，由四肢脉络入内而损及脏腑脉络。在内先在上焦，由上而下，渐至中焦，再及下焦，由轻渐重，由浅渐深。在表在上较为轻浅，在里在下较为深重，若表里上下多脏同病，当为重症。如再由下而上弥漫三焦，五脏六腑俱损，上入巅脑最为危重。

二、辨证论治

（一）辨证要点

本病慢性活动期，病人以阴虚内热为最常见，可贯穿在整个病程各个证候中。阴虚内热常与血热、瘀热相互交结，较易为外邪所诱发而急性发作。急性发作病例，以气营热盛证为主，待高热退下后，邪向阴虚内热转化。狼疮性肾炎的中晚期伴有低蛋白血症、肾性高血压、肾功能不全者，常由阴虚内热转为气阴两虚、脾肾两虚、阴阳两虚。

（二）治疗原则

常见的分型，按西医对红斑狼疮的诊断分急性活动期与缓解期。去除病因是治愈本病的关键。本病发作时多因邪实，治疗重在祛邪解毒，故以祛风清热解毒、活血化瘀通络为主；久病或缓解期以本虚为主，当以益气养血，实卫固表之品以扶正，防其复感而发。

（三）分证论治

1. 阴虚内热证

【证候】 长期低热，手足心热，面色潮红而有暗紫斑，口干咽痛，渴喜冷饮，目赤齿衄，关节肿痛，烦躁不寐，舌质红，少苔或苔薄黄，脉细数。

【治法】 养阴清热。

【方药】 玉女煎加味。生地 30g，生石膏 30g，麦冬 12g，玄参 12g，黄芩 15g，生苡仁 30g，知母 12g，忍冬藤 30g，虎杖 30g，地骨皮 12g，桑枝 15g，生甘草 6g。

加减：关节痛者加海风藤 15g、青风藤 15g；低热加青蒿 10g；口干加石斛 12g、玉竹 10g；咽痛者加荆芥穗 9g、连翘 15g。

【其他疗法】

（1）中成药：火把花根片：口服，每次 3 ~ 5 片，每日 3 次。祛风除湿，舒筋活络，清热解毒。

（2）单方验方：青蒿琥酯：每日成人 60mg，每日每公斤体重小儿 1.2mg，先用 5% 碳酸氢钠溶液溶解后加生理盐水 6ml，静脉推注，每天 1 次，首量加倍，1 月为 1 个疗程。

（3）饮食疗法

山药枸杞粥：山药 30 ~ 60g，枸杞子 20 ~ 30g，粳米 100g。前两味煎水取汁，再加粳米煮成粥，早晚食用。

2. 毒热炽盛证

【证候】 高热不恶寒或稍恶寒，满面红赤，红斑红疹，咽干，口渴喜冷饮，尿赤而少，关节疼痛，口腔溃疡，舌红苔黄，脉滑数或洪数。

【治法】 清营凉血，解毒退热。

【方药】 清瘟败毒饮加减。水牛角 30g，生石膏 30g，寒水石 30g，滑石 30g，生地 30g，玄参 12g，银花 12g，知母 12g，黄芩 15g，苡仁 30g，丹皮 15g，赤芍 9g。

加减：高热不退，加清开灵滴丸，以加强清热泻火之力；关节痛加忍冬藤、桑枝各 15g 治痹通络；衄血、尿血加藕节炭 10g、白茅根 15g 以清热凉血；如有头痛呕吐寒战，舌苔转黄厚，热毒较甚者，加黄连 9g、黄柏、大黄各 10g、贯众 15g、板蓝根 15g 等清热解毒；有可疑神志不清者可服用安宫牛黄丸。

【其他疗法】

（1）中成药：狼疮丸（由金银花、连翘、赤芍、蒲公英等 17 味中药组成）：口服，每次 5.4g，每日 2 次。系统性红斑狼疮急性期首次服用量加 1 倍，每日 3 次。

（2）单方验方：土茯苓 30 ~ 50g，白糖或红糖适量，加水煎汤饮用，每日 1 剂。清热解毒除湿。可以用于本病急性期或慢性活动期。

（3）饮食疗法

1）雪梨贝母膏：雪梨三个，川贝母 30g，百合 100g，冰糖适量，熬膏，有润肺止咳作用，用于狼疮性肺炎、肺纤维化等。

2）桑枝鸡：桑枝 60g，绿豆 30g，鸡肉 250g，将鸡肉洗净，加入适量的水，放入绿豆及洗净切段的桑枝，清炖至肉烂，用盐、姜、葱等调味，饮汤食肉，量自酌。

3. 热郁积饮证

【证候】 胸闷胁胀胸痛，心悸怔忡气促，时有微热，咽干口渴，烦热不安，红斑丘疹，舌红苔厚腻，脉滑数、濡数，或结代。

【治法】 清热蠲饮。

【方药】 葶苈大枣泻肺汤加减。葶苈子 15g，桑白皮 15g，知母 12g，生地 18g，沙参 12g，黄芩 15g，生苡仁 30g，猪苓 12g，茯苓 12g，郁金 12g，杏仁 12g，甘草 6g，大枣 6 枚。

加减：发热加生石膏 30g 加强清热；畏冷或白痰多者加桂枝 6g、白芥子 6g，以通调水道，反佐化饮；心悸、脉结代加玉竹 10g、五味子 6g、丹参 15g、龙齿 30g 养心宁神；咳痰加象贝 10g、炙百部 12g 清肺止咳；气急胸闷加炙苏子 10g、瓜蒌皮 15g、川朴 10g 宽胸顺气。

【其他疗法】

（1）中成药：昆明山海棠片：口服，每次 3 ~ 5 片，每日 3 次。本品有较强的免疫抑制作用及良好的抗炎功效，能抑制炎症时毛细血管通透性增高，减少渗出，抑制增生。

（2）饮食疗法：银花薏仁粥：生薏仁 60g，赤小豆 20g，冬瓜 20g（去皮），鲜银花 10g，冰糖少许。先将薏仁、赤小豆煮粥，待半熟时加入冬瓜，煮熟后纳银花和冰糖即成。

4. 脾肾两虚证

【证候】 肌肤红斑色暗，面部色泽淡黄，腰膝酸软，倦怠乏力，畏寒肢冷，甚则四肢末梢厥逆，呈青紫色或白蜡色，胸腹有胀满感觉，下肢浮肿，尿少，心悸气短，舌质淡，舌体胖，边尖齿痕，苔白腻，脉沉细。

【治法】 温肾壮阳，健脾利水。

【方药】 真武汤加减。制附子 15g（先煎），党参 30g，白术 12g，茯苓 15g，苡仁 30g，砂仁 6g（后下），陈皮 12g，丹参 20g，川芎 15g，郁金 12g，生姜 10g，大枣 10g。

加减：面色不华，白细胞下降加黄芪 30g、女贞子、制首乌各 15g；膝酸腰痛加杜仲、川断各 10g、桑寄生 15g；面部潮红加知母、黄芩各 10g；畏冷，舌淡，脉细弱，加肉桂 3g（焗服）；有尿蛋白或血尿加黄芪 30g；胃纳不振，大便溏薄，加山药 15g、芡实 10g、鸡内金 12g、山楂 10g；头晕头痛，血压升高者，加菊花 12g、钩藤 15g、白蒺藜 12g、天麻 15g；高血压必须及时控制，恶心呕吐，二便俱少者，加大黄 10g、元明粉 12g、木香、川朴各 10g；已出现慢性肾功能衰竭、氮质血症或尿毒症，必须及时利尿通便，保护肾功能。

【其他疗法】

中成药：抗狼疮灵胶囊：银花、连翘、丹参、白鲜皮各 15g，防风、桃仁、红花各 10g，研细末，装入 0.5g 胶囊内，早晚各服 5 粒。

5. 瘀热伤肝证

【证候】 手足瘀点累累，斑疹斑块暗红，两手白紫相继，两腿网状青斑，脱发，口糜，口疮，鼻衄、肌衄，关节肿胀疼痛，月经愆期，小便短赤，有蛋白尿或血尿，低热或自觉烘热，烦躁多怒，口苦口干，大便燥结，苔薄舌红，舌光红刺或边有瘀斑，脉细弦、涩数。

【治法】 活血凉血，清热养肝。

【方药】 当归龙荟丸加减。当归 25g，青黛 12g，山栀子 15g，木香 10g，黄芩 15g，黄柏 12g，龙胆草 8g，芦荟 15g，丹参 15g，生地 15g，玄参 12g，知母 12g，黄芩 15g，青皮 10g，川牛膝 12g。

加减：若肌衄鼻衄，血小板减少，加制首乌 15g、茜草 12g、生地榆 15g、水牛角 30g；雷诺征严重，寒热错杂者，加桂枝 6g、红花 10g 活血通络，温凉并用；闭经加威灵仙 15g、益母草 30g 活血通络；关节肿痛，加忍冬藤 15g、赤芍 12g 清热祛风、活血通络。

【其他疗法】

（1）单方验方：红藤糖浆：口服，每次 10ml，每日 3 次。

（2）饮食疗法：冬瓜饮：冬瓜 500g（去皮、瓤），西瓜 500g（去皮、子）。以水 3 碗，煮冬瓜（切条）至水一碗，去渣待冷，再将西瓜肉用纱布包裹绞汁，加入冬瓜汁内冷饮之。每日 1 剂，连服 1 周。

6. 气血两亏证

【证候】 神倦，乏力，口淡不渴，纳差，面色苍白，易感冒，自汗出，身上有瘀斑或瘀点，月经愆期，舌质淡，苔薄白，脉虚。

【治法】 补气养血，健脾止血。

【方药】 八珍汤加减。熟地 15g，首乌 12g，女贞子 15g，茜草 12g，党参 15g，茯苓 15g，当归 6g，川芎 6g，藕节 30g，黄芪 12g，白术 12g，白芍 12g，陈皮 6g，生甘草 6g。

加减：鼻衄加阿胶 10g、墨旱莲 15g；红细胞减少加当归 10g、鹿角片 10g、阿胶 12g；血小板减少，加羊蹄根 15g、花生衣 12g，加重首乌用量；白细胞减少，加重黄芪、女贞子的用量。

【其他疗法】

（1）中成药：帕夫林（白芍总苷）胶囊：口服，每次 0.6g，每日 3 次，半年为 1 疗程。

（2）单方验方：刺五加参，洗净，煎取汁代茶饮，不拘次数。

（3）饮食疗法：乌发蜜膏：制何首乌 200g，茯苓 200g，当归 50g，枸杞子 50g，牛膝 50g，补骨脂 50g，菟丝子 50g，黑芝麻 50g，女贞子 50g。将以上药物加适量水浸泡，发透后加热煎煮，沸后再煎 30 分钟，煎煮 3 次，合并煎汁，先以武火令沸，再改文火缓煎，制成稠膏时加入 1 倍量蜂蜜，调均后再加热至沸，即可停火，放凉后装瓶备用，每服 1 汤勺，以沸水冲化顿服，每日 2 次，可滋阴养血，用于治疗系统性红斑狼疮所致的贫血和脱发症状。

三、预防与调护

（1）慎起居：有重要脏器并发症者，应卧床休息，住院治疗，避免日光曝晒，避免受凉、接触花粉、蚊虫叮咬。

（2）慎用药：患病期间尽可能避免使用有可能导致本病发生的药品，如普鲁卡因酰胺、肼苯哒嗪、甲基多巴、苯妥英钠、青霉胺、磺胺、金制剂、心得安、利血平和避孕药等芳香胺类、肼类、巯基化合物和苯类药物。

（3）饮食调理：红斑狼疮病人的饮食调理可结合临床辨证中虚实寒热及以上食物的属性进行，对症选用，还可根据现代研究中的人体代谢所需物质进行调配食物，如红斑狼疮患者 50% 以上有明显的肾脏损害，蛋白质常常从尿中大量丢失造成低蛋白血症、水肿，引起身体的很多病理变化，因此必须及时补充足够的蛋白质。补充的蛋白质要以动物性优质蛋白质为主，如牛奶、鸡蛋、瘦肉等。食物量要适当，瘦肉每天每人不超过 100g，鸡蛋不超过 2 个，如果食入量过多，病人不但不能完全吸收，还增加肾脏负担。肾病尿蛋白阳性患者，最好少食或不食用豆类及豆制品。

从临床看，红斑狼疮患者能量代谢发生障碍，在形成低蛋白血症的同时，有的还形成高脂血症，特别是当患者伴有发热时，消化功能降低，故宜多吃清淡容易消化的食物，不宜多食富含脂肪的大鱼大肉。

有肾脏损害的病人，大多伴有水肿，在采用激素治疗时，又会导致水钠潴留，因此要限制病人的食盐摄入量，给予低盐饮食，以免水肿症状加重。

激素是治疗红斑狼疮的首选药物，在红斑狼疮患者长期使用激素后，使糖代谢功能发生紊乱，严重者可形成糖尿病。所以在长期大量使用激素的患者中，提倡少食高糖食物，限制糖的摄入量，是十分必要的。

红斑狼疮的病理基础是全身性血管炎，此时血管的通透性增加，出现内脏器官的炎症表现或出现雷诺现象，因此要多吃含有维生素 C 的食物。长期服用激素治疗的患者，可引起钙磷代谢紊乱，骨钙丢失，造成骨质疏松，严重者可造成骨坏死，因此平时除常规服用补钙剂以外，还应多吃一些含钙食物等。

另外，表现为阴虚内热的红斑狼疮病人不宜食用羊肉、狗肉、鹿肉、桂圆等性温热的食物。香菜、芹菜久食易引起光过敏，使患者面部红斑皮损加重，故不宜食用。辛辣食物，如辣椒、生葱、生蒜等能加重患者内热现象，不宜食用。绝对禁止吸烟、饮酒。

（4）康复法：本病初愈，正气未复，瘀血尚留，应注意调畅情志，配合适当运动，如练太极拳、太极剑等以达到经脉气血流通，促进机体早日康复。

第三十节　痛　风

痛风（gout）是嘌呤代谢紊乱及/或尿酸排泄减少所引起的一种晶体性关节炎，临床表现为高尿酸血症（hyperuricemia）和尿酸盐结晶沉积所致的特征性急性关节炎、痛风石形成、痛风石性慢性关节炎，并可发生尿酸盐肾病、尿酸性尿路结石等，严重者可出现关节致残。本病病程漫长，后期常并发肾功能衰竭、动脉硬化、冠心病、脑血管意外等。

本病属于中医“痹证”范畴，与“历节”、“白虎历节”等病证候相类似。

一、病因病机

中医学认为形成本病的主要原因在于先天禀赋不足，或年老体虚脏腑功能失调，脾肾功能紊乱。脾失健运，升清降浊无权，则痰浊内生；肾失气化，升清降浊失司，则湿浊排泄缓慢，以致痰浊内聚。此时感受风寒湿热之邪、劳倦过度、七情所伤，或酗酒食伤，或关节外伤等，加重并促使痰浊流注关节、肌肉、骨骼，致气血运行不畅而形成痹痛，即痛风性关节炎。本病的性质是本虚标实，以肝肾亏虚，脾运失调为本，以风寒湿热、痰浊、瘀血闭阻经脉为标。

二、辨证论治

（一）辨证要点

痛风为本虚标实之证，以脾肝肾功能失调为本，痰湿浊毒内停或感受外邪为标，以机体代谢失调、气血凝滞、痰瘀痹阻经络为其主要病机。先天不足，正气亏虚，经脉失养；或湿浊排泄不畅，流滞经脉；或脾运失司，痰浊凝滞关节；或感受外邪，邪痹经脉，气血运行不畅；均致关节、筋、肌肉疼痛、肿胀、红热、麻木、重着，屈伸不利而形成本病。久病不愈则血脉瘀阻，津液凝聚，痰浊瘀血闭阻经络而关节肿大、畸形、僵硬、关节周围瘀斑、结节，并且内损脏腑，可并发有关脏腑病证，则病情复杂而严重。其病位初期表现在肢体、关节之经脉，继则侵蚀筋骨，内损脏腑。

（二）治疗原则

祛除病因是治愈本病的关键。本病发作时多因邪实，治疗重在祛邪通络，以祛风清热或散寒、除湿通络、化痰、活血化瘀为主；久病或缓解期以本虚为主，当以补益气血、调补肝肾、祛风胜湿、活络止痛以扶正祛邪，防其复感而发。

（三）分证论治

1. 风湿热痹证

【证候】 关节红肿热痛，发病急骤，病及一个或多个关节，兼发热，恶风，口渴，烦闷不安或头痛汗出，小便短黄，舌红，苔黄，脉弦滑数。

【治法】 清热通络，祛风除湿。

【方药】 白虎加桂枝汤。生石膏 30g，知母 10g，粳米 10g，甘草 6g，桂枝 10g。

加减：热盛者，选加忍冬藤 30g、连翘 15g、黄柏 10g；阴津耗伤者，加生地 15g、玄参 15g、麦冬 12g；肿痛较甚者，加乳香、没药各 10g、秦艽 15g、络石藤、海桐皮、桑枝各 15g、地龙 12g、全蝎 3g；关节周围有红斑者，加生地、丹皮各 15g、赤芍 12g；下肢痛甚，加牛膝 15g、木瓜 12g、独活 10g；上肢痛甚，加羌活 10g、威灵仙 15g、姜黄 9g。

【其他疗法】

（1）中成药

1）雷公藤提取物片（丁甲片）：口服，每片 20mg，每次 2 ～ 3 片，每日 3 次，14 日为 1 个疗程，用于急、慢性期关节痛。

2）痛风舒胶囊：口服，每次 2 粒，每日 3 次，用于湿热瘀阻所致的痛风。

3）痛风定胶囊：口服，每次 2 ～ 4 粒，每日 3 次，用于急性痛风性关节炎。

4）湿热痹冲剂：口服，每次 1 ～ 2 袋，每袋 1.0g，每日 2 ～ 3 次，14 日为 1 个疗程。

（2）单方验方

黄柏 6g，威灵仙 6g，苍术 10g，陈皮 6g，芍药 15g，甘草 10g，羌活 6g，共为末服，有清热除湿、活血通络之功，主湿热型痛风。

（3）针灸治疗

1）风湿热痹宜针不宜灸：常用穴位：肩痛取肩髃、肩贞、肩井、压痛点；肘痛取合谷、手三里、曲池、尺泽；腕痛取阳池、外关、合谷、太冲，膝痛取膝眼、阳陵泉、曲泉，踝痛取中封、昆仑、解溪、丘墟、委中、绝骨，第 1 足跖痛取太冲、太白、三阴交拇趾痛取太白、大都、太冲、三阴交。

2）耳针疗法：关节相应部位，神门，肝，肾，皮质下。操作每次选 3 ～ 5 穴，行强刺激，留针 30 分钟，或用耳穴压豆法。

3）火针放血：对于痛风性关节炎反复发作，局部红肿疼痛较甚，明显影响肢体活动者，可采用火针放血治疗，见效快，疗效好。方法为：选用患侧的穴位：行间、内庭、太冲、陷谷及患部阿是穴，常规消毒后，将火针在酒精灯上烧至由红转白亮后对准穴位速刺疾出，每穴如此点刺 2 ～ 3 针，深度为 1 ～ 2cm。出针后即有暗红色血液从针孔流出。术后，嘱患者在 48 小时内保持针孔干燥清洁。

（4）外治法药浴法：由桑枝 500g、络石藤 200g、忍冬藤 60g、鸡血藤 60g、海桐皮 60g、豨莶草 100g、海风藤 100g 组成，煎水沐浴。

2. 风寒湿痹证

【证候】 关节肿痛，屈伸不利，或见皮下结节或痛风石，风邪偏胜则关节游走疼痛，或恶风发热等；寒邪偏胜则关节冷痛剧烈，痛有定处；湿邪偏胜者，肢体关节重着疼痛，痛有定处，肌肤麻木不仁；舌苔薄白或白腻，脉弦紧或濡。

【治法】 祛风散寒，除湿通络。

【方药】 薏苡仁汤。羌活 10g，独活 10g，防风 10g，苍术 10g，当归 10g，桂枝 10g，麻黄 6g，薏苡仁 20g，制川乌 6g，生姜 6g，甘草 6g。

加减：风邪偏胜者，加祛风通络之品，如海风藤、秦艽各 15g，寒邪偏胜者，加温经散寒之品，如制草乌 6g、制附子 12g、细辛 6g；湿邪偏胜者，加胜湿、通络之品，如萆薢、川木瓜各 10g；对皮下结节或痛风石加祛痰、化石通络之品，如天南星 9g、金钱草 30g、炮山甲 15g 之类。

【其他疗法】

（1）单方验方：红花、白芷、防风各 15g，威灵仙 10g，黄酒煎服。

（2）针灸治疗

1）体针：风寒湿痹宜针灸并施，常用穴位同风湿热痹证。

2）耳针疗法：同风湿热痹证。

（3）外治法

1）膏药外贴患处，如麝香追风膏，关节止痛膏等。适用于风寒湿痹证。

2）山慈姑 10g，生南星 10g，加 75% 乙醇浸泡，作疼痛部位离子导入。

3）当归散：防风、当归、藁本、独活、荆芥穗、牡荆叶各 30g。上药为粗末，盐 120g 同炒热，袋盛熨之患处。

4）药浴法（祛风活血方）：羌活 9g，独活 9g，桂枝 9g，当归 12g，荆芥 9g，防风 9g，秦艽 9g，路路通 9g，川红花 9g。煎水熏洗患处，每日 2 ~ 3 次。

3. 痰瘀痹阻证

【证候】 关节疼痛反复发作，日久不愈，时轻时重，或呈刺痛、固定不移，关节肿大，甚至强直畸形，屈伸不利，皮下结节，或皮色紫黯，舌淡胖，苔白腻，脉弦或沉涩。

【治法】 活血化瘀，化痰通络。

【方药】 桃红饮合二陈汤。桃仁 10g，红花 10g，当归 10g，川芎 10g，茯苓 10g，陈皮 6g，甘草 6g，威灵仙 15g，制半夏 10g。

加减：皮下结节，加南星、白芥子各 10g；关节疼痛较甚，加乳香、没药各 10g，土鳖虫 6g；关节肿甚者，加土茯苓 30g、滑石 20g；关节久痛不已，加全蝎 3g、乌梢蛇 10g、炮甲 15g；久病体虚，面色不华，神疲乏力，加党参、黄芪各 15g。

【其他疗法】

（1）中成药

1）舒筋活血丸（由土鳖虫、桃仁、骨碎补、熟地、栀子、桂枝、乳香、自然铜、儿茶、当归、红花、怀牛膝、续断、白芷、赤芍、三七、苏木、大黄、马钱子、冰片组成）：口服，温水送服，每次 1 丸，每日 3 次。

2）舒筋活血片：口服，每次 5 片，每日 3 次。适用于慢性期痰瘀阻滞痹证。

（2）单方验方

1）党参 60g，白术 60g，熟地黄 60g，山药 30g，海浮石 30g，黄柏 60g，锁阳 15g，南星 30g，龟版 30g，干姜灰 15g，共为末，粥糊为丸，每次 9g，每日 3 次。

2）凌霄花根（紫葳根）10g，浸酒或以酒煎服，有活血止痛之功。

4. 气血不足，肝肾亏虚证

【证候】 关节疼痛，反复发作，日久不愈，时轻时重或游走不定，甚或关节变形，屈伸不利，腰膝酸痛或足跟疼痛，神疲乏力，心悸气短，面色少华，舌淡，苔白，脉沉细弦，无力。

【治法】 补益气血，调补肝肾，祛风胜湿，活络止痛。

【方药】 独活寄生汤。党参 15g，茯苓 15g，当归 10g，白芍 15g，熟地 15g，川芎 10g，杜仲 15g，牛膝 15g，肉桂 3g（焗服），细辛 6g，独活 10g，桑寄生 15g，防风 10g，秦艽 10g，甘草 6g。

加减：冷痛较甚者加制附子 12g（先煎）、制川乌 6g（先煎）、干姜 9g；腰膝痠痛较明显者，加黄芪 20g、鹿角霜 15g、续断 12g；关节重着，肌肤麻木者，加薏苡仁 30g、苍术 15g、鸡血藤 30g。

【其他疗法】

（1）中成药

1）金匮肾气丸（由熟附子、桂枝、熟地、山药、山茱萸、丹皮、茯苓、泽泻组成）：口服，每次 6g，淡盐水送服，每日 3 次。具有温补肾阳功效，主治肝肾不足偏阳虚型痛风。

2）六味地黄丸（由熟地、山茱萸、炒山药、丹皮、茯苓、泽泻组成）：口服，每次 6g，淡盐水送服，每日 3 次。具有滋阴补肾功效。主治肝肾不足偏阴虚型痛风。

（2）针灸治疗：久痹正虚以艾灸为宜。常用穴位参见风湿热痹证。

三、预防与调护

（1）节饮食：预防痛风病的发作，首先要节制饮食，碳水化物可促进尿酸排出，可选用牛奶、鸡蛋、米面、蔬菜、水果等；中药百合含秋水仙碱，故可多吃鲜百合（清炒或煮汤），可有效预防高尿酸血症而治疗痛风。同时避免大量进食高嘌呤食物，如动物内脏、骨髓、海味、蛤蟹及鱼虾类、肉类、豆类、菠菜及发酵食物等；同时严格戒酒，防止过胖。

（2）慎起居：注意保暖，避免过度劳累、紧张、受寒、关节损伤等诱发因素。

（3）多饮水：大量饮水，每日保持饮水 2500ml 以上，促进尿酸排出。

（4）慎用药：不宜使用抑制尿酸排出的药物。

（5）常复查：对患者的家族进行普查，及早发现无症状的高尿酸血症者，定期复查，如血尿酸高达 420μmol/L 以上时应使用促进尿酸排出或抑制尿酸生成的药物，以使血尿酸恢复正常而防止本病的发生。

第三十一节 强直性脊柱炎

强直性脊柱炎（ankylosing spondylitis，AS）是一种主要侵犯中轴关节、以骶髂关节炎和脊柱强直为主要特点的风湿性疾病，属自身免疫病，基本病变为附着点炎症，即肌腱、韧带、关节囊等骨附着部位炎症、纤维化以至骨化。早期表现为腰骶部痛或不适、晨僵、胸廓活动受限。症状可在静止、休息时反而加重，活动后缓解，夜间腰痛可影响睡眠，最后可因脊柱强直而致残疾。常见于青少年，男女比例约为 5 ～ 8 ∶ 1。病因及发病机制迄今未明，一般认为与遗传因子人类白细胞抗原 –B27（HLA-B27）和肠道或泌尿生殖道细菌感染有关。

本病属于中医“痹证”范畴，又称为“龟背风”、“竹节风”、“骨痹”、“尪痹”。

一、病因病机

强直性脊柱炎的发病是内因与外因相互作用的结果。患者先天禀赋不足，素体虚弱，肝肾亏虚，或房室不节，或病久阴血暗耗；复又风寒湿邪乘虚侵袭，深入骨骱、脊柱，使气血运行失常，产生瘀血痰浊，筋脉失调，骨质受损，使筋挛骨弱而邪留不去，成为顽痹，迁延时日，久痹入络，可经久不愈。其性质为本虚标实，肾虚为本，风寒湿为标。

二、辨证论治

（一）辨证要点

本病临床上虚实夹杂，以本虚标实多见，早期多以本虚标实为主，风寒湿痹阻，不通则痛，或久而化热，故可见腰脊僵痛，项背僵直，经久不愈；中晚期邪炼成痰浊淤血，则转为痰浊瘀血痹阻筋骨。临床上可根据疼痛的性质，关节肿胀与否来辨别风、寒、湿。中晚期可根据伴随症状辨其病理的“痰”、“瘀”。缓解期疼痛较轻或无明显症状，但仍需巩固治疗，辨证以肾虚为主。

（二）治疗原则

以固本治标为治则。发作时多因邪实，治疗重在驱邪通络，根据“风”、“寒”、“湿”、“痰”或“瘀”偏盛拟定治法，缓解期以本虚为主，当以固本求源，补益肝、脾、肾。

（三）分证论治

1. 风湿痹阻证

【证候】 病程短，腰骶疼痛，不能转摇，俯仰受限，脚肿如脱，呈游走痛，痛无定处，恶风，头眩短气，温温欲吐，舌淡，苔白，脉浮或弦。

【治法】 祛风通络除湿。

【方药】 薏苡仁汤加减。薏苡仁 20g，苍术 10g，地龙 15，桂枝 12g，芍药 15g，知母 12g，防风 15g，麻黄 9g，白术 15g，甘草 6g，当归 12g，独活 12g。

加减：项背发僵者加姜黄 10g 以通经散寒；脊背疼痛甚者加羌活 10g 以散寒止痛；腰部重着者，加独活 10g、狗脊 10g 以祛风胜湿；若有腰部、膝或踝闪扭病史加用活血药红花、泽兰各 10g。

【其他疗法】

（1）中成药

1）复方雪莲胶囊：口服，每次 2 粒，每日 2 次。

2）七味玄驹蠲痹口服液：口服，每次 10 ～ 20ml，每日 3 次。

3）金乌骨通胶囊：口服，每次 3 粒，每日 3 次。

4）正清风痛宁缓释片：口服，每次 60mg，每日 2 次。

（2）注射剂

正清风痛宁注射剂：每次 50mg，肌内注射，每日 1 次。

（3）单方验方：鲜寻骨风捣汁，每次半杯，每日 3 ～ 6 次。

（4）针灸治疗：针风门、膈俞、肝俞、关元，配合局部取穴，用平补平泻法，每日 1 次。

（5）饮食疗法：薏苡粥：薏苡仁 150g、薄荷 15g、荆芥 15g、葱白 15g、豆豉 50g，将薄荷、荆芥、葱白、豆豉用清水 1500ml，烧开后文火煎 10 分钟，滤取原汁盛于碗内，倒去药渣，将锅洗净，将薏苡仁洗净后倒入锅内，注入药汁，置火上煮至薏苡仁开裂酥烂即可食用，适用于肝肾阴虚兼风湿阻络者。

2. 寒湿痹阻证

【证候】 腰脊冷痛，难以屈伸，遇冷痛剧，恶寒喜温，遇阴雨加重，甚者背心冷痛如冰，下肢关节酸楚拘急，行步乏力，二便不畅，女子带下清稀，绵绵不断，舌淡红，苔白厚，脉弦紧。

【治法】 温经散寒，通络除湿。

【方药】 乌头汤加减。制川乌 9g，麻黄 9g，白芍 15g，甘草 9g，生黄芪 15g，茯苓 15g，白术 15g，干姜 9g，甘草 6g。

加减：若冷痛甚，拘急不舒，加熟附子 15g、麻黄 6g、桂枝 15g 以温阳祛寒；若痛而沉重加苍术 15g 以燥湿散寒；若腰痛左右不定或关节游痛，加独活 12g、防风 10g、牛膝 12g、桑寄生 15g 以祛风通络补肾。

【其他疗法】

（1）中成药：复方雪莲胶囊：口服，每次 2 粒，每日 2 次。

（2）注射剂：正清风痛宁注射剂：每次 50mg，肌内注射，每日 1 次。

（3）针灸治疗：针华佗夹脊、配合肾俞、关元，阿是穴，用平补平泻法，每日 1 次；腰部隔饼灸法，每天 3 ～ 5 次；或艾灸 10 ～ 20 分钟，隔日一次。

（4）外治法：强脊炎浸浴法：药物由川椒目、海藻、鸡血藤各 30g，羌活、独活、制半夏、昆布、木瓜、桂枝各 15g，制川乌、制草乌各 5g 组成。功效：温通经络，化瘀止痛。主治：早、中期强直性脊柱炎腰背疼痛，活动受限者。用法：上药纱布包之，用水 3000ml，煎 20 分钟，倒入浴缸温水中，水量以能浸泡整个人体为度。每次浸浴半小时，每周 2 次。

（5）饮食疗法：桂浆粥：肉桂 2 ～ 3g，粳米 50 ～ 100g，红糖适量。将肉桂煎取浓汁去渣，再用粳米煮粥，待粥煮沸后，调入肉桂汁及红糖，同煮为粥，或用肉桂末 1 ～ 2g 调入粥内同煮服食，适用于寒湿阻络者。

3. 湿热痹阻证

【证候】 腰脊强痛，俯仰困难，双侧或单侧髋、膝、踝关节疼痛、肿胀，灼热，夜间痛甚，影响睡眠，周身沉重不适，长期低热，烦闷，汗多，多饮，咽喉疼痛，口苦口干，恶心呕吐，下身湿痒，大便黏滞不爽，小便黄赤，舌质红苔黄腻、脉滑数。

【治法】 清热除湿，宣痹通络。

【方药】 四妙丸加味。苍术 15g，黄柏 15g，薏苡仁 30g，川牛膝 15g，姜黄 10g，泽兰 10g，宽筋藤 30g，生甘草 6g。

加减：腰骶四肢关节痛甚者加用骨碎补 10g、青风藤 20g、红藤 10g、忍冬藤 15g 以舒筋活络；心烦不得眠者加栀子、淡豆豉各 12g 以清心除烦；咽痛加牛蒡子 10g 清热利咽；小便黄少，加车前草、泽泻各10g以清热利尿；若下身湿痒，加黄柏10g、虎杖10g清热化湿；若恶心呕吐，加白蔻6g、竹茹12g化湿止呕。

【其他疗法】

（1）中成药：新癀片（由九节茶、三七、牛黄、珍珠层粉等组成）：口服，每次3粒，每日3次。具清热解毒、活血化瘀、消肿止痛功效。

（2）针灸治疗：针肾俞、大肠俞、三阴交、阳陵泉，配合局部取穴，委中放血、用泻法，每日1次。

（3）外治法：热痹外洗方：桑枝500g、海风藤、络石藤各200g、豨莶草100g、海桐皮、忍冬藤、鸡血藤各60g，诸药共研细末，纱布包扎好，加水3000ml煎煮，过滤去渣，乘热洗浴患部。每日1次，每次约1小时，7～10日为1疗程。

（4）饮食疗法：单味苡仁粥：取苡米仁末，用粳米煮粥常食。对急性期湿热型患者有辅助治疗作用。

4. 瘀血阻络证

【证候】 病程长，腰脊强痛，僵直，俯仰困难，有外伤或腰部劳伤史，膝或踝痛，爪甲色紫暗，皮肤有瘀斑，舌暗，有瘀斑、瘀点，苔白或微黄，脉弦涩。

【治法】 活血化瘀，通络止痛。

【方药】 桂枝茯苓丸加减。桂枝10g，丹皮15g，茯苓15g，生地15g，当归10g，红花10g，川芎10g，赤芍15g。

加减：若腰部重浊加独活、狗脊各12g以除湿通络；若疼痛晚上加剧，加三七10g活血定痛；若腰痛拒按，可加地鳖虫、乳香各10g以增强活血止痛。

【其他疗法】

（1）中成药：益肾蠲痹丸：口服，每次8g，每日3次，温肾壮督，通络止痛。

（2）注射剂：红花注射液：40ml加5%葡萄糖溶液250ml中静脉滴注，每日1次。

（3）外治法：熏洗疗法：威灵仙、生甘草各60g，羌活、独活、川乌、草乌各30g，地鳖虫20g。用法用蒸熏治疗机，每日蒸熏2次，每次30～40分钟，3～4周为1个疗程。功效：疏通经络，活血化瘀，行气止痛。主治：强直性脊柱炎腰背痛重者。

（4）饮食疗法：桃仁粥：每次取桃仁15g、粳米160g，将桃仁捣烂如泥，加水研汁，去渣，加粳米煮为稀粥，即可食用。

5. 脾肾阳虚证

【证候】 腰脊强痛，畏寒怕冷，四肢清冷，遇冷刺痛，夜尿多，两膝冷，胫冷，髋骶沉重，行不困难，舌质淡胖，边有齿痕，苔薄白，脉沉细、沉迟。

【治法】 温运脾胃，宣痹通络。

【方药】 右归饮加减。熟地15g，淮山药15g，山茱萸10g，枸杞15g，杜仲15g，肉桂3g（焗服），狗脊15g，附片10g，炙甘草6g。

加减：若四肢清冷，加桂枝、干姜各10g以温经散寒；若纳差、脘痞，加砂仁6g、木香15g以健脾醒胃；若步履艰难，加骨碎补15g、五加皮10g；若腰脊难伸，加牛脊髓30g。

【其他疗法】

（1）中成药

1）益肾蠲痹丸：口服，每次8g，每日3次。

2）金匮肾气丸：口服，每次 6g，淡盐水送服，每日 3 次。

（2）注射剂：参附注射液：20ml 加 5% 葡萄糖溶液 100ml 中静脉滴注，每日 1 次。

（3）针灸治疗：针脾俞、肾俞、足临泣、委中、命门、太溪，用补法，可灸，每日 1 次。

6. 肝肾亏虚证

【证候】 腰背强直，屈伸不利，腰酸腿软，肌肉萎缩，头晕目眩，视物模糊，耳鸣，胁痛，颧红咽干，甚者烦热盗汗，小便赤，大便干，舌红苔薄少苔，脉细弦数。

【治法】 补肝肾，强腰府。

【方药】 独活寄生汤加减。杜仲 15g，牛膝 15g，桑寄生 15g，当归 12g，生地 12g，芍药 9g，川芎 12g，人参 12g，茯苓 12g，秦艽 12g，防风 9g，独活 15g，细辛 5g，桂枝 9g，川断 15g，狗脊 15g。

加减：若颧红盗汗甚加旱莲草 15g、熟地 20g 以滋阴清热；血虚者加四物汤。

【其他疗法】

（1）中成药：金乌骨通胶囊：口服，每次 3 粒，每天 3 次。祛风除湿、滋补肝肾、活血通络。

（2）外治法：熨法：用肉桂 30g，吴茱萸 90g，生姜 120g，葱头 30g，花椒 60g，炒热，以绢帕包裹，熨痛处，冷则再炒热。每日 2 ～ 3 次，每次 30 分钟。10 日为 1 个疗程。

三、预防与调护

1. 预防

（1）避风寒：避免感受风寒湿邪侵袭，注意保暖；避免久处潮冷多风环境。

（2）节饮食：注意饮食卫生，戒烟酒，少食生冷硬辣食。

（3）适劳逸：适当锻炼，避免劳损，避免搬运重物。

（4）节房事：注意生活规律，注意泌尿生殖系统卫生，防止房室过劳，使肾气盛，精足髓满，筋骨强壮。

（5）畅情致：保持心情舒畅，认识强直性脊柱炎的发病规律，树立长期与疾病斗争的信心，坚持服药结合功能锻炼的治疗。

2. 康复指导

（1）保持良好姿势。

1）卧硬板床，用低枕头或不用枕头，以保持腰颈部脊柱生理弧度。每天早晚各俯卧位半小时，以维持直立姿势，防止脊柱及髋关节变形。腰椎弧度消失或强直者平卧时背部垫一小枕，防治脊柱向后畸型形成。

2）坐、站立及行走时应保持挺胸收腹，练习背靠墙站立姿势，以保持良好姿势。

（2）运动练习：目的是建立对抗畸形方向的肌肉力量。各种锻炼幅度由小到大，不要强行伸展屈曲关节，逐渐延长运动时间，运动量要循序渐进，持之以恒。当疾病处于活动期、关节伴有明显症状时，以休息为主，各种活动均应在床上进行，以免导致关节创伤和加重疼痛。

1）颈椎：头颈部左右侧屈、前屈、缓慢后伸及左右缓慢旋转。

2）脊柱及髋关节：拱桥式训练：仰卧位，以枕、双肘、双足跟为支点，向上提胸腹，使腰和背离开床面，呈“拱桥式”，持续 5 ~ 10 秒回复原位，休息 5 ~ 10 秒再行上述动作。两头翘：俯卧位，两臂自然放于体侧，头胸及四肢同时上抬，离开床面，只让腹部着床，呈“两头翘”，保持 5 ~ 10 秒回复原位，休息 5 ~ 10 秒再行上述动作。双手叉腰，腰部左右缓缓旋转。病人腰背部靠墙直立，屈髋屈膝并下蹲，再让病人站立。

3）胸廓：①呼吸训练：直立位，挺胸收腹同时深呼吸，胸式呼吸和腹式呼吸交替进行。②扩胸运动。

（3）鼓励患者进行耐力性运动，如游泳、慢跑、太极拳等，有助增强肌力，促进心肺功能，防止脊柱畸形。

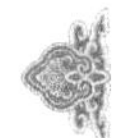

第三十二节　再生障碍性贫血

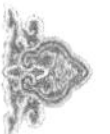

再生障碍性贫血（aplastic anemia，AA）简称再障，是由于多种原因引起的骨髓造血干细胞缺陷、造血微环境损伤以及免疫机制改变，导致骨髓造血功能衰竭，出现全血细胞减少为主要表现的疾病。根据起病缓急、病情轻重、骨髓损伤程度和转归等，国内分为急性和慢性两型，国外分为轻、重两型。各年龄组均可发病，但以青壮年多见，男性多于女性，北方多于南方。我国 20 世纪 60 年代即开始了中医治疗再障的研究，中西医结合治疗再障成为现阶段治疗再障的主要趋势。

本病属于中医“虚劳”、“血证”等范畴。

一、病因病机

中医称再生障碍性贫血为“髓劳”。因先后天不足，精血化生无源，或因有毒药物及理化因素伤正，邪毒瘀阻，新血不生。临床常见面色、眼睑、口唇、指甲苍白、头晕、心悸、耳鸣、腰膝酸软、出血、皮肤紫斑、发热等表现。故又有“虚劳”、“血枯”、“血证”等名称。本病为六淫、七情、饮食不节、药毒、邪毒等影响到心、肝、肾、脾、骨髓，引起血虚、出血及虚劳诸证，后者又会加重五脏亏损和肾之衰惫，如此循环往复，而使病情不断恶化。

二、辨证论治

（一）辨证要点

因肾与精血化生关系最为密切，辨证论治应以肾为核心。临床表现主要有三个方面：血虚、出血、发热，三者当中血虚是本，出血和发热是标。

（二）治疗原则

再障病程短者、病情轻者疗效好，病程长者、病情重者疗效差。所以，治疗再障强调早期。急则治其标，缓则治其本。应注意疾病的发展，根据疾病的不同时期选择合理的治疗方案。

（三）分证论治

1. 肾阴虚证

【证候】 面色无华，唇淡，甲床苍白，低热，手足心热，盗汗，皮肤及口腔、牙龈、鼻出血，妇女月经量多，口渴，大便干燥，舌质淡红，脉细数。

【治法】 滋阴补肾，益气养血。

【方药】 左归丸合当归补血汤加减。熟地黄 30g，何首乌 12g，山茱萸 12g，枸杞子 12g，女贞子 12g，旱莲草 15g，玄参 12g，紫草 15g，黄柏 12g，龟甲胶 12g，锁阳 12g，菟丝子 12g，黄芪 30g，当归 6g。

加减：贫血重者，加血肉有情之品，如阿胶 12g、鹿茸粉 12g、鹿角胶 12g、紫河车 12g 以填精生血；出血重者，加生地黄 30g、生地榆 12g、茜草 12g、白茅根 15g、土大黄 12g、大蓟 12g、小蓟 12g、仙鹤草 12g、水牛角 12g 等以清热凉血止血；低热者，加青蒿 15g、鳖甲 12g、地骨皮 12g、银柴胡 12g、白薇 12g 等以养阴除虚热；盗汗者，加浮小麦 15g、煅龙骨 30g、煅牡蛎 30g 以收敛止汗。

【其他疗法】

（1）中成药

1）左归丸（浓缩丸）：口服，每次 8 丸，饭前半小时温开水送服，每日 2 次。

2）知柏地黄丸：口服，大蜜丸每次 1 丸，或小蜜丸每次 9g，或水蜜丸每次 6g，或浓缩丸每次 8 丸，空腹温开水送服，每日 2 ～ 3 次。

（2）饮食疗法

1）生羊胫骨 1 ～ 2 根，敲碎，大枣 10 ～ 20 枚，糯米适量，同煮稀粥，每日 2 ～ 3 次分服，10 ～ 15 天为 1 个疗程。

2）红枣炖兔肉：红枣 15 枚，兔肉 250g，放入瓦锅内，加调料，加水炖熟服用。

3）每日用黑芝麻、核桃肉各 9g，分 3 次嚼服。

2. 肾阳虚证

【证候】 面色无华，唇淡，甲床苍白，畏寒喜暖，手足冷凉，腰酸，阳痿，夜尿多，大便稀溏，虚胖或浮肿，舌质淡，舌体胖，边有齿痕，脉细无力。

【治法】 补肾助阳，益气养血。

【方药】 右归丸合当归补血汤加减。菟丝子 12g，补骨脂 12g，肉苁蓉 12g，巴戟天 12g，锁阳 12g，仙茅 12g，淫羊藿 12g，益智仁 12g，熟地黄 30g，何首乌 12g，黄芪 30g，当归 6g。

加减：便溏重者，加党参 15g、白术 12g、茯苓 15g、怀山药 15g 以健脾益气；虚胖或浮肿者，加泽泻 12g、车前子 12g、怀牛膝 12g 以利水渗湿；易感冒者，加生黄芪 30g、防风 10g、白术 10g、板蓝根 15g 以益气固表；畏寒明显者，加制附子 10g 以温阳散寒。

【其他疗法】

（1）中成药

1）右归丸（浓缩丸）：口服，每次 8 丸，饭前半小时服用，每日 3 次。

2）大菟丝子丸：口服，每次 6g，日服 2 次。

（2）单方验方：造血王糖浆（由何首乌、丹参、黄精、阿胶、鱼鳔胶、熟地、肉苁蓉、杜仲、枸杞、商陆、生地榆、鹿胶、龟胶、冬虫夏草组成）：口服，每次 40ml，每日 2 次。

（3）针灸疗法：针足三里、膈俞、肾俞、膏肓，发烧加曲池，出血加血海，肝大加肝俞，脾大加脾俞，用平补平泻法。

3. 阴阳两虚证

【证候】 面色无华，唇淡，甲床苍白，阴虚阳虚两证并见，心悸，气短，周身乏力，舌淡，脉细弱。

【治法】 阴阳双补，益气养血。

【方药】 二仙汤合当归补血汤加减。熟地黄 30g，枸杞子 12g，何首乌 12g，山茱萸 12g，玄参 12g，菟丝子 12g，补骨脂 12g，淫羊藿 12g，肉苁蓉 12g，巴戟天 12g，黄芪 30g，当归 6g。

加减：久治无效者，除调整用药、增加剂量外，如无出血倾向，在补肾的基础上，加活血药如丹参 12g、鸡血藤 12g、川芎 10g、三七 6g。

【其他疗法】

（1）中成药

1）阿胶补血浆：口服，每次 10ml，每日 2 ～ 3 次。

2）河车大造丸：口服，水蜜丸每次 6g，或小蜜丸每次 9g，或大蜜丸每次 1 丸，每日 2 次。

（2）单方验方：生血散：首乌、商陆、血见愁、牛膝、肿节风、枸杞、桂圆肉、菟丝子、鸡血藤、白芍、黄芪、甘草等各 10g，每日 1 剂，水煎服。

（3）针灸治疗：针大椎、肾俞、足三里、膏肓、血海，用补法。

（4）饮食疗法：猪骨杞果汤：猪骨 250g，枸杞子 15g，黑豆 30g，红枣 20 枚，调味品适量。四味加水 1500ml，炖汤，去骨，入调味品。食豆，食果，服汤。每日 2 次分服，隔日 1 剂，宜长期服食。

三、预防与调护

（1）慎起居：避免长期暴露在有害物质（如电磁辐射、重金属、化学药品等）环境中，患者起居室或病房空气要新鲜，阳光充足，定时紫外线消毒，重型再障患者有条件者可住隔离室。患者应卧床休息，出血严重时，应绝对卧床休息。保护皮肤和黏膜，尽量勿受外力碰撞，衣着应宽松柔软。一般情况下，应尽量避免手术，女性必须避孕。

（2）慎用药：不宜使用对造血系统有影响的药品如氯霉素、保泰松及解热镇痛药等，再障患者出现高热，以物理降温为主，若无消化道出血，可使用少量激素，但应注意预防激素引起的消化道出血。在病情获得基本缓解后，3 ～ 6 个月不宜停药，应坚持将原有效方药减量服用，如从 1 日 1 剂减为 2 日 1 剂，维持 3 个月以后，减成 3 日 1 剂，或 4 日 1 剂，再维持 6 个月以后，继用药膳疗法，必须坚持治疗 2 年以上，直至痊愈。

（3）节饮食：注意饮食宜清淡，勿食用辛辣食品，有出血倾向者，宜进食无渣半流质饮食。有消化道出血时，宜暂时禁食或予以流质，待病情好转时，可给少量半流质饮食，避免进食粗硬辛辣食物。加强饮食营养，进食易消化，高蛋白、高维生素、低脂饮食，可适当使用大枣山药粥，甲鱼汤，排骨汤，牛肉、海参等。

（4）康复法：患者必须学会自我调养的方法，减轻紧张心理，激起求生欲望，增强战胜疾病的信心，与医生配合，争取最好的治疗效果。

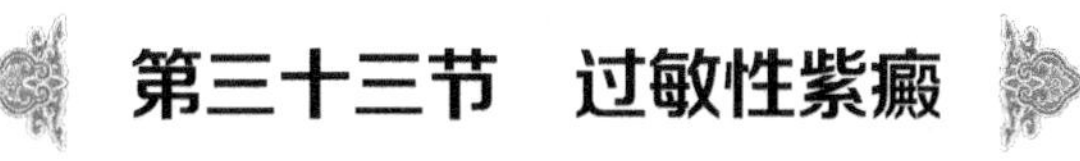

第三十三节　过敏性紫癜

过敏性紫癜（allergic purpura）又称为出血性毛细血管中毒症。属于一种变态反应性毛细血管炎。主要是机体对某些致敏物质发生变态反应，引起毛细血管通透性和脆性增高，致使皮肤、黏膜及内脏器官出血水肿。临床特点为皮肤紫癜，伴有腹痛、关节痛和/或肾脏病变等。本病以青少年及儿童为多见，男性多于女性，以春秋两季发病者居多。祛除病因是治愈本病的关键。肾脏受累的程度及其持续时间是本病的重要预后因素。

本病属于中医“血证”、“斑疹”、“紫癜风”范畴。

一、病因病机

本病的发生与体质密切相关。患者素禀不足，复因外感风热毒邪及饮食不当等因素而发病。其病机为风热毒邪侵淫腠理，深入营血，灼伤营阴；或素体阴虚血分伏热，又复感风热，风热与血热相搏，壅盛成毒，致使脉络受损，血溢脉外，离经之血即为瘀血，瘀血内阻，可表现为腹痛、关节及软组织肿痛。热毒或瘀血伤及肾脏，则可致肾脏病变而见血尿、蛋白尿等。久病不愈，失血过多则血虚，血为气之母，血亏日久则气血生化无源，终致气虚血少，血虚则脉络失养，气虚则统摄无权，而致出血，病情反复缠绵。

二、辨证论治

（一）辨证要点

本病以实证者居多，虚证者较少。风热毒邪是常见的病因，并且可使病情加重或导致疾病复发。病初多为热伤血脉，稍久则以瘀血阻络为多；经久不愈常耗气伤血，则见气血亏虚之见证，病邪深入到脏腑者病程较长。临床上可根据皮肤紫癜的颜色，审病因“热”、“瘀”或“虚”；根据伴随症状，察病性的“寒”、“热”、“虚”、“实”。

（二）治疗原则

去除病因是治愈本病的关键。本病发作时多因邪实，治疗重在祛邪解毒，故以祛风清热解毒、活血化瘀通络为主；久病或缓解期以本虚为主，当以益气养血，实卫固表之品以扶正，防其复感而发。

（三）辨证论治

1. 风热伤络证

【证候】　病程较短，紫癜色红或红紫，甚则融合成片，皮肤瘙痒或起风团，伴身热面赤，五心烦热，咽红肿痛，口渴，溲赤便干，尿血，舌质红或红绛，苔薄黄或黄腻，脉数。

【治法】　清热解毒，凉血祛风。

【方药】 银翘散合犀角地黄汤加减。金银花 15g，连翘 12g，板蓝根 15g，黄芩 12g，水牛角粉 10g，丹皮 12g，生地黄 15g，赤芍 12g，紫草 15g，大枣 10 枚，蝉蜕 10g。

加减：热盛烦躁，紫斑密集而广泛者，冲服紫雪丹 1 ～ 2 支以凉血解毒；皮疹严重加茜草 15g、仙鹤草 15g 以活血、凉血、收敛止血；鼻衄加藕节 12g、侧柏叶 12g 以清肺止血；尿血加大蓟 12g、白茅根 20g 以凉血止血。

【其他疗法】

（1）中成药

1）银黄口服液：口服，每次 10 ～ 20ml，每日 3 次。辛凉解表，清热解毒。主治热伤血络证兼咽红肿痛和热盛者。

2）防风通圣丸：口服，每次 6g，每日 2 ～ 3 次。解表通里，清热解毒。适用于热伤血络证兼发热恶寒、皮肤瘙痒、关节肿痛及大便干燥者。

（2）针灸治疗：针血海、足三里、曲池、内庭、太冲、风池、合谷，用泻法。针血海时，用 2 ～ 3 寸长的针，针尖斜向上刺，使针感到达臀部。

（3）饮食疗法：花生米煲大蒜：将花生米（连衣）100g，大蒜（去皮）100g 放入沙锅内煲熟食用。隔日 1 次，连食 5 次。

2. 瘀血阻络证

【证候】 病程较长，反复发作，紫斑色紫黯或紫红，关节痛及腹痛，皮肤粗糙，白睛见紫或紫红色血丝，咽干，舌体色黯或有瘀斑，舌苔白或薄黄，脉涩或弦。

【治法】 活血化瘀，解毒祛风。

【方药】 桃红四物汤加味。桃仁 6g，红花 9g，当归 9g，川芎 9g，赤芍 9g，生地黄 15g，丹参 12g，紫草 15g，大枣 10g，蒲公英 15g，黄芩 12g。

加减：关节痛加乳香 10g、没药 10g 以化瘀止痛；腹痛加玄胡索 12g、川楝子 10g 以理气活血止痛。

【其他疗法】

（1）中成药

1）景天三七糖浆：口服，每次 10 ～ 15ml，每日 3 次。

2）三七粉：口服，每次 1.5 ～ 3g，每日 2 次。

3）复方丹参片（滴丸）：口服，每次 3 片（滴丸每次 10 粒），每日 3 次。

（2）注射剂：复方丹参注射液：20ml 加入 5% ～ 10% 葡萄糖溶液 250 ～ 500ml 内静脉滴注，每日 1 次、15 ～ 20 天为 1 个疗程。

（3）针灸疗法

1）体针：针足三里、曲池、合谷、血海，用泻法。

2）耳针：取脾、内分泌、肾上腺、肺等穴位。

（4）饮食疗法：茜草水鱼汤：茜草 9g，仙鹤草 9g，水鱼（鳖）1 只，调料适量。将茜草、仙鹤草煎汤，去渣留汁，加入洗净之鱼，炖熟，加入调料，稍煮即可。每日分 2 次服食。

3. 气血两虚证

【证候】 紫癜反复，迁延不愈，紫癜隐约散在，色浅淡，劳累后加重，面色无华，神疲倦怠，心悸气短，腹胀便溏，食欲减退，舌淡红，薄白苔或少苔，脉虚大或沉细。

【治法】 补气养血，凉血解毒。

【方药】 八珍汤加味。党参 20g，白术 10g，茯苓 12g，炙甘草 6g，当归 10g，川芎 10g，生地黄 15g，赤芍 12g，紫草 15g，大枣 10g。

加减：蛋白尿明显加黄芪 20g、益母草 15g 以益气补肾；尿血重加女贞子 20g、旱莲草 20g 以滋阴补肾，凉血止血。

【其他疗法】

（1）中成药

1）八珍丸：口服，每次 1 丸，每日 6g。补气养血。

2）归脾丸：口服，每次 6g，每日 3 次。补益心脾，养血化斑。

（2）单方验方：大枣 4 份，藕节 1 份。将藕节水煮至黏胶状，再加入大枣同煮，每日食适量大枣。

（3）针灸治疗：针或灸足三里、三阴交、血海；腹痛者加针三阴交、太冲、内关；用泻法。

（4）饮食疗法

人参莲草粥：旱莲草 9g 煎汤去渣，入粳米 60g、白糖适量煮粥；人参 9g 另煎，加入粥中。每日分 2 次服食。

三、预防与调护

（1）慎起居：有重要脏器并发症者，应卧床休息，住院治疗。单纯皮肤型，可以户外活动，但不应日光曝晒，避免受凉、接触花粉、蚊虫叮咬。

（2）慎用药：患病期间尽可能避免使用有可能导致本病发生的药品，如生物制品、解热镇痛类以及易引起过敏反应的抗生素类药物等。

（3）节饮食：忌食动风助火的发物（如虾、蟹、猪头肉、公鸡肉、芫荽、葱、姜、巧克力、蚕豆）、辛辣酒酪等。宜食用清淡易消化的食物，如新鲜绿叶蔬菜、水果等。血热及阴虚患者，可辅以绿豆、百合、藕粉、莲子、西瓜、荸荠、梨等清热养阴，生津止血；但腹泻型病人不宜过食生冷、高纤维素、易产气的食物；肾炎水肿者应限制盐的摄入，每日食盐为 0.5 ~ 2.0g 即可。

（4）康复法：本病初愈，正气未复，瘀血尚留，应注意调畅情志，配合适当运动，如练太极拳、太极剑等以达到经脉气血流通，促进机体早日康复。

第二章 肿　瘤

 第一节　原发性支气管肺癌 

原发性支气管肺癌（primary bronchogenic carcinoma）简称肺癌（lung cancer），是指原发于支气管黏膜、腺体和肺泡上皮的恶性肿瘤，是呼吸系统最常见的恶性肿瘤。近年来，肺癌的发病率和病死率在各国均呈明显的上升趋势，在我国，肺癌现已占各种恶性肿瘤之首位。肺癌的临床表现主要为咳嗽、咯血或痰中带血、胸痛、胸闷、体重下降甚则出现淋巴结和其他脏器的转移，其病情进展快慢与细胞生物学特性有关。提高肺癌治疗效果和延长生存期的最好办法是早发现、早诊断、早治疗。

本病属于中医“咳嗽”“咯血”“胸痛”“痰饮”“肺积”“息贲”等病证范畴。

一、病因病机

迄今为止，肺癌的病因尚未完全明了。但根据患者的起病经过及临床表现，可知本病的发生与正气虚损和邪毒入侵有比较密切的关系。

中医学认为，肺癌的发生主要由于人体正气虚损、阴阳失调、六淫邪毒乘虚入侵于内或情志失调、饮食失节、不良嗜好、过于疲劳等导致脏腑功能失调、气血失和，从而导致肺脏受损。肺病则宣降失司，气机不利，血行受阻，津液失于输布，内聚为痰。痰浊凝滞，气滞血瘀，于是痰浊与瘀血相互胶结，日久形成肺部积块，故痰瘀互结于肺是肺癌的病理基础。痰瘀互结于肺，导致肺宣降失司，肺气上逆则咳嗽咯痰；痰阻气滞，气机不通则见胸痛；痰瘀化热，或外受邪毒之秽气羁留在肺，瘀毒热聚而成积块，邪热灼伤肺络，则见咯血。肺癌若失治，进一步发展则脏腑功能虚衰，气血生化无源，无力抗邪，则痰瘀毒邪乘虚流窜。流注于皮下，则见缺盆（锁骨上窝）结节；流着于骨，则成骨痹、骨痛；流于脑，则头痛目瞑，甚至呕吐；病变至此，已属晚期，预后更差。

总之，肺癌是因虚致病，因病致虚，虚实夹杂，为本虚标实之病，正气亏虚与痰瘀互结贯穿于肺癌早期到晚期整个病程。

二、辨证论治

（一）辨证要点

1. 辨证候虚实

肺癌局部病变属实为标，全身属虚为本，总属本虚标实之证，临床常表现为标本互见，虚实夹杂，辨证当分清虚实、标本缓急。肺癌早期以邪实为主，要分清痰、瘀、热（毒）证；中、晚期以正虚为主，要分清肺、脾、肾；多见阴虚热毒，气阴两虚，正虚邪实。

2. 辨咳嗽有痰无痰

若有痰是白泡痰还是黏稠痰抑或是黄脓痰。若咳嗽痰少或痰中带少许血丝，多为肺阴亏虚；咳嗽咯白泡沫痰多为脾虚痰湿；黏稠痰或黄脓痰为痰热或热毒蕴肺。辨痰中带血或咯血：应察看血之色泽和有无凝血块，若血色鲜红为肺热伤络；若伴有血块提示有气机阻滞，瘀血内结，血不循经，溢于脉外；若咯腥臭脓血痰甚则有血块，为痰瘀热毒壅结于肺。

（二）治疗原则

肺癌总的治疗原则是扶正祛邪。临证时应分清虚实，辨别盛衰（正气与邪气）。肺癌早期当以泻实攻邪为主兼顾扶正，具体治法有：化痰软坚散结、活血化瘀、清热解毒等；中晚期肺癌当扶正为主祛邪为辅，具体治法有益气养阴、补气养血、健脾补肺，补肾益气填精等。

临床用药注意以下两点：

（1）正虚贯穿于肺癌整个病程中，在治疗时应时时注意顾护正气，尤其是先后天之本，使正旺而能胜邪。

（2）注意辨证与辨病相结合，在辨证论治的基础上，根据肺癌的不同证型，选择有抗癌作用或具有提高机体免疫力的中药组方治疗，这样可提高临床疗效。

（三）分证论治

1. 气滞血瘀证

【证候】 咳嗽不畅，胸闷气憋，胸痛固定不移，痛如锥刺，或痰血暗红，便秘口干，口唇紫暗，舌质暗或有瘀点、瘀斑、瘀条等，舌苔薄，脉细弦或细涩。

【治法】 行气活血，化瘀散结。

【方药】 血府逐瘀汤加减。桃仁 10g，红花 10g，川芎 15g，赤芍 15g，川牛膝 15g，生地黄 15g，三棱 15g，延胡索 15g，枳壳 15g，甘草 5g，白花蛇舌草 30g。每日 1 剂，水煎 3 次，共取汁 450ml，分 3 次服用。

加减：胸痛明显者可配伍香附 15g，郁金 15g，香橼 15g 等理气通络，活血定痛；若反复咯血，血色暗红者可去桃仁、红花，加蒲黄炭 10g、三七粉 6g（另包冲服）、藕节 15g、仙鹤草 20g、茜草根 15g、地榆炭凉血活血，祛瘀止血；瘀久化热，耗伤气津，症见口干舌燥者，加北沙参 15g、天花粉 30g、玄参 15g、知母 15g 等益气养阴生津；若气血虚较重，症见食少、乏力、气短者，加人参 10g（单煎）或党参 20g、白术 15g、黄芪 30g 补气健脾。

【其他疗法】

（1）针灸治疗：肺癌患者咳嗽胸痛者，针定喘、风门、肺俞、列缺、合谷穴。用平补平泻法。放化疗后食欲不振、呕恶者，针内关、足三里、中脘、公孙、胃俞等穴。用平补平泻法。

（2）外治法：朱砂 7.5g，乳香 15g，没药 30g，上药碾碎后放入 500ml 米酒内，密闭浸泡 2 天，取少许澄清液备用。用棉签蘸药水涂于患者局部疼痛处，稍干后重复 3-4 次。

（3）中成药

1）参莲胶囊：主要成分为苦参、半枝莲、山豆根等，具有清热解毒、活血化瘀、软坚散结的功效。适用于气血瘀滞、热毒内阻而致的中晚期肺癌。用法：口服，每次 6 粒，每日 3 次。

2）复方斑蝥胶囊：主要成分为斑蝥、人参、黄芪、刺五加、三棱等，破血，消瘀，攻毒蚀疮。用于肺癌、肝癌、直肠癌、恶性淋巴瘤、妇科恶性肿瘤等。用法用量：口服，每次3粒，每日2次。

（4）注射剂

1）榄香烯注射液：主要成分为榄香烯乳，榄香烯属细胞毒类抗癌中药，本品合并放、化疗常规方案对肺癌、肝癌、食道癌、鼻咽癌、脑瘤、骨转移癌等恶性肿瘤可以增强疗效，降低放、化疗的毒副作用。并可用于介入、腔内化疗及癌性胸腹水的治疗。用法：每次0.2～0.6g，每日1次，静脉滴注，每2～3周为1个疗程。

2）鸦胆子油乳注射液：主要成份为精制鸦胆子油、精制豆磷脂、甘油，用于肺癌、肺癌脑转移及消化道肿瘤，用法：每次10～30ml，加生理盐水250ml，稀释后立即使用，静脉注射，每日1次。

（5）饮食疗法：百合50g，三七15g，兔肉200g，加水一起放入沙锅内煲熟食用。

2. 痰湿阻肺证

【证候】 刺激性咳嗽，咯痰，胸闷气憋或气喘，痰质黏稠，痰白或黄白相兼，痰中带血丝，胸闷痛，纳呆便溏，神疲乏力，舌质暗，苔白腻或黄腻，脉弦滑或滑数。

【治法】 行气祛痰，健脾燥湿。

【方药】 二陈汤合瓜蒌薤白半夏汤加减。法半夏10g，制南星10g，陈皮10g，茯苓15g，枳实10g，桔梗10g，瓜蒌壳15g，浙贝母10g，紫菀15g，竹茹10g，川芎15g，姜黄10g，水红花子15g，甘草5g。每日1剂，水煎3次，共取汁450ml，分3次服用。

加减：若见胸腔胀闷、喘咳较甚者（伴恶性胸水者）加葶苈子30g（包煎）、大枣15g以泻肺行水；痰郁化热，痰黄稠黏难出者，加海蛤壳15g、鱼腥草30g、金荞麦根30g、黄芩12g、黄连10g以清热化痰；若胸痛甚，且瘀象明显者，加莪术15g、郁金15g、延胡索15g以化瘀止痛；神疲、纳呆者，加党参30g、白术15g、鸡内金10g、焦三仙各15g以健脾开胃。

【其他疗法】

（1）针灸治疗：患者咳嗽胸痛者，针定喘、风门、肺俞、列缺、合谷穴，用平补平泻法。

（2）外治法：大黄3g，大戟3g，冰片5g，三七5g，血竭3g，山慈姑5g，莪术3g，麝香0.3g，黑膏药肉50g，用法：将前8味余药物共研为细末，调入已熔化的黑膏药肉内，均匀涂摊在无毒塑料薄膜上，厚约0.5cm，将膏药贴在肿瘤所在位置的体表，并可加温，以助药力迅速经皮肤透入体内。每天2小时，7天更换药膏一次，适用于肺癌伴有胸腔积液者。

（3）中成药

1）西黄丸：主要成分为牛黄、人工麝香、乳香、没药，有清热解毒、消肿散结之功能，适合用于各期癌肿。口服，每次3～5g，每日2次。

2）平消片：主要成分为郁金、仙鹤草、五灵脂、白矾、硝石、干漆、麸炒枳壳、马钱子，有活血化瘀、解毒止痛、散结消肿之功效，适用于中晚期肿瘤。口服，每次4～8片，每日3次。

3）复方红豆杉胶囊：主要成份为红豆杉树皮、红参、甘草、二氧化硅，功效：去邪散结，用于气虚痰瘀所致的中晚期肺癌化疗的辅助治疗。口服，一次2粒，一日3次，21天为一疗程。

（4）注射剂

1）华蟾素注射液：主要成分为华蟾素，具有解毒消肿止痛之功效，适用于中晚期肿瘤、慢性乙肝，用法：每次10～20ml，用5%葡萄糖溶液稀释500ml混匀后缓慢静滴，用药7天，休息 1 ~ 2 天。

2）榄香烯注射液：见本节“气滞血瘀证”。

3）艾迪注射液：主要成分为斑蝥、人参、黄芪、刺五加，辅料为甘油，具有清热解毒、消瘀散结等功能；用法：每次 50 ~ 100ml，加入 0.9% 氯化钠注射液或 5% ~ 10% 葡萄糖注射液 400 ~ 450ml 中静脉滴注，每日 1 次。

（5）饮食疗法

1）生薏苡仁 100g，大米 100g，加冷水放入沙锅内煲熟食用。

2）鲜葫芦一个，捣碎，绞取汁液，每次 100ml，加人适量蜂蜜调服，每日 2 ~ 3 次。对肺癌 伴胸水者有一定疗效。

3. 阴虚热毒证

【证候】 咳嗽无痰或痰少而黏，或痰中带血，甚则咯血量多难止，伴气急胸痛，心烦寐差，低热盗汗，或高热不退，口渴，大便干结，小便黄，舌质红苔黄而干，脉细数或数大无力。

【治法】 养阴清热，解毒散结。

【方药】 沙参麦冬汤合五味消毒饮加减。北沙参 20g，玉竹 15g，麦冬 15g，冬桑叶 12g，天花粉 15g，金银花 15g，野菊花 15g，蒲公英 30g，紫花地丁 30g，紫背天葵 30g，半枝莲 30g，黄连 10g，甘草 3g。每日 1 剂，水煎 3 次，共取汁 450ml，分 3 次服用。

加减：若见咯血量多不止，可选加白及 15g、仙鹤草 30g，茜草根 15g，三七粉 10g（另包冲服）或云南白药 lg 冲服以凉血收敛止血；低热盗汗，加地骨皮 15g，胡黄连 10g，白薇 15g 养阴清热敛汗，大便干结，加瓜蒌子 15g，火麻仁（打烂）30g，生大黄 10g 以泻热通便。

【其他疗法】

（1）针灸治疗：针刺肺俞，心俞，尺泽，曲池，丰隆穴。用泻法。

（2）中成药

1）西黄丸：见本节“痰湿阻肺证”。

2）复方斑蝥胶囊：见本节“气滞血瘀证”。

3）回生口服液：主要成份为鳖甲胶、大黄、桃仁等 35 味中药精制而成，有活血化瘀、止痛散结之功效，用于原发性肺癌、肝癌。口服，每次 10ml，每日 2 次，45 天为一疗程。

（3）注射剂

1）鸦胆子油乳注射液：见本节“气滞血瘀证”。

2）华蟾素注射液：见本节“痰湿阻肺证”。

3）若咳嗽，高热不退者，用清开灵注射液 20 ~ 40ml，加入 0.9% 生理盐水或 5% 葡萄糖溶液 250ml 中静脉滴注，每日 1 次。

（4）饮食疗法：莲米烫大蒜：将莲米 100g，大蒜（去皮）100g 放入沙锅内烫熟食用。每日 3 次，连食 5 ~ 7 天。

4. 气阴两虚证

【证候】 肺癌日久，咳嗽痰少，或痰稀，咳声低弱，气短喘促，神疲乏力，微恶风寒，自汗或盗汗，或胸背隐痛，口干少饮，舌红或淡，少苔，脉细弱。

【治法】 益气养阴。

【方药】 生脉散合百合固金汤加减。西洋参 10g（单煎），麦门冬 15g，五味子 10g，生地黄 15g，熟地黄 15g，玄参 15g，当归 10g，百合 15g，白芍 15g，黄芪 30g，桔梗 12g，甘草 3g。每日 1 剂，水煎 3 次，共取汁 450ml，分 3 次服用。

加减：气虚症状明显者，加重生黄芪可用 60 ～ 100g，另加太子参 30g，白术 15g 等益气补肺健脾；咯痰不爽，痰少者，加川贝母粉 5g（另包冲服），百部 15g，苦杏仁 10g 利肺化痰止咳。若肺肾同病，阴损及阳，出现以阳气虚衰为突出临床表现时，选用右归丸温补肾阳或加仙茅，巴戟天，补骨脂，肉苁蓉，菟丝子各 15g 以温补脾肾。

【其他疗法】

（1）针灸治疗：针刺肺俞，尺泽，膏肓，足三里，曲池，大椎等穴。用平补平泻法。

（2）中成药

1）康力欣胶囊：主要成分为为阿魏、九香虫、大黄、姜黄、诃子、木香、丁香、冬虫夏草。功效：扶正祛邪，软坚散结。一次 2 ～ 3 粒，一日 3 次。

2）参一胶囊：主要成份为人参皂苷 Rg3，具有培元固本、补益气血之功能，适用于晚期肺癌、肝癌。空腹口服，一次 2 粒，一日 2 次，8 周为一疗程。

（3）注射剂

1）参芪扶正注射液：主要成分为党参、黄芪；辅料为氯化钠、焦亚硫酸钠、依地酸二钠。功效：益气扶正。用于肺脾气虚引起的神疲乏力，少气懒言，自汗眩晕；肺癌、胃癌见上述证候者的辅助治疗。用法：静脉滴注。一次 250ml，一日 1 次，疗程 21 天；与化疗合用，在化疗前 3 天开始使用，疗程可与化疗同步结束。

2）艾迪注射液：内容见本节“痰湿阻肺证”。

3）康莱特注射液：主要成分为薏苡仁油，具有益气养阴、消癥散结之功效，适用于不宜手术的气阴两虚、脾虚湿困型原发性非小细胞肺癌及原发性肝癌。用法：每次 100 ～ 200ml，静脉滴注，每日 1 次，21 天为一个疗程。

4）康艾注射液：主要成分为黄芪、人参、苦参素。功效：益气扶正，增强机体免疫功能。用于原发性肝癌、肺癌、直肠癌、恶性淋巴瘤、妇科恶性肿瘤；各种原因引起的白细胞低下及减少症。慢性乙型肝炎的治疗。用法：缓慢静脉注射或滴注；一日 1 ～ 2 次，每日 40 ～ 60ml，用 5% 葡萄糖或 0.9% 生理盐水 250 ～ 500ml 稀释后使用。

（4）饮食疗法

1）百合 50g，麦冬 30g，大米 100g，煮粥食用。适用于肺癌干咳、咯血、心中烦热者。

2）胡萝卜 120g，大红枣 15 枚，煎水口服。适用于肺癌放化疗后体虚贫血者。

三、预防与调护

积极开展肺癌防治的科普宣传，尽量减少或避免吸入致癌物质的空气或粉尘，戒除烟酒等不良生活习惯，进行重点人群的筛查，切实做到早期发现，早期诊断，早期治疗。

治疗期间应注意休息，不宜过多活动，应注意改善生活起居，改善居住环境，保持室内空气流通新鲜。

饮食调理治疗期间忌食辛辣刺激食物，不宜过食生冷。宜食用清淡易消化的食物，如新鲜绿叶蔬菜、水果等。对于手术后或放化疗期间的患者，其脏腑阴阳气血均有受损，尤其应重视饮食的调理。可配合药膳治疗，增强营养，增强患者体力，以起到辅助抗癌的作用。

康复期调理本病在手术后，或放化疗后，气血损伤较重，正气未复，应注意调畅情志，配合适当运动，如练太极拳或气功，以使经脉气血流通，促进机体康复。

第二节 胃 癌

胃癌（gastric cancer）是指发生在胃黏膜上皮组织的恶性肿瘤。其发病部位包括贲门、胃体和幽门。胃癌是最常见的恶性肿瘤之一，其发病率仅次于肺癌而居恶性肿瘤第二位。其发病特点是起病隐匿，大多数胃癌患者早期无明显症状，常易漏诊；中晚期出现中上腹疼痛、消瘦、乏力、消化道出血、穿孔、幽门梗阻及癌肿转移所引起的相应症状。

胃癌属于中医学中“胃脘痛”“伏梁”“积聚”“噎膈”及“胃反”等病证范畴。

一、病因病机

胃癌的病因病机，中医认为多因正气内虚，情志所伤，忧思郁怒日久，导致肝失疏泄，胃失和降；或饮食失节，或食人不洁饮食，久病损伤脾胃，运化失职，痰湿内生，阻滞气机，气滞血瘀痰凝，交结于胃，积聚成块而发为本病。痰湿气郁胶结日久，郁久化热，灼伤胃络，或瘀血阻滞胃络，血不归经，可导致便血呕血；痰热瘀毒留恋日久，则致胃阴亏损。病到中晚期，脾胃虚损，气血生化乏源，气血更虚，痰瘀毒邪更难祛除，并流窜转移它处，使阴阳俱损，五脏皆衰，病至不治。

二、辨证论治

（一）辨证要点

1. 辨标本虚实

胃癌属于本虚标实之证，虚是脾胃气虚，胃阴不足；实则为气滞，痰瘀毒聚；病变早期以邪实为主，病情进展表现为气滞，痰瘀毒聚；病至晚期则以虚为主，以气血两虚多见，亦可见脾肾阳虚或阴阳两虚之证。

2. 辨舌脉

舌诊在胃癌的辨证中尤应重视，因舌苔乃胃气所附。舌苔白腻，口黏而甘，乃湿邪为患；苔厚口臭，为内有食积不化，中焦有热；苔花剥提示胃阴已伤；舌有裂纹亦示胃阴受损；舌质淡白，脉弱为脾胃虚弱或气血两亏之征；舌淡胖、有齿痕，脉迟为脾胃阳虚、中焦虚寒之象；舌淡暗有瘀斑或瘀点示血虚挟瘀。

（二）治疗原则

胃癌应以补虚攻邪，标本兼治为基本治则。胃癌初起，正气未虚，以祛邪为主，治宜理气宽中、化痰消瘀，降逆和胃抗癌；病至中期，正气已虚而邪气较甚，正不抗邪者，治宜攻补兼施，扶正与抗癌同用；病至晚期，以正气虚，气血不足，脾肾亏损为主，治宜扶正为主，补益脾肾，培补气血生化之源，使气血津液渐复，提高机体的抗病能力，达到扶正祛邪的目的。

（三）分证论治

1. 肝胃不和证

【证候】 胃脘胀满，疼痛时作，牵及两胁，嗳气吞酸，或进食发噎，或呕吐反胃，舌淡苔薄白或薄黄，脉弦。

【治法】 疏肝和胃，降逆止痛。

【方药】 柴胡疏肝散加减。柴胡 10g，枳实 15g，白芍 15g，当归 10g，法半夏 10g，生姜 10g，川芎 15g，佛手 10g，八月扎 15g，半枝莲 20g。每日 1 剂，水煎 3 次，共取汁 450ml，分 3 次服用。

加减：若口苦口干明显，胃脘胀痛伴灼热感，属肝胃郁热，去当归、柴胡、生姜，酌加吴茱萸 3g，黄连 10g，木香 10g，川楝子 15g 以清泄肝胃之热；若吞酸嗳腐，矢气臭秽，乃胃有停食，酌加山楂 15g，神曲 15g，连翘 10g，莱菔子 15g（打碎），槟榔片 10g，以消食化积导滞；大便干结不通者，加火麻仁 30g（打碎），郁李仁 15g（打碎），或生大黄 10g（后下）以通便泻热。

【其他疗法】

（1）针灸治疗：足三里，曲池，气海，章门，用平补平泻法，适应中、晚期胃癌。

（2）外治法：止痛抗癌膏：三棱、蚤休、延胡索、黄药子各 10g，芦根 20g，川乌 6g，冰片 8g，紫皮大蒜 100g，麝香适量，大蒜取汁，余药研为细粉过 100 目筛，用大蒜汁将药粉调成膏剂贴于痛点，隔日 2 贴，适用于胃癌疼痛。

（3）中成药

1）复方天仙胶囊：每粒 0.25g，每次 2 ~ 3 粒，每日 3 次，1 个月为 1 疗程。间隔 1 周后，可继续服用。适用于各期胃癌，若配合放疗、化疗则效果更好。

2）木香顺气丸：每次 6g。每 3 次，适用于胃癌反胃呕吐，大便秘结不通者。

3）增生平片：主要成分有山豆根、拳参、北败酱、夏枯草、白鲜皮、黄药子。功效：清热解毒、化瘀散结。适用于食管和贲门上皮增生、具有呃逆，进食吞咽不利，口干、口苦、咽痛、便干舌暗、脉弦滑者热瘀内结表现者。服用方法：口服。一次 8 片，一日 2 次。疗程 6 个月，或遵医嘱。

（4）注射剂

1）消癌平注射液：主要成分为通关藤，功效：清热解毒、化痰软坚，适用于食道癌、胃癌、肺癌、肝癌。可配合放疗、化疗的辅助治疗。用法：肌内注射一次 2 ~ 4ml，一日 1 ~ 2 次；静脉滴注：5% 或 10% 葡萄糖注射液稀释后滴注，一次 20 ~ 100ml，一日 1 次。

2）鸦胆子油乳注射液：见本章第一节“气滞血瘀证”。

（5）饮食疗法

1）陈皮 10g，乌贼骨 15g，猪瘦肉 50g，粳米 50g。陈皮、乌贼骨与粳米煮粥，熟后去陈皮及乌贼骨加人瘦肉片再煮，放入食盐少许调味食用。

2）莱菔子 15 ~ 30g，粳米适量。炒莱菔子与粳米共煮成粥后食用。适用于胃癌腹胀明显者。

2. 脾胃虚寒证

【证候】 胃脘隐痛，喜温喜按，进食生冷胃痛加剧，进热食则舒或痛减，时呕清水，大便稀溏，或朝食暮吐，暮食朝吐，面色少华，神疲乏力，四肢发凉，舌淡胖有齿痕，苔白滑润，脉沉细或沉缓。

【治法】 温中散寒，健脾和胃。

【方药】 附子理中汤加味。附片10g（先煎），干姜10g，党参15g，白术10g，茯苓、枳实各10g，薏苡仁30g，砂仁6g（后下），莪术10g，鸦胆子3g，龙葵15g，木香10g，甘草3g。每日1剂，水煎3次，共取汁450ml，分3次服用。

加减：气短、乏力甚者，加黄芪30～60g，党参换为红参10g（另煎）健脾益气扶正；若呕吐明显者，加生姜10g，藿香15g，和胃止呕；胃痛甚者，加五灵脂10g，高良姜10g，三棱10g，温中止痛；便溏泄泻，加山药、芡实各20g，补骨脂、肉豆蔻各15g，温中止泻。

【其他疗法】

（1）针灸治疗

1）穴位：足三里，曲池，气海，章门，针刺，得气后用平补平泻法，适用于中、晚期胃癌，

2）穴位：大椎，身柱；神道，灵台；八椎旁夹脊；脾俞，胃俞，足三里。方法：化脓灸，每次灸1组穴，每穴灸7～9壮，隔日灸1次，每次灸毕，用灸疮膏贴于灸穴上，使之化脓。

（2）外治法：蟾酥膏：由蟾酥、生川乌、两面针、丁香、肉桂、细辛、红花等药制成橡皮药膏，贴于癌性疼痛处，24小时换药1次，7天为1个疗程。适用于胃癌等癌症疼痛。

（3）中成药

1）复方天仙胶囊：见本节“肝胃不和证”。

2）增生平片：见本节“肝胃不和证”。

（4）注射剂：康莱特注射液：见本章第一节“气阴两虚证”。

（5）饮食疗法

1）黄花鱼1条（约250g），荜茇3g，砂仁3g，陈皮3g，胡椒3g。黄花鱼去鳞、鳃及内脏，洗净，将荜茇，砂仁，陈皮，胡椒捣碎，加水煮汁；黄花鱼入油稍炸，加葱、姜、盐少许，再加人去渣的上药汁炖熟，佐餐用。早、晚餐各1次。黄花鱼的鱼鳔、鱼头内的鱼脑石均为名贵药材，可一同炖服，适用于胃癌、肠癌等。

2）芡实30g，淮山药30g，茯苓30g，白术30g，莲肉30g，薏苡仁30g，白扁豆30g，人参80g，米粉500g。上药加工成粉末与米粉和匀，开水调服，加糖调味。每次6g，每日2～3次，亦可做糕点食用。适用于胃癌腹泻甚者。

3）橘子皮15g，红枣3枚。用法：红枣去核与橘子皮共煎水后饮服。适用于胃癌虚寒呕吐者。

3. 胃阴不足证

【证候】 胃脘灼热隐痛，嘈杂吞酸，食后痛甚，五心烦热，大便干结，舌苔糙或花剥苔、无苔、舌质红绛，脉细数。

【治法】 养阴清热，和胃润燥。

【方药】 麦门冬汤加减。麦门冬、玉竹、北沙参、生地黄各15g，知母10g、石斛15g、白花蛇舌草20g、白芍15g、甘草3g。每日1剂，水煎3次，共取汁450ml，分3次服用。

加减：胃痛腹胀，气血不和者，加木香10g，王不留行、延胡索各15g，行气活血除胀；呕吐痰涎，兼痰气上逆者，去知母，加法半夏12g，黄连6g祛痰降逆止呕；大便干结，加火麻仁30g（打烂），生大黄10g（后下）润肠泻下通便。

【其他疗法】

（1）针灸治疗：华佗夹脊穴胸11、胸12。滴水不入者加金津、玉液、天突；高热者加曲池、

外关；吐血者，加血海、膈俞、尺泽。用平补平泻针法，得气后留针30分钟，10次为1个疗程。

（2）外治法：五倍子2 ~ 3g。用法：将五倍子研细末，敷脐中，外贴伤湿止痛膏固定，24小时换药1次，一般连用2天，适用于胃癌盗汗甚者。

（3）中成药：复方天仙胶囊：见本节“肝胃不和证”。

（4）注射剂：康莱特注射液：见本章第一节“气阴两虚证”。

（5）饮食疗法

1）火麻仁20g，粳米80g。两者煮粥食用。适用于胃癌大便干燥、便秘者。

2）芝麻6g，粳米30g，蜂蜜适量。芝麻炒香后，待粳米煮粥即将熟时加入，再加蜂蜜调匀即可食。适用于胃癌便秘者。

4. 瘀血内阻证

【证候】 胃脘疼痛剧烈或向后背放射，上腹肿块，肌肤甲错，舌质紫暗或见瘀斑、瘀点，脉弦涩。

【治法】 理气活血、软坚消积。

【方药】 桃红四物汤合失笑散加减。桃仁10g，红花10g，乌药10g，延胡索15g，川芎15g，生地黄12g，五灵脂10g，生蒲黄10g，露蜂房10g，莪术10g，白芍30g，九香虫10g，乳香10g，鳖甲15g，甘草3g。每日1剂，水煎3次，共取汁450ml，分3次服用。

加减：服上方后神疲乏力加重者，去莪术、乳香，加黄芪30g、党参30g、白术15g，益气健脾；服药后恶心纳减者，加神曲10g，藿香15g，广木香10g醒脾除湿、助消化。

【其他疗法】

（1）针灸治疗：针刺止痛。主穴：下脘、中脘、胃俞、脾俞、关元、膈俞、三阴交、足三里。配穴：丰隆、公孙、肾俞。针刺方法：平补平泻法，留针30分钟。

（2）外治法：黄硝膏。生大黄30g，芒硝30g，冰片30g，丹参30g，土鳖虫30g，桃仁30g，王不留行30g，麻黄30g，防风30g，樟丹250g，花生油600g。上药熬膏摊于白布上，面积10cm × 5cm，用时敷于肿块处。适用于胃癌晚期。

（3）中成药

1）参莲胶囊：见本章第一节“气滞血瘀证”。

2）平消片：见本章第一节“痰湿阻肺证”。

（4）注射剂：鸦胆子油乳剂注射液：见本章第一节“气滞血瘀证”。

（5）饮食疗法

1）大山楂（连核）15g，三七3g，粳米50g，蜂蜜适量。用法：粳米洗净，与山楂、三七同置于锅内，加清水适量，煮成稠粥，离火时加入蜂蜜即可食用。作早、晚餐，15天为1个疗程。适用于胃癌兼有瘀血者。

2）香附9g，猴头菇30g。用法：香附洗净煎汤，去渣后，取汤液加入猴头菇煮熟，放入油、盐少许调味。喝汤吃猴头菇，每日1剂，分次服完。适用于胃癌见免疫功能低下者。

5. 气血两虚证

【证候】 胃癌日久，面色苍白无华，神疲乏力，少气懒言，舌淡边有齿痕，脉沉细无力或虚大无力。

【治法】 益气养血。

【方药】 八珍汤加减。红参10g（另煎），白术15g，黄芪30g，茯苓15g，熟地黄

15g，白芍 15g，当归 10g，女贞子 15g，阿胶 10g（烊化），大枣 15g，炙甘草 6g。每日 1 剂，水煎 3 次，共取汁 450ml，分 3 次服用。

加减：服药后脘腹发胀，去熟地黄、阿胶，黄芪减量，加法半夏 12g，砂仁 6g（后下），陈皮 10g，以和胃消胀；服药后咽干、烦热，为阴血虚兼有虚热，加知母 12g，鳖甲 15g（先煎），玄参 15g，以生地黄代熟地黄，滋阴清虚热；若畏寒肢冷，腹泻，小便清长，为脾肾阳虚，加肉桂 6g，制附子 10g（先煎），温肾助阳；脾虚水停，面浮肢肿，加猪苓 30g，泽泻 20g，生姜皮 9g，黄芪加量至 50g，温阳化水行水。可结合辨病与辨证加入龙葵、农吉利、半枝莲、山慈菇等，以增强抗癌效果。

【其他疗法】

（1）针灸治疗：足三里，三阴交，阴陵泉，血海，内关，气海，关元；方法：足三里、三阴交，阴陵泉、血海均用平补平泻法，气海、关元用捻转补法，留针 30 分钟，每日治疗 1 次。

（2）外治法：止痛抗癌膏。三七、蚤休、延胡索、黄药子各 10g，芦根 20g，川乌 6g，冰片 8g，紫皮大蒜 100g，麝香适量，大蒜取汁，余药研为细粉过 100 目筛，用大蒜汁将药粉调成膏剂贴于病痛点，或经络压痛部位，隔日 2 贴。适用于胃癌疼痛者。

（3）中成药：复方天仙胶囊：见本节“肝胃不和证”。

（4）注射剂：艾迪注射液：见章第一节“痰瘀阻肺证”。

（5）饮食疗法

1）猴头菇 100g，兔肉 250g。猴头菇水浸 15 分钟，切薄片；兔肉洗净切片。起锅人香油烧热，入葱段、姜丝炸香，放人兔肉炒片刻，加清水，文火煮至兔肉将熟，加猴头菇文火炖熟，加调料调味。每日 1 剂。10 ~ 15 天为 1 个疗程。适用于各期胃癌。

2）生花生（连红衣）250g，大枣 15 枚，桂圆肉 10g，大枣去核，与花生、桂圆肉一起，加水煮食。每日 1 次。适用于胃癌贫血者。

三、预防与调护

1. 预防

应避免进食粗糙、坚硬、难消化食物，少吃或不吃盐腌食物，不吃霉烂变质食物；少吃烟熏、油炸食物；少吃烫食；多吃水果、新鲜蔬菜，多饮牛奶，经常饮绿茶；要改变和纠正不良的饮食生活习惯。防治胃癌癌前病变：要积极防治慢性萎缩性胃炎、肠上皮化生、胃溃疡等疾病；针对胃息肉、术后残胃、恶性贫血等患者应做好定期复查工作。

2. 调护

（1）生活调理：患者生活起居有节，注意劳逸结合，顺应四时气候的变化。

（2）饮食调理

1）手术后饮食：应进食高蛋白、高脂肪、低碳水化合物的食物，做到少量多餐，进餐时避免饮用流质等液体食物。餐后最好能平卧 30 分钟。

2）放化疗时饮食：放化疗常引起恶心、呕吐、食欲下降、腹胀腹泻等胃肠道反应。在化疗期间，进餐次数要比平时多一些，可进食易消化，含有丰富蛋白质、维生素和充足热能之食物。患者可经常食用下列食品：淮山药、百合、桂圆、莲子、木耳、香菇、淮山药、薏苡仁、藕、豆类食物、莲子、冰糖、蜂蜜、绿豆、鸭、甲鱼、蚌肉、牛乳、大枣、糯米、大蒜等。

第三节 大 肠 癌

大肠癌（large intestine cancer）是指来自于大肠黏膜上皮的恶性肿瘤，包括结肠癌、直肠癌和肛管癌，是常见的消化道恶性肿瘤之一。临床上以大便带血或黏液脓血便，大便性状或习惯发生改变，腹痛，腹部包块等为主要表现。根据发病部位不同，临床表现常具有特殊性。

大肠癌属于中医学“积聚”“肠风”“肠覃”“脏毒”“锁肛痔”“下痢”“积聚”“癥瘕”“伏梁”“便血”等病证范畴。

一、病因病机

大肠癌的发病主要是机体阴阳失调，正气不足，外邪入侵，伤于情志。其病因一是由于六淫外侵，或七情内伤，或寒温失调，或久卧湿地，寒气客于脉外，或饮食不节，嗜食醇酒厚腻，湿热内生，郁久成毒，湿热毒邪蕴于大肠，日久结为癌肿；二是由于素体正虚，脾虚胃弱，运化失司，水湿内停，郁久则为湿热，郁阻肠道，气滞血瘀，日久结为癌肿。

总之，大肠癌的发病，主要因六淫外侵，饮食不节，湿热内生，情志抑郁，损伤脾胃，气机逆乱，气血瘀滞，水湿痰浊瘀毒，蕴结于肠，日久成瘤。是本虚标实之证，始以脾胃亏虚为主，久则肾虚、气血虚损，标实以湿、热、瘀、毒为主。

二、辨证论治

（一）辨证要点

1. 辨标本虚实

中医认为大肠癌属本虚标实之证。其早期多以气滞、血瘀、湿热、瘀毒等邪实为主，中期则虚实互见，晚期以脏腑气血亏虚为主，以气血两虚、脾肾虚损多见。

2. 辨部位

不同部位的大肠癌其临床表现各有特点，左半结肠癌以排便习惯改变，甚至肠梗阻为主要表现；右半结肠癌则以腹痛，腹部包块为主；肛管、直肠癌以便血，里急后重，大便习惯及性状改变为主。

3. 辨舌脉

结肠癌患者多见舌体胖大，舌质淡或淡暗，脉沉细或细滑等脾虚气弱之象；肛管、直肠癌患者舌质多见偏红或暗，脉弦滑或细滑等有热或瘀血之象。舌苔白腻，乃内有湿邪为患；舌有裂纹，舌苔花剥提示胃阴肾阴受损；舌质淡白、脉弱为脾胃虚弱或气血两虚之征；舌淡暗有瘀斑或瘀点提示气虚夹瘀。

（二）治疗原则

大肠癌属“本虚标实”之证，故应以扶正祛邪，标本兼治为基本治则。大肠癌早期，正气未虚，祛邪为主，以清热利湿，理气活血，解毒化瘀配合中药抗癌；病至中期，正气已虚而邪气亦较甚，治宜攻补兼施，扶正与抗癌同用；病至晚期，正气已虚，以气血不足，脾肾亏损为主，治宜扶正为主，重在温补脾肾，补益气血，以达到扶正祛邪、延长生存期的目的。

（三）分证论治

1. 湿热内蕴证

【证候】 小腹阵痛，下痢赤白或见脓血，里急后重，肛门灼热，口渴，舌红，苔黄腻，脉滑数。

【治法】 清热利湿，解毒。

【方药】 白头翁汤加减。白头翁30g，秦皮15g，败酱草30g，马齿苋30g，槐花9g，地榆15g，黄连10g，黄柏9g，薏苡仁30g，土茯苓15g，木香10g。每日1剂，水煎3次，共取汁450ml，分3次服用。

加减：痛引两胁者，加柴胡12g，郁金12g，以疏肝理气止痛；便血多者，加地榆炭20g，三七粉6g（冲服）以活血止血；大便干结者加生大黄10g（后下），芒硝10g（冲服）泻下热结；里急后重明显者，加广木香10g，白芍15g理气行滞；身热、口渴者加生地黄15g，牡丹皮15g，赤芍15g清热凉血；小便短赤加车前草15g，金钱草30g清热利尿。

【其他疗法】

（1）针灸治疗：天枢，曲池，足三里。方法：用平补平泻法，即以左手食指按穴，右手持针速刺进针，用等速匀力提插或捻转得气后，留针15～20分钟，每日或隔日1次。便脓血时加用小肠俞、大肠俞、肘尖穴。

（2）外治法

1）苦参30g，白头翁30g，五倍子30g，枯矾20g，败酱草30g，黄柏15g，白鲜皮15g，蛇床子15g。用法加水3000ml，煎至1500ml，温浴，或先熏后洗，每日2～3次。

2）生大黄15g，黄柏15g，紫花地丁30g，蒲公英30g，金银花15g，红花10g，苦参20g，将上方药物加水1000ml，煎至300ml左右。待药液温度在37℃左右时，从肛门插入灌肠导管约20～30cm深，注药后保留药液2～3小时。每日2次。

（3）中成药

1）增生平片：见本章第二节“肝胃不和证”。

2）消瘤片：由乌梢蛇、蜈蚣、全蝎、生薏苡仁、制硼砂、皂角刺、瓜蒌组成。每片0.5g，每次2g，每日3次。适用于大肠癌，体质壮者。

3）鸦胆子油软胶囊：成分鸦胆子油、豆磷脂，每次4粒，每日2～3次。

（4）注射剂

1）华蟾素注射液：见本章第一节“痰湿阻肺证”。

2）鸦胆子油乳注射液：见本章第一节“气滞血瘀证”。

3）复方苦参注射液：肌肉注射，一次2～4ml，一日2次；或静脉滴注，一次12ml，用氯化钠注射液200ml稀释后应用。具有清热利湿、凉血解毒、散结止痛之功效。

4）艾迪注射液：见本章第一节“痰湿阻肺证”。

（5）饮食疗法

1）马齿苋绿豆汤：新鲜马齿苋120g（或干品60g），绿豆60g。将上述原料加水适量，煎煮取汁 500ml，每日 1 ～ 2 次，连服 2 ～ 3 周；适用于湿热蕴结型肠癌，脾虚泄泻者不宜。

2）赤小豆薏米粥：赤小豆 50g，生薏苡仁 50g 浸透。以文火煮烂，加大米共煮成粥，加糖服食。具有清热利水，散血解毒的功效。适用于湿热蕴结型肠癌患者，可连服 10 ～ 15 天。

2. 瘀毒内结证

【证候】 腹胀腹痛或腹部包块，便血或大便色紫暗量多，或腹泻与便秘交替出现，里急后重，口渴，舌质紫暗或瘀斑，瘀点，脉弦涩或细涩。

【治法】 活血化瘀、解毒散结。

【方药】 桃红四物汤合五味消毒饮加减。桃仁 9g，红花 6g，生地黄 15g，当归尾 9g，赤芍 15g，龙葵 15g，蒲公英 20g，紫花地丁 30g，山慈菇 10g，皂角刺 15g，半枝莲 30g，白花蛇舌草 30g。每日 1 剂，水煎 3 次，共取汁 450ml，分 3 次服用。

加减：大便不通者加生大黄 10g（后下），芒硝 10g（冲服）以清热泻下，解毒活血；腹胀，腹痛窜痛者，加青皮 12g，沉香 10 g，枳实 15g，王不留行 15g 以行气止痛。

【其他疗法】

（1）针灸治疗：天枢，曲池，足三里。加减：便脓血者，加大肠俞、小肠俞、二白、肘尖穴。针刺方法：用平补平泻法，留针 15 ～ 20 分钟，每日或隔日 1 次。

（2）外治法：

1）乳香 10g，没药 10g，红花 6g，赤芍 12g，桃仁 12g，生香附 12g，乌药 12g，阿魏 4.5g。用法：上药共研细末，以蜂蜜调成糊状，外敷痛处，用纱布固定，24 小时换药 1 次。适用于晚期大肠癌腹部剧痛者。

2）黄柏 15g，黄连 10g，紫草 30g，虎杖 30g，藤梨根 30g，苦参 15g，乌梅 15g。用法：上药加水浓煎成 300ml。每次 150ml，每日 1 ～ 2 次，保留灌肠（药液保留 2 ～ 3 小时）。

（3）中成药

1）平消片：见本章第一节“痰湿阻肺证”。

2）复方斑蝥胶囊：见本章第一节“气滞血瘀证”。

3）康力欣胶囊：见本章第一节“气阴两虚证”。

（4）注射剂

1）鸦胆子油乳注射液：见本章第一节“气滞血瘀证”。

若大便脓血，里急后重伴发热者，用清开灵注射液 20 ～ 40ml 加入 0.9% 生理盐水或 5% 葡萄糖溶液 250ml 中静脉滴注，每日 1 次。

2）复方苦参注射液：见本节“湿热内蕴证”。

3）艾迪注射液：见本章第一节“痰湿阻肺证”。

（5）饮食疗法

1）桃花粥：鲜桃花瓣与粳米，煮稀粥，隔日 1 次，连服 7 ～ 14 天。功效利水活血通便，此方适用于肠癌燥热便秘者，便通即停止服用，不可久服。

2）佛手柑粥：佛手柑 15g，粳米 100g，冰糖适量。佛手煎汤备用，粳米加水适量煮为粥。煮成粥后人佛手汁及冰糖微煮沸即可食用，每日 1 次，连服 10 ～ 15 天。用于治疗本证有腹胀症状者。

3. 脾肾阳虚证

【证候】 形寒肢冷，少气无力，腹部胀满，腹痛隐隐，纳差便溏，甚至五更泄泻，便血黯淡，舌淡胖，舌边有齿痕，苔白，脉沉细。

【治法】 温补脾肾。

【方药】 四神丸加味。肉豆蔻10g，补骨脂15g，吴茱萸5g，五味子10g，炒党参15g，炒白术15g，茯苓15g，干姜10g，淮山药15g，山慈菇10g，龙葵15g，菟丝子15g，炙甘草3g。每日1剂，水煎3次，共取汁450ml，分3次服用。

加减：大便泻下频繁者，加诃子肉10g，罂粟壳10g，赤石脂15g，石榴皮15g，巴戟天10g以涩肠止泻；便血暗红量多者，加炒艾叶炭15g，地榆炭20g以温经化瘀止血；形寒甚者加制附片10g（先煎），肉桂6g温阳散寒。

【其他疗法】

（1）针灸治疗：主穴：截根，长强。配穴：三阴交，大肠俞，天枢，足三里。针刺方法：每次取主穴及配穴2～3个，用补法，留针15～30分钟，隔日针刺1次（每周3次）。

（2）外治法

1）鸦胆子适量。用法：鸦胆子研碎，水煎2次，浓缩液加乙醇处理，回收乙醇后浓缩，加水稀释至20%，分装消毒后备用。每次4ml加温水10ml，用导尿管保留灌肠，注入瘤体上方，每晚1次。适用于中、晚期直肠癌者。

2）苦参20g，青黛9g，血竭9g，全蝎9g，枯矾6g，鸦胆子5g（打碎），乌梅15g。用法：上药加水浓煎成300ml，每次150ml，每日1～2次，保留灌肠（药液保留2～3小时）。

（3）中成药：金匮肾气丸，每次6g，每日3次。

（4）注射剂

1）艾迪注射液：见本章第一节“痰湿阻肺证”。

2）康艾注射液：见本章第一节“气阴两虚证”。

（5）饮食疗法

1）组成：升麻10g，黑芝麻60g，猪大肠1段（约30cm）。用法：猪大肠洗净，把升麻与黑芝麻装入猪大肠内，两头扎紧，加清水适量煮熟，去升麻和黑芝麻，调味后饮汤吃猪大肠。适用于大肠癌偏脾肾阳虚内寒者。

2）组成：乌骨母鸡1只，草豆蔻50g，草果2枚。用法：将乌鸡洗净，草果烧存性后与草豆蔻一起放入鸡腹内，扎定煮熟。空腹食鸡，喝汤。适用于肠癌术后体质弱伴腹泻频繁者。

4. 气血两虚证

【证候】 面色苍白无华，气短乏力，便溏便血，脱肛，形瘦腹胀大，腹部包块疼痛，舌淡苔白，脉细弱。

【治法】 益气养血

【方药】 归脾汤加减。黄芪30g，党参20g，白术15g，当归10g，熟地黄15g，龙眼肉10g，陈皮6g，白芍15g，赤石脂10g，大枣15g，炙甘草5g。每日1剂，水煎3次，共取汁450ml，分3次服用。

加减：气虚神疲乏力甚者加红参10g（单煎）益气固脱；若便血量多者，加侧柏叶炭15g，伏龙肝15g，地榆炭15g，仙鹤草15g，以收敛止血；便秘者加肉苁蓉15g，生大黄6g（后下）温阳通便；阴血亏虚明显者，加阿胶10g（烊化）。

【其他疗法】

（1）针灸疗法：主穴：足三里、三阴交、血海、脾俞；配穴：太冲、太溪。方法：行多补少泻手法，每日或隔日针刺 1 次，6 次为 1 个疗程。

（2）外治法：硼砂 3g，鸦胆子 9g，乌梅肉 15g，冰片 1.5g。用法：加辅剂制成丸，上药为 3 个栓剂量。每次 1 丸从肛门塞入，每日 1 ～ 2 次。适用于直肠癌肿块突出而致肠腔狭窄，大便困难者。注意防止出血。

（3）中成药：康力欣胶囊：见本章第一节“气阴两虚证”。

（4）注射剂

1）艾迪注射液：见本章第一节“痰湿阻肺证”。

2）康艾注射液：见本章第一节“气阴两虚证”。

（5）饮食疗法

1）乌骨母鸡 1 只，草豆蔻 50g，草果 2 枚。用法：将乌鸡洗净，草果烧存性后与草豆蔻一起放入鸡腹内，扎定煮熟。空腹食鸡，喝汤。适用于肠癌术后体质弱伴腹泻频繁者。

2）党参 30g，黄芪 30g，乌骨鸡 1 只约 1000g（去内脏）。用法：参芪塞入鸡内炖熟则成。

5. 肝肾阴虚证

【证候】 肠癌病久，失眠，腰膝酸软，口干咽燥，腹部隐痛，腹内结块，五心烦热，消瘦，腹胀，大便干结带血，盗汗，口干，肛门坠胀，舌红或绛舌，少苔，脉细数。

【治法】 滋补肝肾，养阴清热

【方药】 知柏地黄丸加减。知母 10g，黄柏 10g，熟地黄 10g，山药 12g，山茱萸 12g，泽泻 10g，牡丹皮 10g，茯苓 10g，龟板 15g，墨旱莲 15g，半枝莲 15g。每日 1 剂，水煎 3 次，共取汁 450ml，分 3 次服用。

加减：便秘者，加柏子仁 20g、火麻仁 20g 润肠通便；阴虚热盛者加胡黄连 10g，白薇 12g；头晕耳鸣、腰酸明显者，加杜仲 15g，续断 15g；失眠者，加酸枣仁 15g。

【其他疗法】

（1）针灸治疗：三阴交、肾俞、肝俞、涌泉、下联、大肠俞，用补法，留针 15 ～ 30 分钟，隔日针刺 1 次。

（2）外治法：黄柏 12g，知母 12g，天冬 15g，女贞子，15g，乌梅 15g，上药加水浓煎成 300ml，每次 150ml，每日 1 ～ 2 次，保留灌肠（药液保留 2 ～ 3 小时）

（3）中成药：六味地黄丸：每次 6g，每日 3 次。

（4）注射剂：康莱特注射液：本章第一节“气阴两虚证”。

（5）饮食疗法：桑椹 250g，每日生食。桑椹，甘、寒，归肝、肾经，有滋阴、补血、生津、润肠之功。

三、预防与调护

1. 预防

积极治疗癌前病变；少食高脂肪、油炸、烧烤食品；多食含高纤维素及维生素的食物。有大便习惯及性状改变、大便带血、黏液便者，应进一步检查，及早明确诊断，做到早期治疗。

2. 调护

多食新鲜蔬菜、水果、少食或不食有刺激性的辛辣食物、霉烂变质食物。

第四节 白 血 病

白血病（leukemia）是造血系统的一种原发性恶性肿瘤，又称“血癌”。其特征是骨髓及造血组织中某一系列血细胞或多种血细胞自发地无限制增殖和幼稚化，并广泛浸润于体内其他器官组织。在周围血象中，不仅白细胞常有质和量的改变，且由于白血病细胞呈进行性大量增殖累积，使正常造血受抑制。白血病临床常以发热、出血、贫血，肝、脾、淋巴结不同程度的肿大为特点。白血病一般按自然病程和细胞幼稚程度分为急性和慢性；按细胞类型分为粒细胞、淋巴细胞、单核细胞等类型，临床表现各有异同。本节按急性白血病与慢性白血病分别介绍。

中医学认为急性白血病属于“温病”“血证”“急劳”“虚劳”“劳热”“癥积”“痰核”等病证范畴，慢性白血病属于“痰核”“积聚”“瘰疬”“虚劳”“血证”等病证范畴。

一、病因病机

中医学认为白血病的内因是素体不足、正气内虚，外因是感受温热邪毒，邪毒入里，正虚邪盛，伤及营阴，骨髓，脏腑气血严重受损，致气血两亏。热毒伤及血络，迫血妄行，或久病、大病后耗气伤脾，气虚不能摄血，脾虚失于统摄，均可致血溢脉外，则发生出血诸症。若血上溢则见鼻衄、齿衄、咯血、吐血；血溢于下则见便血、尿血，妇女可见崩漏；血溢肌肤，可见皮肤黏膜紫斑、瘀点等全身各处出血之症。血失过多，加之脾虚生血不足，髓伤不能化血，临床则见面色苍白，气短乏力，心悸头晕，懒言嗜卧，动则汗出，舌质淡白，苔薄白，脉沉细无力等气血亏损之症。由于正气不足，温毒、邪毒侵袭，营血燔热，则见高热不退。气血运行不畅，气虚血瘀，或脾虚失运，痰浊内生，痰瘀互结，久而成积块，临床表现为肝、脾、淋巴结不同程度肿大。

本病的发生发展有虚有实，是虚实夹杂的错综复杂的病理过程，在白血病的整个过程中，正虚邪实贯穿始终，正虚为气血阴阳亏虚，邪实为温热毒邪入侵，痰瘀内结。病情进一步恶化，气血阴阳虚极，最后导致阴阳两竭而死亡。

二、辨证论治

（一）辨证要点

白血病的辨证论治分急性白血病与慢性白血病两大类进行。临床辨治白血病时，首先要辨清证候虚实、轻重、缓急。

（二）治存原则

本病治疗的基本原则是扶正祛邪，常采用益气养阴、补血以扶正补虚，清热解毒、凉血止血、活血化瘀、消癥散结以泻实祛邪，同时配合西医化疗等治疗手段。

（三）分证论治

A. 急性白血病

1. 热毒炽盛证

【证候】 壮热口渴，汗出热不退，小便短赤，面色无华，齿衄鼻衄，血色鲜红，皮肤瘀斑，黑粪尿血，可兼有口舌生疮，咽喉红肿疼痛，甚则神昏谵语等，舌红绛苔黄，脉洪数。

【治法】 清热解毒，凉血止血。

【方药】 犀角地黄汤合清瘟败毒饮加味。水牛角 60 ~ 100g（先煎），赤芍药 12g，生地黄 15g，牡丹皮 15g，生石膏 30g（先煎），玄参 15g，大青叶 30g，白茅根 30g，栀子 10g，半枝莲 30g，银花 15g，连翘 15g，甘草 3g。每日 1 剂，水煎 3 次，共取汁 450ml，分 3 次服用。

加减：若出血重者加用仙鹤草 30g，茜草根 20g 以凉血止血，肺出血另加白芨 15g，侧柏叶 15g，尿血另加大小蓟各 15g，便血另加大黄粉 10g（冲服），白及粉 10g（吞服），云南白药。

【其他疗法】

（1）针灸治疗：足三里，曲池，上星，合谷，阳陵泉，条口，脐周四穴（膀周上、下、左、右旁开 1.5 寸），胸前六穴（第二、三、四肋间，胸骨中线左、右旁开 1.5 寸），背部六穴（第三、四、五胸椎棘突左、右旁开 1.5 寸）。方法：毫针浅刺，用泻法。前 3 天每日 1 次，以后隔日 1 次，适用于急性白血病。

（2）中成药

1）安宫牛黄丸：由牛黄、黄芩、珍珠母、黄连、雄黄、冰片、麝香等组成，有清热解毒，化痰开窍，镇惊安神之功。用法用量：内服，每次 1 丸，每日 2 ~ 3 次。用于高热昏迷者。

2）六神丸：水泛丸剂，由牛黄、珍珠粉、蟾酥、雄黄、麝香等组成。功用：清热解毒，利咽消肿止痛。用法用量：每瓶 30 粒，成人每次 30 ~ 40 粒，每日 3 ~ 4 次；小儿 1 岁服 1 粒，4 ~ 8 岁服 5 粒，9 ~ 15 岁服 8 粒，每日 2 ~ 3 次，温开水送服。服用 1 个月为 1 个疗程。

3）复方黄黛片（柏血康）：由雄黄、青黛、丹参、太子参组成。功能清热解毒，益气生血。主要用于急性早幼粒细胞白血病的诱导和缓解，慢性粒细胞白血病各期的治疗。用法与用量：口服，一次 5 ~ 10 片，每日 3 次。

（3）注射剂

亚砷酸注射液：亚砷酸注射液，主要成分为三氧化二砷（As_2O_3）。用于急性非淋巴细胞性白血病，以急性早幼粒细胞白血病（M3）疗效最为显著。亦用于慢性粒细胞性白血病及慢粒急变期。用法与用量：急性早幼粒细胞白血病的治疗 4 ~ 6 周为 1 个疗程，亚砷酸注射液 10mg 加入 0.9% 生理盐水或 5% 葡萄糖溶液 500ml 内每日 1 次静脉滴注，完全缓解后，间隔两周重复用药以巩固疗效，维持治疗间隔时间为 4 周、8 周、12 周。儿童患者用药标准按每公斤体重 0.16mg 计算。

（4）饮食疗法

1）蟾蜍煮鸡蛋：蟾蜍 1 只，鸡蛋 1 个。用法：将蟾蜍洗净（不剥皮）。用剪子从腹壁正中线剖开（不去内脏），放入 1 个鸡蛋至腹腔内，用线缝合关腹，然后加水 300 ~ 400ml 煮沸 30 ~ 40 分钟，至蟾蜍肉烂为宜，吃蛋不喝汤，每天 1 只。治疗期间应注意配合加强营养等支持疗法。适用于急性粒细胞白血病。

2）退热食疗方：地骨皮60g，蒸露饮服。

2. 气血两虚证

【证候】 发热，体倦，乏力神差，皮肤瘀斑瘀点，齿衄、鼻衄，尿血便血，血色淡红，全身及骨骼疼痛，肝、脾及淋巴结均肿大，胁下疼痛，舌体淡胖，脉细弱无力。

【治法】 健脾益气养血，化瘀散结。

【方药】 归脾汤加减。党参30g，当归10g，川芎10g，白术10g，黄芪30g，丹参15g，鸡血藤15g，鳖甲20g（先煎），龙眼肉15g，茯苓15g，陈皮10g，墨旱莲15g。每日1剂，水煎3次，共取汁450ml，分3次服用。

加减：出血重者加仙鹤草30g，白茅根30g清热凉血止血；发热明显，皮肤生疮肿痛加蒲公英30g，野菊花30g，紫花地丁30g清热解毒；咽喉红肿痛加马勃6g，山豆根10g，川射干15g清咽消肿解毒；咳吐黄痰者加鱼腥草30g，全瓜蒌15g，黄芩10g清热化痰；胁下痞块，按之坚硬，胀痛明显者，加丹参20g、牡蛎30g，三棱10g，莪术10g，龟板15g活血化瘀散结。

【其他疗法】

（1）针灸治疗：大椎、足三里、血海、关元。方法：缓慢进针，以得气为度，可隔10分钟运针1次，每日1～2次。适用于急性白血病化疗后白细胞及（或）血小板减少者。

（2）饮食疗法

1）蟾蜍煮鸡蛋：见本节“热毒炽盛证”。

2）当归黄花菜根汤：全当归15g，黄花菜根15g，瘦猪肉适量。用法：上述原料同加水煮汤，熟后食肉喝汤。适用于急性白血病贫血、白细胞减少症者。

3. 气阴两虚证

【证候】 发热，神疲乏力，气短，动则汗出，口干咽燥，五心烦热，自汗，盗汗，龈衄，鼻衄皮肤散在瘀点或瘀斑、瘀块，舌质淡少苔，脉细弱。

【治法】 益气养阴，凉血解毒。

【方药】 生脉散合二至丸加减。人参10g，麦冬15g，五味子10g，黄芪30g，女贞子15g，旱莲草15g，生地黄15g，牡丹皮10g，龟板15g（先煎），地骨皮10g，青黛10g，甘草3g。每日1剂，水煎3次，共取汁450ml，分3次服用。

加减：纳呆食少腹胀，加用炒白术12g，焦槟榔10g，以健脾消胀；发热夜甚，加白薇10g，胡黄连10g，以清退虚热；皮肤瘀斑明显，加仙鹤草30g，三七粉6g（冲服）凉血化瘀止血。

【其他疗法】

（1）针灸治疗：脾俞，肾俞，足三里，血海，关元。方法：缓慢进针，用补法，并可合用艾灸。每日1次。

（2）饮食疗法

花生衣茜草汤：茜草根30g，花生衣100g。用法：以上两物同煮，去茜草根，食花生衣。本品具凉血止血作用。近年认为花生衣可减少出血，其作用机制可能与抗纤维蛋白溶解药物相似。

B. 慢性白血病

1. 痰瘀内结证

【证候】 形体消瘦，面色不荣，骨骼及胸、腹部疼痛、瘰疬痰核，胁下包块坚硬、坠胀感、肌肤甲错。伴有热象者，舌红，脉细数；气虚者舌胖有齿痕，脉细弱。

【治法】 活血化瘀、化痰散结。

【方药】 膈下逐瘀汤加减。桃仁 10g，红花 10g，当归 12g，赤芍 12g，川芎 15g，八月扎 15g，刘寄奴 15g，莪术 10g、王不留行 15 g，鳖甲（先煎）20g。每日 1 剂，水煎 3 次，共取汁 450ml，分 3 次服用。

加减：淋巴、肝脾肿大明显者，加三棱 10g，穿山甲 3g（先煎），龟板 15g（先煎），山慈菇 10g，浙贝母 10g，胆南星 10g 以加重软坚散结之功；气血亏虚者加党参 30g、黄芪 30g，鸡血藤 15g，熟地黄 15g 益气养血；伴阴虚内热者加牡丹皮 10g，银柴胡 10g，女贞子 15g，黄精 10g 以清退虚热。

【其他疗法】

（1）针灸治疗：命门，至阳，绝骨。方法：毫针刺。命门、绝骨用平补平泻法，至阳穴用泻之法，命门可加艾灸，每日 1 次，每次 40 分钟。

（2）饮食疗法

1）蟾蜍煮鸡蛋：见本节“热毒炽盛证”。

2）海浮石粳米汤：海浮石 60g，小米 30g，粳米 200g，大枣 10 枚。用法；先煎海浮石 30 ～ 50 分钟，过滤后，以其汤汁煮至米熟枣烂即可服用。

2. 阴虚热毒证

【证候】 发热不退，头痛，口渴咽干，咽喉肿痛，口腔溃烂，全身骨节疼痛，鼻衄，龈衄，皮肤瘀点、瘀斑，甚至内脏出血，舌光红无苔或花剥苔，脉细数。

【治法】 养阴清热，凉血解毒。

【方药】 青蒿鳖甲汤合黄连解毒汤加减。水牛角 60g（先煎），鳖甲 15g（先煎），青蒿 10g（后下），地骨皮 15g，牡丹皮 10g，生地黄 15g，黄连 10g，黄柏 10g，青黛 10g（包煎），甘草 6g。每日 1 剂，水煎 3 次，共取汁 450ml，分 3 次服用。

加减：热甚加生石膏 30 ～ 50g（先煎），大黄 10g（后下）以清热泻下退热；咽痛甚加射干 10g，牛蒡子 15g 清热利咽；出血重者加紫草 15g，仙鹤草 30g，蒲黄 10g（包煎），三七粉 6g（冲服）以凉血止血。

【其他疗法】

针灸治疗：膻中，列缺，肺俞，尺泽，丰隆。方法：毫针刺，用泻法，每日 1 次。

3. 气血亏虚证

【证候】 面色苍白或萎黄无华，神疲倦怠乏力，心慌气短，不思饮食，消瘦脱形，面色唇甲少华，皮肤及黏膜瘀斑、瘀点色淡，或结块坚硬，肌肤甲错，舌淡或暗，脉弦细或沉细。

【治法】 益气养血。

【方药】 八珍汤加减。党参 20g，茯苓 15g，白术 12g，当归 10g，白芍 15g，熟地 15g，黄芪 30g，龙眼肉 15g，仙鹤草 15g，阿胶 10g（烊化），桃仁 10g，五灵脂 10g，炙甘草 6g。每日 1 剂，水煎 3 次，共取汁 450ml，分 3 次服用。

加减：气虚甚，乏力明显者加红参 10g（另煎）、黄芪可用至 60 ～ 100g 大补元气；结块肿大明显者加三棱 10g，莪术 10g，鳖甲 15g（先煎），穿山甲 5g（先煎）化瘀消肿；瘀斑瘀点较重者加茜草根 15g，血余炭 10g，藕节炭 15g，三七粉 10g（冲服）凉血化瘀；若伴见自汗盗汗、手足心热等气阴两虚证者，可用生脉散合沙参麦冬汤加减以养阴清热。

【其他疗法】

（1）针灸治疗：脾俞，足三里，气海，血海、百会。方法：毫针刺，补法，可配合灸法，每天 1 次，适用于气血亏虚者。

（2）中成药：大黄蛰虫丸：由熟大黄、土鳖虫、水蛭、虻虫、蛴螬、干漆、桃仁、苦杏仁、黄芩、地黄、白芍、甘草组成。功效活血破瘀，通经消癥，用于肝脾肿大者。服用方法：口服，每次 1 丸，每日 2 ～ 3 次。

（3）饮食疗法

1）龙眼枸杞饮：龙眼肉 10g，枸杞子 10g。用法：加水炖服，每日 1 剂，代茶饮用同时将龙眼枸杞食用。用于白血病血虚者。

2）胡萝卜粳米粥：胡萝卜 500g，粳米 100g，红糖适量。

用法：将胡萝卜洗净切成小块，与粳米同置于锅内，加水煮成粥，调人红糖即可服食，每日早、晚各 1 次，温热食之，可以常服。适用于白血病脾胃虚弱及化疗期间服用。

三、预防与调护

1. 预防

白血病的预防，中医学强调未病先防和既病防变两个方面。要注意环境卫生，适应环境变化，尽量避免饮用秽浊不洁之水、食用污染腐败之食物、防止电离辐射、药毒损伤；避免接触放射线和某些有毒物品，含苯染发剂及其他含苯制剂，氯霉素、氯奎、苯妥英钠、优散痛、卡巴肼等。要注意情志因素对白血病发生发展的影响。

2. 调护

（1）注意气候变化的影响。气候变化易诱发本病加重，特别是秋冬季节气温变化剧烈时，白血病患者应起居有常，注意防寒保暖。

（2）白血病患者应避免精神刺激，正确对待自己的病情，树立战胜疾病的信心，配合医护人员积极治疗。在白血病治疗期间，应保持情绪稳定，乐观向上的精神状态，劳逸要适度，节制房事。缓解期适当加强健身活动，不断提高抗病能力。

（3）饮食宜清淡而富于营养，忌食辛辣肥甘之品，少食生冷之物，同时可配合饮食疗法，食疗是白血病的重要支持疗法之一。

第三章 妇科疾病

 第一节 功能失调性子宫出血 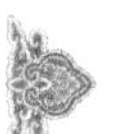

功能失调性子宫出血（dysfunctional uterine bleeding，DUB）简称功血，为妇科常见病。它是由于调节生殖的神经内分泌机制失常引起的异常子宫出血，而全身及内外生殖器官无器质性病变。功血可分为排卵性和无排卵性两类，约 85% 的病例属无排卵性功血。功血可发生于月经初潮至绝经间的任何年龄，50% 患者发生于绝经前期，育龄期占 30%，青春期占 20%。

功血属于中医“崩漏”、“月经先后无定期”、“月经过多”、“经期延长”等范畴。

一、病因病机

常见的病因有虚、瘀、热。功血常涉及脾肾两脏，由于忧思过度，中气不足，冲任不固，血失统摄；或早婚多产，房室不节等损伤肾气而致。虚则经血失统，瘀则经血离经，热则经血妄行。主要病机是冲任损伤，不能制约经血。但其发病并非单一，常是因果相干，气血同病，多脏受累，易于反复。

二、辨证论治

（一）辨证要点

崩漏以无周期性的阴道出血为特点，故辨证时当根据出血的时间、血量、血色、血质及兼证、舌脉等，审证求因，辨其虚实属性。

一般而言，崩漏虚证多而实证少，热证多而寒证少，热证又以虚热证多见。血势急骤，多属气虚；血色鲜红而紫亮，多属热证；淋漓不断，时来时止，时闭时崩，多为瘀滞。崩漏有以崩为主者，有以漏为主者，或崩与漏交替出现，或停经日久而忽然血大下者。久崩多虚，久漏多瘀，“崩为漏之甚，漏为崩之渐”，即崩可转漏，漏可成崩。

此外，患者不同的年龄阶段，亦是崩漏辨证的重要参考。如青春期患者多属先天肾气不足，冲任未充；育龄期患者多属肝郁血热，冲任受损；更年期患者多见肝肾亏损或脾气虚弱。

（二）治疗原则

崩漏的治疗应根据病情的轻重缓急，出血时间的长短，采用“急则治其标，缓则治其本”

的原则，灵活运用塞流、澄源、复旧三法。塞流，即止血。崩漏以失血为主，止血乃是治疗本病的当务之急。澄源，即谨守病机，正本清源，求因治本。此乃治疗崩漏的重要阶段，一般经止血后待血势稍缓则审证求因，辨证论治，采用补肾、健脾、清热、理气、化瘀等法，使崩漏得到根本上的治疗。塞流、澄源两法常常同步进行。复旧，即调理善后。崩漏止血之后，以恢复月经周期为治疗目标，理脾、调经、疏肝、益肾以善其后。三法既有区分、又不可截然分开，塞流需澄源，澄源当固本，应结合具体病情灵活运用。

（三）分证论治

1. 肾阳虚证

【证候】 经血非时而下，出血量多或淋漓不尽，色淡质清稀。面色晦暗，畏寒肢冷，腰酸痛如折，小便清长，舌质淡黯，苔薄白，脉沉弱或沉细。

【治法】 温肾助阳，固冲止血。

【方药】 右归丸加减。制附子 10g，熟地 40g，山药 20g，山茱萸 15g，菟丝子 20g，杜仲 20g，枸杞 20g，鹿角胶 20g，黄芪 30g，补骨脂 15g，覆盆子 15g。

加减：若患者为青春期，肾气不足者，加仙茅 15g、仙灵脾 15g，以加强补肾益冲之功；若兼脾虚有寒，证见浮肿、纳差，加白术 15g、砂仁 6g（后下）、炮姜 10g 以健脾温中。

【其他疗法】

（1）中成药：金匮肾气丸：每次 9g，每日 2 次口服。

（2）针灸方法：详见第九章。

2. 肾阴虚证

【证候】 经血非时而下，出血量少，淋漓不尽或量多，色鲜红，质稠。头晕耳鸣，腰膝酸软，手足心热，颧赤唇红，舌质红，少苔，脉细数。

【治法】 滋肾益阴，固冲止血。

【方药】 左归丸加减。熟地 20g，山药 20g，山茱萸 20g，枸杞 20g，菟丝子 20g，鹿角胶 20g，女贞子 20g，旱莲草 25g。

加减：阴虚阳亢，证见咽干、眩晕者，加夏枯草 15g、白芍 20g、牡蛎 25g 滋阴潜阳；心阴不足，证见心烦、失眠者，加五味子 15g、夜交藤 30g 滋水济火；阴虚血热重者，以生地易熟地，加麦冬 15g、地骨皮 15g 滋阴清热。

【其他疗法】

中成药：六味地黄丸，每次 9g，每日 2 次口服。

3. 脾虚证

【证候】 经血非时而下，量多如注或淋漓不断，血色淡而质稀薄。面色萎黄或面浮肢肿，神疲体倦，气短懒言，手足不温，不思饮食，舌质淡或舌体胖，舌边有齿痕，苔薄白，脉沉弱或缓弱。

【治法】 健脾益气，固冲止血。

【方药】 固本止崩汤。人参 9g，黄芪 30g，白术 15g，熟地 30g，黑姜 6g，升麻 9g，山药 25g，乌贼骨 20g，大枣 9g。

加减：若兼血虚者，酌加首乌 15g、白芍 20g、当归 10g 以养血；若久漏不止，少腹胀痛者，加黑芥穗 15g、益母草 20g、木香 5g 以行气化瘀止血。

【其他疗法】 单方验方：黄芪、当归、海螵蛸、茜草、地榆各100g加醋50ml，水煎服。

4. 虚热证

【证候】 经血非时而下，或量多势急，或量少淋漓，血色鲜红，质黏稠。心烦潮热，尿黄便结，舌质红，苔薄黄，脉细数。

【治法】 滋阴清热，止血调经。

【方药】 保阴煎。生地15g，熟地15g，黄芩15g，黄柏10g，白芍15g，续断15g，山药15g，沙参15g，麦冬15g，五味子15g，阿胶15g（烊化），甘草6g。

【其他疗法】

单方验方：仙鹤草、旱莲草、血见愁各25g，水煎服，每日3次。

5. 实热证

【证候】 经血非时而下，量多如崩或淋漓不断，血色深红或紫红，质黏稠。口渴喜冷饮，头晕面赤，心烦少寐，舌质红，苔黄，脉滑数。

【治法】 清热凉血，止血调经。

【方药】 清热固经汤。生地20g，地骨皮15g，炙龟板15g，牡蛎粉15g，阿胶15g（烊化），黄芩15g，棕榈炭15g，藕节10g，焦栀子15g，地榆30g，甘草6g。

加减：若肝郁化火，证见胸胁、乳房胀痛，心烦易怒，脉弦数，宜清肝泄热止血。方用丹栀逍遥散（柴胡12g、当归12g、白芍12g、白术12g、茯苓12g、甘草6g、丹皮9g、栀子9g，加醋炒香附6g、蒲黄炭10g、血余炭15g）以调气理血止血。

【其他疗法】

单方验方：生蓟根750g，捣烂取汁，温服或酒煮服之。

6. 血瘀证

【证候】 经血非时而下，量或多或少，时下时止，或淋漓不尽，色紫黯有块，小腹疼痛拒按。舌质紫黯或有瘀点，苔薄白，脉涩或弦涩有力。

【治法】 活血化瘀，止血调经。

【方药】 逐瘀止崩汤。当归15g，川芎10g，三七3g（研末冲服），没药10g，五灵脂15g，炒丹参15g，丹皮15g，炒艾叶15g，阿胶（蒲黄炒）10g（烊化），龙骨12g，牡蛎12g，乌贼骨12g。

加减：腹胀满不适者加川楝子10g、香附15g行气解郁；瘀而有寒，小腹冷痛者加炮姜15g温经散寒止痛；漏下日久不净加益母草25g、茜草10g化瘀止血。

【其他疗法】

单方验方：益母草30g、马齿苋30g、旱莲草20g，水煎服，每日2次。

三、预防与调护

（1）出血量多时应卧床休息，必要时应采取头低足高位，并注意观察患者的面色、神态、舌脉变化以及血压、汗出的情况。若失血过多，气血两亏，应及时输血输液，防止病情加重。

（2）加强精神护理，消除恐惧和紧张心理，帮助病人树立治愈的信心。

（3）注意饮食调养，忌食辛辣刺激、生冷之品，以防动血凝血。

（4）出血期间不宜涉水冒雨或负重过劳。

（5）血未净时要注意局部卫生，每日清洗外阴，并勤换经垫及内裤，避免同房。

第二节　闭　　经

闭经（Amenorrhea）是妇科疾病中常见病证。通常将闭经分为原发性和继发性两类。原发性闭经是指年龄超过16岁（有地域性差异），第二性征已发育，或年龄超过14岁，第二性征尚未发育，且无月经来潮者；继发性闭经则指以往曾建立正常月经，但此后因某种病理性原因而月经停止6个月，或按自身原来月经周期计算停经3个周期以上者。根据其发生原因，闭经又可分为生理性和病理性，青春期前、妊娠期、哺乳期以及绝经期后的月经不来潮均属生理现象，不属本节讨论内容。

本病属中医"闭经"、"女子不月"、"月事不来"、"经水不通"等范畴。

一、病因病机

闭经发病之由，主要责之精血不足，血海亏虚，无血可下；或冲任胞脉被阻，经血不得下行两大类。前者为虚，后者属实。虚者主要有先天不足的肝肾虚损、后天脾胃虚损的气血虚弱、血枯虚劳的阴虚血燥。实者主要见于气滞血瘀，冲任受阻；或痰湿内阻，胞脉不畅。

二、辨证论治

（一）辨证要点

辨治闭经，宜分虚实。虚者多由脏腑虚衰，气血不足，胞宫无血可下，月经由稀发、量少渐至闭经不行，形体虚弱，食少纳呆，心悸失眠，腹无胀满，喜热喜按等；实者多因情志抑郁、寒湿凝滞、气滞血瘀、痰湿壅阻，致脉道阻塞，气血阻隔而闭经，全身无虚衰之候。

（二）治疗原则

虚者补而通之，实者泻而通之，可谓大法，切不可不分虚实，一味猛攻峻下，或一见虚象，即呆补、腻补。药宜和缓，法应灵活，根据证候，酌以化裁，寓攻于补，但又各有侧重，不可急功近利，只宜缓图，待气血复，脏腑平衡，脉道畅通，经血自行。某些全身性疾病出现闭经症状者，应查明病源，治愈原发病，月经多可恢复，故应避免盲目通经破血，而耗伤已亏乏之精血。否则，不但难以奏效，反而贻害脏腑生理功能，加重病势。

（三）分证论治

1. 气血虚弱证

【证候】 月经逐渐迟延，经血量少，经色淡，渐至经闭不行。兼见面色无华，羸瘦萎黄，食欲不振，神疲乏力，心悸气短，毛发不泽，或易脱落，舌质淡红，苔薄白，脉沉缓或虚数。

【治法】 补气养血通经。

【方药】 人参养荣汤。人参10g，白术10g，茯苓10g，炙甘草6g，当归10g，白芍

30g，熟地 20g，肉桂 10g，黄芪 20g，五味子 10g，远志 5g，陈皮 10g，生姜 6g，大枣 9g。

加减：如有贫血、虫积、胃肠道疾病所致的营养不良、气血虚弱，首先应侧重于治疗原发性疾病。原发病好转后，酌加卷柏 10g、牛膝 15g、泽兰 15g 等活血通经药，以促进月经的恢复。精亏血少者加紫河车 10g、枸杞 15g、菟丝子 20g 补肾填精；形寒腹痛者加炮姜 10g、茴香 10g 散寒止痛；腹胀满者加砂仁 6g（后下）、厚朴 15g 行气除满。

【其他疗法】

（1）单方验方：桃仁 100g 去皮捣烂，密封蒸，倾出曝干，当归 100g 粉碎，混装入纱布袋内，浸于 100ml 黄酒中，6 ～ 7 日可用。始饮 30ml，渐增至 60ml，每日 2 次。

（2）饮食疗法：猪肝 1 叶，柏子仁 50g，将猪肝切口，置入柏子仁，蒸熟，分 2 日服用。

（3）针灸治疗：针刺取脾俞、肾俞、气海、足三里、三阴交、血海等穴。补法。

2. 肝肾不足证

【证候】 年逾 18 岁月经未行，或未及 40 岁月经闭止不行。伴有体质虚弱，面色憔悴，肌肤不荣，头晕耳鸣，腰骶酸痛，阴中干涩，毛发稀疏或脱落。舌淡红，苔少，脉沉弦或细涩。

【治法】 补养肝肾，和血通经。

【方药】 归肾丸。当归 15g，熟地 25g，菟丝子 20g，杜仲 15g，枸杞 15g，山萸肉 20g，山药 20g，茯苓 15g。

加减：食少乏力加人参 10g、白术 15g、砂仁 6g（后下）健运脾气；面色无华，精血不足加鸡血藤 25g、首乌 15g 以填精补血；小腹凉、夜尿多选加益智仁 10g、巴戟 10g、仙灵脾 10g、仙茅 10g、补骨脂 15g 以温补肾阳；咽干口燥，手足心热加生地 15g、女贞子 15g、丹皮 10g、知母 15g 等以滋阴清热；腰痛膝软加川断 15g、木瓜 10g、龟板 15g 补肾强腰。

【其他疗法】

（1）单方验方：紫河车 1 具焙黄，山萸肉 100g，共为细末混匀，每次 15g，每日 2 次，温开水送服。

（2）饮食疗法：韭菜炒虾米：韭菜 250g，虾米 50g，鸡蛋 2 个，加佐料适量同炒食之。

（3）针灸治疗：针刺取三阴交、关元、气海、肾俞、肝俞、太溪。补法。

3. 阴虚血燥证

【证候】 月经由量少渐至闭止不行，五心烦热，颧红唇干，面颈烘热，多汗或盗汗，甚至劳热骨蒸，咳嗽血痰。舌红，苔薄，脉细数。

【治法】 加减，滋阴养血通经。

【方药】 劫劳散加减。白芍 25g，甘草 6g，沙参 20g，茯苓 15g，熟地 25g，当归 15g，麦冬 15g，五味子 10g，阿胶 15g（烊化）。

加减：盗汗加地骨皮 15g；自汗加生牡蛎 30g、丹皮 15g；夜卧不眠加生百合 30g、黄连 10g 以清热安神；心悸加远志 15g、柏子仁 15g 以安神定志；潮热加鳖甲 10g、青蒿 15g 以清虚热；咯血加贝母 15g、藕节 15g、白及 15g 以凉血止血。结核病者，不可忽视抗结核治疗。

【其他疗法】

（1）中成药：大补阴丸：每次 9g，每日 2 次，空腹时姜盐汤或淡盐水送服。

（2）针灸治疗：针刺取三阴交、关元、血海、然谷、太溪。平补平泻法。

4. 肝气郁结证

【证候】 月经停闭，精神不振，情志郁结，心绪不宁，胸胁胀满，少腹胀痛，脉沉弦。

【治法】 疏肝理气，和血通经。

【方药】 逍遥散加减。当归 15g，白芍 15g，柴胡 12g，茯苓 15g，川芎 10g，熟地 20g，薄荷 6g，麦冬 15g，甘草 6g，生姜 6g。

加减：胸胁痛甚加延胡索 15g、川楝子 12g；少腹痛加香附 15g、乌药 12g；胃脘痛加陈皮 10g、砂仁 6g 理气止痛；夜卧不眠加酸枣仁 15g 以养心安神；大便溏泄去麦冬，加白术 15g 健脾除湿；经血不行或虽已行量少加卷柏 10g、牛膝 15g 以引血下行。

【其他疗法】

（1）中成药：逍遥丸：每次 9g，每日 2 次。

（2）针灸治疗：针刺取太冲、蠡沟、血海、三阴交等穴，胸胁胀痛加期门。泻法。

5. 气滞血瘀证

【证候】 月经闭止不行，下腹部胀满拒按。腰膝疼痛，下肢静脉迂曲，青筋裸露，或身重乏力，精神抑郁，面部表情呆滞，心烦易怒，胸胁满闷，舌体紫黯，或有瘀斑点，脉沉弦，或涩滞。

【治法】 理气活血，祛瘀通经。

【方药】 血府逐瘀汤。

当归 15g，生地 15g，桃仁 10g，红花 15g，枳壳 12g，赤芍 15g，柴胡 9g，甘草 5g，桔梗 9g，川芎 12g，牛膝 15g。

加减：为加强通经止痛作用，下腹冷痛加肉桂 10g、蒲黄 15g、五灵脂 10g 以温经化瘀止痛；少腹疼痛拒按加莪术 15g、三棱 15g 以活血化瘀止痛；小腹灼热加败酱草 20g、酒大黄 10g、丹皮 15g 以凉血散瘀止痛；胸胁及少腹胀满加青皮 12g、香附 12g 以疏肝理气止痛。

【其他疗法】

（1）单方验方：急性子 15 ~ 30g，水煎，分早晚 2 次服，或日服 3 次，每日 1 剂。

（2）饮食疗法：益母草 30g，当归 20g，艾叶 10g，鸡蛋 2 个，加水同煎，蛋熟去壳再煮片刻，去渣吃蛋饮汤，每日 1 次。

（3）针灸治疗：针刺取关元、气海、血海、太冲、次髎。泻法。

6. 痰湿阻滞证

【证候】 月经稀发、量少，渐至停闭不行。全身症状见形体肥胖，胸胁满闷，呕恶痰多，神疲倦怠，嗜睡懒言，面浮足肿，带下量多清稀，舌苔厚腻，脉沉滑。

【治法】 健脾除湿，化痰通经。

【方药】 苍附导痰丸。半夏 15g，陈皮 10g，茯苓 10g，炙甘草 6g，胆南星 9g，枳壳 10g，苍术 10g，香附 15g，生姜 6g。

加减：湿化痰运，月经未行加川芎 10g、当归 15g 以活血养血通经；带下量多加车前子 15g、黄柏 10g 以清热利湿；嗜睡懒言加石菖蒲 15g 以开窍醒神；体倦乏力加党参 20g、白术 15g 以益气健脾。

【其他疗法】

（1）单方验方：蚕砂酒：晚蚕砂 20g，用黄酒 1 斤浸泡半月左右，滤去渣服用，每次 1 小匙，每日 2 次。一般连续 10 ~ 15 天，月经来潮后停服。

（2）针灸治疗：针刺取三阴交、足三里、中极、丰隆等穴。平补平泻法。

三、预防与调护

1. 预防

（1）坚持科学合理的饮食结构，忌偏食、择食等不良饮食习惯。

（2）肥胖超重者应控制饮食，强化体力劳动，减轻体重。

（3）正确处理产程，防止产时产后大出血造成的闭经（希恩综合征）。

2. 调护

（1）加强精神护理，做好心理疏导工作，消除不良精神刺激，树立治愈信心。

（2）改善饮食，平衡食物营养，注意起居规律，坚持适当的体育锻炼。

（3）督促患者及时按医嘱服药，做好较长时间治疗的心理准备。

第三节 痛 经

凡在行经前后或月经期出现下腹疼痛、坠胀，伴腰酸或其他不适，程度较重以致影响生活和工作质量者称痛经（dysmenorrhea）。痛经为妇科最常见症状之一，约 50% 妇女均有痛经，其中 10% 痛经严重。痛经分为原发性和继发性两类，前者是指生殖器官无器质性病变的痛经，又称功能性痛经，后者系指由于盆腔器质性疾病如子宫内膜异位症、盆腔炎或宫颈狭窄等所引起的痛经。本节仅叙述原发性痛经。

本病属于中医“痛经”、“经行腹痛”的范畴。

一、病因病机

引起痛经的原因很多，一般不外乎外感六淫、内伤七情、生活失节等几个方面。在六淫中引起痛经的主要是寒、湿、热等病邪。情志方面多有郁怒、忧思、恐惧等波动。生活中饮食失节、起居失常、房事过度、生育过多、劳逸失常、经期卫生保健不利等都可引起痛经。其病机是各种致病原因作用于人体，使人体阴阳失去平衡，脏腑功能失常，冲任损伤，气血运行不畅，胞宫经血流行受阻而致痛经。

二、辨证论治

（一）辨证要点

本病的特点是经行小腹疼痛，并随月经周期而发作。临床应根据疼痛发生的时间、性质及经色、经量等来辨其寒热虚实。经前、经期疼痛者属实，经后痛者为虚；痛时拒按属实，喜按属虚；绵绵作痛或隐痛为虚。得热痛减为寒，得热痛剧为热；绞痛、冷痛属寒，刺痛属热瘀。胀甚于痛为气滞，痛甚于胀，血块排出后疼痛减轻者为瘀。经色紫黑有块为实，经色淡质清稀为虚。

（二）治疗原则

根据“通则不痛”的原理，主要以通调气血为主。虚而致痛经者，以补为通；气郁而致血滞者，以行气为主，佐以活血；血瘀者，以行血通瘀为主；血热气实者，以清热凉血行气为主；寒湿凝滞者，以温经散寒利湿为主。病因不同，治法各异，但重在调血通经，则疼痛自除。

（三）分型论治

1. 气滞血瘀证

【证候】 每于经前 1 ~ 2 日或经期小腹胀痛，拒按，行经量少，或经行不畅，血色紫黯有血块，或呈腐肉片样物，血块排出后疼痛可减轻，经净后疼痛自消。常伴胸胁乳房作胀，舌质紫黯，舌尖或有瘀点，脉沉弦。

【治法】 理气活血，逐瘀止痛。

【方药】 膈下逐瘀汤。当归 15g，赤芍 15g，桃仁 15g，红花 10g，川芎 10g，枳壳 10g，延胡索 10g，五灵脂 15g，丹皮 12g，乌药 12g，香附 5g，甘草 5g。

加减：痛经严重，下血块多，经血不畅者，可选加蒲黄 10g、没药 10g 活血化瘀、通经止痛；小腹发凉者，可选加艾叶 15g，炮姜 10g，肉桂 10g，吴茱萸 10g 等温煦下焦；腰腿酸痛者可选加川断 15g，杜仲 15g，牛膝 15g 壮腰健肾；经前乳胀较重者，酌加橘核 10g，柴胡 15g，青皮 15g 解郁消胀；伴有恶心呕吐者，加陈皮 10g，半夏 10g，竹茹 10g 降逆止呕；月经量多者，可加茜草 15g，炒槐花 15g 凉血固经；思绪烦乱、睡眠不实者，加夜交藤 20g，合欢皮 15g，生百合 15g 安神定志。

【其他疗法】

（1）中成药：女宝：每次 4 ~ 6 粒，每日 3 次，口服。

（2）单方验方：益母草（干品）30g，红糖适量，水煎服。

（3）外用方：川乌、草乌、香附各 0.5g，为细末，用纱布包好后塞入患者两侧鼻腔 10 ~ 20 分钟即可止痛，再放置 10 分钟后取出。一般 1 ~ 3 次即可获效。

（4）针灸治疗：详见第九章。

（5）饮食疗法：大血藤炖河蟹：大血藤 30g，河蟹 2 只，米酒适量，炖服。

2. 寒湿凝滞证

【证候】 经前数日或经期小腹冷痛，甚则牵连腰脊疼痛，得热痛减，按之痛甚，经行量少，色紫黯有血块。常伴有畏寒身痛，便溏等，舌苔白腻，脉沉紧。

【治法】 温经散寒除湿，活血行气止痛。

【方药】 少腹逐瘀汤加味。小茴香 10g，五灵脂 15g，当归 15g，官桂 10g，延胡索 10g，干姜 10g，蒲黄 15g，川芎 10g，赤芍 15g，没药 10g，苍术 10g，茯苓 15g。

加减：湿气重者，加车前子 15g、薏苡仁 25g 利水渗湿；恶心呕吐者，去没药，加橘皮 15g、法半夏 15g 降逆止呕；血块多者，加桃仁 10g、水蛭 10g、益母草 25g 活血化瘀；脾肾阳虚者，加巴戟 15g、炮附子 12g、吴莱萸 9g 温补脾肾。

【其他疗法】

（1）中成药

1）艾附暖宫丸：每次 9g，每日 2 次，口服。

2）田七痛经胶囊：每次 3 ~ 6 粒，每日 2 ~ 3 次，口服。

（2）外治方：少腹逐瘀汤制成散剂，于月经前 2 天，先用盐水清洗肚脐，取药粉 3g，用醋调糊状纳入脐中，外用胶布固定，2 天换药 1 次，连用 3 次，5 个月经周期为 1 个疗程。

（3）饮食疗法：马鞭草炖猪蹄：马鞭草 30g，猪蹄 2 只，黄酒 30g，煮熟食之。

3. 湿热瘀阻证

【证候】 经前或经期小腹灼热胀痛，拒按，经色暗红，质稠有块。或伴有腰骶部胀痛，或平时小腹部时痛，经来疼痛加重，多数病人时有低热起伏，小便短黄，平时带下色黄，味臭秽，舌红，苔黄腻，脉弦数或濡数。

【治法】 清热除湿，化瘀止痛。

【方药】 清热调血汤加味。当归 15g，川芎 10g，白芍 25g，生地 20g，黄连 10g，丹皮 15g，香附 15g，桃仁 15g，红花 15g，延胡索 10g，红藤 20g，败酱草 20g，薏苡仁 20g。

【其他疗法】中成药：龙胆泻肝丸：每次 9g，每日 2 次，口服。

4. 气血虚弱证

【证候】 经期或经净后，小腹隐隐作痛，喜揉喜按，月经量少，色淡，质清稀。伴神疲乏力，面色淡而无华，或食欲不振，舌质淡，苔薄白，脉细弱。

【治法】 益气养血止痛。

【方药】 十全大补汤。人参 10g，肉桂 10g，川芎 10g，熟地黄 30g，茯苓 15g，白术 20g，甘草 6g，黄芪 15g，当归 20g，白芍 15g。

加减：伴有胁肋、乳房胀痛者，加柴胡 10g、乌药 15g 以疏肝理气；月经量多者，加龙骨 25g、牡蛎 25g、黄芩 15g 清热固涩止血；头晕、心悸、失眠多梦者，加炒枣仁 15g、夜交藤 15g 养心安神；腰腿酸楚而痛者，加川断 15g、菟丝子 20g、杜仲 15g、桑寄生 15g 以益肾强腰；腰腹凉畏冷者，加艾叶 15g、巴戟天 10g、炮附子 10g 以温煦下焦。

【其他疗法】 饮食疗法：黑豆蛋酒汤：黑豆 60g，鸡蛋 2 枚，米酒 120ml，煮熟后吃蛋饮酒。

5. 肝肾亏损证

【证候】 经期或经后小腹隐隐作痛，月经量少，色淡质稀，多伴有腰酸、耳鸣、头晕、眼花，口燥咽干，小腹空坠不温或潮热等。舌淡红，脉沉细。

【治法】 益肾养肝止痛。

【方药】 调肝汤。山药 25g，阿胶 15g（烊化），当归 15g，白芍 15g，山茱萸 15g，巴戟天 15g，甘草 5g。

加减：胸胁胀者，可酌加郁金 10g、金铃子 15g 疏肝解郁；头晕眼花明显者，加丹皮 15g、珍珠母 20g、菊花 15g、赤芍 15g 清热平肝；阴虚潮热者，加鳖甲 15g、青蒿 15g、地骨皮 15g 养阴退热；伴有气虚者加黄芪 30g、党参 25g 以益气健脾；月经延后者，加川牛膝 15g、红花 15g 活血调经；耳鸣重者，加石菖蒲 10g、磁石 20g 清利耳窍；腰酸明显者，加川断 15g、桑寄生 25g、杜仲 15g 补益肾气；小腹空坠不温者，加炙附子 10g、肉桂 10g 温煦下元。

【其他疗法】 中成药：六味地黄丸：每次 9g，每日 2 次，口服。

三、预防与调护

（1）预防：学习月经卫生知识，做好妇女五期卫生保健；适当身体锻炼，生活起居要有规律。

（2）调养和护理：保持心情舒畅，避免各种焦虑、紧张情绪；饮食有节，多食清淡之品；

劳逸结合，动静适宜。

第四节 盆 腔 炎

女性内生殖器及其周围的结缔组织、盆腔腹膜发生炎症时称盆腔炎（pelvic inflammatory disease，PID）。盆腔炎大多发生在性活跃期，有月经的妇女。初潮前、绝经后或未婚者很少发生盆腔炎，若发生盆腔炎也往往是邻近器官炎症的扩散。炎症可局限于一个部位，也可同时累及几个部位，最常见的是输卵管炎及输卵管卵巢炎，单纯的子宫内膜炎或卵巢炎较少见。盆腔炎有急性和慢性两类。急性盆腔炎发展可引起弥漫性腹膜炎、败血症、感染性休克，严重者可危及生命。若在急性期未能得到彻底治愈，则转为慢性盆腔炎，往往经久不愈，并可反复发作。引起盆腔炎的病原体有两个来源，来自原寄生于阴道内的菌群包括需氧菌和厌氧菌，和来自外界的病原体如淋病奈氏菌、沙眼衣原体、结核杆菌、铜绿假单胞菌等。

本病属于中医“积聚”、“腹痛”、“带下”、“热入血室”等范畴。

一、病因病机

由于经期或产后调摄失当，房室不洁或手术时消毒不严，湿热、湿毒之邪乘虚而入，与气血相搏结，蕴积在胞宫、胞脉、胞络，不通而痛，湿热邪毒积久，影响气血运行，夹瘀血阻滞胞络，久则积而成癥；或肝郁气滞，血行不畅，气滞瘀阻，甚或瘀血凝滞，着而不去而致病。

二、辨证论治

（一）辨证要点

盆腔炎的辨证主要是根据疼痛的性质、部位、程度、发作时间，依据带下的量、色、质、气味，结合全身症状及舌脉来辨其寒热虚实。一般腹痛绵绵或隐痛，喜揉喜按，得热痛减，带下色白、质稀，或有腥气者，多属虚、属寒；腹痛剧烈，拒按，得热痛剧，带下色深（黄、赤、青绿）、质黏稠、有臭气者，多属实、属热。临床所见则实证多，虚症少，即便是虚，亦多为虚中夹实的病证。

（二）治疗原则

盆腔炎治疗当贯彻“急则治其标，缓则治其本”的原则。急性盆腔炎以清热解毒为主，热减或热退，以癥瘕炎块为主则以消癥散结为治；慢性盆腔炎以活血祛湿通络为主，可配合保留灌肠、中药热敷、理疗等方法，以提高疗效。

（三）分证论治

1. 肝郁脾虚证

【证候】 小腹隐隐作痛，喜揉喜按，带下量多。面色萎黄，神疲乏力，便溏，有时低热。舌质淡，苔白，脉虚弦。

【治法】 疏肝理脾，化湿活血。

【方药】 当归芍药散加减。当归 15g，川芎 10g，白芍 15g，茯苓 15g，白术 15g，泽泻 15g，苍术 9g，甘草 5g，陈皮 15g，柴胡 15g。

加减：气短无力，腹坠明显者加升麻 10g、黄芪 30g 益气升阳；腹胀便溏，纳少肢冷加薏苡仁 15g、煨木香 10g、炮姜 10g 除湿散寒；小腹冷痛加香附 15g、艾叶炭 15g、茴香 10g 温经散寒；带下淡黄质稠，阴中痒痛加黄柏 10g、椿皮 15g、苦参 10g 清热利湿止带。

【其他疗法】

（1）单方验方：白果 7 ～ 10 个去心，和豆腐炖服。

（2）饮食疗法：桂鱼 1 尾洗净，开腹去肠杂，加入胡椒 20 粒，盐 2g，煮熟食鱼饮汤，每日 1 次，连用 3 次。

（3）针灸治疗：针刺取带脉、中极、足三里、气海。平补平泻法。

2. 肾虚瘀滞证

【证候】 小腹疼痛下坠，绵绵不休，带下量多。腰脊酸楚，头晕目眩，神疲乏力，舌质淡黯，苔薄，脉细弱。

【治法】 补益肝肾，和营祛瘀。

【方药】 左归丸加减。熟地 20g，山药 20g，山茱萸 20g，枸杞 20g，菟丝子 20g，鹿角胶 20g，牛膝 15g，丹参 15g，当归 15g，白芍 20g，鸡血藤 25g。

加减：便溏者加肉豆蔻 10g 温涩止泻；带下清冷如水，腹冷畏寒者加艾叶 15g、茴香 10g 以温经散寒。

【其他疗法】

（1）中成药：妇宝冲剂：每次 1 袋，每日 2 次，温开水冲服。半个月为 1 疗程。

（2）单方验方：乌贼骨 12g，金樱子 30g，粉碎混匀，每日分 2 次，温开水送服，连用 6 ～ 7 天。

（3）针灸治疗：针刺取关元、气海、肾俞、肝俞、太溪、三阴交，平补平泻，可加灸。

（4）饮食疗法：艾叶和酒煮鸡蛋，每日食之。

3. 寒湿凝滞证

【证候】 小腹冷痛，痛处不移，得温痛减，带下量多、质稀，形寒肢冷。面色青白，舌质淡，苔白腻，脉沉紧。

【治法】 散寒除湿，化瘀止痛。

【方药】 少腹逐瘀汤加减。小茴香 10g，五灵脂 15g，当归 15g，官桂 10g，延胡索 10g，干姜 10g，蒲黄 15g，川芎 10g，赤芍 15g，苍术 10g，茯苓 15g。

加减：炎症肿块者，加皂角刺 10g、黄芪 30g、三棱 10g、莪术 10g 以消肿溃坚。

【其他疗法】

（1）中成药：艾附暖宫丸：每次 9g，每日 2 次，口服。

（2）针灸治疗：针刺取带脉、白环俞、气海、三阴交、关元、涌泉。平补平泻法，加灸。

4. 湿热瘀结证

【证候】 小腹疼痛拒按，有灼热感，或有积块，伴腰骶胀痛，低热起伏，带下量多，色黄或黄白，质黏稠，或如豆渣，或似泡沫，有异味，阴户灼热瘙痒，小便短赤涩痛，舌质红，苔黄腻或厚，脉弦滑而数。

【治法】 清热利湿，化瘀止痛。

【方药】 清热调血汤合止带方加减。当归 15g，川芎 10g，白芍 25g，生地 20g，黄连 10g，香附 15g，桃仁 15g，红花 15g，丹皮 15g，赤芍 15g，栀子 15g，莪术 15g，牛膝 15g，延胡索 10g，泽泻 15g，茵陈 10g。

加减：纳呆便溏加茯苓 10g、薏苡仁 15g 利水渗湿；阴部瘙痒加白鲜皮 15g、苦参 15g、地肤子 15g 祛风除湿止痒。

【其他疗法】

（1）单方验方

1）益母草 30g，苍术 30g，枯矾 15g，为末，和豆腐适量，共煮熟，食豆腐饮汤。

2）贯众去毛切块，醋浸湿，文火炙熟，研末，每服 5 ~ 10g。

（2）外洗方：防风 30g，地肤子 20g，苦参 10g，艾叶 25g，蒲公英 25g，水煎，熏洗外阴。

（3）饮食疗法：绿豆芽 2000g，水煎 3 碗，去渣浓煎，加生姜汁 125g，红糖 120g，熬膏，每日晨温开水冲服 30g，连用 2 周。

（4）针灸治疗：针刺取带脉、中极、足三里、行间、阴陵泉、隐白。泻法。

5. 热毒壅盛证

【证候】 小腹剧烈疼痛，高热寒战，可伴有恶心呕吐，腹胀腹泻，肛门坠胀，带下量多，色黄如脓，或赤白相兼，或五色混杂，或下脓血，或浑浊如泔，有臭气，或腐臭难闻，阴部痒痛不适，烦热口干，大便干结，小便短赤，舌红紫，可有瘀斑，苔黄腻，脉滑数。

【治法】 清热解毒，利湿止带。

【方药】 五味消毒饮加减。蒲公英 15g，金银花 20g，野菊花 15g，紫花地丁 15g，天葵子 15g，土茯苓 10g，薏苡仁 15g，白花蛇舌草 15g，椿根白皮 15g，白术 15g。

加减：正气不足，倦怠无力加黄芪 30g、党参 25g 益气健脾；血虚加当归 15g、白芍 25g 补养阴血；小便淋漓涩痛加白茅根 15g、金钱草 15g、木通 10g 清热通淋；食少纳呆，呕吐痰涎加半夏 15g、生姜 10g、砂仁 6g（后下）降逆开胃。

【其他疗法】

（1）中成药：金鸡冲剂：每次 1 袋，每日 3 次，开水冲服。10 日为 1 个疗程。

（2）饮食疗法：鲜马齿苋 500g，捣汁 1 杯，加鸡蛋清 3 个，调炖温服。

（3）外洗方：苦参 30g，白鲜皮 30g，黄柏 25g，蛇床子 30g，川椒 15g，大黄 20g，百部 30g。水煎，熏洗外阴。

三、预防与调护

（1）保持外阴清洁，特别注意经期、产后卫生。

（2）避免早婚多产，定期进行妇科检查。

（3）生活环境勿潮湿，经期、产后不宜在湿地工作。

（4）饮食宜清淡，富有营养，避免生冷、辛辣、油腻饮食。

（5）严格按医嘱执行内治及外治，治疗期间禁止性生活，月经期停止使用阴道冲洗及坐浴塞药，以防止上行感染。

（6）医务人员要严格执行无菌操作，防止在检查及手术操作时交叉感染。

（7）若为滴虫或真菌感染应禁止游泳，专盆专用，勤烫晒内裤。同时检查其配偶，若有感染应同时治疗。

 第五节　围绝经期综合征 

围绝经期（perimenopausal period）指从接近绝经出现与绝经有关的内分泌、生物学和临床特征起至绝经一年内的期间。即绝经过渡期至绝经后1年。绝经（menopause）指月经完全停止1年以上。我国城市妇女的平均绝经年龄为49.5岁，农村妇女为47.5岁。绝经过渡期多逐渐发生，历时约4年，偶可突然发生，表现不同程度的内分泌、躯体和心理方面变化。围绝经期妇女约1/3能通过神经内分泌的自我调节达到新的平衡而无自觉症状，2/3妇女则可出现一系列性激素减少所致的症状，称为围绝经期综合征（perimenopausal syndromes），亦称更年期综合征。

本病属于中医“经断前后诸证”范畴。

一、病因病机

本病的发生与绝经前后的生理特点有密切关系，由于绝经前后，脏腑功能逐渐衰退，肾气由盛渐衰，天癸由少渐至衰竭，冲任二脉也随之而衰少，生殖机能逐渐减退以至丧失，在此生理转折时期，受内、外环境的影响，如素体阴阳有所偏胜偏衰，素性抑郁，宿有痼疾，或家庭、社会等环境改变，而使机体阴阳失于平衡而致病。

绝经期前后证候多以肾虚精亏，心脾不足，肝失调和为主。

二、辨证论治

（一）辨证要点

本病发病与肾、肝、脾、心、肝诸脏有关，主要病变责于肾，因“肾为先天之本”，又“五脏相移，穷必及肾”，所以，妇女至围绝经期，天癸渐竭，精血衰少而发此证。虽涉及诸脏，但以肾阴虚、肾阳虚为主要表现。因此辨证应以肾阴或肾阳为主，其他脏腑的影响为辅。

（二）治疗原则

治疗当以审证求因，分别施治。重在滋肾补肾，并根据有关脏腑病症予以调节。用药不可肆意攻伐，过用辛燥苦寒之品，以免劫津伤阴，犯虚虚之戒。

（三）分证论治

1. 肝肾阴虚证

【证候】　月经推迟，量少，甚或闭经。平时带下少，阴道干涩。头晕耳鸣，失眠多梦，皮肤瘙痒或如虫行，烘热汗出，烦躁易怒，五心烦热，记忆力减退，倦怠嗜卧，腰酸膝软，舌红少苔，脉细数。

【治法】 滋肾养肝，育阴潜阳。

【方药】 左归饮加减。熟地 30g，山药 20g，枸杞子 20g，山萸肉 20g，茯苓 15g，炙甘草 6g，何首乌 15g，龟板 10g，龙骨 25g。

加减：皮肤瘙痒者加蝉蜕 10g、防风 15g、白鲜皮 10g 润燥止痒。头晕目眩者可酌加天麻 15g、钩藤 15g、石决明 20g 平肝息风，或加牛膝 15g、寄生 20g 以引血下行。

【其他疗法】

（1）中成药

1）更年安：每次 6 片，每日 3 次，口服。

2）知柏地黄丸：每次 6g，每日 2 次，口服。

（2）单方验方：枸杞子 30g，代茶饮。

（3）针灸疗法：详见第九章。

2. 脾肾阳虚证

【证候】 月经过多，崩漏或闭经。面色晦暗，精神委靡，形寒肢冷，腰膝酸软，面浮肢肿，腹胀便溏，尿频失禁，舌淡苔薄，脉沉细无力。

【治法】 温补脾肾。

【方药】 右归丸合理中汤。熟地 40g，山药 20g，菟丝子 20g，山萸肉 15g，枸杞子 20g，鹿角胶 20g，杜仲 20g，人参 10g，白术 20g，当归 15g，干姜 10g，肉桂 20g，制附子 10g，炙甘草 15g。

加减：便溏者去当归，加肉豆蔻 10g 以温肾止泻；体虚不耐桂、附温补者，去之，选加仙茅 15g、仙灵脾 15g、巴戟天 15g 和缓之品。

【其他疗法】

（1）中成药：人参鹿茸丸：每次 6g，每日 3 次，口服。

（2）针灸治疗：详见第九章。

3. 心脾两虚证

【证候】 月经前后不定，经量或多或少，或淋漓不断。全身见头晕目眩，心悸失眠，神疲体倦，少气懒言，腹胀食少，面色白，舌淡苔白，脉细弱。

【治法】 补益心脾。

【方药】 归脾汤。人参 10g，黄芪 15g，龙眼肉 15g，酸枣仁 15g，白术 15g，茯苓 12g，远志 3g，木香 10g，当归 10g，甘草 8g，生姜 6g，大枣 5 枚。

加减：若出血淋漓不止加艾叶炭 15g、地榆炭 25g、煅龙骨 25g 以止血；神疲体倦加仙灵脾 10g，以补肾壮阳温运脾土。

【其他疗法】

（1）中成药：人参归脾丸：每次 9g，每日 2 次，口服。

（2）单方验方：黄芪 50g，何首乌 30g，生鸡 1 只，煮熟食用。

4. 肝郁脾虚证

【证候】 月经紊乱，经行小腹胀痛或血块。情志抑郁不舒，心烦易怒，嗳气频作，胁胀腹痛，食欲不振，便溏，舌淡苔薄，脉弦。

【治法】 疏肝健脾，调理冲任。

【方药】 丹栀逍遥散。丹皮 15g，栀子 15g，当归 15g，白芍 15g，柴胡 15g，白术

15g，茯苓 15g，生姜 6g，薄荷 10g，炙甘草 6g。

加减：若胁胀易怒者，加合欢皮 10g、郁金 15g 以解郁；月经紊乱而有血块者加香附 15g、鸡血藤 15g、益母草 25g 以调经；经行小腹胀痛者加玄胡 10g、川楝子 12g 以止痛；腹泻便溏者加白扁豆 15g、党参 15g、山药 20g 以健脾止泻。

【其他疗法】

（1）中成药：逍遥丸：每次 6g，每日 2 次，口服。

（2）单方验方：浮小麦 100g，甘草 6g，大枣 10 枚，水煎代茶饮。

三、预防与调护

（1）学习有关更年期卫生保健知识，了解机体生理变化，消除不必要的思想负担。同时坚持体育活动，增强体质，提高抗病能力。

（2）劳逸适度，积极参加社会活动。

（3）保持心情舒畅，积极协调好人际关系，坚持与人为善，避免情绪刺激，保持充足睡眠。

（4）加强饮食营养，改善饮食结构，增加蛋白质、维生素、钙等的摄入，避免食用辛辣及高脂、高糖食品，减缓骨质疏松。

（5）保持清洁卫生，节制房事。

（6）积极治疗和预防更年期有关病症及其他慢性疾病。

第六节 子宫肌瘤

子宫肌瘤（myoma of uterus）是女性生殖器最常见的良性肿瘤。由于子宫平滑肌组织增生而成，其间有少量纤维结缔组织。多见于 30 ~ 50 岁妇女，以 40 ~ 50 岁最多见，20 岁以下少见。其发病率较难统计，根据尸检资料，35 岁以上妇女约 20% 有子宫肌瘤。

本病属于中医“癥瘕”、“积聚”范畴。

一、病因病机

子宫肌瘤的形成多与正气虚弱，血气失调有关。或由经期产后，内伤生冷，或外受风寒，或恚怒伤肝，或忧思伤脾，致脏腑不和，气机阻滞，瘀血内停，积聚胞宫，日久而致病。

二、辨证论治

（一）辨证要点

按包块的性质、大小、部位、病程的长短、兼证及月经情况辨寒热虚实。

（二）治疗原则

根据《内经》“坚而软之，留而攻之”的原则，活血化瘀，软坚散结为治疗大法。但必须根据患者体质强弱、元气盛衰、病之久暂，酌用攻补，或先攻后补，或先补后攻，或攻补兼施，随证施治。并遵循“衰其大半而止”的原则，不可猛攻峻伐，以免损伤元气。

（三）分证论治

1. 寒凝血瘀证

【证候】 腹有癥瘕积聚，带下绵绵，畏寒怯冷，四肢不温，或遇寒而小腹疼痛，舌质黯，或边有瘀点瘀斑，苔薄白，脉紧弦。

【治法】 温阳散寒，活血化瘀，软坚散结。

【方药】 桂枝茯苓丸加减。桂枝、茯苓、丹皮、赤芍各 15g、桃仁 20g、蜂房 15g、浙贝母 10g、穿山甲 10g。

加减：血瘀重者加三棱 15g、莪术 15g、乳香 10g、没药 10g 以活血止痛；痰湿者加夏枯草 15g、海藻 15g、昆布 15g、生牡蛎 25g、冬葵子 10g 以祛痰软坚；小腹痛者加延胡索 10g、炒蒲黄 10g、五灵脂 15g、刘寄奴 15g、乌药 15g 以行气活血止痛。

【其他疗法】

（1）单方验方：橘荔散结丸：橘核、荔枝核、川断、小茴香、乌药、川楝子、海藻、岗稔根、莪术、制首乌、党参、生牡蛎、风栗壳、益母草，每日 1 剂，3 个月为 1 个疗程。

（2）中药热敷：穿山甲 20g，当归尾、白芷、赤芍各 10g，小茴香、生艾叶各 30g。装入长 21cm、宽 15cm 的布袋内，放于小腹上，再放置热水袋。每晚 1 次，每次 20 分钟，30 天为 1 疗程。

2. 气滞血瘀证

【证候】 小腹有包块，积块坚硬，固定不移，疼痛拒按，胸胁乳房胀痛，月经延长或淋漓不断，舌紫黯或边有瘀点，苔厚而干，脉沉涩而弦。

【治法】 疏肝理气，活血散结，破瘀消癥。

【方药】 大黄䗪虫丸加减。熟大黄 10g，土鳖虫 10g（炒）。水蛭 10g，桃仁 12g，黄芩 10g，生地黄 12g，白芍 15g，丹参 20g，莪术 12g，炮山甲 6g（研末吞服），甘草 6g。

加减法：若月经过多酌加炒蒲黄、炒五灵脂各 10g、三七粉 3g（吞服）等以化瘀止血；出血日久，气随血伤出现气阴两虚之象，可加太子参 15g、麦冬 12g、五味子 9g 以益气养阴。

【其他疗法】

（1）中成药

1）大黄䗪虫胶囊：每次 3 粒，每日 2 次，饭前温酒或温开水送服。

2）化癥回生片：每次 5 ~ 6 片，每日 2 次，饭前温酒或温开水送服。

（2）灌肠法：桃仁、川芎、三棱、莪术、穿山甲、木通、路路通、陈皮、枳实、昆布、牡蛎各 15g，地鳖虫 12g。15 天为 1 个疗程。

（3）饮食疗法：桃树根炖肉：桃树根 100g，猪精肉 200g，葱、生姜、酱油、精盐、味精适量，将沙锅与上方置武火上烧沸，然后改文火炖之，待猪肉熟后，取出桃树根即可。

3. 瘀热交阻证

【证候】 小腹有包块，疼痛拒按，带下量多，色黄臭秽或五色杂下，经期提前或延长，经血量多，有块，经前腹痛加重。烦躁易怒，发热口渴，便秘溲黄，舌红，边有瘀点，苔黄，脉细弦数。

【治法】 清热解毒，破瘀消癥。

【方药】 银花蕺菜饮加减。银花 25g，蕺菜 30g，土茯苓 20g，炒荆芥 15g，甘草 6g，穿山甲 15g。

加减：若小腹包块疼痛、兼带下量多，色黄，质稠如脓，臭秽难闻，疑为恶性肿瘤者，应作全面检查，放疗、化疗之际酌加半枝莲 15g、穿心莲 15g、白花蛇舌草 20g、七叶一枝花 20g 以清热解毒消癥。

三、预防与调护

（1）子宫肌瘤患者应定期随访，一般 2 ～ 3 个月检查 1 次，尤其在绝经期前后更应积极随访，预防恶变。

（2）患有子宫肌瘤不宜放置宫内节育器，尤其是肌壁间肌瘤和黏膜下肌瘤，以免造成经量更多和经期延长。肌瘤患者也不宜口服避孕药，最好由男方采取避孕措施。

第七节 不 孕 症

凡婚后未避孕、有正常性生活、同居 2 年而未曾受孕者，称不孕症（infertility）。婚后未避孕而从未妊娠者称原发性不孕；曾有过妊娠而后未避孕连续 2 年不孕者称继发不孕。夫妇一方有先天或后天解剖生理方面的缺陷，无法纠正而不能妊娠者称绝对不孕；夫妇一方因某种因素阻碍受孕，导致暂时不孕，一旦得到纠正仍能受孕者称相对不孕。据 1989 年资料，婚后 1 年初孕率为 87.7%，婚后 2 年初孕率为 94.6%。

本证属中医的“全不产”、“断绪”范畴。

一、病因病机

肾主生殖，主水，主藏精；肝为女子之先天，主藏血，与肾同居下焦，精血互生，乙癸同源。肝肾与女子天癸、冲任、子宫功能关系密切，如肝肾功能失调，精血不足，冲任不能相资，胞宫、胞脉、胞络失养，乃至不孕。临床以肾虚、肝郁、痰湿、血瘀、气血虚弱证常见。

二、辨证论治

（一）辨证要点

不孕症病因虽多，仍不外虚实两端，虚者脾肾不足，气血亏损，实者气滞血瘀，肝郁痰滞等。应根据病者的初潮年龄及禀赋，参考经带情况以辨虚实寒热。如初潮迟，或月经后期，量少色黯，质稀，带下冷清，腰酸腹凉者，多属肾之阳气不足；月经后期，量少色淡，形瘦体羸者，多为营血不足；带下量多，黏稠如涕，形肥痰多者，为痰湿内阻；月经延后，量或多或少，经色紫黯，有块而黏，少腹痛，块下痛减，腰骶坠痛，经前加重，腹痛拒按者，多为瘀血内蓄；月经或前或后，量或多或少，或痛经，精神抑郁，烦躁易怒，经前乳胀者，多为肝气郁滞。

（二）治疗原则

治疗上，应以补肾气，益精血，养冲任，调月经为原则。古人认为：月经不调，不易受孕，故强调“求子之法，贵先调经”，经调方能受孕。不孕根本在肾，应以补肾为主，但由于不孕症往往虚实夹杂，不可一味蛮补，“种子之方，本无定轨，因人而药，各有所宜。”切不可以一方一药，不辨虚实寒热而滥施，以免戕害阴阳气血。除药物治疗外，尚应配合针灸、体育锻炼，保持身心健康、房事有节，掌握真机良候，不妄作劳，方可有子。

（三）分证论治

1. 肾阳虚证

【证候】 婚久不孕，月经后期，量少色淡，或月经数月一潮，甚或闭经不行。面色晦黯，腰膝无力，少腹如扇，阴中不温，性欲淡漠，便溏溲清，带下清稀，舌淡苔白，脉沉细或沉迟。

【治法】 温肾壮阳，调补冲任。

【方药】 毓麟珠加减。党参25g，白术15g，茯苓15g，白芍25g，川芎10g，炙甘草6g，当归15g，熟地25g，菟丝子20g，杜仲15g，鹿角霜20g，川椒10g，紫河车7.5g（焙干研末冲服），紫石英10g。

加减：腰痛如折，小腹冷痛，阴中不温，脉沉迟无力者，上方加淫羊藿15g、仙茅10g温补肾元。

【其他疗法】

（1）中成药

1）女宝：每次4粒，每日3次，温开水送服。

2）健妇丸：每次2粒，每日2次，温开水送服。

（2）单方验方：长春毓麟丹（《吉林验方秘方选编》）。熟地8份，山药4份，山萸肉4份，鹿茸1份，红参1份，淫羊藿4份，菟丝子4份，紫石英8份，当归3份，丹皮3份，研末盛胶囊内，每日18粒，分3次，口服。

（3）针灸疗法：详见第九章。

2. 肾阴虚证

【证候】 婚久不孕，或产后数年不复受妊，月经先期量少，色红无血块。或月经正常，但形体消瘦，腰酸腿软，头昏眼花，怔忡失眠，性情急躁，唇干舌燥，五心烦热，烘热汗出，午后低热，舌红，苔少，脉细数。

【治法】 滋肾填精，养血调经。

【方药】 养精种玉汤合二至丸。熟地25g，山萸肉20g，当归15g，白芍25g，女贞子30g，旱莲草15g。

加减：若阴虚热象明显者，上方加黄精20g、桑椹子15g、盐黄柏10g、知母15g以滋阴清热。此类患者应充分注意除外结核性疾病。

【其他疗法】

（1）中成药：五子衍宗丸：每次9g，每日2次，口服。

（2）单方验方：紫河车1具，熟地25g，龟版20g，山萸肉15g，当归15g，白芍15g。水煎温服，每日1剂。

3. 肝郁气滞证

【证候】 数年不孕，月经愆期，量多少无定，经前乳房、少腹作胀，经血行而不畅，色黯有块。神情抑郁，烦躁多怒，嗳气，多太息，舌质红或正常，苔薄白，脉弦。

【治法】 舒肝解郁，理气调经。

【方药】 开郁种玉汤。当归15g，白术15g，白芍25g，茯苓15g，丹皮15g，香附15g，花粉15g。

加减：若因气滞夹血瘀者，可见小腹胀痛，经期或劳累后加重，痛时拒按。治宜活血理气、温阳调经，方用少腹逐瘀汤（方见痛经）去干姜、肉桂、加丹参15g、香附15g、桂枝15g。若胸胀满甚者，上方去白术，加玫瑰花5g、紫菀10g以开郁行气。

【其他疗法】

（1）中成药：逍遥丸：每次9g，每日2次，口服。

（2）单方验方：当归20g，香附5g，花粉15g，白术15g，白芍15g，茯苓15g，丹皮10g。水煎温服，每日1剂。

4. 气血虚弱证

【证候】 婚后无子，或曾产后，数年不再受孕，月经后期，量少色淡，点滴即尽，或闭经。面色萎黄无华，皮肤乏润，形体消瘦，头晕目眩，舌淡苔薄，脉细弱。

【治法】 益气养血，滋肾调经。

【方药】 八珍汤加减。当归20g，川芎10g，熟地30g，白芍15g，党参20g，茯苓15g，白术15g，炙甘草6g，阿胶15g，紫河车10g（焙干研末冲服）。

加减：若血虚脾弱，面浮肢肿，纳谷不馨者，可加山药20g、黄芪20g、砂仁10g以益气健脾；若血虚阴亏，虚火内焚，月经提前者，可予两地汤（《傅青主女科》）生地25g、玄参15g、白芍25g、麦冬15g、阿胶15g（烊化）、地骨皮15g，加女贞子30g、旱莲草25g、龟版20g、枸杞15g。

【其他疗法】

（1）中成药：当归养血丸：每次9g，每日3次，口服。

（2）单方验方：益母草60g，鹅儿草20g，牛膝12g，月月红12g。水煎服，每日3次。

5. 痰湿滞宫证

【证候】 多年不孕，形体丰腴，月经后期或闭经，带下量多，绵绵如涕。气短心悸，面色白，胸腔闷胀，倦怠乏力，舌体肥大，边有齿痕，苔白腻，脉沉滑。

【治法】 燥湿化痰，理气调经。

【方药】 苍附导痰丸加减。半夏15g，陈皮10g，茯苓10g，炙甘草6g，南星9g，枳壳10g，苍术10g，香附15，生姜6g，九香虫10g，海藻10g。

加减：若闭经不行，加当归15g、川芎10g以活血通经，若经量过多加黄芪30g、地榆15g益气摄血；如心悸甚者，加远志15g、石菖蒲10g安神定志。

6. 瘀血阻胞证

【证候】 婚久不孕，下腹坠胀，经行腹痛如刺，月经延后，或闭止不行，或淋漓不断，有血块，经血暗红，舌紫黯，或边尖有瘀点，舌下络脉粗大青紫，舌苔薄白，脉弦涩。

【治法】 理气活血，畅胞调经。

【方药】 少腹逐瘀汤加减。小茴香10g，五灵脂15g，当归15g，官桂10g，延胡索

10g，干姜 10g，蒲黄 15g，川芎 10g，赤芍 15g，炮山甲 10g，路路通 10g。

【其他疗法】

（1）中成药：血府逐瘀丸：每次 9g，每日 2 次，空腹红糖水送服。

（2）单方验方：小麦胚芽适量，水煎服。

三、预防与调护

不孕症的发生，可追溯至青春期乃至更早的幼童时代。如幼年曾患病毒性腮腺炎，未曾治愈，扩散至卵巢，可引起卵巢炎，即可破坏卵巢实质；又结核菌感染后失治误治，可由肺传至胸膜和腹膜，以致传染到女性内生殖系统，引起女性终生不孕症。

做好五期卫生是预防不孕症的重要措施。不孕症的形成，有较大比例是因为失于摄生，特别是性卫生措施不当，甚至在经期性交，以子宫内膜－输卵管感染者较常见。

第四章 男科疾病

第一节 前列腺炎

前列腺炎（prostatitis）是中壮年男性常见的生殖系统疾病。临床上有急性和慢性、特异性和非特异性、细菌性和非细菌性等三种分类。急性前列腺炎的主要表现是尿急、尿频、尿痛、会阴部痛，重者伴有全身中毒症状。慢性前列腺炎的主要表现是少腹、会阴、睾丸部有不适感，尿道中常有白色分泌物溢出，病程迁延，反复发作，缠绵难愈。

本病属于中医“白浊”、“劳淋”、“精浊”、“淋证”范畴。

一、病因病机

急性前列腺炎的病因多为感受湿热疫毒之邪，或过食辛辣炙煿之品，火热内生。病机为湿热毒邪蕴结下焦，留注于前列腺，气血壅滞；腺体功能失调，或邪盛致腺体受损，化腐为脓，伤阴络而血外溢等因所致。

慢性前列腺炎的病因较为复杂，常涉及肝、脾、肾等脏，可因外感毒邪湿热，流入蕴结；或饮食不节，酿生湿热，湿热内蕴；或房事不洁感染疫毒；或因相火妄动，阴精暗耗；或因手淫和忍精不泄致败精滞留等。病机特点是由于湿热邪毒，相火偏旺，扰动精室，精离其位，或肾脾两虚，不能摄精化湿而成精浊之变。

二、辨证论治

（一）辨证要点

首先区分急性、慢性。急性者，常由外感热毒，过食辛辣之物，湿热内生引起；慢性者，常因劳倦所伤、房事过度所致。其次，辨清寒热虚实，一般而言，急性前列腺炎为实证、热证，由毒热蕴结或湿热下注所致；慢性前列腺为虚证、寒证，有肝肾阴虚证和肾阳虚证。最后，谨察疾病转归。急、慢性前列腺炎常因致病原因和体质状况的不同，两者可相互转化。如急性前列腺炎，因失治或误治可发展为慢性前列腺炎；慢性前列腺炎久病不愈，导致机体虚衰，湿热之邪乘虚而入，则转化为急性前列腺炎。反复发作。可致气滞血瘀，久则入络不散，致使前列腺肿大而硬。

（二）治疗原则

对前列腺炎的治疗，首先要审证求因，辨明急性或慢性，并了解掌握致病的主要因素，辨明虚、实、寒、热证，按照中医辨证论治的原则，分别采用清利湿热、滋补肝肾、活血行气、清热解毒、利湿泻浊、补肾固精、滋阴降火等法治疗。本着“急则治其标，缓则治其本”的原则，谨守病机，正本清源，求因治本。

（三）分证论治

1. 湿热蕴阻证

【证候】 尿频、尿急、尿痛，尿道灼热感，排尿不畅，尿末或大便时尿道口有白浊滴出，少腹、会阴、腰骶部坠胀疼痛，或伴发热、恶寒、头身酸痛等，舌红，苔黄腻，脉弦滑或数。

【治法】 清热利湿。

【方药】 八正散加减。车前子 12g，瞿麦 12g，扁蓄 12g，滑石 15g，山栀 15g，木通 6g，大黄 6g，茵陈 30g。

加减：若兼有头重如裹，身热不扬，午后热象较甚者，加制半夏、白蔻仁各 10g，青蒿 15g，以芳香宣化；若不思饮食，脘痞胀满者加厚朴、枳壳、陈皮各 10g，以行气化湿，开胃醒脾；对血精者加知母、黄柏各 15g，清热凉血以固精。

【其他疗法】

（1）注射剂：在前列腺被膜下注射银黄注射液，每次 2ml，每日 1 次。

（2）单方验方

1）生南瓜子 30g，去皮嚼服。

2）冬瓜子炒研末，每次 15g，兑汤调服。

3）丹参 30g，赤小豆 30g，水煎服，每日 1 剂。

（3）针灸疗法：针膀胱俞、中极、阴陵泉、水道、太白、足三里、三阴交，采用泻法，10 天为一个疗程，间隔 3 天，可连续 2 ~ 3 个疗程。

（4）外治法

1）用金黄散 15 ~ 30g，藕粉或山茱萸粉适量，水 200ml 调成糊状，微冷后（40℃）保留灌肠，每日 1 次；或用清疏汤（药物组成为黄柏、黄芩、金银花、土茯苓、紫花地丁、红藤、白花蛇舌草、蒲公英等），水煎取汁 300ml，药温 37 ~ 39℃，向直肠缓慢滴注，每分钟 30 滴，每日 1 次。

2）将前列安栓置入肛门 3 ~ 4cm，每日 1 粒，每日 1 次，1 月为 1 个疗程。

3）坐浴疗法：白花蛇舌草、败酱草、龙胆草、丹参、鱼腥草各 20g，车前子、滑石各 15g，每日 1 剂，水煎每晚坐浴一次，30 天为 1 个疗程。

4）按摩前列腺，每周 2 次，使其淤积的分泌物排出，缓解瘀血情况，促进炎症消退。

2. 阴虚火旺证

【证候】 腰膝酸软，头晕目眩，失眠多梦，五心烦热，遗精或血精，排尿或大便时尿道口有白浊，尿道不适，舌红少苔，脉细数。

【治法】 滋阴降火。

【方药】 知柏地黄汤加减。生地 30g，山萸肉 20g，山药 20g，丹皮 15g，泽泻 12g，白茯苓 15g，知母 15g，黄柏 12g，丹参 15g。

加减：失眠多梦者加生龙骨 20g、生牡蛎 20g、酸枣仁 15g 镇心安神；五心烦热，低热者，加生栀子 10g，地骨皮 15g 滋阴清热；若白浊较多，或小便频多，加乌药 10g、益智仁 10g、萆薢 12g 以暖肾固精，利湿排浊。

【其他疗法】

（1）单方验方：竹叶 15g，莲子心 10g 代茶饮。

（2）针灸治疗：取肾俞、肝俞、关元、气海、三阴交、阴陵泉、足三里，毫针刺用补法，每日或隔日 1 次，10 次为一个疗程；耳针可选肾、膀胱、尿道、盆腔，强刺激，每日或隔日 1 次，留针 5 ～ 15 分钟，10 ～ 15 次为 1 个疗程。

（3）外治法

1）用前列腺治疗机加中药（黄精、益智仁、枸杞、菟丝子、山药、桃仁、丹参、鸡内金、王不留行各 50g，毛冬青 100g，败酱草、三七各 75g，研末，凡士林调膏）离子导入。

2）用黄连、赤芍、冰片、牛膝等制成栓剂，纳入直肠 3cm 处，每晚 1 次。

3）用青黛 5g，冰片 1g，加生姜汁，凡士林调糊敷会阴部，用纱布固定，每日 1 次，10 日 1 个疗程。

（4）饮食疗法：螺蛳一碗，连壳于锅内炒热，淬以好白酒 1 斤，水 1 斤，煮熟以针挑肉吃。

3. 肾阳不足证

【证候】 腰膝酸软，手足不温，阳痿早泄，小便频数，淋漓不尽，舌淡胖，苔白，脉沉细。

【治法】 温肾壮阳固精。

【方药】 肾气丸合桑螵蛸散。炙附子 10g，肉桂 10g，熟地黄 20g，山药 20g，山萸肉 20g，丹皮 15g，泽泻 15g，茯苓 15g，桑螵蛸 10g，远志 10g，菖蒲 15g，龙骨 20g，人参 10g，当归 10g，龟甲 10g。

加减：若气虚明显，以会阴坠胀感为主，劳累加重，加黄芪 20g、党参 15g、升麻 6g 以补气升阳；若疼痛剧烈者，加三七粉、失笑散活血化瘀止痛。

【其他疗法】

（1）中成药：千金片：每次 5 片，每日 3 次，18 天 1 个疗程。补气补血，健脾化湿。主治脾气亏虚，水湿内停者。

（2）针灸治疗：取命门、肾俞、关元、三阴交、大肠俞、足三里、太溪，毫针刺用补法，每日或隔日 1 次，10 次为 1 个疗程。

（3）外治法

1）将香附、乌药、元胡、小茴香等分，麝香少许研末，加水调匀，敷于肚脐，10 小时后取下，1 周 2 次，12 次 1 个疗程。

2）用独活、白芷、当归、甘草、葱头，煎汤取汁，每日坐浴 1 次，每次 20 ～ 30 分钟。

（4）饮食疗法：燕麦、莲子煮粥，每日一餐。

4. 气滞血瘀证

【证候】 小腹、会阴、睾丸坠胀隐痛或刺痛不适，或有血精、血尿，舌质暗或有瘀斑，脉沉涩。

【治法】 活血化瘀，行气止痛。

【方药】 前列腺汤加减。丹参 15g，泽兰 15g，赤芍 15g，桃仁 15g，红花 15g，乳香 10g，没药 10g，王不留行 25g，青皮 10g，川楝子 10g，白芷 15g，小茴香 10g。

加减：小便涩痛、灼热，加扁蓄 15g、瞿麦 15g、车前草 10g 以清热利尿通淋；自觉小腹寒冷，舌淡脉迟，加肉桂 6g、炮附子 12g 温里散寒；有血精者，加知母 12g、黄柏 10g、槐花 12g 以清热滋阴凉血；若有前列腺坚硬者，加三棱 10g，炮山甲 15g 以化瘀散结。

【其他方法】

（1）中成药：大黄虫丸：每次 3g，每日 2 次。活血破瘀消痞。适用于前列腺增生质硬者。

（2）注射剂：在前列腺被膜下注射复方丹参注射液治疗，每次 2ml，每日 1 次。

（3）针灸治疗：取中极、气海、血海、膈俞、阴廉、太冲、三阴交，毫针刺用泻法，每日或隔日 1 次，10 次为 1 个疗程。

（4）外治法

1）用丹参、赤芍、三棱、莪术、炒穿山甲、黄芩、黄连、黄柏、知母、昆布、海藻各 15g，每日 1 剂，水煎浓缩至 120ml，水温 40℃保留灌肠不得少于 1.5 小时，15 日为 1 个疗程。

2）用中药离子（桃仁、红花、丹参、莪术、王不留行、没药、川楝子、黄柏、败酱草、箭金）经水煎浓缩灭菌，经前列腺治疗仪，脉冲式操作，每次 20 分钟，隔日 1 次，10 次为 1 个疗程。

3）用中药生大黄 30g，红花、苍术、黄柏、栀子各 15g，苦参、黄芩、蒲公英、赤芍、蛇床子、紫苏各 20g，煎煮药液，每日 1 次，每次坐浴 15 分钟。

三、预防与调护

（1）戒除手淫，节制房事。

（2）禁食辛辣、膏粱厚味食物。

（3）局部热敷，每日 2 ~ 3 小时。

（4）急性前列腺炎宜卧床休息，早期多饮开水，保持小便通畅。

第二节　前列腺增生症

前列腺增生症（benign prostatic hyperplasia，BPH）又称前列腺肥大、良性前列腺增生症，是老年男性的一种常见病，发病率随年龄增长而逐渐增加，多数于 50 ~ 70 岁发病。有症状的前列腺肥大主要是尿频，排尿困难，急性尿闭或尿失禁；早期往往仅为夜尿次数增多。

本病属于中医“癃闭”、“精癃”、“失禁”、“尿闭”范畴。

一、病因病机

本病的病因，可概括为虚实两类。虚证常见于老年中气不足、阴虚火旺及肾阳虚衰等所致。实证多见于湿热、痰盛、气郁等所致。

虚证的发生，主要是由于老年人肾阳不足，命门火衰，导致全身气化不利，水湿内停，内潴膀胱；或久病入络及肾，湿浊痰毒郁结；或脾阳不足，水湿不化，湿热下流于膀胱；或年老阴亏，败精秽浊久蕴化生湿热等因所致。

实证的发生，可因久卧湿地，湿邪内侵，或过食肥甘厚味、饮酒等致脾失健运，内生湿浊，久则化痰生热，下注膀胱、前列腺，而气机痹阻致病；另可因外感湿热火毒之邪，蕴结不散；或素有慢性肺部疾患者，复感湿热之邪，致使肺失宣发肃降，湿热之邪下注，膀胱气化不利而发。

二、辨证论治

（一）辨证要点

前列腺增生症在临床上情况复杂多变，典型的或单纯的证型不多见，多数为几种证型相互兼夹，因此辨证中抓住要点，知常达变十分重要。第一，要仔细询问病史，注意分病情新久，发病的诱因，以及以前服药的情况，暴闭多实，久癃多虚。第二，围绕主症，兼顾相关问题，细辨寒热虚实，以溺闭不通，用力努责，淋漓不爽为实证；尿失禁或遗尿为虚证。第三，注重整体与局部的关系。老年性疾病，如肺气肿、高血压病、肠功能紊乱、失眠合并前列腺增生症，常相互影响，加重病情。因此，辨证中要从其本质上分析，抓住总纲，切勿头痛医头，脚痛医脚。

（二）治疗原则

临证应分清轻重缓急，急则治其标，缓则治其本。例如，现尿潴留时，首先要导尿或者膀胱造瘘，然后再进行辨证分析。本病实证以清热通利活血为主，虚证以补益通淋利浊为宜。

（三）分证论治

1. 膀胱湿热证

【证候】 尿频数不爽，尿黄而热，茎中痛痒，甚至尿闭不通，小腹急胀，舌质红，苔黄腻，脉数。

【治法】 清热化湿，利尿通淋。

【方药】 八正散加减。茯苓 15g，萆薢 15g，车前子 15g，扁蓄 6g，瞿麦 6g，黄柏 6g，薏苡仁 20g，王不留行 15g，败酱草 25g。

加减：前列腺质地坚硬者，加穿山甲 6g，三棱、莪术各 10g 化瘀消癥；尿血者，加白茅根、大小蓟各 25g 凉血止血；少腹、肛门坠胀者，加乌药、丹参各 10g 温阳散寒，行气活血；尿中脓血多者，加白花蛇舌草 25g，半边莲 20g，鱼腥草 20g 清热解毒。

【其他疗法】

（1）中成药

1）前列通瘀胶囊：每次服 5 粒，每日 3 次，1 个月为 1 个疗程。清热通淋，活血化瘀。适宜瘀血阻滞兼湿热内蕴者。

2）前列安通片：每次 4 ～ 6 片，每日 3 次。清热利湿，活血化瘀。主治湿热瘀阻者。

（2）单方验方

1）虎杖 100g，水煎服。

2）益母草 30 ～ 50g，柳根白皮 60 ～ 80g，水煎服。

（3）针灸疗法：取中极、太冲、三阴交、膀胱俞、肾俞、肝俞、次髎，中极、三阴交先补后泻；太冲、肝俞用泻，不留针；膀胱俞、肾俞、次髎用针刺补法，得气后留针 20 分钟。

急性尿闭时，针中极、归来、三阴交、膀胱俞等穴；灸气海、关元、水道等穴。

（4）外治法

1）射干20g，黄连20g，黄芩30g，败酱草30g，蒲公英30g，鱼腥草20g，黄柏15g，金银花15g，车前子15g，三棱6g，莪术15g，桃仁6g，煎水保留灌肠。

2）瞿麦、扁蓄、猪苓、泽泻、茯苓各30g，穿山甲、乌药各10g煎汤，坐浴半小时，15天为1个疗程，每疗程间隔5天。

3）急性不通者，可用食盐500g，炒热布包，趁热熨小腹部，冷后炒热再熨。

（5）饮食疗法：利尿黄瓜汤：瞿麦10g煎水去渣煮沸后，加入黄瓜片适量，调味即服。

2. 肺热壅盛证

【证候】　患者素有慢性肺部疾患或外感后出现小便不畅，甚至点滴不通，兼见咽干，口燥，咳嗽，气喘或有大便干结，舌质红，苔黄腻，脉滑数。

【治法】　清热宣肺，利水开泄。

【方药】　清肺饮加减。茯苓10g，黄芩10g，桑白皮15g，麦冬10g，车前子10g（包煎），山栀10g，木通6g，半边莲15g，枳壳10g，甘草6g。

加减：大便艰涩不通者，加大黄10g（后下），桃仁10g，大腹皮10g行气泻下通便；尿脓者，加金银花、鱼腥草各30g清热解毒；癃闭不通者，加黑白丑各6g，商陆10g峻下利水。

【其他疗法】

（1）中成药

1）金利油口服液：每次10～20ml，每日3次，宣肺平喘，温肾纳气，利尿通淋。主治小便不畅兼咳嗽，气喘者。

2）花粉胶囊：每次服4粒，每日3次，30天为1个疗程。滋阴润肺，适用于小便不通，兼有咳嗽、气喘、咽干、口燥者。

（2）针灸治疗

1）针尺泽、条口、支沟、阴陵泉、曲池、中极、肝俞，采用泻法，10天为1个疗程。

2）刺双侧维道，针尖向曲骨约2～3寸，采用断续波，刺激量逐渐加强，通电15～30分钟，配合内服中药，方药用竹叶石膏汤加减（竹叶15g，石膏30g，太子参10g，半夏15g，甘草5g，黄芪15g，紫苑10g，粳米10g，桑白皮15g）。

（3）外治法

1）以白胡椒、北细辛适量或芒硝、明硝各等分，研成细末，取3g敷盖脐部，外用麝香风湿膏剪成4cm×4cm覆盖粘贴，3天换药1次，10次为1个疗程。

2）暴闭不通者，可用皂角粉少许吹鼻取嚏。

（4）饮食疗法：杏梨石韦饮：将苦杏仁（捣碎）10g，石韦12g，车前草15g，大鸭梨（去核）1个，冰糖少许，煎水当茶。

3. 脾气虚弱证

【证候】　小便不能控制，失禁或夜间遗尿，伴有精神倦怠，少气懒言，面色少华，小腹坠胀感，舌淡，苔白，脉细。

【治法】　补中益气，软坚消癥。

【方药】　补中益气汤加味。黄芪20g，白术10g，党参15g，升麻10g，柴胡10g，王不留行 15g，泽泻 10g，五味子 10g，甘草 5g，当归 10g，苡米 20g，山药 10g，陈皮 6g，萆薢 10g，茯苓 10g。

加减：尿溺不尽，排尿无力者，加仙灵脾、仙茅各 10g，补骨脂 15g 补益肾气；便溏或腹泻者，白术改苍术 10g，加车前子 15g 利水燥湿；心悸多汗者，加五味子 10g，麦冬 15g 养心安神。

【其他疗法】

（1）中成药：乌鸡白凤丸：早晚各 1 粒，淡盐水吞服。

（2）针灸治疗：针百会、足三里、气海、脾俞，均用补法，后加用灸法，留针 15 分钟，隔日 1 次。

（3）饮食疗法：参芪冬瓜汤：将党参 15g，黄芪 20g 煎煮 15 分钟，去渣留汁，加冬瓜 50g 至熟，调味即成。

4. 肾阴不足证

【证候】 小便频数不爽，尿道灼热，淋漓不尽，经久不愈，伴有头晕目眩，腰膝酸软，失眠多梦，大便干结，舌红少苔，脉细数。

【治法】 滋肾养阴，通利膀胱。

【方药】 知柏地黄丸加减。知母 10g，黄柏 10g，熟地 20g，山药 20g，山茱萸 10g，泽泻 10g，茯苓 10g，丹皮 10g，王不留行 15g，红藤 10g，夏枯草 10g，丹参 20g。

加减：兼尿涩、尿痛者，加紫花地丁、蒲公英、败酱草各 20g，滑石 20g，白茅根 30g 清热解毒凉血；尿中有沙石者，加金钱草 30g，海金砂 10g 通淋化石；有心悸、失眠、健忘者，加当归身 15g，柏子仁 10g，桑椹 20g 养血滋阴安神。

【其他疗法】

（1）中成药

1）前列舒丸：每次服 1 ~ 2 丸，每日 3 次，1 月为 1 个疗程。扶正固本，滋阴益肾，利尿。适用于尿频，尿急，尿滴沥，血尿的前列腺增生症。

2）滋肾通关丸：每次服 1 丸，每日 3 次，1 月为 1 个疗程。滋阴燥湿，通利膀胱。适用于小便点滴不通，午后发热，口不渴，脉象浮大者。

（2）针灸疗法：针刺肾俞、膀胱俞、肝俞、中极、三阴交、复溜、太冲，前两穴用补法，肝俞、中极、三阴交、复溜先补后泻，留针 15 分钟，太冲用泻法，不留针。

5. 肾阳不足证

【证候】 小便自溢而失禁或尿闭不出，精神委靡，面色㿠白，畏寒喜暖，伴阳痿、遗精，大便稀溏，舌质淡，苔白，脉沉细或迟弱。

【治法】 温阳利水。

【方药】 济生肾气丸加减。熟地黄 30g，补骨脂 20g，山茱萸 15g，山药 20g，泽泻 10g，仙茅 10g，仙灵脾 10g，益智仁 15g，怀牛膝 15g，肉桂 5g。

加减：前列腺结节坚硬者，加穿山甲 10g，皂角刺 6g，夏枯草 15g 以溃坚散结；兼见纳呆、腹泻者，加人参须 10g，苍术 10g，砂仁 6g 益气健脾；气虚下陷者加黄芪 30g，升麻 10g 升阳益气；肾阳衰微者加鹿茸少许冲服，萆薢 20g 温补肾阳，去浊分清；少腹胀满拘急者加乌药 10g，黑白丑各 6g，以峻下利水，通闭除胀。

【其他疗法】

（1）中成药

1）前列回春胶囊：每次 4 ~ 6 粒，每日 2 ~ 3 次，口服。活血化瘀，温阳回春，主治前列腺增生症，伴有阳痿，早泄者。

2）癃闭舒胶囊：每次 3 粒，每日 2 次，口服。温肾化气，清热通淋，活血化瘀，散结止痛。用于肾气不足，湿热瘀阻之癃闭者。

（2）针灸治疗：针命门、足三里、关元、次髎、复溜、阴谷、膀胱俞、小肠俞，前四穴均用补法，可加用灸法，留针 20 分钟，隔日 1 次；后四穴均用泻法，阳痿、遗精、早泄者加三阴交、太溪；腰痛明显者加肾俞、气道。

（3）外治法

1）中药保留灌肠：取蜂房、鹿角霜、橘核、红藤、败酱草、黄柏、甲珠、桃仁等药物制成前列栓剂，将其置入肛门内 3 ~ 4cm。

2）敷贴：先用温水将神阙穴局部洗净，轻轻按摩使局部微热，再用酒精消毒，然后用金匮肾气丸 1/2 丸，制成铜钱大小之药饼外敷神阙穴，上盖生姜 1 片，黄豆大小之艾炷放姜片上灸 6 壮，灸毕取去姜片，纱布外包药饼，胶布固定，每 3 天换药 1 次，6 次为 1 个疗程。

（4）饮食疗法：桂浆粥：肉桂 5g，车前草 30g，煎水去渣留汁，加粳米 50g 熬粥，空腹服用。

6. 下焦蓄血证

【证候】 小便点滴而下，或时断时续，尿细如线，会阴、小腹部胀痛，或刺痛，偶有血尿或血精，舌质暗或有瘀点、瘀斑，脉涩。

【治法】 活血化瘀，通利膀胱。

【方药】 代抵挡汤加减。大黄 10g，当归 10g，桃仁 10g，川牛膝 10g，车前子 12g（包煎），延胡索 10g，穿山甲 10g，通草 6g，虎杖 15g，滑石 20g（包煎），沉香 2g（磨汁冲服），王不留行 10g，琥珀粉 3g（冲服）。

加减：若痰瘀胶结者，加丹参、天竺黄各 15g，水蛭 10g 化痰散瘀；前列腺增生质硬者，加王不留行 15g，炮山甲、昆布、海藻各 10g 软坚散结；大便秘结、腹胀满者，加厚朴、大黄各 10g 行气通便；尿白浊者，加知母、黄柏各 10g 清热除湿。

【其他疗法】

（1）中成药

1）小金片：每次 2 ~ 4 片，每日 2 次，口服。散结消肿、化瘀止痛。主治排尿困难兼前列腺增生结节者。

2）大黄䗪虫丸：每次 3g，每日 1 ~ 2 次。活血破瘀，通经消痞。用于小便滴沥不尽，兼瘀血内阻。

（2）注射剂：将川参通注射液注入前列腺包膜下，每次注入 4ml，每周 2 次，10 次为 1 个疗程。

（3）针灸治疗：针丰隆、血海、阴谷、肺俞、小肠俞、膈俞、内关，每日 2 次，每次行针 30 分钟。

（4）外治法：用益母草 30g，石见穿 5g，急性子 9g，石菖蒲 9g，王不留行 12g，血竭 3g，煎水保留灌肠。

三、预防与调护

（1）加强体育锻炼，提高抗病能力。

（2）注意情志调节，保持心情舒畅，避免忧思烦恼，切忌纵欲房劳，保持良好的生活习惯和规律。

（3）注意调节饮食，不要过食肥甘、辛辣之品，以免湿热内生。

第三节　男性性功能障碍

男性性功能障碍，一般包括阳痿、早泄、不射精症、阴茎异常勃起（强中）、血精、遗精、逆行性射精，其中阳痿是男科临床中最常见的疾病，其他病证因篇幅原因，在此不一一赘述。阳痿，又称阴茎勃起功能障碍（erectile dysfunction，ED），是指男性生殖器萎弱不用，不能勃起，或勃起不坚，不能完成正常房事的一种病症。多因情志不遂，肝胆湿热，肾气亏虚等，致使宗筋驰纵所引起。

阴茎勃起功能障碍属于中医“阳痿”、“阴萎”、“筋萎”、“阴器不用”等范畴。

一、病因病机

多因忧虑、湿热、惊恐、劳累及损伤等因素导致宗筋失养而弛纵，萎弱不用。本证病因较为复杂，可因情志因素及各方面外来因素致病。本病涉及心、脾、肝、肾等脏，可因劳倦忧思，损及心脾，致气血双亏，渐成阳痿；亦可因情志不遂，忧思抑郁等致肝气郁结，阴器为宗筋之汇，肝筋失养，失其条达疏泄；或同房时突发变故，惊恐伤肾，而致阳事不兴；或因房室不节，恣情纵欲，或因先天禀赋不足，或后天失养等，可致命门火衰或气精两伤，精气虚冷，阳事渐衰。亦可因素体阴虚，相火偏盛；或嗜食肥甘，内伤脾胃，湿热内生等伤及宗筋致弛纵不收而为病。

二、辨证论治

（一）辨证要点

首先分清虚实，本病有虚实之分，肝气郁结、肝胆湿热者属实证；命门火衰、心脾两虚、阴虚火旺、脾肾两虚等属于虚证；其次，辨明病位，因病因不同而病位各异。肝气郁结者，病位在肝；肝胆湿热者，病位在肝与脾；大惊卒恐者，病在心肾；命门火衰者，则病在肾。

（二）治疗原则

本病的治疗，应根据不同的病因病机而确定治则，肝气郁结者，应以疏达肝气为主；肝胆湿热者，以清利湿热为主；大卒惊恐者，则以安神宁志为治；命门火衰者，则应温肾补阳为要。

（三）分证论治

1. 肝气郁结证

【证候】 阳事不举，情志抑郁，胸胁胀满，急躁易怒，善太息，舌红，苔薄或薄黄，脉弦或弦数。

【治法】 疏肝理气，通络兴阳。

【方药】 逍遥散加减。柴胡 10g，白术 10g，当归 10g，川楝子 10g，白芍 10g，茯苓 15g，补骨脂 10g，枸杞子 10g，菟丝子 10g，甘草 5g。

加减：兼瘀滞者加红花 20g，桃仁 10g 活血化瘀；夹湿热者加黄柏 15g，泽泻 15g 以清热利湿；阴囊湿冷，甚或阴茎内缩，肾阳虚者加淫羊藿 12g，鹿角片 10g，吴茱萸 6g 温肾散寒；兼肾阴虚者加熟地 20g，枸杞子 20g 以滋补肾阴。

【其他疗法】

（1）注射剂：用复方丹参注射液注射穴位归来、三阴交、足三里、次髎、肾俞、长强，每穴注射 1ml，每天 1 次，10 天为 1 个疗程。

（2）针灸治疗：针刺关元、中极、曲骨旁开 1 寸（经验穴位）为主穴，配行间、曲骨、急脉、会阴。

（3）饮食疗法：麦芽薄荷墨鱼汤：生麦芽 50g，鲜玫瑰花 30g（布包），加水煮沸，再加鲜薄荷 20g，墨鱼 160g，生姜 6g，煮沸去玫瑰花，调味服用佐酒饮。

（4）气功疗法：取站式，双脚与肩同宽，呈八字形，膝微屈，双手如抱球置于胸前，呼吸自然平稳，意念自上而下分段放松，每天反复练习 2 ～ 3 次。

2. 肝胆湿热证

【证候】 阴茎痿软，阴囊潮湿或痒痛，下肢困重，小便黄赤，口苦耳鸣，苔黄而腻，脉弦滑或濡数。

【治法】 清肝利胆，振奋宗筋。

【方药】 龙胆泻肝汤加减。柴胡 10g，山栀 10g，黄芩 10g，胆草 6g，泽泻 10g，木通 6g，当归 12g，生地 12g，车前子 6g，续断 10g，枸杞子 20g，淫羊藿 15g，地龙 10g。

加减：兼有血精，或其他出血症状者，加大小蓟各 15g、侧柏叶 10g 凉血止血；湿重者，加生薏仁 20g、石菖蒲 15g、苍术 12g 化湿通淋；热重者加败酱草 15g、金银花 20g、连翘 15g 清热解毒。

【其他疗法】

（1）中成药：龙胆泻肝丸：每次 3 ～ 6g，每日 2 次。清肝胆，利湿热。适用于阳痿伴有头晕目赤，耳鸣耳聋，胁痛口苦者。

（2）针灸治疗：针刺曲泉、足三里、关元、中极、神阙、中脘，每日 1 次。

（3）外治法

1）取大黄、黄柏等量，煎液，取药液涂擦阴茎，每日 2 次。

2）将五倍子 20g，仙鹤草 30g，黄芩、丹皮各 9g，文火煎熬半小时，再加适量温开水，乘热熏蒸阴茎、龟头数分钟，待药液变温后，将龟头浸泡药液中，每次 10 分钟，每日 1 次，15 天为 1 个疗程。

（4）饮食疗法：猪苓 30g，车前草 30g，田螺 250g（用清水漂洗 1 ～ 2 天，打碎）。三药煲汤，调味食之。

3. 惊恐伤肾证

【证候】 多见于行房时受惊吓者。见阳事不举，胆怯心疑，心悸，寐不安宁，苔薄腻，脉弦细。

【治法】 安神定志，升阳振痿。

【方药】 定志丸合大补元煎加减。山药 20g，党参 15g，熟地 20g，杜仲 10g，当归 10g，山茱萸 10g，枸杞子 15g，茯苓 15g，石菖蒲 15g，远志 10g，甘草 5g。

加减：若见脾气不足者，加黄芪 30g、白术 15g 益气健脾；偏于阳虚者，加肉桂 6g、黑附片 12g、锁阳 15g 温里散寒；惊恐较甚者，加升麻 6g、柴胡 6g 升阳解郁；夜寐不宁，多梦者，加黄连 6g、莲子心 10g 清心安神，交通心肾；头晕乏力，腰膝酸软者，加狗脊 15g、续断 20g 以补肾强腰。

【其他疗法】

（1）中成药

1）天王补心丹：每次 2 丸（18g），早晚各服 1 次，用温开水送下。20 天为 1 个疗程，可以连续服用。

2）金水宝：每次 3 粒，每日 3 次，口服，15 天为 1 疗程。适用于阳痿兼神疲乏力，不寐，健忘，腰膝酸软者。

（2）单方验方：用蜂房、地龙、蛤蚧、蜘蛛、蟋蟀、仙灵脾、肉苁蓉、菟丝子、熟地、蛇床子、合欢皮、远志、杜仲、防风适量，煎水内服。

（3）针灸治疗：针刺中脘、脾俞、足三里、中极、心俞、三阴交、关元，每日 1 次。

（4）饮食疗法：羊肉 160 ~ 250g，桂圆肉 25g，莲子 30g，另加生姜 5 片除膻味，加水炖 1 小时左右，调味即可。

（5）按摩导引：让患者徐缓呼吸吐纳，同时结合按揉推拿，可以提高机体自身免疫力，达到辅助治疗的目的。

4. 命门火衰证

【证候】 多见于房劳不节或年老体弱者。见阳事不举，面色㿠白，精神委靡，头晕耳鸣，腰膝酸软，畏寒怕冷，舌淡苔白，脉沉细无力。

【治法】 温补下元，益肾兴阳。

【方药】 赞育汤加减。肉苁蓉 15g，巴戟天 20g，韭子 15g，仙茅 15g，仙灵脾 15g，熟地 20g，肉桂 6g，附子 6g，白术 15g，枸杞 15g，山茱萸 15g。

加减：阳虚滑精者，加锁阳 15g、补骨脂 15g 以温肾固精；少腹拘急疼痛者，加吴茱萸 9g、乌药 12g 暖肝散寒；肾阳虚微者，加鹿茸 3g（打粉冲服）、川萆薢 10g 温肾利浊；兼脾气虚者，加黄芪 25g、党参 20g 益气健脾。

【其他疗法】

（1）中成药：延龄长春胶囊，口服，一次 4 ~ 6 粒，每日 2 ~ 3 次。补肾壮阳，填精补髓。用于肾阳不足，精血亏虚，腰膝酸痛，四肢寒冷，体倦乏力，阳痿早泄者。

（2）单方验方：地肤子、阳起石等分为末，每次 10g，酒调服。

（3）针灸治疗

1）取肾俞、足三里、三阴交、命门、关元、八髎。每次选穴 3 ~ 5 穴，毫针刺用补法，或针灸并用。

2）耳针，可选精宫、外生殖器、睾丸、内分泌。每次取 2 ～ 3 穴，中刺激，留针 5 ～ 15 分钟，每日或隔日 1 次，10 次为 1 个疗程。

（4）外治法

1）外搽法：用淫羊藿、仙茅、当归、肉桂按等比例浸泡于 95% 乙醇 100ml 中。房事前 3 分钟内，以此浸出液涂擦龟头、双侧阴茎脚、阴茎，适度用力，10 次为 1 个疗程。

2）热熨：取青盐 500g，或生姜、小茴香、大葱各等份，炒热后装入布装，热熨脐下、下腹部，袋冷即换，每次 1 小时，每日 2 次。

3）敷贴：取五倍子、炙黄芪各 6g，硫黄 3g，共研为细末，放入大附子（挖空）内，再放入 250ml 白酒中，微火煮至酒干，取附子捣成膏，敷于肚脐上，包扎固定，3 天后取下，间歇 10 天敷药 1 次。

4）肛门栓塞：取白山雄栓（人参皂苷、鹿茸提取物、淫羊霍浸膏等），每天 1 枚塞入肛门，两周为 1 个疗程。

（5）饮食疗法

1）选用牛鞭 1 具，枸杞 40g，白果 30g（去壳），黑豆 30g，加水炖熟，调味，食肉药饮汤，隔日 1 次。

2）用猪肾一个（去臊腺）切成小块，带心红莲子 20g，冬虫夏草 15g，山药 25g，金樱子 15g，加水适量，以盐、胡椒调味，炖熟，隔日 1 次。

3）附姜焖狗肉：每次用狗肉 500g，切成小块，过油，加熟附片 15g，生姜 100g，水两碗，文火煮约 1 ～ 2 小时，加盐及配料。分早、晚两次服食。感冒、内热者忌食。

三、预防与调护

（1）调节情绪：调整情绪，消除各种紧张、自卑和恐惧心理，谨防郁怒，性生活时要做到放松自信。

（2）注意饮食，起居有常：多食些具有补肾固精作用之品，如牡蛎、胡桃肉、芡实、栗子、甲鱼、鸽蛋、海产品、猪腰等，少食辛辣肥甘酒浆食物，以免湿热内生，酿成此患。积极参加体育锻炼，特别是气功的操练，以提高身心素质，增强意念控制能力。

（3）节房事，戒恶习：戒除手淫，勿纵欲房劳、酒后行房、或勉强交媾。

第四节　不　育　症

男性不育（male infertility）是指凡夫妇婚后同居两年以上，未采用避孕措施，女方具有正常受孕能力，由于男方原因而致女方不能怀孕的一类疾病。根据世界卫生组织（WHO）调查，育龄夫妇存在不育问题，其中大约有 40% 的不育由男性因素所致，女性不孕约占 60%。中医学是治疗不孕症的宝库，除真无精子外，其他诸如性功能异常、精子少、死精子过多、畸形精子过多、精液不液化引起的男性不育症大多可治愈。

一、病因病机

中医认为不育多与肝、肾、心、脾有关，而与肾关系尤为密切。不育大多因精少、精弱、精寒、精热、精清、精稠、精瘀、阳痿、滑精及不射精所引起。其病机有先天禀赋不足，肾气不充，命门火衰，无力射出精液；房劳伤肾，病久伤阴，精血耗散而致精少、精清；元阴不足，相火偏亢，遗精盗汗，精热黏稠均可不育；情志抑郁，肝失疏泄，致宗筋痿而不举或气郁化火，灼伤肾水，肝木失养，宗筋拘急，精窍之道被阻，亦影响生育；嗜食肥甘滋腻，辛辣炙煿之品，损伤脾胃，脾失健运，痰湿内生，郁久化热，湿热之邪蕴结下焦，阻遏命门之火，可致阳痿、早泄、遗精等症；或外感湿热之邪，流注下焦，死精败血瘀阻精关窍道，滞塞不通，小腹胀痛，射精不能而致不育；思虑过度，劳倦伤心而致心气不足，心血亏耗；久病大病之后元气大伤，气血两虚，不能化生精液而精少精弱等，亦可引起不育。

二、辨证论治

（一）辨证要点

本病应辨清阴阳虚实情况。肾的病变多为虚证，一般将其分为阳虚、阴虚、阴阳俱虚。此外，亦有气血亏虚之证。实证则以肝郁气滞与湿热下注为多。总之，不育症以虚证为主，或虚中夹实，虽然涉及心、肝、脾、肾等脏，但以肾阴虚、肾阳虚最为常见。

（二）治疗原则

治疗原则为损其有余，补其不足。肾阳虚者，当以温肾助阳，并酌加补肾阴之品；肾阴虚者，当以滋肾益阴，并酌加助阳之品；肝郁气滞者，宜疏肝解郁，益精填髓；湿热下注者，当以清热利湿兼以补肾；气血亏虚者，应补益气血。

（三）分证论治

1. 肾阳虚衰证

【证候】 性欲减退，阳痿早泄，精子数少，成活率低，活动力弱，或射精无力，伴腰膝酸软，疲乏无力，小便清长，舌质淡，苔薄白，脉沉细。

【治法】 温肾助阳。

【方药】 金匮肾气丸合五子衍宗丸加减。熟地 25g，山药 15g，山萸肉 15g，丹皮 10g，泽泻 10g，茯苓 10g，附子 10g，肉桂 10g，五味子 12g，菟丝子 20g，枸杞子 20g，覆盆子 15g，车前子 10g。

加减：兼阳痿者，加阳起石 30g（包煎）、仙茅 15g、淫羊藿 15g 以温肾壮阳；兼遗精、早泄者，加芡实 20g、金樱子 20g 以固精止遗；若有精液不化者，加黄柏 6g、知母 6g、玄参 15g、天门冬 15g 滋养阴液；阳虚较重者，加鹿角胶 10g（烊化）、海马 1.5g（研末冲服）、狗脊 10g 以温补肾阳。

【其他疗法】

（1）中成药

1）右归丸：每次 1 丸，每日 2 次，口服。其功效补肾温阳、填精。主治肾阳不足，命门火衰，伴有阳痿、遗精，少衰无子者。

2）大菟丝子丸：每次3g，每日2次，口服。其功效温补肾阳。适宜肾虚不足，畏寒怕冷，腰膝酸软，阳痿遗精，小便频数等症。

（2）针灸治疗：选用肾俞、志室、委中为主穴，以气海、关元为配穴，采用补法，中度刺激隔日1次。

（3）外治法：将附子、胡椒、五灵脂、戎盐等中药制成粉剂，取适量以中药渗透剂调匀，填入脐内，上覆盖艾绒，用纱布固定后，神灯照射30分钟，以微出汗为度，每日1次，25次为1个疗程。

（4）饮食疗法：生精汤：巴戟、菟丝子各15g，肉苁蓉各10g，肉桂10g、狗鞭20g，羊肉100g，花椒、生姜、料酒少许，加水煮沸后改小火煨熟，加味精、猪油、细盐调味即可。具有壮阳补肾功效。

2. 肾阴不足证

【证候】 遗精滑泄，精液量少，精子活动力低，或精液黏稠不化，伴头晕耳鸣，手足心热，舌质红，少苔，脉沉细。

【治法】 滋肾益阴，补精养血。

【方药】 左归丸合五子衍宗丸加减。熟地25g，山药15g，山萸肉15g，鹿角胶15g（烊化），龟版胶15g（烊化），牛膝15g，五味子12g，菟丝子20g，枸杞子20g，覆盆子15g，车前子20g。

加减：精液中有白细胞者，加土茯苓10g、金银花15g、鱼腥草20g清热解毒；小便短赤者，加木通6g、扁蓄15g利尿通淋；有红细胞者，加白茅根20g、侧柏叶10g、槐花10g清热凉血；腰酸较甚者，加杜仲15g、续断15g以补益肾气。

【其他疗法】

（1）中成药

1）知柏地黄丸：每次8粒，每天3次。滋阴清热。用于有潮热盗汗，耳鸣遗精，口干咽燥者。

2）左归丸：每日2次，每次9g。滋肾补阴。用于真阴不足，腰酸膝软，盗汗，神疲口燥者。

（2）针灸治疗：取穴关元、曲骨、次髎、肾俞、太溪、三阴交、太冲、神门，用平补平泻法，隔日1次，20次为1个疗程。

（3）饮食疗法：鳖肉银耳汤：将鳖1只，银耳15g，姜适量同炖，熟后加盐调味。每日1剂，连用5～7天。滋阴降火。适用于精液不液化所致的不育症。

3. 肝郁气滞证

【证候】 性欲低下，阳事不举，或性交时不射精，精子稀少，活动力低，伴精神抑郁，两胁胀痛，嗳气泛酸，舌质暗，苔薄，脉弦细。

【治法】 疏肝解郁，温肾益精。

【方药】 柴胡疏肝散合五子衍宗丸加减。柴胡10g，枳壳15g，香附15g，川芎10g，白芍10g，甘草5g，五味子12g，菟丝子20g，枸杞子20g，覆盆子15g，车前子20g。

加减：兼湿热者，加苍术、茵陈、滑石、薏苡仁清热燥湿；伤阴者，加用天花粉、天门冬滋阴生津；睾丸或会阴部痛者，加元胡、川楝子行气止痛。

【其他疗法】

（1）中成药：逍遥丸：每次 6 ～ 9g，每日 3 次；有潮热，盗汗者，也可用丹栀逍遥丸。疏肝健脾，养血。用于肝气不舒，胸胁胀痛，头晕目眩，食欲减退者。

（2）单方验方：柴胡 10g，白芍 15g，枳壳 9g，丹参 20g，香附 9g，穿山甲 9g，路路通 9g，甘草 6g。水煎服，每日 1 剂。

（3）针灸治疗：选用章门、期门、京门为主穴，以太冲、足三里、曲泉、支沟为辅穴，主穴及曲泉采用平补平泻法，辅穴太冲、支沟用泻法，足三里用补法，中强刺激，不留针。

4. 气血亏虚证

【证候】 性欲减退，阳事不兴，面色萎黄，少气懒言，精液量少，心悸失眠，头晕目眩，纳呆便溏，舌质淡红，苔薄白，脉沉细无力。

【治法】 补气养血。

【方药】 十全大补汤加减。党参 20g，白术 10g，茯苓 15g，炙甘草 6g，熟地黄 25g，白芍 15g，川芎 9g，当归 10g，黄芪 30g，肉桂 10g。

加减：兼遗精早泄者，加金樱子 15g、龙骨 20g、牡蛎 20g 或服用金锁固精丸收敛固涩；失眠多梦者，加夜交藤 20g、炒枣仁 15g 交通心肾，宁心安神；精液不化者，加黄柏 10g、知母 6g、泽泻 10g、丹皮 15g 以清热滋阴。

【其他疗法】

（1）中成药

1）十全大补丸：每次 1 丸，每日 2 次，口服。

2）卫生培元丸：每次 1 丸，每日 2 次，口服。大补元气。用于气血虚弱，四肢无力症。

3）柏子养心丸：每次 6 ～ 9g，每日 2 次。补气，养血，安神。用于心气虚寒，心悸易惊，失眠多梦，健忘。

（2）单方验方：益精汤（经验方）：熟地黄 15g，山药 15g，仙灵脾 15g，枸杞子 15g，黄精 15g，制首乌 15g，黄芪 15g，茯苓 12g，牡丹皮 10g，泽泻 10g，枣皮 10g，当归 9g。水煎两次分 2 次服，每日 1 剂，3 个月为 1 个疗程。

（3）针灸治疗：针刺天枢、中极、关元、气海，每日取 1 ～ 2 穴，轮换针刺。用烧山火法，以病人有传热感为准则，出针时术者左手紧压针孔使真气内留。

（4）饮食疗法：大红枣 10 枚，生山药 60g（切片），桂圆肉 10g。加水适量煮熟，再加糯米粉或藕粉适量，煮沸成粥状，每日 1 次。

5. 湿热下注证

【证候】 阳事不兴或勃起不坚，精子数少或死精子多，小腹拘急满胀，小便短赤，大便秘结，口苦咽干。舌质红，苔黄腻，脉弦数。

【治法】 清热利湿。

【方药】 程氏萆薢分清饮加减。萆薢 20g，黄柏 15g，茯苓 15g，车前子 15g，莲子心 15g，白术 10g，石菖蒲 12g，杜仲 15g，续断 15g。

加减：有白细胞或脓细胞者，加薏苡仁 20g、忍冬藤 20g 清热解毒利尿；有血精或血尿者，加知母 10g、茜草 15g、旱莲草 15g 清热凉血止血；小便短赤者，加木通 6g，车前草 15g，败酱草 15g 利尿通淋；大便干结者，加大黄 10g，桃仁 15g 泻下通便。

【其他疗法】

（1）中成药

1）三妙丸：每次 6 ~ 9g，每日 2 ~ 3 次。燥湿清热。适用于湿热下注型不育，伴有下肢沉重，小便黄少者。

2）八正合剂：一次 15 ~ 20ml，每日 3 次，口服，用时摇匀。清热，通淋，通尿。用于湿热下注，小便短赤，淋沥涩痛，口燥咽干。

（2）针灸治疗：选用三阴交、足三里、太溪为主穴，以天枢、中脘、下脘、关元为配穴，主穴用泻法，配穴用平补平泻，中刺激，每日 1 次。

三、预防与调护

（1）加强卫生教育：在青春发育期，要适当的向青少年讲授生理卫生知识，并提倡对未婚青年进行婚前教育，科学认识两性关系，注意青春期卫生，促进青少年健康成长。

（2）忌吸烟，少饮酒：烟中的尼古丁，酒中的酒精对人体有害，尤其是对生殖器官影响更加严重，导致性功能减退和生育能力。据报道，过量饮酒及吸烟者所生胎儿的畸形发生率要高于一般人。

（3）节欲保精：青年夫妇的性生活一般以每周 1 ~ 2 次为宜。性交过频往往引起精子的数量和质量的减退，影响生育能力。

（4）起居有常，加强锻炼：患者不应有过度的精神压力，保持清心寡欲，心情舒畅，生活有规律，适当的加强锻炼。

第五章 儿科疾病

第一节 水 痘

水痘（chickenpox，varicella）是一种由水痘——带状疱疹病毒引起的，以发热，皮肤黏膜分批或同时出现斑疹、丘疹、疱疹、结痂为临床特征的急性出疹性传染病。多发于冬春两季，1 ～ 6 岁小儿多见，因其传染性强，容易引起流行。本病并发症少见，一般预后良好，愈后皮肤不留瘢痕，患病后可获得持久的免疫力，但以后可发生带状疱疹。

古代医家以其形态如豆，色泽明净如水泡称其为“水痘”，亦称“水花”、“水喜”、“水疮”、“水疱”、“零落豆子”。

一、病因病机

本病的病因为外感时行邪毒，内蕴湿热。时行邪毒由口鼻而入，郁于肺卫，故见发热、流涕、咳嗽等肺卫症状。邪毒深入，郁于肺脾，致肺失宣降，脾失健运。而肺主皮毛，脾主肌肉，时邪与内蕴之湿热相搏，外透于肌表，则发为水痘。邪毒尚轻，病在卫表者，则疱疹稀疏，疱浆清亮，全身症状轻微。若患儿素体虚弱，兼或调护失宜，邪毒炽盛，内犯气营，则见疱疹稠密，色呈紫红，神志昏迷，甚至抽搐。

二、辨证论治

（一）辨证要点

本病须辨清病情之轻重，疱疹的疏密程度和分布情况。邪在卫表为轻证，毒炽气营为重证；疱疹稀疏，疱浆清亮为轻；疱疹稠密，疱浆浑浊为重。躯干较多、四肢稀少为轻；口、眼、鼻等处黏膜也有疱疹为重。

（二）治疗原则

以清热解毒利湿为主。轻证应疏风清热，利湿解毒；重证宜清热凉营，解毒渗湿。

（三）辨证论治

1. 邪郁肺卫证

【证候】 发热，鼻塞，流涕，打喷嚏，咳嗽，1 ～ 2 天后出疹，皮疹分批出现，此起彼伏，疹点稀疏，疹色红润，疱浆清亮，根盘红晕不明显，斑疹、丘疹、疱疹、结痂常同时并见，以躯干为多，瘙痒不舒，舌苔薄白或薄黄，脉浮数。

【治法】 疏风清热，利湿解毒。

【方药】 银翘散加减。金银花 5 ~ 10g，连翘 5 ~ 10g，薄荷 3 ~ 6g，牛蒡子 4 ~ 8g，桔梗 3 ~ 6g，竹叶 2 ~ 4g，芦根 6 ~ 15g，车前子 3 ~ 6g，滑石 3 ~ 9g，甘草 2 ~ 4g，板蓝根 5 ~ 10g。

加减：疹密色红者，加赤芍 5 ~ 10g、紫草 3 ~ 6g 活血凉营；瘙痒不安者，加白蒺藜 3 ~ 6g、蝉蜕 2 ~ 5g 祛风止痒；咳嗽有痰者，加杏仁 2 ~ 4g、前胡 3 ~ 6g 宣肺化痰；头痛者加菊花 5 ~ 10g、桑叶 3 ~ 9g 疏风清热止痛。若高热、咳喘、紫绀者，为邪毒闭肺之变证，用麻杏石甘汤加减以清热解毒、宣肺化痰。

【其他疗法】

（1）中成药

1）银翘解毒丸：1 岁以下，每次服 1/3 丸；1 ~ 2 岁，每次服 1/2 丸。每日 2 ~ 3 次。疏风散热，清热解毒，用于水痘初起，症状较轻者。

2）板蓝根冲剂（5g/ 袋）：每次 1 包，每日 3 次。清热解毒，凉血利咽，用于本病预防和轻证治疗。

（2）单方验方

1）银花 12g，甘草 3g。水煎服，每日 1 剂，连服 2 ~ 3 天。用于轻证。

2）芦根 60g，野菊花 10g。水煎服，每日 1 剂，连服 2 ~ 3 天。用于轻证。

3）水痘方：柴胡 3g，茯苓 6g，桔梗 6g，甘草 1.5g，黄芩 1.5g，竹叶 10 片，灯草 1 团。水煎服。适用于轻证。

（3）外治疗法：苦参 30g，芒硝 30g，浮萍 15g. 水煎外洗，每日 2 次。用于止痒。

（4）饮食疗法

1）芫荽汤：鲜芫荽 150g，鲜胡萝卜 200g，鲜荸荠 100g，鲜风栗 150g。先分别将芫荽、胡萝卜、荸荠、风栗洗净，然后切碎。把上 4 味一同放入搪瓷锅或沙锅内，加水适量，煎沸后取汤 2 碗，去渣即可。以上为 1 日量，分作 2 次，温热饮用，连用 3 ~ 5 天。可透发痘疹。

2）板蓝根银花糖浆：板蓝根 100g，银花 50g，甘草 15g，冰糖适量。将上 3 味药加水 600g，煎取 500g，去渣加冰糖适量。每服 10 ~ 20g，每日数次。

2. 毒炽气营证

【证候】 壮热烦躁，面红目赤，口渴喜饮，疱疹稠密，疹色紫暗，疱液混浊，根盘红晕明显，大便干燥，小便黄赤，舌红或绛，脉洪数。

【治法】 清热凉营，解毒渗湿。

【方药】 清营汤合清胃散加减。水牛角 10 ~ 20g（先煎），生地 5 ~ 10g，丹皮 5 ~ 10g，丹参 3 ~ 6g，当归 4 ~ 8g，玄参 3 ~ 6g，黄连 2 ~ 4g，银花 5 ~ 10g，连翘 4 ~ 8g。

加减：壮热不退者，加石膏 10 ~ 30g、知母 4 ~ 8g 清热泻火；疹色深红者加紫草 5 ~ 10g、栀子 5 ~ 10g；大便干结者，加生大黄 1 ~ 3g（后下）、芒硝 4 ~ 8g（冲服）泻火通腑；口唇干燥者，加麦冬 6 ~ 9g、石斛 6 ~ 9g 养阴生津。若见高热、心烦、口渴，甚至昏迷、抽搐者，为邪陷心肝之变证，急吞服紫雪丹、安宫牛黄丸等凉血镇惊、息风开窍之品。

【其他疗法】

（1）中成药

1）小儿金丹片（0.3g/片）：1 ~ 2岁1次2片，周岁以下酌减，每日3次。解表透疹，清热解毒。适用于水痘热毒炽盛型。

2）神犀丸：大丸每次服1/2 ~ 1丸，小丸每次6 ~ 9g，每日1 ~ 2次。清热解毒。用于热毒炽盛型。

（2）注射剂：清开灵注射液：每次5 ~ 10ml，加5%葡萄糖溶液100 ~ 200ml，静脉滴注，每日1次。清热凉营，解毒开窍。用于毒炽气营型。

（3）单方验方：紫草0.3g，陈皮0.15g，为粗末，新汲水煎服。适应于小儿痘疮紫暗，发出不畅者。

（4）针灸推拿

1）体针：针大椎、曲池、合谷、丰隆、三阴交，以疏风清热利湿。若痘疹紫暗，加血海以除血分湿热；若邪陷营血，高热神昏，加刺水沟、十宣放血，以清营凉血，清心开窍。

2）耳针：取肺、脾、下屏尖、下脚端、神门、脑，每次选2 ~ 3穴，局部消毒，用毫针刺入，每日1次。也可贴王不留行籽，每日揉按3次，每次3分钟。

3）推拿：清天河水，揉小天心，退六腑，清脾经，开天门，推坎宫。

（5）外治法：青黛散：青黛、黄柏、石膏、滑石各等份，研为细末，撒于患处，或用麻油调敷，每日1 ~ 2次。适用于痘疹破溃，继发感染者。

（6）饮食疗法

1）三豆汤：绿豆10g，赤小豆10g，黑豆10g，生甘草3g。先把三豆洗净，浸泡1小时后，同甘草一并放入锅内，加水适量，煮沸后改用文火煨炖，煮至熟透当作饮料。此为1次量，每日2 ~ 3次，连用5 ~ 7天，清热利湿解毒。

2）薏苡仁粥：薏苡仁30g，粳米60g.将薏苡仁、粳米共同煮粥。每日2次，作主食吃。

3）红萝卜100g，荸荠60g，竹叶卷心6g。加水煎煮，取汁代茶，随意服用。

三、预防与调护

1. 预防

水痘传染性很强，发现患儿应立即隔离，直至全部痘疹结痂。患儿污染的被服及用具宜曝晒、煮沸或紫外线照射消毒。流行期间勿带易感儿去公共场所，居室宜多开窗通风。接触者宜隔离观察3周。

2. 调护

患儿勿搔抓皮肤，以防继发感染。为减轻皮肤瘙痒，可在疱疹未破溃处涂含0.25%冰片的炉甘石洗剂；若已抓破感染者，以2%的龙胆紫液外涂或将青黛散撒于患处。患病期间给予清淡易消化食物，忌油腻及辛辣食品，多饮开水或用萝卜、荸荠、绿豆等煎水代茶饮。禁沐浴。禁用肾上腺皮质激素，正在应用的患儿应立即停药或减量。

第二节　流行性乙型脑炎

流行性乙型脑炎（epidemic encephalitis B）简称乙脑，是感染乙脑病毒引起的以高热、昏迷、抽搐等为主要临床表现的一种急性传染病。病原体为流行性乙型脑炎病毒，属虫媒病毒，通过蚊虫作为媒介将病毒传入人体，故有明显的发病季节，在我国以7、8、9三个月为高峰。发病年龄多在10岁以下，尤以2～6岁的儿童发病率高。近20年来，由于大规模推行接种乙脑疫苗，发病率已明显下降。

本病发病急骤，变化迅速，易出现内闭外脱等危象，重症病例往往留有后遗症，即具有“急、速、危、残”的病变特点，是病毒性脑炎中病情最重而且预后较差的一种急性传染性病。

中医认为本病属温病范畴中的“暑温”、“暑风”、“暑厥”、“暑痉”等病证。

一、病因病机

本病病因为外感暑热疫毒。暑为阳邪，其性炎热，变化急骤，且小儿患病，易虚易实，传变迅速，因此往往出现卫气同病，气营两燔，热陷营血之证。热极则生痰动风，故临床表现为高热、昏迷、抽搐三大证。本病后期，由于暑性升散，耗气伤阴，表现为正虚邪恋，余热未清；或风痰入络，血不养筋而抽搐不止；或痰阻心窍见昏迷不醒，妄言谵语等。

二、辨证论治

（一）辨证要点

根据其发病情况及传变过程，本病以卫气营血辨证；依据病程长短及病情轻重，辨清邪在卫气、气营两燔或营血同病。

（二）治疗原则

热是产生痰风的根本原因，故急性期以清热解毒为主，配以豁痰开窍息风。邪在卫气，宜清暑泄热；邪在气营，当清气凉营；热陷营血，则凉血清营。恢复期以扶正祛邪为主。余热未尽，宜清热养阴；痰蒙清窍，当宣窍豁痰；虚风内动，则养血息风。

（三）分证论治

1. 邪在卫气（初期）

【证候】　突然发热，微恶风寒或但热不寒，头痛无汗或少汗，口渴引饮，常伴恶心呕吐，神情烦躁或倦怠嗜睡，舌红，苔薄白或黄，脉浮数或滑数。

【治法】　辛泄暑热，清气解毒。

【方药】　新加香薷饮合白虎汤加减。香薷3～6g，金银花6～9g，连翘6～9g，板蓝根5～10g，厚朴3～6g，扁豆6～9g，生石膏10～30g，知母6～9g，甘草1～3g，僵蚕3～6g，葛根5～10g。

加减：表证重者，加淡豆豉6～9g、薄荷3～6g透泄暑热；暑邪挟湿者，加白蔻仁2～

5g（后下）、藿香 6 ～ 9g 清暑化湿；腹满便秘者，加全瓜蒌 9 ～ 15g、大黄 2 ～ 5g 泻热通腑。

【其他疗法】 注射液：柴胡注射液 1 ～ 1.5ml，肌内注射。

2. 邪在气营（极期）

【证候】 持续高热，头痛剧烈，颈项强直，四肢抽搐，神志昏迷或烦躁谵妄，甚则喉间痰鸣，呼吸不利，口渴引饮，小便短赤，大便秘结，舌红或舌尖生刺，苔黄糙或灰腻，脉洪数或弦大。

【治法】 清气凉营，泻火解毒。

【方药】 白虎汤合清营汤加减。水牛角 15 ～ 30g（先煎），生石膏 30 ～ 50g（先煎），知母 6 ～ 9g，生地 6 ～ 12g，板蓝根 10 ～ 20g，竹叶 3 ～ 6g，黄连 3 ～ 5g，丹皮 6 ～ 9g，连翘 6 ～ 12g，甘草 3 ～ 6g。

加减：高热不退，频繁抽搐者，加钩藤 6 ～ 12g（后下）、僵蚕 3 ～ 9g 息风止痉；深度昏迷，苔浊腻者，加苏合香丸开窍泄浊；喉间痰鸣者，加鲜竹沥 15 ～ 30g 以豁痰利窍。若高热、抽风、昏迷三症并存，舌苔黄糙，脉实有力，宜配合调胃承气汤或凉膈散泄热通腑，釜底抽薪。

【其他疗法】

（1）中成药

1）紫雪丹：周岁小儿 1 次 0.3g，5 岁以内小儿每增 1 岁，递增 0.3g，每日 1 次，5 岁以上小儿酌情服用。清热解毒，止痉开窍。

2）牛黄清心丸：每次 1 粒，每日 1 ～ 2 次。

（2）注射剂：清开灵注射液：每次 5 ～ 10ml，静脉注射或加 10% 葡萄糖溶液 100 ～ 200ml，静脉滴注。清热解毒，化痰通络。

（3）单方验方：鲜地龙液 20 ～ 30ml，鼻饲，每日 1 ～ 2 次。用于邪在气营，抽筋不止者。

3. 邪陷营血（重型极期）

【证候】 身热起伏，朝轻暮重，夜间尤甚，双目上视，牙关紧闭，颈项强直，四肢抽搐，昏迷加深，二便失禁，舌绛少津，脉沉细数。

【治法】 清热解毒，息风开窍。

【方药】 犀角地黄汤合羚角钩藤汤加减。水牛角 20 ～ 40g（先煎），生地 10 ～ 20g，丹皮 6 ～ 9g，赤白芍各 5 ～ 10g，玄参 5 ～ 10g，钩藤 6 ～ 12g（后下），菊花 6 ～ 9g，连翘 5 ～ 10g，僵蚕 3 ～ 6g，菖蒲 3 ～ 6g。

加减：如突然出现面色灰白发绀，大汗淋漓，四肢厥冷，脉细欲绝者，则为阳气外脱之证，急以独参汤（人参 10g）或参附汤（人参 10g，附子 15g）鼻饲以益气回阳救脱。

【其他疗法】

中成药

1）安宫牛黄丸：1 岁以下每服 1/4 丸，1 ～ 3 岁每服 1/4 ～ 1/3 丸，3 岁以上每服 1/2 ～ 1 丸。每日 3 次，连服 3 ～ 5 天。清热解毒，豁痰开窍。用于热闭心包，神志昏迷之证。

2）小儿至宝丸：每次 1 丸，每日 2 ～ 3 次。疏风镇静，化痰导滞。用于本病惊惕抽搐。

4. 邪恋正虚（恢复期）

（1）余热未尽

【证候】 低热或不规则发热，面赤颧红，虚烦少宁，偶有惊惕，口干喜饮，小便短少，舌红光净无苔。

【治法】 养阴清热。

【方药】 青蒿鳖甲汤加减。青蒿 3 ～ 5g、鳖甲 5 ～ 10g（先煎）、地骨皮 6 ～ 9g、生地 6 ～ 9g、知母 3 ～ 6g、丹皮 6 ～ 9g、鲜芦根 20 ～ 30g。

加减：口干喜饮者加石斛 5 ～ 10g、天花粉 5 ～ 10g 养阴生津；惊惕抽搐者加钩藤 6 ～ 12g（后下）、珍珠母 10 ～ 20g 平肝镇惊；便秘者加全瓜蒌 9 ～ 15g、火麻仁 10 ～ 15g 润肠通便。

（2）痰蒙清窍

【证候】 意识不清，或痴呆，失语，失聪，吞咽困难，喉间痰鸣；或狂躁不宁，嚎叫哭闹，舌红绛，苔黄腻或无苔。

【治法】 开窍泄浊或泻火宁神。

【方药】 苏合香丸或礞石滚痰丸加减。加减：苏合香丸适用于深度昏迷，痴呆失志的痰浊内蒙证。喉间痰多者，灌服鲜竹沥 15 ～ 30g 清热豁痰；吞咽困难者，加止痉散、半夏 3 ～ 6g 搜风化痰。礞石滚痰丸适用于狂躁哭闹的痰火内扰证。常用药：大黄 2 ～ 4g、黄芩 3 ～ 6g、清礞石 1 ～ 3g、沉香 0.5 ～ 1g。若神较清，温胆汤合朱砂安神丸主之。

【其他疗法】

1）成药：安宫牛黄丸：见本节“邪陷营血证”。

2）注射液：脉络宁注射液：每次 10 ～ 20ml，加入 10% 葡萄糖溶液中，静脉滴注。每日 1 次。

3）针灸治疗：取合谷、水沟、印堂。退热可加大椎、曲池，失语加通里、廉泉；痴呆者加神门、百会。痰多加丰隆、内关；抽搐加太冲、申脉。

（3）风痰阻络

【证候】 肢体震颤或强直性瘫痪，或癫痫样发作，舌淡紫，苔白，脉弦细。

【治法】 搜风通络。

【方药】 止痉散加减。全蝎 1 ～ 3g（研末吞服）、蜈蚣 1 ～ 3g、僵蚕 2 ～ 5g、地龙 5 ～ 10g、生地 9 ～ 12g、当归 5 ～ 10g、白芍 6 ～ 9g。伴有自汗，面色苍白者，加黄芪 6 ～ 9g、枸杞 3 ～ 6g 以补益气血，滋养肝肾；肢体拘急强直者，加木瓜 6 ～ 9g、鸡血藤 9 ～ 15g 以舒筋通络。

【其他疗法】

1）单方验方：蕲蛇粉，每次 2g，每日 3 次。开水化服，连服 15 天。用于内风扰动证。

2）针灸治疗：强直性瘫痪，上肢取肩髃、曲池、手三里，下肢取环跳、阳陵泉、三阴交。

（4）虚风内动

【证候】 手足瘈疭，神情倦惫，舌绛苔少，脉细弱。

【治法】 养血息风。

【方药】 大定风珠加减。龟版 6 ～ 9g，鳖甲 6 ～ 9g，牡蛎 6 ～ 9g，生地 12 ～ 15g，白芍 9 ～ 12g，阿胶 3 ～ 6g，麦冬 9 ～ 12g，鸡子黄 1 枚。

加减：体弱多汗，食少形瘦者，加黄芪 6 ～ 9g，山药 9 ～ 12g 以益气健脾。

【其他疗法】

1）注射液：生脉注射液：每次 10 ～ 20ml，加入 10% 葡萄糖溶液中，静脉滴注。

2）饮食疗法：苋菜 50g，荸荠 250g，冰糖适量。每日 1 剂，2 次水煎，代茶饮用。

三、预防与调护

1. 预防

（1）患儿隔离到体温正常为止。

（2）防蚊、灭蚊、驱蚊，消灭蚊虫孳生地，切断传播途径。

（3）在流行季节前一个月进行疫苗预防接种。

（4）中药预防用大青叶 30g、板蓝根 30g、甘草 3g，煎水代茶饮。

2. 调护

（1）酌情给予清凉饮料或流质食物，忌辛温和油腻荤腥食物。

（2）昏迷病人应注意口腔清洁，定时翻身、拍背、吸痰，防止继发感染。

（3）如发生瘫痪给予按摩，以促进肢体功能恢复。

第三节　流行性腮腺炎

流行性腮腺炎（mumps，epidemic parotitis）是由腮腺炎病毒所引起的以发热、耳下腮部漫肿疼痛为主要临床特征的急性呼吸道传染病。一年四季都可发生，多见于冬春季节，好发于年长儿，2 岁以下小儿少见，成人散发。本病预后良好，一般感染后可获终生免疫。若素体虚弱，邪毒炽盛则儿童期易并发脑膜脑炎，青春期男孩易并发睾丸炎，青春期后女性可并发卵巢炎，亦可见合并胰腺炎者。

历代医家根据本病的发病部位、症候特征、流行特点称为“痄腮”“腮颌发”“搭腮肿”“鸬鹚瘟”“虾蟆瘟”“时行腮肿”“温毒”等。

一、病因病机

风温邪毒经口鼻而入侵犯少阳经脉，毒热循经上攻腮颊，与气血相搏，郁而不散，故出现漫肿疼痛。经脉失和，机关不利，故张口咀嚼困难。肝胆两经互为表里，邪毒炽盛，热极生风，内窜心肝，扰乱神明，出现高热、昏迷、痉厥等症。足厥阴肝经循少腹络阴器，邪毒内传，引睾窜腹，则可伴有睾丸肿胀疼痛或少腹疼痛。肝气横逆犯脾，还可出现上腹部疼痛、恶心呕吐等症。

二、辨证论治

（一）辨证要点

本病主要辨病情之轻重及常证变证。温毒在表属轻证，热毒炽盛属重证；若出现并发症，则为变证。

（二）治疗原则

以清热解毒，消肿散结为治疗大法。初起温毒在表，配以疏风解表；热毒蕴结，则应清热解毒；毒陷心肝，佐以息风开窍；毒窜少腹，辅以清肝泻火。若腮肿硬结不散，宜软坚散结，清热化痰。内外治法宜配合应用。

（三）分证论治

1. 温毒在表证

【证候】 一侧或两侧耳下腮部漫肿疼痛，局部灼热而不红，咀嚼不便，张口疼痛，伴发热恶寒，头痛咽痛，纳差，舌红，苔薄白或薄黄，脉浮数。

【治法】 疏风清热，散结消肿。

【方药】 银翘散加减。金银花 6 ~ 12g，连翘 5 ~ 10g，牛蒡子 6 ~ 9g，薄荷 3 ~ 6g，桔梗 3 ~ 6g，板蓝根 6 ~ 12g，夏枯草 6 ~ 9g，僵蚕 3 ~ 6g，赤芍 6 ~ 9g，甘草 3 ~ 6g。

加减：发热无汗者，加荆芥 3 ~ 6g、防风 3 ~ 6g 以疏风解表；咽喉肿痛者，加玄参 6 ~ 10g、山豆根 3 ~ 6g 以清热利咽；头痛者加桑叶 3 ~ 9g、菊花 5 ~ 10g 以祛风止痛；纳少呕吐者，加竹茹 3 ~ 6g、陈皮 1 ~ 3g 以和胃降逆。

【其他疗法】

（1）中成药：板蓝根冲剂：1 次 1 包，每日 3 次，开水冲服。用于温毒在表之轻证及预防。

（2）针灸治疗

1）针刺法：取翳风、颊车、合谷，用泻法，强刺激。发热者，加曲池、大椎；睾丸胀痛者，加血海、三阴交。每日 1 次。

2）火灸法：取角孙穴，剪去头发，用一支火柴棒点燃，迅速按于角孙穴上（火即自灭）。火灸后局部皮肤发红，或呈白色，别无不适。每日 1 次。

（3）外治法

1）青黛散、紫金锭、如意金黄散，任选一种，以醋或茶水调匀后敷于腮肿处，使局部保持湿润。

2）鲜仙人掌（去刺），鲜蒲公英，鲜马齿苋，鲜地龙，鲜万年青根，鲜鞭蓉叶，鲜鱼腥草，鲜大青叶。任选一种，捣烂外敷腮肿处，每日 2 次。

3）天花粉，绿豆各等分，研为细末，用冷开水加蜂蜜少许调成糊状，外敷患处，每日 3 ~ 4 次。

2. 热毒蕴结证

【证候】 腮部漫肿，坚硬拒按，张口疼痛，咀嚼困难，伴壮热不退，烦躁不安，口渴引饮，头痛，呕吐，舌红，苔黄，脉滑数。

【治法】 清热解毒，散结消肿。

【方药】 普济消毒饮加减。黄芩 6 ~ 9g，黄连 3 ~ 6g，连翘 3 ~ 6g，板蓝根 9 ~ 15g，升麻 1 ~ 3g，玄参 3 ~ 6g、夏枯草 6 ~ 9g、柴胡 3 ~ 6g，僵蚕 3 ~ 6g、桔梗 3 ~ 6g、陈皮 3 ~ 6g。

加减：腮部肿胀疼痛甚者，加海藻 5 ~ 10g 以软坚散结；热甚者，加寒水石 5 ~ 10g、知母 3 ~ 6g 以清热泻火；大便秘结者，加大黄 2 ~ 5g（后下）以通腑泄热。

若并发脑膜脑炎，神昏惊厥者，宜随证选用紫雪丹、至宝丹、安宫牛黄丸清热息风开窍。若并发睾丸炎，肿胀疼痛者，以龙胆泻肝汤加减（龙胆草 6g，黄芩 9g，栀子 9g，柴胡 6g，黄芩 9g，当归 3g，川楝子 10g，郁金 12g，延胡索 10g，荔枝核 15g），清热泻火，活血止痛。

【其他疗法】

（1）中成药

1）清开灵冲剂：每次 1 包，每日 2 ～ 3 次。用于热毒壅盛及邪陷心肝证。

2）清瘟解毒片：每服 2 ～ 3 片，每日 2 ～ 4 次。用于热毒炽盛型。

3）五福化毒丸：每次 1 丸，每日 2 次。用于热毒蕴结证。

（2）单方验方

1）夏枯草 30g。水煎代茶饮。

2）生石膏 50g，黄芩、连翘、夏枯草各 10g，水煎服，连服 2 ～ 3 天。用于轻证。

3）海带、海藻各 120g，水煎服，适用于痄腮合并睾丸肿痛。

（3）针灸治疗：激光穴位照射：主穴：少商、合谷、阿是穴（肿大的腮腺局部）。配穴：曲池、风池。用氦 - 氖激光每次 4 ～ 8 穴，每穴照射 5 ～ 10 分钟，每日 1 次，连用 3 ～ 5 天。

（4）外治法

1）青黛、栀子、荔枝核、皂刺、大黄各等份，研末，醋调或鸡蛋清调敷睾丸处，并用丁字托带将肿痛的睾丸托起。用于邪毒引睾窜腹。

2）吴茱萸 9g，虎杖 5g，地丁 6g，胆南星 3g。共研细末，储瓶备用。每次取 6 ～ 15g，加醋适量，调成糊状，外敷双侧涌泉穴

3）六神丸 5 ～ 10 粒，磨碎以食醋或白酒调成糊状，涂于患部，每日 2 次。

（5）饮食疗法

1）鱼腥草粥：取鲜鱼腥草 100g 洗净，加入粳米 100g 及适量水煮粥。清热解毒，消肿散结。适用于痄腮肿痛发热有硬块者。

2）菊花钩藤饮：取菊花、钩藤各 10g，沸水冲泡或水煎代茶饮。适用于邪毒内陷心肝证。

三、预防与调护

（1）发现患儿应及时隔离治疗，直至腮肿完全消退。

（2）有接触史的易感儿应隔离观察 3 周，可用板蓝根 15 ～ 30g 煎服，或服板蓝根冲剂。

（3）以清淡流质、半流质饮食为主，避免酸性、辛辣、肥腻、坚硬食物，忌吃海带、鱼虾、香椿等发物。

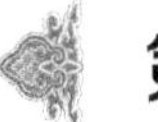

第四节　小儿营养不良

小儿营养不良（malnutrition）是一种由于热量和 / 或蛋白质摄入不足，或吸收不良所造成的慢性营养缺乏症。

中医根据病情轻重程度不同分为厌食、积滞、疳证。

厌食是小儿时期常见的脾胃病证，临床以较长时期见食不贪，食欲不振，甚则拒食为特征。以 1 ～ 6 岁小儿为多见。发病无明显季节性，但夏季暑湿当令之时，可使症状加重。本病一般除食欲不振外，常无其他伴发症状，预后良好，但部分病程迁延者，抗病能力下降，易患它病，甚或影响生长发育转为疳证。

积滞是以不思乳食，食而不化，脘腹胀满，大便不调为特征的一种胃肠疾患。又称“食积”、“食滞”、“乳滞”等。各种年龄均可发病，但以婴幼儿为多见。发病无明显的季节性，但夏秋暑湿季节，发病率为高。本病一般预后良好，个别患儿可因积滞日久，迁延失治，进一步损伤脾胃，导致气血生化乏源，营养及生长发育障碍，转为疳证。故有“积为疳之母，无积不成疳”之说。

疳证是由喂养不当等多种因素导致脾胃受损，气液耗伤而形成的一种慢性疾病。临床以形体消瘦，面黄发枯，精神饮食异常为特征。“疳”之含义有三：其一“疳者甘也”，是指小儿恣食肥甘厚腻，损伤脾胃，形成疳证；其二“疳者干也”，是指气液干涸，形体羸瘦；其三“疳者泔也”，是指人体精微物质不充脏腑肌肉，反而下流致尿如米泔。发病无明显季节性，临床多见于5岁以下小儿。本病起病缓慢，病程迁延，不同程度地影响小儿的生长发育，严重者还可导致阴竭阳脱，卒然变险，因而被古人视为恶候，列为儿科四大要证之一。

一、病因病机

1. 厌食

主要由于喂养不当，病后失调，以及先天禀赋不足导致脾胃运化功能失调而形成。脾为阴土，喜燥恶湿；胃为阳土，喜润恶燥；脾主运化，以升为健；胃主受纳，以降为和；脾胃润燥相济，升降相依，则纳化正常，口能知五谷之味。若脾胃失调，纳化失常，则食欲不振，食而无味。病程迁延，水谷精微摄取不足，气血化生乏源，影响小儿正常生长发育，则可导致疳证。

2. 积滞

主要病因为乳食失节，脾胃虚弱。小儿脾常不足，若哺乳失节或喂养不当则乳食停聚中焦，积而不化，气滞不行，而为积滞；积滞日久，伤及脾胃，而致脾胃虚弱，此为因积致虚；或因胎禀不足以及调护失宜导致脾胃虚弱，脾不运化，胃不腐熟，则乳食停聚，此为因虚致积。

3. 疳证

引起疳证的病因以喂养不当、疾病影响以及先天禀赋不足为常见，其病机为脾胃受损，纳化失调，津液耗伤，肌肤失养。因脾胃受损程度不同，病程长短不一，故病情轻重迥异。初起仅现脾胃不和，运化失健，称为疳气；继而脾胃虚弱，积滞内停，虚中夹实，称为疳积；若病情进一步发展或失于调治，脾胃衰败，津液消亡，称为干疳。干疳为疳证的极期，气血大伤，诸脏失养，脾病及肝，眼目失荣，则为“眼疳”；脾病及心，心火上炎，则为“舌疳”；脾虚水泛，全身浮肿，则为“疳肿胀”。正所谓：“有积不治，传之余脏”。

二、辨证论治

（一）辨证要点

1. 厌食

分别轻重，轻证为脾胃纳化失调，重证见脾胃气阴不足。

2. 积滞

辨虚实及病程长短。乳食内积而无脾胃虚弱者，此为实证，病程较短；脾胃虚弱，乳食不能正常纳化而停积，此为虚中夹积，病程较长。

3. 疳证

（1）辨病因：临床上多种原因往往互相掺杂，应首先辨明病因，指导治疗。

（2）辨轻重：根据临床表现，分清初、中、后期。初期较轻，中期较重，后期危重。

（二）治疗原则

1. 厌食

脾贵在运不在补。治宜投芳香之剂以醒脾，拨清灵脏气以转运。脾运失健当运脾和胃；脾胃气虚，应健脾益气佐以开胃；脾胃阴虚，则益胃养阴佐以助运。

2. 积滞

乳食内积宜消积化滞，佐以清热；虚中夹积宜健脾导滞，消补兼施。

3. 疳证

以调理脾胃为本，不可盲目“大补”、“呆补”。“壮者先去其积而后扶胃气，衰者先扶胃气而后消之”。不同阶段，分别采取“疳气以和为主，疳积以消为主，干疳以补为主”的治疗原则。

（三）分证论治

A. 厌食

1. 脾胃不和证

【证候】 见食不贪，食欲不振，食少乏味，甚则厌恶进食，多食或强迫进食则脘腹饱胀，大便不调；形体正常或偏瘦，面色欠华，精神如常，舌淡红，苔薄白或白腻，脉濡。

【治法】 运脾和胃，醒脾化湿。

【方药】 不换金正气散加减。苍术 5 ~ 10g，藿香 6 ~ 12g，砂仁 1 ~ 3g（后下），陈皮 3 ~ 6g，焦山楂 5 ~ 10g，鸡内金 1 ~ 2g（研末）。

加减：伴腹胀者，加莱菔子 3 ~ 6g 宽中理气；伤乳食者，加麦芽 5 ~ 10g、枳壳 6 ~ 9g 以消食导滞；暑夏季节或苔黄腻者，酌加佩兰 6 ~ 9g、扁豆花 3 ~ 6g 以消暑化湿醒脾。

【其他疗法】

（1）中成药

1）枳术丸：每次 3 ~ 6g，每日 2 次。用于脾胃不和型厌食。

2）小儿喜食片：2 ~ 5 片，每日 3 次。用于脾胃不和型厌食。

（2）单方验方

1）山楂糕，每服 10 ~ 30g。

2）鸡肫皮适量，洗净，研粉，每服 1 ~ 3g，每日 2 ~ 3 次。

3）焦锅巴 10 份、砂仁 1 份，研粉，每服 3g，每日 3 次。

（3）外治法

1）敷贴法：大蒜 2 瓣、车前子（炒研）适量。将两药共捣烂如泥外敷肚脐 4 小时左右。本方主要用于小儿厌食证腹胀明显者。

2）握药法：砂仁、白扁豆、莱菔子各 9g，共研细末，以纱布包扎握手中或用绷带固定，每日 1 次，每次半至 1 小时。

3）佩香法：砂仁、蔻仁各 3g，山奈、甘松各 15g，藿香、苍术各 10g，冰片 5g，上药共研细末，再装入布袋，日间佩戴在胸前，夜间放在枕边，半月至 30 天换药 1 次。

2. 脾胃气虚证

【证候】 食欲不振，食少便多，大便多溏薄或夹不消化食物残渣，面色萎黄，精神疲惫，舌淡，苔薄，脉弱。

【治法】 健脾益气。

【方药】 参苓白术散加减。白术 5 ～ 10g，党参 6 ～ 9g，茯苓 6 ～ 9g，山药 9 ～ 12g、陈皮 3 ～ 6g，扁豆 5 ～ 10g，砂仁 1 ～ 3g（后下），莲子肉 5 ～ 10g。

加减：腹胀苔腻者，加苍术 6 ～ 9g、藿香 5 ～ 10g 理气醒脾助运；大便稀薄者，加干姜 3 ～ 6g、肉豆蔻 3 ～ 6g 温运脾阳；食滞不化者加山楂 6 ～ 9g、神曲 6 ～ 9g 消食助运；汗多易感冒者，加黄芪 9 ～ 12g、防风 1 ～ 3g 益气固表。

【其他疗法】

（1）中成药

1）健脾肥儿丸：1 岁小儿每次 6 粒，2 岁每次 10 粒，3 ～ 10 岁依龄酌加，10 岁每次 30 粒，均为每日 3 次。用于脾虚厌食证。

2）开胃健脾丸：每次 3 ～ 6g，每日 2 次。用于脾虚厌食证。

（2）推拿治疗：推补脾经 3 分钟，揉一窝风 3 分钟，分阴阳 2 分钟，逆运内八卦 3 分钟，推四横纹 4 分钟，推清天河水 2 分钟。每日 1 次，14 日为 1 个疗程。用于脾运失健之厌食证。

（3）饮食疗法

1）粳米 50g、山药粉 10g，粳米中加入山药粉，煮粥食之。

2）粳米适量、鲜鸭肫 1 个、淮山药 15g，煮粥每天 1 次。

3）扁豆 20g、淮山药、薏米 10g，同煮内服，每日 1 次。

4）谷芽 30g、麦芽 24g、焦锅巴 50g，煮取浓汁，每日 1 剂，连服 3 ～ 5 天。

（4）外治法

1）酒糟 100g，入锅内炒热，分 2 次装袋，交替放腹部热熨，每日 1 次，每次 2 ～ 3 小时。用于脾虚夹积者。

2）黄芪、鸡内金、焦白术、五谷虫各 6g，炒山药 10g，研末，以开水调成糊状，外敷脐部。

3. 脾胃阴虚证

【证候】 食欲不振，食少饮多，口舌干燥，面色少华，皮肤欠润，大便干结，小便短少，部分小儿或见烦躁少寐，手足心热，舌红少津，苔少或剥脱，脉细数。

【治法】 养胃生津。

【方药】 养胃增液汤加减。沙参 9 ～ 12g，麦冬 3 ～ 6g，玉竹 6 ～ 9g，石斛 6 ～ 9g，乌梅 3 ～ 6g，白芍 5 ～ 10g，百合 6 ～ 9g，黄精 9 ～ 12g，甘草 1 ～ 3g，山楂 6 ～ 9g。

加减：口渴烦躁者，加芦根 10 ～ 15g、胡黄连 6 ～ 9g 清热生津除烦；大便干结者，加郁李仁 6 ～ 9g、瓜蒌仁 9 ～ 12g 润肠通便；夜寐不宁，手足心热，口干舌红者，加莲子心 1 ～ 2g、酸枣仁 2 ～ 5g 清心安神；食少不化者，加谷麦芽各 5 ～ 10g 生发胃气；神倦乏力，面色无华明显者，加山药 5 ～ 10g、扁豆 5 ～ 10g 益气健运。

【其他疗法】

（1）饮食疗法

1）麦芽山楂饮：麦芽10g，山楂6g，红糖10g。麦芽除去杂质炒黄，山楂炒焦。将以上两味加水适量，煎煮30分钟，去渣取汁约250g，放糖分次服完。消食化积，酸甘和胃。适用于食积停滞，厌食不饥者。

2）怀山药30g，鸡内金12g，均炒至微黄，研细末，加入适量面粉、芝麻、红糖，烙成烧饼，每个含药粉2～3g，每次吃1个，每日2～3次。治疗小儿厌食。

（2）外治法：炒神曲、炒麦芽各10g，焦山楂、炒莱菔子、炒鸡内金各5g，共研末，加面粉1～3g，用白开水调成糊状，睡前敷于患儿脐部，次晨取下，每日1次，5次为1疗程。

B. 积滞

1. 乳食积滞证

【证候】 不思乳食，嗳气酸腐，呕吐乳块或食物，脘腹胀满或疼痛，大便酸臭，小便短黄，烦躁哭闹，夜寐不安，肚腹及手足心热，舌红，苔白厚或黄厚腻，脉弦滑，指纹紫滞。

【治法】 消食化积，清热导滞。

【方药】 乳积者，用消乳丸加减。麦芽3～6g，神曲3～6g，香附3～6g，陈皮3～6g，连翘2～5g，甘草1～3g。食积者，用保和丸加减。山楂9～12g，神曲3～6g，半夏6～9g，茯苓6～9g，陈皮3～6g，莱菔子3～6g，连翘6～9g。

加减：恶心呕吐者，加竹茹6～9g、生姜2～3片降逆止呕；腹痛者，加木香3～6g、白芍6～9g行气缓急止痛；大便稀溏者，加苍术5～10g、薏仁5～10g健脾祛湿；舌红苔黄，口渴者，加银柴胡3～6g、胡黄连3～6g清热消积。

（1）中成药

1）小儿化食丸：周岁服半丸，2～4岁1丸，日服2次。适于乳食内积证。

2）一捻金：每次0.6g，每日2次。用于乳食内积，化热夹惊。

3）枳实导滞丸：每服2～3g，每日2～3次。用于食积日久，积热内蕴。

4）王氏保赤丸：每次1/3～1支，每日2～3次。用于乳食内积证。

5）小儿消食至宝丹：每次1丸，每日1～2次，3岁以内小儿酌减。消食导滞，开胃除烦，适宜于小儿食积日久兼郁热虚烦者。

（2）单方验方

1）健胃消食散：由山甲珠9g，鸡内金15g，太子参10g，炒白术9g，陈皮9g，山楂20g，神曲20g，麦芽20g，连翘12g，甘草6g组成。适用于乳食内积蕴热者。

2）胡黄连粉1份，鸡内金粉2份，混合。每次1～1.5g，每日3次。用于积滞化热者。

（3）饮食疗法：白萝卜500g，切成细丝挤出汁，加热后内服。每日1剂，分2次服。用于消肉积。

2. 脾虚夹滞证

【证候】 面色萎黄，形体消瘦，神疲肢倦，不思乳食，腹满喜按，大便稀溏酸臭，夹有乳块或食物残渣，舌质淡，苔白腻，脉细滑，指纹淡滞。

【治法】 健脾益气，消积化滞。

【方药】 曲麦枳术丸加减。白术9～12g，麦芽6～9g，神曲6～9g，枳实6～9g，人参3～6g，木香3～6g。

加减：呕吐者，加半夏 3 ~ 6g、生姜 2 ~ 3 片以温中降逆止呕；大便稀溏者，加山药 9 ~ 12g、苍术 6 ~ 9g 以健脾渗湿止泻；腹痛喜按者，加干姜 2 ~ 5g、白芍 3 ~ 6g 以散寒缓急止痛；舌苔白腻者，加藿香 6 ~ 9g、扁豆花 3 ~ 6g 以芳香醒脾化湿。

【其他疗法】

（1）中成药

1）小儿健脾丸：每次 1 丸，每日 2 次。适于脾虚夹滞证。

2）化积口服液：每次 5 ~ 10ml，每日 2 次。用于食积。

（2）单方验方：导滞运脾方：北条参 10g，炒白术 6g，炒扁豆 8g，炒苡仁 8g，炒枳壳 6g，砂仁 3g，槟榔 8g，胡黄连 3g，莲米 8g，乌梅 6g，焦三仙 18g。用于治疗小儿积滞。

C. 疳证

1. 疳气

【证候】 形体略瘦，面色少华，毛发稍稀，厌食或能食善饥，烦躁易怒，大便不调，舌质偏淡，苔薄白，脉象沉细。体重低于正常平均值 15% ~ 25%，属轻度营养不良。

【治法】 运脾和胃。

【方药】 参苓白术散加减。党参 9 ~ 12g，白术 9 ~ 12g，茯苓 9 ~ 12g，山药 9 ~ 12g，扁豆 6 ~ 9g，莲子肉 6 ~ 9g，陈皮 3 ~ 6g，砂仁 3 ~ 6g（后下），薏苡仁 6 ~ 9g，桔梗 6 ~ 9g，藿香 9 ~ 12g，麦芽 9 ~ 12g。

加减：若腹胀厌食，舌苔厚腻者，去党参、白术、山药，加苍术 6 ~ 9g、鸡内金 9 ~ 12g 以健脾燥湿，磨谷消积；大便溏者加炮姜 3 ~ 6g 以温运脾阳；大便干结者加莱菔子 9 ~ 12g；能食善饥，哭闹不安者，加胡黄连 6 ~ 9g 以清心除烦；易发脾气者，加钩藤 3 ~ 6g（后下）、夏枯草 6 ~ 9g 以平肝抑木。

【其他疗法】

（1）中成药：健脾八珍糕：每次 1 ~ 2 块，早晚各服 1 次。用于疳气证。

（2）饮食疗法：红枣 6 枚，山药 30g，煮熟捣烂，取浓汁化服木香槟榔丸。每次 1.5g，每日 2 次。

（3）针灸疗法

1）推拿法：推三关，退六腑，推脾土，推板门，运土入水，揉阴陵泉，揉足三里，分腹阴阳，摩腹，推脊，捏脊。每次 15 ~ 20 分钟，每日 1 次。用于疳气。

2）捏脊法：患儿腹卧，医者两手半握拳，食指抵于膀胱经第一侧线，再以两拇指伸向食指前方，合力夹住肌肉提起，而后食指向前走，拇指向后退，作翻卷动作，两手同时向前运动。从与长强穴相平起，一直捏到与大椎穴相平处。如此反复 5 次。当捏第 3 次时，每捏 3 把，将皮肤提起 1 次。每日 1 次，6 天为 1 个疗程。疏通气血，调整脏腑功能，尤以调整脾胃更为突出。

（4）外治法：桃仁山栀方：桃仁、杏仁、生山栀各等分，晒干研末，加冰片、樟脑少许，装瓶备用。用时取药 20g，用鸡蛋清调成糊状，敷于双侧内关穴，24 小时后去之，3 天敷 1 次，3 次为 1 个疗程。主治疳气证。

2. 疳积

【证候】 形体明显消瘦，面色萎黄无华，发结如穗，精神委靡或烦躁，睡眠不安，或见揉眉挖鼻，吮指磨牙，食欲不振或多吃多便，甚或喜食异物，大便下虫，肚腹胀满，甚则青筋暴露，舌淡苔腻，脉细滑。体重低于正常平均值 25% ~ 40%，属中度营养不良。

【治法】 消积理脾。

【方药】 启脾散加减。党参 9 ~ 12g，白术 9 ~ 12g，茯苓 9 ~ 12g，枳实 3 ~ 6g，炙甘草 3 ~ 6g，麦芽 9 ~ 12g，山楂 9 ~ 12g，五谷虫 3 ~ 6g，鸡内金 9 ~ 12g，陈皮 3 ~ 6g，砂仁 3 ~ 6g（后下），胡黄连 6 ~ 9g。

加减：烦躁不安，揉眉挖鼻者，加栀子 6 ~ 9g、莲子心 1 ~ 3g 清热除烦；小便混浊，色如米泔者，加薏苡仁 6 ~ 9g、萆薢 6 ~ 9g 分清泄浊；大便下虫者，加使君子 6 ~ 9g、槟榔 6 ~ 9g 杀虫消积。

【其他疗法】

（1）中成药

1）香橘丹：每次 1 丸，每日 3 次，1 周岁以下小儿酌减。用于疳积证。

2）疳积散：每次 1.5 ~ 4.5g，每日 2 次。素体虚弱者不宜服用。健脾化滞，消积杀虫。用于疳积证。

3）肥儿丸：每次 1 ~ 2 丸，每日 1 ~ 2 次，3 岁以内小儿酌减。健脾消食导滞杀虫。适宜疳积证。

（2）单方验方

1）蟾砂散：取大蟾蜍 1 只，去头足内脏，以砂仁研末，纳入腹中，缝口，黄泥封口，炭火煅存性，候冷，研极细末。每服 0.5 ~ 1.5g，2 ~ 3 次。治疗疳积。

2）鸡肝 1 具（或猪肝 30g），苍术 6g，煮熟，食肝喝汤。以上为 1 日量，连服 1 ~ 2 周。用于眼疳。

（3）针灸疗法

1）体针疗法：取下脘、足三里、商丘、四缝。有虫积者，加百虫窝；发热，加大椎。

2）刺四缝疗法：皮肤局部消毒后，用三棱针或毫粗针刺约 3 ~ 4mm 深，然后挤出黄白色黏液。每日 1 次，直至不再有黄白色黏液挤出为止。

3）割治法：取鱼际穴附近，纵切约 3 ~ 5mm，取出 0.3g 左右脂肪，然后作外科包扎。

（4）外治法：使君芒硝方：使君子 7 粒、芒硝 6g、山栀仁 6g、杏仁 10g、甜酒曲 1 个。共研细末，每晚睡前取适量以浓茶汁调敷脐部，次晨除去。3 次为 1 个疗程。健脾杀虫。主治脾虚虫积之疳证。

3. 干疳

【证候】 形体极度消瘦，皮肤干瘪起皱，毛发干枯，面呈老人貌，精神委靡，目光呆滞，啼哭无泪，口唇干燥，腹凹如舟，杳不思纳，大便异常，舌淡或红嫩，苔少，脉沉细。体重低于正常平均值 40% 以上，属重度营养不良。

【治法】 补益气血。

【方药】 八珍汤加减。党参 9 ~ 12g，云苓 9 ~ 12g，白术 9 ~ 12g，熟地 6 ~ 9g，当归 9 ~ 12g，白芍 9 ~ 12g，川芎 6 ~ 9g，炙甘草 3 ~ 6g，阿胶 3 ~ 6g（烊化）。

加减：气弱无力者，加黄芪 9 ~ 12g 补气健脾；四肢欠温，大便清稀，甚则完谷不化者，加附子 3 ~ 6g、肉桂 3 ~ 6g 温补肾阳；舌红苔干者，加乌梅 6 ~ 9g、石斛 6 ~ 9g 酸甘化阴。

【其他疗法】

（1）单方验方

1）消疳丸：三棱、莪术、炒五谷虫、胡黄连、炒鸡内金各30g，甘草20g。上药共研细末，过120目筛，水泛为丸。1岁以内每次2g，1～2岁3g，3岁以上5g，均每日3次，空腹服。用于疳积证。

2）红参、大黄，黑牵牛、白牵牛、槟榔、胡黄连。以上诸药各等量，研细为末，水泛为丸。每服0.3～0.9g，每日服3次，米汤或开水送服，2周为1个疗程。如病情需要可连服2～4个疗程。本方为攻补兼施之剂，适用于疳积证。

（2）外治法：莱菔子适量研末，阿魏调和。敷于伤湿解痛膏上，外贴于神阙。每日1次，7日为1个疗程。用于疳积证。

（3）饮食疗法：淮金散：淮山药200g、鸡内金50g、糯米250g。先将糯米淘洗晒干，用文火炒至微黄，入淮山药炒15分钟，再加入鸡内金炒5分钟，起锅稍凉，筛去焦屑及杂块，磨成粉即成。2～10个月婴儿，每日3次，每次半汤匙；10个月～2岁，每次1汤匙；2岁以上者，每次服满1汤匙。服药时在散剂内加少量糖，冲开水少量，搅匀即可。服完500g为1个疗程，一般服用2个疗程。适用于小儿疳证。

三、预防与调护

1. 厌食、积滞

（1）根据婴幼儿生长发育需要，掌握正确的喂养方法，逐渐添加辅食，由少到多、由稀到稠、由素到荤，由一种到多种，循序渐进；对于幼儿饮食要富含营养，易于消化，但不要过于精细，鼓励幼儿多吃蔬菜及粗粮。

（2）注意饮食有节，定时定量，少进生冷油腻，控制零食甜食，纠正偏食挑食，切忌暴饮暴食，不可妄加滋补。

（3）在治疗方法上，除药物调治外，还应遵循“胃以喜为补”的原则，以患儿喜爱的食物来诱导开胃，待食欲改善后，再考虑营养需要。

（4）注意病情变化，给予适当处理。呕吐者，可暂停进食，予姜糖水饮服；腹胀者，可揉摩腹部；便秘者，可服蜂蜜水，严重者用开塞露外导。

2. 疳证

（1）预防

1）如发现小儿体重不增或减轻，皮下脂肪减少，肌肉松弛，面色无华，应引起注意，分析原因，及时治疗。

2）经常带小儿到户外活动，呼吸新鲜空气，多晒太阳，增强体质。

3）提倡母乳喂养，掌握合理喂养方法，适时添加辅食，特别应注意断乳期饮食。

（2）调摄

1）保证居室空气流通清洁，湿度温度适宜。

2）定时测量并记录体重和身长，以检验治疗效果。

3）若患儿浮肿明显需忌盐；小便增多，浮肿减轻后可改为低盐；浮肿消退后吃普通饮食。不应长期忌盐。

第五节　小儿腹泻

小儿腹泻（infantile diarrhea）是一组由多病原、多因素引起的以大便次数增多和性状改变为特点的消化道综合征，临床以腹泻、呕吐及水、电解质平衡紊乱为主要表现，是造成小儿营养不良、生长发育障碍的主要原因之一。发病年龄多在 2 岁以下，1 岁以内者约占半数。本病一年四季均可发生，尤以夏秋两季多见。病程在 2 周内称急性腹泻；2 周 ~ 2 个月为迁延性腹泻；病程在 2 个月以上则为慢性腹泻。

本病在中医属于“小儿泄泻”范畴。

一、病因病机

本病的病因为感受外邪（风寒暑湿），内伤乳食，脾胃虚弱。小儿脏腑娇嫩，形气未充，肺脾常不足，若调护失宜，则外易被六淫侵袭，内易伤及脾胃，导致脾失运化，胃失腐熟，水谷不化，精微不布，清浊不分，合污而下，而成泄泻。脾胃虚弱可由先天禀赋不足，脏气本亏或后天失于调护所致，是慢性泄泻反复发作，迁延不愈的主要原因，又是产生危重变证的条件。脾病及肾则为脾肾阳虚泻；若泻下过度，伤及津液，出现气阴两伤，甚至阴伤及阳，则导致阴竭阳脱的危重变证；若久泻不止，土虚木旺，肝木无制而生风，可出现慢惊风；脾虚失运，生化乏源，气血不足以荣养脏腑肌肤，久则可致疳证。

二、辨证论治

（一）辨证要点

辨明病因，把握缓急，探究虚实，分别常变。

（二）治疗原则

健脾化湿为本病的总则，急性多为实证，以祛邪为主，治以祛风散寒，清热化湿，消食导滞。慢性多为虚证，以扶正为主，治以健脾益气，健脾温肾。虚中夹实宜扶正祛邪，消补兼施。有伤阴、伤阳证者，宜育阴温阳。临证处方用药，宜简不宜繁，药量宜小不宜大。

（三）分证论治

1. 急性泄泻

【证候】 发病较急，便次增多。如偏于风寒，则大便清稀，夹有泡沫，色淡不臭，肠鸣腹痛，或恶寒发热，舌淡，苔薄白；如偏于湿热，则大便水样，或如蛋花汤样，泻下急迫，量多次频，气味秽臭，或见少许黏液，肢体倦怠，或发热口渴，舌红，苔黄腻，脉滑数；如乳食所伤，则大便稀溏，夹有乳凝块或食物残渣，气味酸臭，或如败卵，脘腹胀满，肚腹时痛，痛则欲泻，泻后痛减，嗳气酸腐，或呕吐厌食，夜卧不安，舌苔厚腻或微黄。

【治法】 健脾和胃，疏调气机。

【方药】 藿香正气散加减。藿香 3 ~ 6g，苏叶 6 ~ 9g，大腹皮 3 ~ 6g，厚朴 3 ~ 6g，陈皮 3 ~ 6g、半夏 3 ~ 6g，茯苓 5 ~ 10g、连翘 6 ~ 9g。

加减：偏于风寒者，去连翘，加荆芥 3 ~ 6g、防风 3 ~ 6g 以祛风散寒；里寒重，加干姜 2 ~ 5g 以温中散寒；腹痛较甚，加木香 2 ~ 5g、砂仁 1 ~ 3g。偏于湿热者，去苏叶，加黄芩 6 ~ 9g、黄连 3 ~ 6g、马齿苋 5 ~ 10g 以清热利湿；发热口渴者，加石膏 10 ~ 20g。夹有食滞者，加焦山楂 6 ~ 9g、神曲 6 ~ 9g、莱菔子 3 ~ 6g 消食导滞；腹痛者，加木香 2 ~ 5g、白芍 6 ~ 9g 行气缓急止痛；呕吐者加竹茹 6 ~ 9g、生姜 3 ~ 6g 降逆止呕。

【其他疗法】

（1）中成药

1）藿香正气胶囊：用于风寒泻。每服 2 ~ 3g，每日 3 ~ 4 次。

2）纯阳正气丸：用于中寒泄泻，腹冷呕吐者。每服 2 ~ 3g，每日 3 ~ 4 次。

3）甘露消毒丹：用于暑湿泄泻。每服 2 ~ 3g，每日 3 ~ 4 次。

4）葛根芩连丸：用于湿热泻。每服 2 ~ 3g，每日 3 ~ 4 次。

5）小儿泄泻停冲剂：每服 1 ~ 6g，日服 2 次。健脾化湿，消积止泻。治疗泄泻常证。

（2）单方验方：杏仁滑石汤：杏仁、滑石、半夏各 10g，黄芩、厚朴、郁金各 6g，橘红 4g，黄连、甘草各 3g。水煎服，每日 1 剂。用于湿热泻。

（3）针灸推拿

1）针刺法：取足三里、中脘、天枢、脾俞。发热加曲池，呕吐加内关、上脘，腹胀加下脘，伤食加刺四缝，水样便加水分。实证用泻法，虚证用补法，每日 1 ~ 2 次。

2）推拿法：运脾土、推大肠、清小肠各 100 次，摩腹 3 分钟，揉天枢、揉龟尾、推七节骨各 100 次，捏脊 3 ~ 5 遍。发热加退六腑、清天河水，偏寒湿加揉外劳宫 100 次，偏湿热加清大肠 100 次，偏伤食加推板门 100 次，偏脾虚加揉足三里。

（4）外治法

1）敷贴法：丁香 2g，吴茱萸 30g，胡椒 30 粒，共研细末。每次 1 ~ 3g，醋调成糊状，敷贴脐部，每日 1 次。用于风寒泻、脾虚泻。

2）敷贴法：桃仁、杏仁、生栀仁、白胡椒、糯米各七粒，面粉 1 茶杯，共研细末调匀，用鸡蛋清调敷手足心。适用于小儿吐泻转惊风。

3）熏洗法：鬼针草 30g，加水适量。煎沸后倒入盆内，先熏后浸泡双足，每日 3 ~ 5 次，连用 3 ~ 5 日。用于小儿各种泄泻。

（5）饮食疗法

1）加味防风粥：防风 5g，藿香 5g，葱白 2 茎，白蔻仁 2g，苏叶 3g，粳米 50g。先将前 5 味药水煎，沸后约 10 分钟，取汁去渣，另用粳米煮粥，待粥将熟时，加入药汁，煮成稀粥服食。用于风寒泻。

2）莱菔子佛手粥：炒莱菔子 5g（研末），佛手 6g（切丝），粳米 30g，同煮粥食用，每日 2 次。用于伤食泻。

2. 慢性泄泻

【证候】 发病势缓，便次不多。如脾虚则大便稀溏，色淡不臭，多于食后作泻，时轻时重，面色萎黄，神疲消瘦，舌淡苔白，脉缓弱。如脾肾阳虚则久泻不止，大便清稀，完谷不化，或见脱肛，形寒肢冷，面色白，精神委靡，睡时露睛，舌淡苔白，脉细弱。

【治法】 健脾益气，温肾止泻。

【方药】 参苓白术散加减。党参 6 ~ 9g，白术 6 ~ 9g、茯苓 5 ~ 10g，炙甘草 3 ~ 6g，扁豆 9 ~ 12g，陈皮 3 ~ 6g，砂仁 3 ~ 6g，淮山药 9 ~ 12g。

加减：胃纳不振，舌苔腻者，加藿香 6 ~ 9g、焦山楂 6 ~ 9g 以芳香化湿，理气消食助运；腹胀不舒者加木香 2 ~ 5g、枳壳 3 ~ 6g 理气消胀；腹冷舌淡者，大便夹不消化物，加干姜 2 ~ 5g、肉桂 3 ~ 6g 以温中散寒，暖脾助运。如脾肾阳虚者，加附子 6 ~ 9g、吴茱萸 3 ~ 6g，补骨脂 12 ~ 15g、肉豆蔻 6 ~ 9g、五味子 6 ~ 9g 温补脾肾。久泻不止，内无积滞者，加赤石脂 6 ~ 9g、石榴皮 3 ~ 6g；脱肛加炙黄芪 9 ~ 12g、升麻 6 ~ 9g 升提中气。

若泻下日久而出现气阴两伤，宜益气养阴，酸甘敛阴，用人参乌梅汤加减。若出现阴竭阳脱，宜育阴回阳，救逆固脱。以生脉散合参附龙牡救逆汤加减。

【其他疗法】

（1）中成药：附子理中丸：用于脾肾阳虚泻，每服 2 ~ 3g，每日 3 ~ 4 次。

（2）单方验方：苍术、山楂各等份，炒炭存性，研末。每次 1 ~ 2g，每日 3 ~ 4 次，开水调服。有运脾止泻之功，用于湿热泻、伤食泻。久泻脾阳伤者加等份炮姜炭粉，用于脾虚泻。

（3）针灸治疗

取足三里、中脘、神阙。隔姜灸或艾条温和灸，每日 1 ~ 2 次。用于脾虚泻、脾肾阳虚泻。

（4）饮食治疗

1）白术山药扁豆粥：炒白术 6g，淮山药 10g，扁豆 6g，粳米 30g。先将白术，淮山药，扁豆煎取浓汁，和粳米煮成稀粥服。每日 2 次。用于脾虚泻。

2）苹果止泻法：将苹果用开水洗净，削皮，用勺刮成泥，每日 4 次，每次 100g，一岁以下婴儿每次 50g，日服 3 ~ 4 次。此时不吃其他食物，等症状好转后可减少吃苹果泥而适量增加牛奶、面条。也可取鲜苹果一个，洗净，加水 3 碗，煎煮成 2 碗，以汁浓为佳，每日 1 剂，不拘时间频频饮之。功效：健脾止泻，适用于小儿水泻、久泻属脾阴不足者，但对积滞水泻者无效。

三、预防与调护

（1）避风寒：加强户外活动，注意气候变化，及时增减衣服，防止腹部受凉。

（2）适调护：提倡母乳喂养，不宜在夏季及小儿有病时断奶，遵守添加辅食的原则，注意科学喂养。

（3）节饮食：注意饮食卫生，食品应新鲜、清洁，不吃变质食品，不要暴饮暴食。饭前、便后要洗手，餐具要卫生。泄泻严重及伤食泄泻患儿可暂时禁食 6 ~ 8 小时，以后随着病情好转，逐渐增加饮食量。忌食油腻、生冷及难消化的食物。

（4）勤清洁：保持皮肤清洁干燥，勤换尿布。每次大便后，宜用温水清洗臀部，并扑上爽身粉，防止发生红臀。

（5）防传变：密切观察病情变化，防止发生泄泻变证。

第六节 遗 尿 症

遗尿症（nocturnal enuresis）是指3周岁以上小儿不能自主控制排尿，睡中小便自遗，醒后方觉的一种病症。正常小儿一般1岁半左右可自动控制排尿。婴幼儿时期，形气未充，排尿自控能力尚未形成；学龄期儿童有因过度疲劳、换新环境、突然受惊等因素，偶在睡中遗尿者，均非病态。年龄超过3岁，特别是5岁以上的儿童，数日1次，甚至一夜数次遗尿者，方称为遗尿症。重症患儿病程较长，或反复发作，甚至白天睡眠也会遗尿，多见于女孩，可能合并感染。本病发病率男孩高于女孩，为2～3∶1。部分有明显的家族史。严重者容易产生自卑感，影响生长发育和心理健康。

中医称本病为“遗尿”、“遗溺”、“尿床”。

一、病因病机

尿液的生成与排泄与肺、脾、肾、膀胱、三焦的关系密切。遗尿的病机主要在于膀胱失约，但与肺脾肾功能失调，三焦气化失司有关。其病因主要为下元虚寒，膀胱失摄；肺脾气虚，上不治下；肝经湿热，蕴结膀胱。

二、辨证论治

（一）辨证要点

辨证主要分清寒热虚实，辨别脏腑病位：虚寒证责之于肾脾肺，实热证责之于肝。

（二）治疗原则

虚证治以温肾健脾补肺为主，实证以泻肝清热利湿为主。并配合针灸、外治、激光等综合疗法，以增强固涩小便的疗效。

（三）分证论治

1. 下元虚寒证

【证候】 睡中经常遗尿，小便量多频数，醒后方觉，神疲乏力，肢凉怕冷，腰腿酸软，健忘或智力低下，舌淡苔白，脉象沉细或沉迟。

【治法】 温补祛寒，缩尿止遗。

【方药】 菟丝子散加减。菟丝子6～10g，肉苁蓉6～10g，炮附子3～6g，益智仁6～10g，牡蛎3～6g，五味子3～6g，淮山药10～15g，乌药6～10g，鸡内金2～6g，韭子3～6g。

加减：若属轻证，可用缩泉丸；四肢发冷者，加干姜3～6g，肉桂1～3g。沉睡不易唤醒者，加麻黄5～6g、石菖蒲6～9g开窍醒神；若智力低下者，加人参3～6g、菖蒲6～9g、远志6g补心气，开心窍。现代研究认为，温肾补阳药对于骶管缺损区脑脊液和血液的供应有一定改善作用，故对伴有脊柱隐裂的遗尿患儿也能取得一定的疗效。

【其他疗法】

（1）中成药

1）五子衍宗丸，水陆二味丹，金锁固金丸，金樱子膏用于下元虚寒型。每服 3 ～ 6g，每日 3 次。

2）缩泉丸：用于遗尿之虚证。每服 3 ～ 6g，每日 3 次。

（2）单方验方

1）芡实米 50g 金樱子 20g。先将金樱子煮汁 100g，加入芡实米煮粥，放白糖适量。每日 2 次，温服。健脾益肾，固精缩尿。适用于小儿肾虚遗尿；亦可用于成人遗精、老人小便失禁。

2）桑螵蛸 3g，炒焦，研末，温水调服。

3）将胎盘洗净，放在新瓦上以文火焙干，研细。每次服 3g，用温开水送服。适用于下元虚寒型。

4）温肾止遗散：益智仁 15g，补骨脂 10g，五味子 3g，山药 12g，茯神 12g，桑螵蛸 6g，生牡蛎 12g，金樱子 10g，石菖蒲 10g，炙麻黄 3g，每日 1 剂，水煎浓缩至 80ml，分 2 ～ 4 次服，7 天为 1 个疗程。温肾止遗。适用于小儿肾虚遗尿。

5）尿警觉汤：益智仁 12g，麻黄、石菖蒲各 10g，桑螵蛸 15g，猪膀胱 1 个。将猪膀胱洗净先煎半小时，然后纳诸药再煎半小时，去渣取汁，分 2 次服。每日 1 剂，连用 4 ～ 8 剂。

（3）饮食疗法：益智仁猪脬汤：鲜猪脬 1 具，益智仁 10g，荔枝肉 20g，小茴香 5g，黑豆 20g，食盐适量，加水 800ml 沙锅炖至熟烂，约 200ml 左右，去药渣，喝汤食猪脬。根据年龄 1 ～ 3 天 1 剂，痊愈为止。

（4）针灸治疗：详见第九章。

（5）外治法

1）小茴香 7g、公丁香 3g、巴戟天 10g、胡芦巴 10g，上药共为细末，以醋调敷脐。连用 3 天。

2）胡椒粉适量，伤湿膏 1 张。以黑胡椒粉填脐，伤湿膏贴盖，每晚 1 次。7 次为 1 个疗程，一般 1 ～ 3 个疗程。

3）麻黄、益智仁、肉桂、五倍子各等份，研成细粉，白醋调之，敷脐部，每晚 1 次，7 天为 1 个疗程。

（6）饮食疗法

1）猪小肚炖白果：白果 15 ～ 30g，猪小肚 1 只。先将猪小肚切开清洗干净，把白果放入猪小肚内，放入锅中，如常炖熟即可，也可煨熟吃。每日 1 次，连吃 3 天。功效：固肾气，止遗尿。适用于小儿遗尿。宜忌：白果有小毒，每次不宜食过多。

2）狗肉煲黑豆：狗肉 50g，黑豆 30g，肉桂末 2g。将狗肉洗净，切成小块同黑豆放锅中，加水适量及肉桂末，武火煮沸，改文火煲至狗肉烂时加入调料服食，用于肾阳不足型。

2. 脾肺气虚证

【证候】 睡中遗尿，量少频数，常自汗出，神疲乏力，少气懒言，食欲不振，大便溏薄，舌质淡，舌苔薄白，脉细弱。

【治法】 益气健脾，固涩小便。

【方药】 补中益气汤加减。人参 6 ～ 9g，黄芪 15 ～ 20g，白术 6 ～ 10g，茯苓 6 ～ 10g，山药 6 ～ 10g，升麻 4 ～ 6g，柴胡 6 ～ 10g，乌药 6 ～ 10g，益智仁 6 ～ 10g，五味子 3 ～ 6g，

黄精 5 ~ 10g，白果 4 ~ 6g。

加减：若大便溏泻，加炮姜 2 ~ 4g 温脾止泻。

【其他疗法】

（1）中成药

1）补中益气丸：用于肺脾气虚型，每服 3 ~ 6g，每日 3 次。

2）夜尿宁丸，遗尿散，用于小儿遗尿，每服 3 ~ 6g，每日 3 次。

（2）单方验方：党参、炙黄芪、益智仁、淮山药、炒白术、桑螵蛸、覆盆子、金樱子、菟丝子、山萸肉、赤石脂各 9g，煅牡蛎 21g，炙甘草 3g，蚕茧 7 枚，水煎服。每日 1 剂。

（3）针灸治疗：激光：取穴关元、气海、百会、足三里、三阴交。以 1.5 ~ 2.0mw 的氦—氖激光照射。每穴照 1 ~ 2 分钟，1 日或隔日 1 次，6 ~ 10 次为 1 个疗程，连用 2 ~ 3 个疗程。

（4）外治法：敷贴疗法

1）公丁香 3g，研末，米饭适量，共捣做饼，于睡前贴于神阙穴，24 小时换药 1 次，10 次为 1 个疗程。

2）五倍子、何首乌各 3g，研末，醋调、敷脐，每晚 1 次，连用 3 ~ 5 天。

（5）饮食疗法

1）韭菜根汁：韭菜根 25g。将韭菜根洗净后，放入干净纱布中绞取汁液，煮开温服。1 日 2 次，连服 10 天。

2）烤金钱橘；金钱橘 49 个。将金钱橘（又名金柑）晾 49 天，防止腐烂。将其置于火旁或烤箱内，烤至干燥，切碎，置研盂中研为粉末，备用。每次服 6g，每天 2 次，早晚分服，白开水送下。

3）黄芪地鸡粥：黄母鸡 1 只，黄芪 30g，熟地 50g，粳米 100g，精盐，味精、韭菜各少许。将母鸡宰杀，开水泡后拔毛，剖腹去内脏，入沸水中焯去血水。黄芪、熟地用 2 ~ 3 层纱布包好，粳米淘洗干净。取沙锅容量适宜者 1 个，加水适量，放入鸡及药包，置大火上煮沸，改小火炖煮 2 小时左右。待鸡肉烂熟后，取出药包不用，并去掉鸡骨，加入粳米，复置火上炖煮，令粳米烂熟成粥，加精盐，味精，韭菜拌匀，再稍煮即可 . 喝粥吃肉，随意食之。

3. 肝经湿热证

【证候】 睡中遗尿，尿量不多，气味臊臭，尿色偏黄，平时性急易怒，或夜惊，梦语，唇赤舌红，苔黄或黄腻，脉滑数。

【治法】 泻肝清热，利湿止遗。

【方药】 龙胆泻肝汤加减。龙胆草 4 ~ 6g，黄芩 6 ~ 10g，栀子 4 ~ 6g，通草 2 ~ 3g，车前子 6 ~ 10g，泽泻 6 ~ 10g，柴胡 4 ~ 6g，当归 6 ~ 10g，生地 6 ~ 10g，甘草 2 ~ 3g，川牛膝 6 ~ 9g 竹叶 6 ~ 9g。

加减：若夜卧不宁、梦语、夜惊者，加竹叶 3 ~ 6g、连翘 6 ~ 9g、钩藤 6 ~ 9g（后下）；若痰湿素盛，困寐不醒者，加胆星 1 ~ 3g、半夏 3 ~ 6g、石菖蒲 2 ~ 5g；若久病不愈，伤耗阴液，见阴虚火旺者，用知柏地黄丸以滋阴降火。

【其他疗法】

（1）中成药：龙胆泻肝丸：每服 3 ~ 6g，每日 3 次。

（2）针灸推拿

1）头针：针刺足运感区。间歇捻针，留针 15 分钟。

2）耳针：主穴：遗尿点（在肾点与内分泌点之间，食道点下方）。配穴：肾点、皮质下。每次留针 30 分钟，每日或隔日 1 次

3）推拿：用清热平肝法，清肝热，掐肝经，清小肠经，清心经，补肾经，揉丹田，捣小天心。每日 1 次，5 次为 1 个疗程。

4）按摩：用三指拿法或五指拿法，在前正中线上提拿肚脐至耻骨联合处一线的小腹部筋肉。拿住后提起，放下，如此自上而下反复操作 10 遍。

三、预防与调护

对于由不良习惯引起的遗尿，重点应加强教育，改变不良习惯。如晚上控制患儿饮水，定时叫醒孩子小便。若因白天嬉戏过度、困睡不醒者，则应注意生活调理。对因蛲虫刺激等因素引起者，应针对病因加以治疗。鼓励患儿消除自卑心理，树立战胜疾病的信心。

第六章　外科疾病

 第一节　急性胆囊炎 

急性胆囊炎（acute cholecystitis）是胆道感染中常见病，女性多发，发病年龄多在20 ~ 25岁之间。且主要表现为右上腹痛、呕吐、发热。

本病属于中医“胆胀”、“胆瘅”的范畴。

一、病因病机

中医认为，胆为“中清之腑”，附于肝，与肝相表里。输胆汁而不传化水谷。它的功能以通降下行为顺。凡由精神因素，湿热外袭，饮食不节等因素，均可引起气血运行不畅而郁积肝胆，脾胃运化失常而湿热瘀结中焦，继而影响肝的疏泄和胆的中清、通降而发病。

二、辨证论治

（一）辨证要点

本病以胁肋疼痛为主证，以右上腹持续性疼痛阵发性加剧为主要临床表现。发病与情志、寒温、饮食关系最为密切。临床表现出气郁、湿热、热毒等实邪积结，若热积不散，热胜肉腐可酿而成脓，甚则热毒化火则寒战高热。其病位在肝胆，病势较急，病性属热属实。临证应辨别实热之轻重，轻者为肝胆湿热内蕴，重者为火毒炽盛。

（二）治疗原则

本病在治疗以理气开郁、清热利湿、清热泻火为大法，常用柴胡、枳壳、黄芩、大黄、山栀、蒲公英、茵陈等。

急性胆囊炎病人，若已发生严重的并发症，如化脓性胆囊炎、化脓性胆管炎、胆囊穿孔，败血症，多发性肝脓肿等则病死率较高。因此要注意掌握手术治疗的指征，适时采取手术治疗。

（三）分证论治

1. 肝胆气郁证

【证候】　右上腹间歇性绞痛或闷痛，有时可向右肩背部放射，右上腹有局限性压痛；

伴低热，口苦，食欲减退；舌质淡红，苔薄白或微黄，脉弦紧。

【治法】 疏肝利胆，理气开郁。

【方药】 金铃子散合大柴胡汤加减。金铃子 12g，延胡索 10g，柴胡 10g，黄芩 10g，白芍 15g，枳实 10g，大黄 9g（后下），山栀 10g。

【其他疗法】 适用于各证候。

（1）一般治疗

1）卧床休息，禁食或流质饮食。

2）纠正水电解质平衡，补充营养。

（2）针灸疗法：详见第九章。

2. 肝胆湿热证

【证候】 右上腹有持续性胀痛，多向右肩背部放射，右上腹肌紧张，有压痛，有时可摸到肿大之胆囊；伴高热、畏寒，口苦咽干，恶心呕吐，不思饮食，部分病人出现身目发黄；舌质红，苔黄腻，脉弦滑或弦数。

【治法】 疏肝利胆，清热利湿。

【方药】 茵陈蒿汤合大柴胡汤加减。茵陈 20g，山栀 15g，大黄 9g（后下），柴胡 10g，黄芩 15g，白芍 15g，枳实 10g，法夏 10g，郁金 15g。

3. 热毒内蕴证

【证候】 右上腹硬满灼痛，痛而拒按，或可触及肿大的胆囊，黄疸日深；壮热不退，或寒热往来，口干唇燥，大便秘结，小便短赤，甚或神昏谵语，皮肤瘀斑，四肢厥冷；舌质红绛，苔黄燥，脉弦数。

【治法】 疏肝利胆，清热泻火。

【方药】 黄连解毒汤合茵陈蒿汤加味。黄连 9g，山栀 15g，黄柏 12g，大黄 9g（后下），茵陈 15g，玄明粉 6g，板蓝根 15g，鲜生地 20g，金银花 15g，蒲公英 30g。

若高热神昏，加服安宫牛黄丸清心开窍。

三、预防与调护

（1）提倡合理饮食，饮食不宜过饱，忌食生冷及不消化食物，一般以进低脂流质、半流质软食为宜。

（2）避免精神刺激，保持心情舒畅、乐观，树立战胜疾病的信心。

第二节 胆 石 症

胆石症（cholelithiasis）是胆道系统，包括胆囊和胆管内发生结石的疾病。胆石病在我国是一种常见病，在自然人群中的发病率为 7% ～ 10%。女性患者较男性高 1 倍多。其临床表现取决于结石的部位，是否造成梗阻和感染等因素。

本病属古代中医学的“结胸”范畴，现今中医学已有“胆石”病名。

一、病因病机

胆石病主要由饮食不节、蛔虫上扰、情志郁结致肝胆气滞，胆液壅滞，一方面无以疏泄脾胃、大肠，湿浊不化；另一方面是气郁乃至血瘀，日久聚而成积，转化为石。

二、辨证论治

（一）辨证要点

中医学认为，胆石症部位在肝、胆，病机主要由气郁、血郁、湿郁、食郁与虫积相合为石。本病多因气滞瘀阻不散，内有湿热，反复发作而致。湿热、气滞，蕴结过久，并可化热生火。临证之时应根据症状轻重不同而辨证，常表现为肝胆气滞、肝胆湿热、肝郁火毒。

（二）治疗原则

胆石症治疗现已多样化。临床常用的方法可概括为排石、溶石、碎石、取石四种方法。原则上胆囊的小结石、肝外胆管结石直径≤ 1cm，或泥沙样结石；无并发症的较大胆管结石；广泛的肝管或肝内胆管结石；胆总管切开取石后的残存结石，特别是已作内引流者，均可应用中医药治疗。

中医对本病治疗以疏畅气机、理气解郁为治。胆为六腑之一，通利为顺，其中所积惟有通腑攻下；且大肠一通，肝胆气机自能舒展通达，郁结自解，结石即使不能排下，亦可促使溶解。静止期治以攻石，或通腑泻下，或化石溶石。发作期一方面因势利导，促进结石排出，可综合多种排石措施；一方面又宜兼治他症，如疼痛、发热、黄疸等。

（三）分证论治

1. 肝郁气滞证

【证候】 右胁肋疼痛、胀痛或窜痛，常呈阵发性加剧；胸闷嗳气，恶心呕吐，口苦咽干，大便秘结；舌质淡红，苔薄白或微黄，脉弦。

【治法】 疏肝理气，利胆排石。

【方药】 清胆行气汤。柴胡 10g，黄芩 10g，半夏 10g，枳壳 10g，香附 10g，郁金 12g，延胡索 15g，木香 10g，白芍 30g，大黄 9g（后下）。

加减：若湿热重者，加金钱草 30g、茵陈 20g、山栀 12g 清热除湿；恶心呕吐明显者，加竹茹 6g、陈皮 10g 和胃止呕。

【其他疗法】

（1）一般治疗（适用于各个证型）

1）流质或半流质饮食，较重者应禁食。

2）静脉补液，纠正水电解质或酸碱平衡失调。

3）胃肠减压，腹胀明显及需要手术者，均应考虑胃肠减压。

（2）单方验方：胆道排石汤 I 号：柴胡 12g 郁金 12g 香附 12g 金钱草 30g 木香 18g 枳壳 12g 大黄 30g。用于气郁型胆道系统感染、胆石症。

（3）总攻疗法（适用于各个证型）

1）适应症：胆总管、肝胆管较大的结石，无严重并发症者；肝胆管多发性小结石（直径＜1cm）；肝内广泛泥沙样结石，手术难以治愈者；胆囊内小结石（直径＜1cm），胆囊浓缩排泄功能较好者；手术前排出小结石，有助于手术进行；手术后残余结石或再生结石。

2）总攻程序与方法：每周总攻2～3次，6～7次为一个疗程。具体方法见表6-1。

表6-1　胆石总攻实施方案

时间（上午）	措施
8：30	中药排石汤200ml
9：30	吗啡5mg，皮下注射
10：10	硝酸异戊酯一支，吸入
10：15	33%硫酸镁40ml，口服
10：20	0.5%稀盐酸30ml，口服
10：25	脂餐（油煎鸡蛋2～3个）
10：30	电针：右胆俞（阴极），日月、梁门、太冲（阳极）半小时

3）排石反应：除泥沙样结石排出无反应外，若总攻后发生绞痛、发热、脉速，甚至黄疸，随后绞痛突然消失，黄疸发热消退，可能是结石排出，应留意从大便中筛出结石。

4）注意事项：发作期总攻，可不用吗啡；并发感染明显者，先控制炎症；老年人合并有冠心病、高血压及妊娠妇女禁用。

（4）针灸治疗：详见第九章。

2. 肝胆湿热证

【证候】　右上腹持续性胀痛，阵发性加剧或绞痛时发；胸脘胀满，口苦咽干，恶心呕吐，不思饮食，发热恶寒，或寒热往来，身目发黄，大便秘结，尿赤如茶；舌质红，苔黄或黄腻，脉弦数。

【治法】　清热利湿，利胆排石。

【方药】　清胆利湿汤加减。柴胡10g，黄芩12g，半夏10g，木香10g，郁金12g，车前子15g，川木通6g，山栀12g，茵陈20g，金钱草30g，生大黄9g（后下）。

加减：若热甚者，加生石膏30g、蒲公英25g清热解毒；脘胁胀满明显者，加枳实10g、厚朴10g理气行滞；恶心呕吐剧烈者，加姜半夏10g、竹茹6g和胃止呕。

【其他疗法】　单方验方：胆道排石汤Ⅱ号：双花　连翘　金钱草　茵陈　郁金各30g　木香18g　黄芩　枳实各12g　大黄30g　芒硝6g。用于湿热型或脓毒型胆道系统感染、胆石症。

余见本节“肝郁气滞证”。

3. 肝郁火毒证

【证候】　除具有肝胆湿热证证候外，尚有右上腹持续性疼痛不解，痛引肩背，拘急拒按；高热寒战，口干唇燥，尿黄便结，甚则神昏谵语；舌质红绛，苔黄干或黄燥，脉细数。

【治法】　疏肝利胆，清热泻火。

【方药】　通腑排石汤。柴胡10g，川楝子12g，香附10g，枳实10g，川朴10g，郁金12g，木香6g，茵陈18g，金钱草30g，蒲公英25g，大黄9g（后下），芒硝6g（冲）。

加减：若痛甚者，加玄胡 10g、姜黄 6g 行气止痛；恶心呕吐明显者，加姜半夏 10g、竹茹 6g、陈皮 10g 和胃止呕；身目发黄者，加黄芩 10g、黄连 6g、山栀 10g 祛湿退黄。

三、预防与调护

（1）调节饮食，避免过食肥甘厚味。

（2）对进行总攻疗法或估计有结石排出时，应留大便查石，最好对结石进行成分鉴定。

（3）结石发作绞痛，并发感染时，宜观察血压、脉搏、体温，特别是腹痛情况变化，以便及时更改治疗方法。

第三节　急性阑尾炎

急性阑尾炎（acute appendicitis）是外科最常见的急腹症之一，居各种急腹症的首位。任何年龄均可发病，但多见于青壮年，以 20 ~ 40 岁年龄组发病最多。随着医学技术的进步，尤其是中西医结合治疗本病的优势，其诊断率及治愈率不断提高，病死率已降至 0.1% 左右。其主要表现是转移性右下腹部疼痛。

本病属中医“肠痈”范畴。

一、病因病机

中医认为，本病多因饮食不节，寒温不适、暴急奔走、忧思抑郁等多种因素，导致肠道功能失调，传化不利，运化失职，糟粕积滞，生湿生热，遂致气血不和，败血浊气壅遏而成。

二、辨证论治

（一）辨证要点

本病多属里、实、热证，病变在肠胃两腑，其病机不外气滞、血瘀、湿热，最后导致瘀滞热积不散，血肉腐败而成痈肿。辨证要点在于分清实、热、瘀。实证中有腑实、瘀实、湿实之区别。如热与瘀相结，热与湿相搏，则会出现右下腹疼痛，下腹痛性包块；热与食水相结，壅滞阳明之腑而出现痞、满、实、热的腑实证；如热深不能外达，壅闭于内则出现热深厥深的厥证。

（二）治疗原则

急性阑尾炎的治疗原则是“理气活血，清热解毒，通里攻下”，并根据不同阶段有所侧重，瘀滞型宜通里攻下，行气化瘀，佐以清热解毒；蕴热期通里攻下，清热利湿，佐以行气活血；酿脓期宜托毒排脓，清热解毒，行气活血。无论哪一期的治疗，头两天最为关键。尤贵于早治，于未成脓之前消散，最为上工。

从急性阑尾炎整体治疗方案来考虑，首先要解决的是选择好非手术治疗的适应症，急性单纯性阑尾炎、轻型的化脓性阑尾炎优先选择中医药治疗。急性化脓性阑尾炎、阑尾周围脓肿早期或并发局限性腹膜炎，中医药治疗应在严密观察下进行；至于坏疽性阑尾炎，阑尾穿孔并发腹膜炎均要及早手术治疗，可减少术后并发症，病人康复较快。临床表明，经治疗后的病人，症状消失在前，病理修复在后，两者并不呈平行关系。所以为防复发，恢复期的治疗不应忽视。

（三）分证论治

1. 气血瘀滞证

【证候】 转移性右下腹痛，腹痛呈持续性或阵发性加剧，右下腹有压痛或反跳痛，腹肌紧张不明显，可扪及局限性包块；伴脘腹胀闷，恶心嗳气，纳呆，大便秘结，小便清或黄；舌质淡红，苔薄白，脉弦紧或细涩。

【治法】 通里攻下，行气祛瘀，佐以清热解毒。

【方药】 阑尾化瘀汤。川楝子 10g，玄胡索 15g，丹皮 12g，桃仁 9g，木香 9g，银花 15g，生大黄 9g（后下）。

加减：若腹痛较重者，加红藤 20g、丹参 15g 清热解毒、活血祛瘀；脘腹胀满者，加枳壳 10g、厚朴 10g 理气消胀。

【其他疗法】

（1）一般治疗

1）体位：急性期以平卧为宜，并发腹膜炎者应采取半卧位。

2）饮食：腹膜炎较重者进流质或禁食。阑尾炎穿孔并发弥漫性腹膜炎时，应行胃肠减压。

3）补液：对禁食或缺水及酸碱平衡紊乱者应进行静脉补液，以纠正之。

（2）敷药法

1）如意金黄散、玉露散或双柏散，用水、蜜调制成糊状，外敷右下腹，每日 2 次。二龙膏外贴，1 ~ 2 日更换，主治阑尾周围脓肿。

2）大蒜 30g，芒硝 30g，共捣成糊状，在右下腹衬一层凡士林纱布后，敷上大蒜芒硝糊，每日 1 次。

（3）针灸治疗：耳针 阑尾、交感、神门、大肠等，每次选用 2 ~ 3 穴，强刺激，留针 30 分钟，每日 2 次。

2. 湿热蕴结证

【证候】 腹痛及右下腹压痛加剧，腹膜刺激征明显，并出现反跳痛，腹肌紧张或有局限性肿块，但不超出右下腹部一个象限，无扩散趋势。若湿重于热则微热，腹胀痛不剧，口渴不欲饮，大便溏而不爽，小便黄，舌质淡红，苔微黄腻，脉弦滑略数；热重于湿则发热明显，腹部剧痛，拒按明显，口干欲饮，大便秘结，小便黄赤，舌质红，苔黄微腻，脉弦滑数。

【治法】 通里攻下，清热利湿，佐以行气活血。

【方药】 阑尾清化汤。银花 30g，蒲公英 30g，生大黄 12g（后下），桃仁 12g，丹皮 15g，赤芍 12g，川楝子 10g，甘草 6g。

加减：若湿重于热，加藿香 10g、佩兰 10g 芳香化湿；热重于湿，加黄连 10g、黄芩 12g 清热燥湿。

【其他疗法】同“气血瘀滞证”。

3. 热毒蕴盛证

【证候】 腹痛剧烈，腹膜炎体征遍及全腹，有腹肌紧张，压痛和反跳痛。如热毒伤阴，则有高热或恶寒发热，持续不退，时时汗出，烦渴欲饮，面红目赤，唇干口臭，呕吐不食，两眼凹陷，大便秘结或似痢不爽，小便短赤，舌质红绛而干，苔黄厚干燥或黄厚腻，脉弦滑数或洪大而数；热毒伤阴损阳者，发热不高，精神委靡，肢冷自汗，舌质红而干，苔黄糙，脉沉细数。

【治法】 通里攻下，清热解毒，佐以行气活血。

【方药】 阑尾清解汤。生大黄 15g（后下），银花 30g，蒲公英 30g，冬瓜仁 30g，丹皮 15g，川楝子 12g，木香 9g，甘草 6g。

加减：若热毒伤阴，加生地 20g、玄参 15g、天花粉 15g 清热养阴；热毒伤阴损阳，加熟附子 6g、干姜 6g 温中回阳。

【其他疗法】

（1）针灸治疗

1）体针：主穴：阑尾穴（双侧）。配穴：高热、痛甚加曲池、内庭，肿块加天枢（双侧），泛恶呕吐加内关、中脘，腹胀不舒加大肠俞，均取泻法，每次留针 0.5 ～ 1 小时，每 15 分钟强刺激 1 次，每日 2 次。

2）穴位注射法：用注射水作双侧耳穴新阑尾点注射，每侧注入 0.2ml 左右，每日注射 2 次，体温降至正常，腹痛缓解后改每日 1 次，体温高者，可加曲池穴位注射，至病愈为止。

（2）灌肠法：采用通里攻下、清热解毒的中草药，煎至 200ml 作保留灌肠，能使药液到达下段肠腔，加速吸收，有促进肠蠕动，清热解毒等作用。

三、预防与调护

（1）预防肠道感染性疾病，节制饮食，避免餐后剧烈运动。

（2）卧床休息，一般平卧位，有腹膜炎者取半卧位。

（3）饮食以流质、半流质为宜。后期饮食宜由半流质逐渐过渡到软食、普食，且以清淡为主。

（4）在治疗过程中严密观察病情，注意腹痛、腹胀、体温、二便、体征、舌苔、脉象等变化，以便及时调整治疗方案。

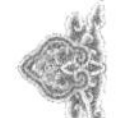

第四节 急性胰腺炎

急性胰腺炎（acute pancrceatitis）是常见的外科急腹症之一。该病不仅是胰腺的局部炎症，而且是常涉及多个脏器改变的全身性疾病。患者多为 20 ～ 50 岁的青壮年，男女发病率无明显差别。重型病人的病死率仍较高，死亡原因是因继发多种并发症而致。临床特点是突发上腹部疼痛，疼痛剧烈，伴恶心、呕吐。

本病相当于中医“胰瘅”的范畴。

一、病因病机

本病多因饮食不节，情志不畅，蛔虫上扰，或外感风寒湿邪，以致肝脾不和，湿热蕴结，气机升降失司而引起。发病与饮食、情志、蛔虫、六淫等最为密切，以上因素都可致肝郁气滞、中焦宣泄不和，腑气升降失常而发为本病。肝胆、脾胃功能紊乱，气机升降失常等为本病病机特点。若病情发展，热毒内陷，伤阴损阳，正虚邪陷，还可发生虚脱。

二、辨证论治

（一）辨证要点

本病病位在中焦，与肝胆脾胃密切相关，证型分为肝郁气滞、脾胃实热、肝脾湿热。

（二）治疗原则

中医治疗以疏肝理气、清热利湿、通里攻下、安蛔止痛为大法，常用药物有柴胡、黄芩、胡黄连、厚朴、枳壳、木香、生大黄、玄明粉等。

出血坏死型胰腺炎，病情急暴，变化快，一般宜采用手术疗法。

（三）分证论治

1. 肝郁气滞证

【证候】 上腹部阵痛或窜痛，恶心、呕吐、腹胀，上腹部有轻压痛，无腹肌紧张；发热，便秘；舌质淡红，苔薄白，脉弦紧。

【治法】 舒肝理气，通腑止痛。

【方药】 清胰汤。柴胡 10g，黄芩 10g，胡黄连 10g，白芍 15g，木香 6g，延胡索 15g，大黄 9g（后下），芒硝 6g（冲服）。

加减：若发热，加山栀 10g、银花 15g 清热解毒，若腹胀甚者，加枳实 10g、厚朴 10g 理气行滞。

【其他疗法】 适用于各个证型。

（1）一般治疗

1）控制饮食和胃肠减压，病情较轻，可进少量清淡的流质或半流饮食，限制蛋白质，勿进脂肪。对病情较重或频繁呕吐者要禁食，行胃肠减压，减轻腹胀。

2）补液：补充有效循环血量，纠正水电解质紊乱及酸碱失衡。

（2）外治法：对于重症胰腺炎脓肿形成或假性胰腺囊肿者，可配合消炎散或如意金黄散外敷。

（3）针灸推拿

1）常选用上脘、中脘、梁门、足三里、内关、肝胆俞、脾俞等穴位，用泻法，强刺激，每日 1 次。

2）用腹部推拿疗法治疗本病之轻证，有一定疗效。具体手法是：医者左手放于患者之右胁下（肝区），右手掌放于左胁下（胰腺部位），拇指朝向胆管方向，同时按压腹壁。每次 5 分钟，每日 1 ~ 2 次。

2. 脾胃实热证

【证候】 上腹部剧烈胀满疼痛，拒按，持续性或阵发性加剧，或刀割样痛，中上腹肌紧张，压痛明显，呕吐频繁；高热口干，大便秘结，小便黄赤；舌质红，苔黄厚腻或黄糙焦干，脉洪数或弦数。

【治法】 通里攻下，泄热导滞。

【方药】 复方大柴胡汤。柴胡 10g，厚朴 10g，莱菔子 15g，枳壳 10g，桃仁 6g，赤芍 12g，大黄 10g（后下），芒硝 6g（冲服）。

加减：若高热，加山栀 12g、蒲公英 30g 清热解毒；痛甚，去赤芍，加白芍 30 ~ 60g 缓急止痛。

3. 脾胃湿热证

【证候】 上腹部疼痛拒按，持续性钝痛，阵发性加剧或绞痛；上腹肌紧张，有横位性压痛；伴发热，或寒热往来，口苦咽干，呕吐频繁，心烦胸闷，多有轻度黄疸，重则身目黄染，大便秘结，小便黄赤；舌质红，苔黄腻，脉弦数。

【治法】 清热利湿，通腑泻热。

【方药】 枳实导滞丸合茵陈蒿汤加减。枳实 10g，大黄 10g（后下），黄连 6g，黄芩 10g，木香 6g，茯苓 15g，泽泻 10g，茵陈 20g，栀子 12g。

三、预防与调护

（1）注意观察体温、脉搏、心率、血压、呼吸以及神志变化。

（2）注意观察腹痛的部位与范围，疼痛的性质与程度；有无腹部压痛、反跳痛及腹肌紧张，腹胀程度等。

（3）避免暴饮暴食，忌油腻辛辣，禁烟酒。

（4）注意预防和及时治疗胆道疾病，如胆囊炎、胆石病、胆道蛔虫病等。尽量少用或不用可能诱发本病的药物，如磺胺类、利尿药及雌激素等。

第五节 肠 梗 阻

肠梗阻（intestinal obstruction）是指肠内容物不能正常运行或通过发生障碍。是常见的急腹症之一。本病可发生于任何年龄，性别也无明显差异。随着对肠梗阻病理生理认识的不断提高和治疗方法的改进，特别是开展中西医结合治疗，其效果显著提高，约 2/3 的病人可经非手术疗法治愈，但病情较严重者死亡率可达 10% 左右。本病主要表现为腹痛、腹胀、呕吐、便秘。

本病属中医“肠结”“肠痹”范畴。

一、病因病机

中医认为，本病多因饮食不节，寒邪凝滞，热邪郁闭，气血瘀阻，燥屎内结等多种因素，导致肠道通降功能失常，滞塞不通而引起。

本病的病机演变，初为肠腑气机不利，滞塞不通，痰饮水停，呈现痛、吐、胀、闭四大证候。次则肠腑瘀血阻滞，痛有定处，胀无休止，甚至瘀积成块或血不归经，而致呕血、便血。气滞血瘀郁久而化热生火，热与瘀血淤积不散，则造成肠坏、血肉腐败。若邪实正虚，正不胜邪，阴阳两伤，可致亡阴亡阳之变。

二、辨证论治

（一）辨证要点

本病是以痛、吐、胀、闭为主证的急性梗阻性疾病，以肠腑阻结为其关键。可出现肠腑气滞、肠腑血瘀的气血瘀滞证及肠腑热结、肠腑寒凝、肠腑湿阻、食阻中焦、虫积阻滞等证，临床必须仔细审察。

（二）治疗原则

急性肠梗阻具有病因复杂、病情多变，发展迅速等特点。因此，选择正确的治疗方法是最为关键的。原则上粘连性肠梗阻、麻痹性肠梗阻、蛔虫性肠梗阻可优先采用中医药治疗。肠扭转及肠套迭的早期、高位肠梗阻、疑有血运障碍的粘连性肠梗阻可先用中药治疗，力争解除梗阻，并密切观察，经 4 ~ 6 小时积极治疗后，梗阻仍不能缓解，且腹胀加重，肠音减弱，脉搏增快，即应手术。一般而言，此型肠梗阻治疗时间不超过 24 小时，如已超过，症状即使未加重亦宜手术治疗。绞窄性肠梗阻、先天性畸形及肿瘤所致的肠梗阻，以及屡攻不下或转化为血运障碍的各类肠梗阻，均应采用手术治疗。

根据中医“腑痛以通为补，六腑以通为用”的原则，在中医的治疗方面，本病以通里攻下，行气止痛，活血化瘀为大法。其中肠中有积液者，宜攻水逐饮，如甘遂、大戟、芫花等，并宜随证加减。如发热者应佐以清热之品，如连翘、黄芩、黄连等；恶心、呕吐者宜加降逆止呕药，如法夏、代赭石。若因虫而引起梗阻，当以安蛔、散结、驱虫。如虫动腹痛势急，则暂安之伏之，痛缓后驱之杀之，虫下后调之补之。

另外，热敷法、灌肠法、肛点法、针刺法等对肠梗阻有一定疗效，临床上可根据具体情况选用一种或多种进行治疗，当治疗无效时，必须及时采用手术治疗。

肠梗阻的治疗要审因论治，且用药的剂量要大，中病即止，特别要密切观察腹痛的变化，严格掌握非手术治疗与手术治疗的适应症。

（三）分证论治

1. 气滞血瘀证

【证候】 腹痛阵作，胀满拒按，恶心呕吐，无排气排便；舌质淡红，苔薄白，脉弦或涩。

【治法】 行气活血，通腑攻下。

【方药】 桃仁承气汤。桃仁 9g，大黄 9 ~ 12g（后下），芒硝 6 ~ 9g（冲服），桂枝 6g，甘草 6g。

加减：若气滞较甚者，加炒莱菔子 20g、乌药 12g、川楝子 12g 行气止痛；血瘀重者，加赤芍 15g、牛膝 15g、当归 12g 活血祛瘀；如口渴，去桂枝，加山栀 12g 清热泻火。

【其他疗法】

（1）一般治疗（适用于各个证型）

1）禁食：直至梗阻解除为止。

2）胃肠减压：是治疗肠梗阻的重要方法之一。通过胃肠减压，吸出胃肠道内的气体和液体，可以减轻腹胀，降低肠腔内压力，减少肠腔内的细菌和毒素，改善肠壁血循环，有利于改善局部病变和全身情况，还可将中药从胃管注入，减少呕吐。

（2）灌肠法：中药大承气汤或皂角 30g 与细辛 6g，水煎至 200 ~ 300ml，从肛管缓慢注入或滴入作保留灌肠，能加强通里攻下作用。

（3）针刺疗法：体针取足三里、内庭、天枢、中脘、曲池、合谷为主穴。呕吐加中脘、内关；腹痛加内关、章门；痉挛者耳穴取神门、大肠、胃、小肠。得针感后强刺激，留针 30 ~ 60 分钟，4 ~ 6 小时 1 次。

2. 肠腑热结证

【证候】 腹痛腹胀，痞满拒按，恶心呕吐，无排气排便；发热，口渴，小便黄赤，甚则神昏谵语；舌质红，苔黄燥，脉洪数。

【治法】 活血清热，通里攻下。

【方药】 复方大承气汤。莱菔子 30g，枳实 15g，厚朴 15g，黄连 9g，半夏 10g，桃仁 12g，丹皮 15g，大黄 10 ~ 15g（后下），芒硝 9 ~ 12g（冲服）。

【其他疗法】

（1）外治法：大黄 30g，枳实 15g，厚朴 15g，芒硝 30g（后下），莱菔子 15g，黄芩 15g。加水 1000ml，煎至 300ml。灌肠前将芒硝放入药液中溶解。置于输液瓶中，经肛管滴入，每分钟 80 滴，每日 1 次，连续治疗 3 天。

（2）推拿按摩：病人仰卧，术者双手掌涂上滑石粉，轻而有力地紧贴腹壁按摩。先按顺时针或逆时针方向进行短时间，然后按病人自觉舒服乐于接受的方向继续进行。如疼痛反而加剧，应立即改变推拿方向。

3. 肠腑寒凝证

【证候】 起病急骤，腹痛剧烈，遇冷加重，得热稍减，腹部胀满，恶心呕吐，无排气排便；脘腹怕冷，四肢畏寒；舌质淡红，苔薄白，脉弦紧。

【治法】 温中散寒，通里攻下。

【方药】 温脾汤。大黄 9g（后下），人参 10g，附子 10g，干姜 6g，甘草 6g。

【其他疗法】

外治法：大葱白 2500g，醋少许。将大葱切碎和醋炒至极热，用布包好熨腹部，冷却即换，不可间歇，以腹软或矢气为度。

4. 水结湿阻证

【证候】 腹痛阵阵加剧，肠鸣辘辘有声，腹胀拒按，恶心呕吐，口渴不欲饮，无排气排便，尿少；舌质淡红，苔白腻，脉弦缓。

【治法】 理气通下，攻逐水饮。

【方药】 甘遂通结汤。甘遂末（冲）1g，大黄 9g（后下），桃仁 6g，赤芍 10g，厚朴 10g，牛膝 10g，木香 6g。

5. 虫积阻滞证

【证候】 腹痛绕脐阵作，腹胀不甚，腹部有条索状团块，恶心呕吐，呕吐蛔虫，或有便秘；舌质淡红，苔薄白，脉弦。

【治法】 消导积滞，驱蛔杀虫。

【方药】 驱蛔承气汤。大黄 9 ~ 12g（后下），芒硝 6 ~ 9g，槟榔 12g，川楝子 12g，木香 9g，苦参 15g，乌梅 10g。

三、预防与调护

（1）饮食有节，饱餐后避免立即剧烈的劳动或运动，对重体力劳动者，在安排两餐之间的劳动量时，应按“轻—强—轻”安排，是预防小肠扭转的重要措施。

（2）早期治疗各种腹外疝。

（3）纠正便秘，预防和及时治疗肠蛔虫病。

（4）早期发现和治疗肠道肿瘤。

（5）严密观察病人腹痛变化及体温、脉搏、呼吸、血压等，记录呕吐的次数及量的多少。

（6）梗阻解除前应绝对禁食。

第六节 尿 石 症

尿石症（urolithiasis）是指肾、输尿管、膀胱和尿道结石，是常见的泌尿外科疾病之一。尿结石的发生有明显的地区性，我国长江以南属多发地区。男性多于女性，约 3 ∶ 1。

尿石症以疼痛、血尿、小便涩痛及尿出沙石为主要症状，属中医“石淋”范畴。

一、病因病机

中医学认为，本病多由肾虚和下焦湿热引起，病位在肾、膀胱和溺窍，肾虚为本，湿热为标。肾虚为内在因素，肾虚则膀胱气化不利，尿液生成与排泄失常，有助于结石形成。摄生不慎，感受湿热之邪，或饮食不节，嗜食辛辣肥甘醇酒之品，湿热内生，蕴于膀胱，煎熬尿液沉渣，结为砂石。湿热蕴结，气机不利，结石梗阻，气血运行更为不畅，导致腰腹等部位剧痛。热伤血络可引起尿血。

二、辨证论治

（一）辨证要点

本病病位在肾、膀胱和溺窍，中医认为本病的发生以肾虚为本、膀胱湿热为标，肾虚是引起本病的内因，湿热蕴结是导致尿石形成的直接因素，日久可引起气血瘀滞。临证多为虚实夹杂，但以实证为主。

（二）治疗原则

由于结石的大小和所处的部位不同，采取的治疗手段各异，一般而言，结石直径小于1cm，且表面光滑，无严重肾功能损害者，可采用中药排石。对于较大结石可先行体外震波碎石，或采用内镜下液电碎石、气压弹道碎石，或碎石钳碎石，再配合中药排石治疗。总之，结石一旦发现，宜尽快治疗使其排出，以免长期梗阻引起肾功能损害或感染。中西医结合治疗为常用治疗方案。初起宜宣通清利，久则兼化瘀理气和补肾，但总不离通利。常用清利湿热药有金钱草、海金沙、车前子、扁蓄、滑石等。

（三）分证论治

1. 湿热蕴结证

【证候】 腰痛，或小腹痛，或尿线突然中断，尿频，尿急，尿痛，小便混赤，或为血尿；口干，舌红，苔黄腻，脉弦数。

【治法】 清热利湿，通淋排石。

【方药】 三金排石汤。金钱草30g，鸡内金15g，海金沙30g，车前草30g，扁蓄12g，大黄9g（后下），滑石12g，琥珀10g，木通6g。

加减：若疼痛较甚者，可加延胡索12g、桃仁9g以祛瘀止痛。

【其他疗法】 适用于各个证型。

（1）一般治疗

1）饮水治疗：尽量多饮开水或磁化水，使每日尿量维持在2000～3000ml，这不仅是预防结石形成和长大最有效的方法，而且配合利尿解痉药，还有利于小结石的排出和感染的控制。

2）饮食调节：含钙结石应限制进含钙、草酸丰富的食物，避免高动物蛋白、高糖和高动物脂肪饮食，多食含纤维素之食物。尿酸结石不宜服用高嘌呤食物如动物内脏。

3）控制感染：结石合并感染时，应根据尿细菌培养及药敏试验选用合适的抗生素。

4）镇痛处理：出现肾绞痛时，可用哌替啶（度冷丁）50mg肌内注射。亦可应用吗啡、阿托品、黄体酮等。

（2）尿路结石总攻疗法

1）适应证：结石直径＜1cm；双肾功能基本正常；无明显尿路狭窄畸形。

2）方法与步骤见表6-2。

表6-2 尿路结石总攻实施方案

时间	步骤
7：00	饮水500ml
7：30	氢氯噻嗪（双氢克尿塞）50mg，口服
8：30	饮水50ml
9：00	饮水500ml
9：30	服排石中药300ml
10：30	阿托品0.5mg，穴注肾俞、膀胱俞（肾盂、输尿管中上段结石）；肾俞、水道（输尿管下段结石）；关元、三阴交（膀胱、尿道结石）；初弱刺激，后强刺激，共20分钟
11：00	跳跃
总攻疗法以6～7次为1个疗程，隔天1次，总攻治疗后，结石下移或排而未净者，可继续进行下1个疗程，2个疗程间隔1～2周	

3）注意事项：结石久攻不下移时，体壮者，可加用破瘀散结中药，再行总攻；体弱者，总攻疗法前，宜先服用中药调理；连续多次使用氢氯噻嗪等利尿药进行总攻时，需口服氯化钾 1g，每日 3 次，以防低血钾。

2. 气血瘀滞证

【证候】 腰腹胀痛或绞痛，疼痛向会阴部放射，尿频，尿急，尿黄或赤；舌暗红或有瘀点，脉弦或弦数。

【治法】 理气活血，通淋排石。

【方药】 金铃子散合石韦散。川楝子 12g，延胡索 12g，石韦 15g，瞿麦 15g，车前子 30g，川木通 6g，冬葵子 15g，赤茯苓 10g，榆白皮 12g，滑石 15g，甘草 6g。

加减：若腰腹绞痛难忍者，可加桃仁 9g、乳香 6g、没药 6g 祛瘀止痛。

3. 肾虚夹实证

【证候】 石淋日久，留滞不去，腰部胀痛，时发时止，遇劳加重；食欲不振，疲乏无力，尿少或频数不爽，或面部轻度浮肿；舌淡或偏红、少苔，脉细无力。

【治法】 补肾扶正，通淋排石。

【方药】 六味地黄汤加味。生地 15g，淮山药 20g，茯苓 15g，山茱萸 12g，泽泻 10g，丹皮 10g，黄芪 15g，金钱草 30g，海金沙 30g。

加减：若面部浮肿，有肾积水者，可加桑寄生 15g、荠菜 10g 温肾利水；若舌淡，面色㿠白且畏寒者，可加制附片 10g、白术 10g 温阳补肾；若舌红少苔，甚则五心烦热者，可加玄参 15g、旱莲草 20g、龟版 15g 滋阴清热。

三、预防与调护

（1）多饮水：正常人 24 小时尿量应在 1500ml 左右，患过结石的病人，则应维持在 2000 ~ 3000ml，若能饮用磁化水，则更为理想，饮水宜分多次进行。

（2）调节饮食：婴幼儿给予母乳喂养或牛乳代替，基本可预防发生膀胱结石。合理进蛋白质饮食，不使之超负荷，有助于上尿路结石的预防。痛风患者应少食动物内脏、肥甘之品。菠菜、豆腐、竹笋、苋菜之类不宜进食太多。

（3）及时治疗尿路感染，解除尿路梗阻。

（4）服用促进结石排出或抑制结石形成的药物如金钱草、玉米须、白茅根等，可泡水代茶饮。

（5）采用保守：治疗时，若发生绞痛，是结石移动的排石反应，事先应跟患者说明，并予解痉镇痛药。服药治疗期间，适当增加上下跳跃运动。

（6）手术病人，应注意观察伤口引流物及渗血情况，尿液的颜色与量的变化，“T”形造瘘管拔除前要检查输尿管远端是否通畅。

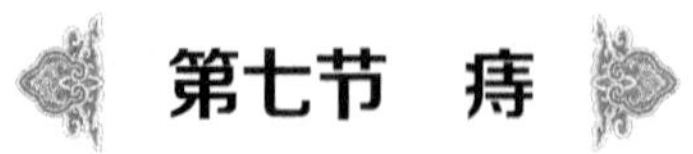

第七节 痔

痔（hemorrhoid）是齿线两侧直肠上、下静脉丛的曲张静脉引起的团块，并因此而产生出血、栓塞或团块脱出。本病是一种常见病，民间有“十人九痔”之说，可发生于任何年龄，以 20 ~ 50 岁中青年较多见，男性略高于女性。由于其发病部位不同，又有内痔、外痔、混合痔之分。中医学早在两千多年前，《素问·生气通天论》就记载有：“因而饱食，筋脉横解，肠澼为痔。”由此可见，中医学对“痔”有较早而明确的认识。

根据痔发生的部位和症状的不同，分为三类：

内痔（internal hemorrhoid）：位于齿线以上，由痔内静脉丛扩大、曲张而形成。表面覆盖黏膜，多发生在直肠末端的右前方、右后方和左侧（截石位的 3、7、11 点），又称为母痔区；其余部位发生的痔，均称为子痔。

外痔（external hemorrhoid）：位于齿状线以下，由痔外静脉丛扩大曲张而形成。单纯外痔见于肛门周围，常因静脉内血栓形成而突出在外。表面覆盖皮肤，不易出血，其形状大小不规则。

混合痔（combined hemorrhoid）：是痔内、外静脉丛曲张，扩大，相互沟通吻合，括约肌间沟消失，使内痔部分和外痔部分形成一整体者。由于直肠上、下静脉丛互相吻合、互相影响，因而痔块位于齿线上下，表面同时为直肠黏膜和肛管皮肤所覆盖，成为混合痔。

一、病因病机

中医学认为，痔的发病除局部原因外，与人体脏腑本虚、阴阳失调、气血亏损、情志内伤、劳倦过度，以及禀赋有密切关系，再加风湿燥热之邪的作用，受饮食、起居、职业等影响，致气血失调、经络阻滞、瘀血浊气不化，迫注肛门，气血凝滞，筋脉横解而成。日久气虚下陷不能摄纳则痔核脱出。

二、辨证论治

（一）辨证要点

1. 内痔

本病辨证重在辨虚实。实证以便血、便秘为主，便血色鲜，或红而污浊，腹部胀满，疼痛拒按；虚证以脱出为主，痔核脱出不纳，便血色淡，头晕目眩。

2. 外痔

本病辨证重在分清湿热、血热。湿热下注肛门，则里急后重，排便不爽；血热瘀阻肛门，则见灼热胀痛，肿物坚硬，不会消散等症状。

（二）治疗原则

1. 内痔

内痔的治疗原则，应放在消除症状上，而不是痔核本身。痔患者只要没有明显的症状及体征可以不必进行治疗。有症状者，治疗后只要症状与体征消失即达到治疗目的。因而治疗时应首先采用内服及外用药疗法及其他非手术疗法，如无效再考虑手术疗法。

2. 外痔

中医主张外痔的治疗应内治和外治并重，全身治疗与局部治疗相结合，急则治其标，缓则治其本，标本兼治；西医则分非手术治疗和手术治疗。非手术治疗的目的是缓解症状，控制感染，对部分病人可达到治愈的目的。手术治疗主要是彻底清除肛门局部病灶。中西医结合治疗通过中医的辨证论治和西医的手术治疗，疗效更满意。

（三）分证论治

A. 内痔

1. 风伤肠络证

【证候】 大便带血，滴血或喷射状出血，血色鲜红，或有肛门瘙痒；舌红，苔薄白或薄黄，脉弦数。

【治法】 清热凉血祛风。

【方药】 凉血地黄汤。炒黄柏 10g，炒知母 10g，青皮 10g，炒槐子 10g，生地 20g，当归 10g。

【其他疗法】 适用于各个证型。

（1）一般疗法：内痔初期或 I 期内痔，无症状时无需治疗。出现便血、大便困难等临床症状时，则需及时治疗。如口服润肠通便的药物，或嘱病人多食含纤维素的食物，如蔬菜、水果等，并经常清洗肛门部，或局部使用软膏或栓剂。常用的有九华膏、痔疮栓、马应龙麝香痔疮膏等。对于任何痔患者，均应在医生指导下克服习惯性便秘。上述治疗无效，应采取进一步治疗。

（2）外治法

1）熏洗法：适用于痔核发炎、水肿，或糜烂、溃疡，或脱出嵌顿、肿痛不收；或伴肛门瘙痒、湿疹等。常用银花甘草汤，或苦参汤，或五倍子汤，亦可用芒硝 30 ~ 100g，或马齿苋 50 ~ 100g，煎水，先熏后洗，每日 1 ~ 2 次。洗毕，患处外敷黄连膏。痔核肿痛难忍者，消痔散油调外敷。

2）塞药法：适用于内痔发炎、出血、肿痛或初期内痔。肛门温水坐浴后，以痔疮栓或化痔膏等用手轻轻顶入肛内，每日换 2 次。

2. 湿热下注证

【证候】 便血色鲜红，量较多，肛内肿物外脱，可自行回缩，肛门灼热；舌红，苔黄腻，脉滑数。

【治法】 清热除湿，活血化瘀。

【方药】 止痛如神汤：秦艽 10g，桃仁 6g，皂角刺 15g，大黄 9g（后下），苍术 6g，防风 10g，黄柏 10g，当归尾 10g 泽泻 10g，槟榔 10g。

3. 气滞血瘀证

【证候】 肛内肿物脱出，甚至嵌顿，肛管紧缩，坠胀疼痛，甚至肛缘有血栓，水肿、触痛明显；舌质暗红，苔白或黄，脉弦细涩。

【治法】 活血化瘀。

【方药】 桃仁承气汤：大黄 9g（后下），芒硝 6g，桃仁 6g，甘草 6g，桂枝 6g。

4. 脾虚气陷证

【证候】 肛门坠胀，肛内肿物外脱，需手法复位，便血色鲜或淡；可出现贫血，面色少华，头昏神疲，少气懒言，纳少便溏；舌淡胖，边有齿痕，苔薄白，脉弱。

【治法】 健脾温中，固脱止血。

【方药】 补中益气汤：黄芪 15g，党参 15g，白术 12g，炙甘草 6g，当归 10g，陈皮 10g，升麻 6g，柴胡 10g。

B. 外痔

1. 气滞血瘀证

【证候】 肛缘肿物突起，排便时可增大，有异物感，可有胀痛或坠痛，局部可触及硬性结节；舌暗红，苔淡黄，脉弦涩。

【治法】 活血化瘀，理气通便。

【方药】 桃仁承气汤：大黄 9g（后下），芒硝 6g，桃仁 6g，甘草 6g，桂枝 6g。

【其他疗法】 适用于其他各个证型。

（1）一般治疗：预防便秘，可减少各型外痔发作的可能。可多食富含纤维素的食物，或口服缓泻药，如酚酞等。必要时可用开塞露或石蜡油灌肠。

（2）外治法

1）熏洗坐浴：血栓外痔、炎性外痔、内痔脱出嵌顿、术后肛缘水肿、肛门局部肿痛等，均可采用。用时以药物加水煮沸，先熏后洗，或用毛巾蘸药液乘热敷于患处，冷则更换。此法能促进局部血液和淋巴循环，使经络疏通，水肿消退，炎症吸收，疼痛缓解。常用的方剂有：五倍子汤、苦参汤。

2）药物外敷：以药物敷于患处，具有消肿止痛、收敛止血、祛腐生肌等作用，应根据不同症状选用各种油膏、散剂，常用消痔膏、五倍子散等。

2. 湿热下注证

【证候】 肛缘肿物隆起、灼热疼痛，便干或溏；舌红，苔黄腻，脉滑数。

【治法】 清热利湿，消肿止痛。

【方药】 止痛如神汤：秦艽 10g，桃仁 6g，皂角刺 15g，大黄 9g（后下），苍术 6g，防风 10g，黄柏 10g，当归尾 10g，泽泻 10g，槟榔 10g。

3. 脾虚气陷证

【证候】 肛缘肿物隆起，肛门坠胀，似有便意；神疲乏力，纳少便溏；舌淡胖，苔薄白，脉细弱无力。

【治法】 调理脾胃，升阳固脱。

【方药】 补中益气汤：黄芪 15g，党参 15g，白术 12g，炙甘草 6g，当归 10g，陈皮 10g，升麻 6g，柴胡 10g。

三、预防与调护

（1）保持大便通畅，防止便秘，进含纤维素多的食物，如豆类、蔬菜、水果，以增加肠蠕动，有利排便。

（2）生活规律化，养成定时排便的习惯，排便时不要读书看报，久蹲不起或用力过度。

（3）及时治疗肠道急性炎症，避免腹泻、痢疾等疾病长期刺激直肠肛门部。

（4）便后和睡前温水坐浴，对预防各种肛门疾病均有益无害。

第七章 皮肤科疾病

第一节 荨 麻 疹

荨麻疹（urticaria）是一种常见的皮肤黏膜过敏性疾病，是由多种因素引起的皮肤、黏膜小血管扩张和通透性增加引起的局限性水肿反应。其临床特点是皮肤出现瘙痒性风团，时隐时现，发无定处，骤起骤退，消退后不留任何痕迹。临床上一般分为急性与慢性两种。

本病中医学称为“隐疹”，俗称“风疹块”。

一、病因病机

本病因先天禀赋不耐，风邪乘虚侵袭所致；或因平素体虚，卫表不固，风寒、风热之邪外袭，客于肌表，致使营卫失调而发病；或因饮食失节，使胃肠积热，复感风邪，内不得疏泄，外不得透达，郁于皮毛肌腠之间而发；也可因久病体虚，气血不足，血虚化燥生风，复感外风之邪而诱发。

二、辨证论治

（一）辨证要点

本病以实证居多，病初多因风热或风寒束表，或因胃肠湿热，经久不愈常耗伤气血，出现血虚风燥。临床上可根据风疹的色泽与伴随症辨其寒热。

（二）治疗原则

积极寻找并去除病因是治疗本病的关键。本病发作时多因邪实，治疗重在祛邪，病久以血虚为主，以养血和祛风为要。

（三）分证论治

1. 风热犯表证

【证候】 多发于夏秋季，发病急骤，风团色红，灼热瘙痒，或伴恶寒、咽喉肿痛；遇热加重，得冷则减轻，舌质红，苔薄黄，脉浮数。

【治法】 辛凉透表，疏风清热。

【方药】 消风散饮加减。荆芥、防风、牛蒡子、蝉蜕、苍术、苦参、知母、当归、胡麻仁、生地各 10g，石膏 30g，木通、甘草各 6g。

加减：风团鲜红灼热者加丹皮 12g、赤芍 12g；瘙痒剧烈者加刺蒺藜 10g、珍珠母 15g。

【其他疗法】

（1）中成药：皮敏消胶囊：口服，每一次 4 粒，每日 3 次。急性荨麻疹，疗程 1 周；慢性荨麻疹，疗程 2 周。

（2）单方验方

1）麻黄 3g，连翘 10g，赤小豆 10g，白鲜皮 10g。每日 1 剂，水煎分 2 次服。

2）僵蚕 12g，蝉蜕 6g，苦参 6g，姜黄 3g，米酒 50ml，蜂蜜 15g。将前四味药共研成细粉，然后用米酒和蜂蜜调服。

（3）针灸治疗：体针取穴：曲池、合谷、血海、三阴交、膈俞、大椎。耳针取穴：肺、肾上腺、枕、神门。

（4）饮食疗法

1）芋头茎煲猪排骨：芋头茎 50g，猪排骨 100g，将芋头茎洗净切块，猪排骨洗净切块，同放沙锅中加水适量文火煲熟食，每日 2 次。

2）冬瓜芥菜汤：冬瓜 200g，芥菜 30g，白菜根 30g，芫荽 5 株，水煎，熟时加适量红糖调匀，即可饮汤服用。

3）醋糖姜汤：醋半碗，红糖 100g，生姜 30g，醋、红糖与切成细丝的生姜同放入沙锅内煮沸 10 分钟，去渣，每服 1 小杯，加温水和服，每日 2 ～ 3 次。

2. 风寒束表证

【证候】 多发于冬春季，风团色白或淡，遇冷或风吹则加剧，得热则减轻，口不渴，舌质淡胖，苔薄白，脉浮紧。

【治法】 疏风散寒，调和营卫。

【方药】 桂枝麻黄各半汤加减。桂枝 9g，生姜 9g，大枣 3 枚，甘草 6g，麻黄 6g，杏仁 6g，白芍 9g。

加减：恶寒怕冷者加炙黄芪 15g、炒白术 15g、防风 9g。

【其他疗法】

（1）中成药：防风通圣丸（水丸）：口服，每次 6g，每日 2 次。

（2）单方验方

1）浮萍 6g，麻黄 3g，地肤子 10g，防风 4g，皂角刺 4g。每日 1 剂，水煎分 2 次服。

2）荆芥 6g，防风 6g，蝉衣 3g，银花 10g，甘草 3g。每日 1 剂，水煎分 2 次服。

（3）针灸治疗：针刺取曲池、合谷、血海、三阴交、膈俞、风池。耳针取穴：肺、肾上腺、枕、神门。

（4）饮食疗法

1）生姜桂枝粥：生姜 10 片，桂枝 3g（研末），粳米 50g，红糖 30g，煮稀粥食，每日 1 ～ 2 次。

2）防风苏叶猪瘦肉汤：防风 15g，苏叶 10g，白鲜皮 15g，猪瘦肉 30g，生姜 5 片。将前 3 味中药用干净纱布包裹和猪瘦肉生姜一起煮汤，熟时去药包裹，饮汤吃猪瘦肉。

3. 胃肠湿热证

【证候】 风疹块发作时伴有脘腹疼痛，腹胀，大便秘结或便溏，神疲纳呆，瘙痒剧烈，甚至恶心呕吐，舌质红，苔黄腻，脉滑数。

【治法】 通腑泄热，除湿止痒。

【方药】 茵陈蒿汤合防风通圣散加减。茵陈蒿 18g，栀子、大黄、防风、川芎、当归、白芍、薄荷、麻黄各 6g，白术、栀子、连翘、芒硝各 9g，生石膏 30g，黄芩、桔梗各 12g，滑石 20g，甘草 6g。

加减：有肠道寄生虫者，加乌梅 10g、使君子 10g、槟榔 10g；大便稀溏者，去大黄、芒硝，加薏苡仁 15g；恶心呕吐者，加半夏 10g、竹茹 15g。

【其他疗法】

（1）中成药：荨麻疹丸：口服，每一次 10g，每日 2 次。

（2）单方验方：香樟木、晚蚕砂、徐长卿、败酱草、核桃叶各 30 ~ 50g，紫苏 120g。将药任选一种煎水，趁热先熏后洗，每日 1 次。

（3）针灸治疗

1）针刺取曲池、合谷、血海、三阴交、膈俞、足三里、天枢、内庭。

2）耳针取穴：肺、肾上腺、枕、胃、大肠。

（4）饮食疗法：葡萄根炖猪蹄：白葡萄根 60 ~ 90g，猪蹄 1 只。将葡萄根洗净，和猪蹄一起加水炖服。

4. 血虚风燥证

【证候】 风团色淡红，反复发作，迁延数月或数年，午后或夜间发作加剧；伴心烦易怒，手足心热，口干，舌质红少津，脉沉细。

【治法】 养血祛风，润燥止痒。

【方药】 当归饮子加减。当归、白芍药、川芎、生地黄、炒白蒺藜、防风、荆芥穗各 9g，何首乌、黄芪各 12g，炙甘草 3g，生姜五片。

加减：心烦易怒者，加酸枣仁 15g、浮小麦 10g、夜交藤 10g。

【其他疗法】

（1）中成药：防风通圣丸：口服，每次 1 丸，每日 2 次。

（2）单方验方

1）当归 10g，熟地 15g，白芍 10g，川芎 10g，黄芪 10g，白蒺藜 15g，何首乌 10g，荆芥 9g，防风 10g，甘草 6g。每日 1 剂，水煎分 2 次服。

2）当归 10g，生地 15g，赤芍 10g，僵蚕 10 个，蝉蜕 6 个。每日 1 剂，水煎分 2 次服。

（3）针灸治疗：针刺取曲池、合谷、血海、三阴交、膈俞、太溪。耳针取穴：肺、肾上腺、枕、脾。

（4）饮食疗法

1）干荔枝 14 个，红糖 30g。将荔枝加水适量，煎沸 15 分钟，加入糖，喝汤吃荔枝，连用 7 日。

2）蛇蜕 6g，鸡蛋 2 个。先煎蛇蜕，煮沸后打入鸡蛋，待鸡蛋熟后，吃蛋喝汤。

三、预防与调护

（1）慎饮食：积极寻找和去除病因或可能的诱发因素，饮食适度，避免食入或吸入可疑致敏物。

（2）适寒温：注意气候变化，自我调摄寒温；加强身体锻炼，增强体质。

（3）治它病：治疗体内慢性病灶及防治肠道寄生虫病，纠正内分泌失调。

第二节 银屑病

银屑病（psoriasis），是一种常见的慢性复发性炎症性皮肤病。基本皮损为红斑、丘疹，或斑块上覆有多层银白色鳞屑。因其皮损厚硬，状如牛皮，所以又有“牛皮癣”的俗称；因其鳞屑层层脱落，就像粗的松树皮，故中医学有“松皮癣” 之称。本病好发于青壮年，男性多于女性，有一定遗传倾向；大多数冬季发病或加重，夏季减轻，数年后与季节变化关系不明显。

本病属于中医学的“白疕”、“干癣”、“松皮癣”范畴。

一、病因病机

本病总由营血亏损，血热内蕴，生风化燥，肌肤失养而成。初起多由血分有热，或湿热蕴积，复感外邪，致营卫不和，气血失调，郁于肌表而成；病久或因邪郁化火，耗伤阴血，气血失和，化燥生风，肌肤失养；或脉络阻滞，气血凝结；此外，饮食不节、肝肾亏损或冲任失调可导致营血亏虚；治疗不当，兼感毒邪，或邪郁日久，燥热成毒，热毒入于营血，内侵脏腑，可致气血两燔。

二、辨证论治

（一）辨证要点

本病临床可根据皮疹的各时期辨其血热、血燥或血瘀，根据伴随症状察其病性的寒热虚实。

（二）治疗原则

以祛邪护正为主，多采用清热凉血、活血化瘀及养血润燥的治法。

（三）分证论治

1. 血热内蕴证

【证候】 多见于进行期。皮疹不断增多，疹色掀红，鳞屑较多，瘙痒明显；伴有怕热，心烦，口渴，小便黄赤，大便干燥；舌质红，苔薄黄或腻，脉弦或滑数。

【治法】 清热凉血消斑。

【方药】 犀角地黄汤加减。水牛角 30g，赤芍药、丹皮各 12g、生槐花、生地各 20g、白茅根、鸡血藤各 30g，石膏 30g、紫草 15g、牛蒡子、蝉蜕、苦参各 10g。

【其他疗法】

（1）中成药：抗银片：口服，每次 3 片，每日 3 次，温开水送服。

（2）单方验方

1）槐花炒黄后研粉，日2次，每次3g，饭后温开水吞服。

2）茶树根60g切片，加水浓煎，每日3次空腹服，服药至痊愈为止。

（3）针灸治疗：针刺多取大椎、肺俞、曲池、合谷、血海、三阴交、百会、阴陵泉。

（4）外治法：苦参、麦冬、桃叶各200g，加水5000ml，煮沸30分钟。适温洗浴。禁用于急性期。

（5）饮食疗法：鲜白茅根20g加水400ml煮沸15～20分钟，去白茅根，入鲜藕300g（切片）煮3～5分钟，起锅后凉水浸5～10分钟，入冰糖15g（研细）拌匀服。

2. 血虚风燥证

【证候】 多见于该病静止期，病程较长，病情稳定，无新疹出现，皮疹不再扩大，也不见消退，疹色淡红，呈钱币状或融合成片，浸润、脱屑，皮肤干燥、瘙痒，可伴有头昏眼花，面色无华，舌红少苔，脉细。

【治法】 养血祛风润燥。

【方药】 当归饮子加减。当归、白芍药、川芎、生地黄、炒白蒺藜、防风各12g，何首乌、蜂房、天冬、麦冬、白鲜皮各15g、炙甘草6g。

【其他疗法】

（1）中成药：昆明山海棠片：口服，每次2片，每日3次。

（2）单方验方：生地黄捣汁顿服，每日1次。

（3）针灸治疗：针刺多取大椎、肺俞、曲池、合谷、血海、三阴交、风池、太冲。

（4）外治法：小面积皮损用牛皮癣膏或肤疾宁外贴。

（5）饮食疗法：地黄马齿苋粥：粳米100g煮粥，将熟时用鲜生地、马齿苋各30g榨汁，淋于粥中，再入白糖15g搅匀。佐膳，随量食。

3. 瘀滞肌肤证

【证候】 多见于静止期或退行期。患者病情稳定，鳞屑斑基底暗红，鳞屑较厚，甚者为蛎壳状，肌肤甲错，自觉瘙痒，病程长，反复发作多年，经久不愈，舌暗红或有瘀斑，苔薄白、脉沉涩。

【治法】 活血化瘀，养血润燥。

【方药】 桃红四物汤加减。桃仁、红花、赤芍、川芎、当归各10g，熟地15g，鸡血藤30g。

【其他疗法】

（1）中成药：雷公藤苷片：口服，每次3片，每日3次。

（2）单方验方：槐花炒黄后研粉，每日2次，每次3g，饭后温开水吞服。

（3）针灸治疗：针刺多取大椎、肺俞、曲池、合谷、血海、三阴交、阿是穴。

（4）外治法：用青黛散麻油调搽或用黄连膏外搽。

（5）饮食疗法：地黄丹皮粥：生地、丹皮各15g，扁豆花10g，大米50g。将生地、丹皮水煎取汁，加大米煮为稀粥，待熟时调入扁豆花，再煮一、二沸服食，每日1剂。

4. 湿热蕴结证

【证候】 多见于脓疱型银屑病。好发于皱襞部位（腋窝、腹股沟），浸渍糜烂，或掌趾部有脓疱，阴雨季节加重；伴胸闷纳呆，神疲乏力，肢沉，或带下增多、色黄；舌苔薄黄腻，脉濡滑。

【治法】 清热利湿。

【方药】 萆薢渗湿汤加减。萆薢 15g，薏苡仁 20g，黄柏 10g，土茯苓 30g，牡丹皮 12g，泽泻 12g，滑石 15g，通草 3g。

【其他疗法】

（1）中成药：复方青黛丸：口服，每次 0.5 ～ 1 包，每日 2 ～ 3 次。

（2）单方验方：乌梅 2500g 水煎去核，浓缩成膏，内服每次 9g，每日 3 次。

（3）针灸治疗：针刺多取大椎、肺俞、曲池、合谷、血海、三阴交、水分、阴陵泉。

（4）外治法：石榴皮 500g 炒炭研末，加麻油 150g，调成稀糊状，用时摇匀，用毛笔蘸药均匀外搽患处，每日 2 次。

（5）饮食疗法

1）老茶树根茶：老茶树根 30 ～ 60g 切片，加水煎浓。每日 2 ～ 3 次，空腹服。

2）生槐花粥：生槐花、土茯苓各 30g，加适量水煎 20 ～ 30 分钟，弃渣取汁，入粳米 60g 煮粥，加红糖适量调匀。每日 1 次，7 ～ 10 日 1 个疗程。

5. 风湿寒痹证

【证候】 多见于关节型银屑病。皮疹红斑不鲜，鳞屑色白而厚，抓之易脱；伴关节肿痛，活动受限，甚至僵硬畸形；舌淡，苔白腻，脉濡滑。

【治法】 祛风除湿，活血通络。

【方药】 独活寄生汤加减。独活 15g，桑寄生 20g，杜仲、牛膝、细辛、秦艽、茯苓、桂心、防风、川芎、党参各 15g，甘草 6g，当归、白芍、熟地黄各 20g。

【其他疗法】

（1）中成药：雷公藤苷片：口服，每次 3 片，日 3 次。

（2）单方验方：蛇蜕一具，烧灰，温酒服之。

（3）针灸治疗：针刺多取大椎、肺俞、曲池、合谷、血海、三阴交、阿是穴、阳陵泉。

（4）外治法：楮桃叶 250g，侧柏叶 250g，加水 5000ml，煮沸 20 分钟后，放入澡盆内，晾至稍温不烫手时浸浴，隔日 1 次。

（5）饮食疗法

1）二藤乌蛇汤：鸡血藤、首乌藤各 30g，乌梢蛇 1 条，调料适量。将二药布包；乌蛇去皮、头、杂、洗净、切段、同置锅中，加清水适量煮至乌蛇熟后，去药包、放食盐、味精等调味服食。

2）当归羊肉汤：当归 9g、仙茅 18g、菟丝子（布包）15g 加适量水煎 30 分钟，弃渣取药汁。将切碎羊肉 60g 放药汁里炖汤，食时可加调味品。

6. 火毒炽盛证

【证候】 多见于红皮病型银屑病。全身弥漫性潮红，皮肤灼热，大量片状脱屑；伴壮热，口渴，便干，溲黄，心烦；舌红绛，苔薄或无苔，脉滑数。

【治法】 清热解毒，凉血养阴。

【方药】 黄连解毒汤合五味消毒饮加减。黄连、黄芩、黄柏、栀子各 10g，生地、金银花各 20g、野菊花 15g、蒲公英、紫花地丁各 25g，赤芍药、丹皮各 12g。

【其他疗法】

（1）中成药：复方青黛丸：口服，每次 0.5 ～ 1 包，每日 2 ～ 3 次。

（2）单方验方：取干蟾蜍烧灰末，以猪脂调和外涂。

（3）针灸治疗：针刺多取大椎、肺俞、曲池、合谷、血海、三阴交、百会、十宣。

（4）外治法：枯矾 120g，野菊花 250g，侧柏叶 250g，花椒 120g，芒硝 500g，煎水淋浴或泡洗。

（5）饮食疗法

1）芹菜炖豆腐：芹菜 20g 切碎，与豆腐 30g 共炖熟，加精盐调味。作菜食，每日 1 剂，连用 2 个月。

2）赤小豆茅根牛角粥：赤小豆、大米各 50g，鲜茅根、水牛角各 100g，红糖适量。将茅根、牛角加水 2000ml，煎至 1000ml，加大米、赤豆煮粥，每日 1 剂。

三、预防与调护

（1）畅情志：解除思想负担，保持乐观情绪，树立战胜疾病的信心。

（2）慎用药：避免物理、化学和药物性刺激，防止外伤和滥用药物。应用对血液或肝肾功能有影响的药物时，要定期检查血常规及肝肾功能。

（3）调饮食：忌食辛辣炙煿，戒烟酒，少食脂肪肉类，多食新鲜蔬菜水果及豆制品。

第三节　湿　　疹

湿疹（eczema）是由多种内外因素引起的真皮浅层和表皮炎症。病因复杂，一般认为与变态反应有关。临床上瘙痒剧烈，急性期者，以丘疱疹为主；慢性期者，以苔藓样变为主。其临床表现具有对称性、渗出性、瘙痒性、多形性和复发性等特点。

中医统称本病为“湿疮”。

一、病因病机

湿疮的发生是因禀赋不耐，风、湿、热邪阻于肌肤所致。急性者以湿热为主，常因饮食失节，嗜酒或过食辛辣之品，伤及脾胃，脾失健运，致使湿热内蕴，复外感风湿热邪，两邪相搏 . 阻于腠理，浸淫肌肤而发病；亚急性多与素体虚弱，脾虚不运，湿邪留恋，肌肤失养相关；慢性者因湿热蕴久，病久伤血，血虚生风生燥，肌肤失去濡养而成。

二、辨证论治

（一）辨证要点

本病临床可根据皮损分布、颜色、性质的不同特点辨证，如皮疹分布在四肢伸面、背部者属阳；面、腹部属阴；头面、上肢及躯干上部者多属风；下肢及阴部者多属湿。同时应结合舌、脉的变化加以全面分析。

（二）治疗原则

急性湿疹、亚急性湿疹应清湿热、泻火毒、调理脾肺以治其本，祛风邪、开腠理、透肌表、止痒以治其标；慢性湿疹宜养血祛风，润燥止痒，并配合活血化瘀之法，可收热清湿化、络畅结开之效。

（三）分证论治

1. 湿热浸淫证

【证候】 发病急，皮损潮红灼热，丘疹及丘疱疹分布密集，搔痒无休，抓破渗液淋漓；伴身热，心烦，口渴，大便干，尿短赤；舌质红，苔薄或黄，脉滑或数。

【治法】 清热利湿。

【方药】 龙胆泻肝汤加减。龙胆草 9g，黄芩 9g，栀子 9g，泽泻 9g，当归 10g，丹皮 15g，生地黄 15g，柴胡 9g，生甘草 6g，车前子 12g。

加减：发于上部者，加桑叶 10g、野菊花 15g、蝉蜕 10g；发于中部者，重用龙胆草 12g、黄芩 12g；发于下部者，重用车前子 15g、泽泻 15g；伴有青筋暴露者，加泽兰 10g、赤芍 10g、川牛膝 15g；瘙痒甚者，加白鲜皮 15g、地肤子 15g、徐长卿 10g；焮红热盛者，重用生地 30g、加赤芍 15g、丹皮 15g；便溏者，加淮山药 30g、焦扁豆 15g；大便结燥加生大黄 10g（后下）。

【其他疗法】

（1）中成药：穿心莲片：口服，每次 5 片，每日 3 次，温开水送服。如湿疹有分泌物渗出，可将药片研末后撒于患处，每日 1 ～ 2 次。

（2）单方验方

1）黄芩 30g，栀子 30g，车前子 20g，五倍子 20g，蛇床子 20g，煎水外洗患处。

2）苦参 30g，白鲜皮 30g，野菊花 20g，雄黄 15g，明矾 15g，煎水外洗患处。

（3）针灸治疗：针刺多取大椎、曲池、足三里、血海、三阴交、水分、阴陵泉。

（4）外治法：用苦参、黄柏、地肤子、荆芥等煎汤温洗以清热止痒。或用 10% 黄柏溶液、炉甘石洗剂外搽。

（5）饮食疗法

1）绿豆苡米海带汤：绿豆 30g，苡米 30g，海带 20g，水煎，加红糖适量服。每日 1 ～ 2 次。

2）白菜根汤：白菜根 200g，银花 20g，紫背浮萍 20g，土茯苓 20g，水煎，加适量红糖调服，每日 1 ～ 2 次。

3）白菜萝卜汤：新鲜白菜 100g，胡萝卜 100g，蜂蜜 20ml。将白菜、胡萝卜洗净切碎，按 2 碗菜 1 碗水的比例，先煮开水后加菜，煮 5 分钟即可食用，饮汤时加入蜂蜜，每日 2 次。

2. 脾虚湿蕴证

【证候】 发病较缓，皮损潮红，瘙痒，抓后糜烂渗液，可见鳞屑；伴纳少神疲，腹胀便溏；舌淡胖，苔白或腻，脉弦缓。

【治法】 健脾利湿。

【方药】 除湿胃苓汤合四君子汤加减。党参 15g，茯苓 10g，白术 15g，山药 30g，炙甘草 6g，扁豆 10g，莲子肉 15g，薏苡仁 15g，桔梗 6g，砂仁 6g（后下），木通 10g。

加减：若渗液过多，加滑石 15g、苦参 10g；瘙痒剧烈加地肤子 15g、白鲜皮 15g、蝉衣 10g。

【其他疗法】

（1）中成药：五苓片：口服，每次 6 片，每日 3 次，温开水送服。

（2）单方验方

1）苦参 30g，金银花 30g，地榆 20g，黄芪 20g，大枫子 20g，煎水外洗患处。

2）荆芥 30g，防风 30g，细辛 20g，白芷 20g，薄荷 15g，煎水外洗患处。

（3）针灸治疗：针刺多取大椎、曲池、足三里、血海、三阴交、脾俞、胃俞。

（4）外治法：用三黄洗剂、氧化锌油、10% 生地榆氧化锌油、2% 冰片外搽。

（5）饮食疗法

1）赤豆苡仁汤：赤小豆、苡仁各 30g，煮至熟烂，加糖适量，每日 2 次，小儿可减量或仅吃汤，可吃一段时间。

2）苡仁荸荠汤：生苡仁 5g，荸荠 10 枚去皮切片，加水煮服，每日 1 次，连服 10 天。

3. 血虚风燥证

【证候】 常是慢性湿疮，反复发作，病程较长，皮损色暗或色素沉着，剧烈瘙痒，或皮损粗糙肥厚、苔藓样变、血痂、脱屑；伴口干不欲饮，头昏乏力，腹胀；舌淡苔白，脉弦细。

【治法】 养血润肤，祛风止痒。

【方药】 四物消风饮加减。当归、白芍药、川芎、黄芪、炒白蒺藜、何首乌、防风、荆芥穗各 12g，生地黄 20g、炙甘草 6g。

加减：瘙痒不能入眠者，加珍珠母 25g、牡蛎 25g、枣仁 10g、夜交藤 15g；皮损粗糙肥厚者，加丹参 10g、益母草 15g、鸡血藤 15g。

【其他疗法】

（1）中成药

1）丹参酮胶囊：口服，每次 4 粒，每日 3 次，温开水送服。

2）马应龙麝香痔疮膏：将膏涂于患处，每日 1 ～ 2 次，至症状消失时止。

（2）单方验方

1）艾叶 30g，花椒 30g，地肤子 20g，白鲜皮 20g，煎水外洗患处。

2）白芍 30g，黄芩 30g，蝉蜕 30g，生地 20g，蛇床子 20g，煎水外洗患处。

（3）针灸治疗：针刺多取大椎、曲池、足三里、血海、三阴交、太溪、太冲、风池。

（4）外治法：选用青黛膏、5% 硫黄软膏、2% 冰片等外搽。

（5）饮食疗法

1）芹菜汤：芹菜 250g，煎汤，吃菜饮汤，连续服用。

2）苍耳子防风红糖煎：苍耳子 60g，防风 60g，红糖 25g。将苍耳子、防风加水浓煎熬膏，加红糖，每次两汤匙，开水冲服。

三、预防与调护

（1）慎饮食：应避免搔抓，并忌食辛辣和鸡、鸭、牛、羊肉等食物。

（2）治原发病：治疗全身性疾病，发现病灶应及时积极清除。

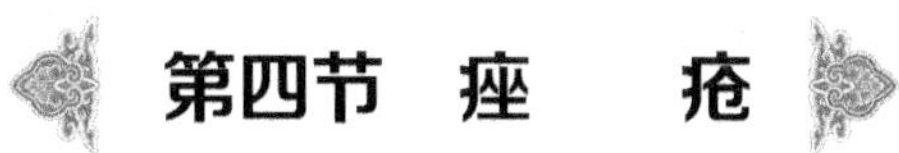

第四节 痤　疮

痤疮（acne）又称青年痤疮，是一种由多因素导致的毛囊皮脂腺慢性炎症性皮肤病，多发于青春期男女，好发于颜面、前胸、后背等处，常伴有皮脂溢出，主要以粉刺、丘疹、脓疱、结节、囊肿等多种类型的皮疹为特征。

中医学称本病为“粉刺”或“肺风粉刺”。

一、病因病机

本病因素体阳热偏盛，肺经蕴热，复受风邪，熏蒸面部而发；或过食辛辣肥甘厚味，助湿化热，上蒸颜面而致；或肺胃积热，久蕴不解，化湿生痰，痰湿凝结，致使粟疹、结节日渐扩大，结成囊肿。

二、辨证论治

（一）辨证要点

本病多见于青少年，以实证居多，多从风、热、湿、痰论治。临床根据皮疹的特点及伴随症进行辨证。

（二）治疗原则

疏风清热，化痰除湿为主，活血散结为辅。

（三）分证论治

1. 肺经风热证

【证候】 丘疹色红，或有痒痛，或有脓疱；伴口渴喜饮，大便秘结，小便短赤；舌红，苔薄黄，脉浮数。

【治法】 清肺散风。

【方药】 枇杷清肺饮加减。枇杷叶10g，黄芩10g，桑白皮10g，黄柏10g，生地30g，生石膏30g。

加减：热盛者，加鱼腥草30g、白花蛇舌草30g；脾胃湿热者，加生苡仁15g、苦参10g；大便秘结者，加大黄5g（后下）、当归10g。

【其他疗法】

（1）中成药：金花消痤丸：口服，成人1次4g，每日3次。

（2）单方验方

1）新鲜芦荟60g捣烂取汁，涂擦患处，每日2～3次，10日为1个疗程。适用初发期。

2）外搽方：白芷、枯矾、轻粉各10g，白附子7g，僵蚕5g，共研末，调入珍珠粉搽患处。

3）枇杷叶膏：将鲜枇杷叶（洗净去毛）1000g，加水 8000ml，煎煮 3 小时后过滤去渣，再浓缩成膏，兑入蜂蜜适量混匀，储存备用。每次服用 10 ～ 15g，每日 2 次。功效清解肺热，化痰止咳。适用于痤疮、酒糟鼻等。服药期间忌食辛辣刺激性食物及酒类。

（3）饮食疗法

1）果菜防痤汁：取苦瓜、黄瓜、芹菜、梨、橙、菠萝各适量。将苦瓜去籽，菠萝去皮，切块；将黄瓜、芹菜、梨、橙及苦瓜、菠萝同搅汁，调入蜂蜜饮服。每日 1 ～ 2 次。具有清热解毒、杀菌功效。

2）雪梨芹菜汁：芹菜 100g，西红柿 1 个，雪梨 150g，柠檬半个。洗净后同放入果汁机中搅汁，饮用，每日 1 次。

2. 湿热蕴结证

【证候】 颜面、胸背部皮肤油腻，皮损红肿疼痛，或有脓疱；口臭，便秘，尿黄；舌红，苔黄腻，脉滑数。

【治法】 清热，解毒，除湿。

【方药】 茵陈蒿汤加减。茵陈 18g，栀子 9g，大黄 6g。

加减：脓疱多者，加蒲公英 25g、紫花地丁 25g、金银花 15g；冲任不调者，加益母草 15g、当归 10g、白芍 10g。

【其他疗法】

（1）中成药：清热暗疮丸口服，成人每次 2 ～ 4 丸，每日 3 次。

（2）单方验方

1）在丝瓜藤生长旺盛时期，在离地 1m 以上处，将茎剪断，把根部切断部分插入瓶中间（勿着瓶底），以胶布护住瓶口，放置一昼夜，藤茎中有清汁滴出，即可得丝瓜水，涂擦患处。

2）大黄、硫黄等份，共研末调入甘草汁搽患处。

3）白丑、黑丑等份，浸酒，酒浸物干燥为末外搽。

（3）饮食疗法

1）果菜绿豆饮：取小白菜、芹菜、苦瓜、柿椒、柠檬、苹果、绿豆各适量。先将绿豆煮 30 分钟，滤其汁；将小白菜、芹菜、苦瓜、柿椒、苹果分别洗净切段或块，搅汁，调入绿豆汁，滴入柠檬汁，加蜂蜜调味饮用。每日 1 ～ 2 次。

2）海带绿豆汤：海带、绿豆各 15g，甜杏仁 9g，玫瑰花 6g，红糖适量。将玫瑰花用布包好，与各药同煮后，去玫瑰花，加红糖食用。每日 1 剂，连用 30 日。

3. 痰湿凝结证

【证候】 皮损结成囊肿，或有纳呆、便溏，舌淡胖，苔薄，脉滑。

【治法】 健脾，化痰，渗湿。

【方药】 海藻玉壶汤合四君子汤加减。海藻 15g，陈皮 10g，浙贝母 10g，连翘 15g，昆布 10g，半夏 10g，川芎 12g，当归 10g，甘草 6g，党参 12g，茯苓 15g，白术 15g，扁豆 15g，薏苡仁 30g。

加减：结节、囊肿多者，加夏枯草 15g、牡蛎 30g；病程长，加丹参 15g、三棱 10g、莪术 10g。

【其他疗法】

（1）单方验方：外搽方（见前）。

（2）外治法

1）皮疹较多，可用颠倒散茶调涂患处，每日 2 次，或每晚涂 1 次，次晨洗去。

2）脓肿、囊肿、结节较甚者，可外敷金黄膏，每日 2 次。

（3）饮食疗法

1）海藻薏苡仁粥：海藻、昆布、甜杏仁各 9g，薏苡仁 30g。将海藻、昆布、甜杏仁加水适量煎煮，弃渣取汁液，再与薏苡仁煮粥食用，每日 1 次，3 周为 1 个疗程。功效活血化瘀，消炎软坚，适用于痤疮。

2）山楂桃仁粥：山楂、桃仁各 9g，荷叶半张，粳米 60g。先将前三味煮汤，去渣后入粳米煮成粥。每日 1 剂，连用 30 日。适用于痰瘀凝结者所致的痤疮。

3）醋姜木瓜：陈醋 100 毫升，木瓜 60g，生姜 9g。将 3 味共放入沙锅中煎煮，待醋煮干时，取出木瓜、生姜食之。每日 1 剂，早晚 2 次吃完。连用 7 日。对脾胃痰湿所致的痤疮有效。

三、预防与调护

（1）常清洁：经常用温水、硫黄香皂洗脸，不要滥用化妆品，有些化妆品会堵塞毛孔，造成皮脂淤积而形成粉刺。

（2）勿挤压：禁止用手挤压粉刺，以免炎症扩散加重皮损。

（3）慎饮食：忌食辛辣及肥甘厚腻之类食物，如辣椒、酒类、牛肉、虾类；少食油腻、甜食；多食蔬菜、水果，保持大便通畅。

第一节　过敏性鼻炎

过敏性鼻炎（allergic rhinitis）是发生在鼻黏膜的变态反应性疾病，是由于对于某种物质反应过于强烈，引起的鼻黏膜组织损伤和功能紊乱。以鼻痒、喷嚏、鼻分泌亢进、鼻黏膜肿胀为主要表现，其特点是呈阵发性和突然发作，发病快，消失也快，好后如常人，常反复发作。根据临床表现，本病分为常年性变应性鼻炎和季节性变应性鼻炎。近年来该病发病率增加，其发病与遗传及环境密切相关，空气污染和变应性鼻炎的发病有明显关系。无性别、年龄、地域差异，可常年性发病，亦可呈季节性发作。

本病属于中医的“鼻鼽”。

一、病因病机

本病的发生与体质密切相关。其发病主要由脏腑虚损，正气不足，风寒、异气之邪侵袭鼻窍。如肺气虚，卫表不固，腠理疏松，风寒之邪或异气乘虚而入，犯及鼻窍，邪正相搏，肺气不得宣降，津液停聚，鼻窍壅塞，遂致喷嚏，流清涕、鼻塞等，发为鼻鼽；或因脾气虚弱，生化不足，鼻窍失养，外邪或异气从口鼻侵袭，停聚鼻窍；或因肾阳不足，肾虚则摄纳无权，气不归元，阳气易于耗散，鼻窍失于温煦，则外邪、异气得以内侵致病；肺经素有郁热，肃降失职，邪热上犯鼻窍，亦可发为鼻鼽。

二、辨证论治

（一）辨证要点

本病属本虚标实之证。标实以风邪为主，本虚有肺虚、脾虚、肾虚之别。一般来说，发作期以标实为急，缓解期以本虚为要，临证应注意分辨。

（二）治疗原则

祛除致病因素是治愈本病的关键。治疗以急则治标、缓则治本、或标本兼顾为原则。治标以祛风止涕通窍为主，治本以益气补肺、健脾温肾为主。发作期既要祛散风邪，又要注意扶正固表；久病或缓解期宜健脾益气，升清化湿；肾阳虚弱为主者，宜温壮肾阳，固肾纳气。

（三）分证论治

1. 肺气虚寒，卫表不固

【证候】 鼻痒、鼻塞、喷嚏频发、清涕如水，嗅觉减退，气短懒言，语声低怯，畏风怕冷，面色苍白，自汗，或咳嗽痰稀，舌质淡，苔薄白，脉虚弱。

【治法】 温肺散寒，益气固表。

【方药】 温肺止流丹、玉屏风散合苍耳子散加减。党参 20g，诃子 12g，荆芥 12g，细辛 5g，五味子 9g，苍耳子 10g，辛夷花 10g，黄芪 20g，白术 10g，防风 10g，炙甘草 6g。

加减：鼻痒甚者，可加僵蚕 10g、蝉蜕 12g；畏风怕冷，清涕如水者，可加桂枝 9g、干姜 10g、大枣 10g。

【其他疗法】

（1）中成药

1）通窍鼻炎片：每次 5 ～ 7 片，每日 3 次。本方系玉屏风散与苍耳子散合方，补肺祛寒，散风通窍之剂。治疗肺气虚寒，外受风邪所致的鼻病，极为适宜。

2）人参保肺丸：每次 6g，每日 2 次。益气补肺，敛汗固表。适用于肺气虚弱，气失摄纳，清涕如水，嗅觉减退，气短懒言之鼻鼽者。

（2）注射剂：取印堂、迎香穴，常规消毒后，将维生素 B_{12} 注射液每次注入 0.5ml，隔日 1 次，12 次为 1 个疗程。亦可用 0.5% 普鲁卡因注射双侧下鼻甲，每次 2ml，隔日 1 次，3 ～ 5 次为 1 疗程。

（3）针灸治疗：针肺俞、足三里、风池、风门、太渊、合谷、列缺、迎香、印堂穴，用泻法，每日 1 次，10 次为 1 个疗程。耳针法：肺、内鼻、肾上腺、内分泌。中强度刺激，每次取 2 ～ 3 穴，留针 20 ～ 30 分钟，或埋揿针，2 ～ 3 天更换 1 次。

（4）饮食疗法：黄芪粥：将黄芪 15g，粳米 60g，煮成粥。每日食用 2 ～ 3 次，可改善过敏体质。大蒜胡萝卜：大蒜中的大蒜素可降低体内某些免疫球蛋白的含量，从而降低免疫反应；胡萝卜素可降低体内的免疫反应，达到防止过敏性鼻炎的作用。

（5）外治法：碧云散吹鼻，每日 3 ～ 4 次，或用荜茇适量，研末，每次用少许吹鼻内，每日 2 ～ 3 次。

2. 脾气虚弱，清阳不升

【证候】 鼻塞兼痒，清涕连连，喷嚏突出，面色萎黄，食少纳呆，腹胀便溏，肢困乏力，舌淡胖，边有齿痕，苔薄白，脉弱无力。

【治法】 健脾益气，升阳通窍。

【方药】 补中益气汤加减。黄芪 25g，白术 12g，党参 20g，炙甘草 6g，当归 10g，陈皮 10g，柴胡 10g，升麻 10g，辛夷 9g，细辛 3g。

加减：若腹胀便溏，清涕如水，点滴而下者，可加山药 15g、干姜 9g、砂仁 6g（后下）；若畏风怕冷，遇寒则喷嚏频频者，加防风 12g、桂枝 9g。

【其他疗法】

（1）中成药

1）防芷鼻炎片：每次 3 ～ 5 片，每日 3 次。疏风散邪，清热燥湿。适用于风邪袭肺，脾失健运，清阳不升，湿热郁于鼻窍而引起的鼻病。

2）人参健脾丸：每次6g，每日2～3次。健脾益气，充养气血。适用于脾气虚弱，化生不足，水湿不运，停聚鼻窍之鼻鼽。

（2）注射剂：选脾俞、足三里、迎香、禾髎穴，用维丁胶性钙，50%当归注射液等，每次注射0.5～1ml，每日1次，10次为1个疗程。

（3）外治法：辛夷15g、金银花15g、蒲公英10g、地丁10g、防风10g、蝉蜕5g、黄芩10g、丹皮8g、菊花8g、白鲜皮10g、白附子8g、桂枝8g。水煎取500ml药液，趁热用药液蒸气熏鼻，熏时患者尽量深吸气，使药蒸气进入鼻腔内。待药液稍温后，即可用药液冲洗鼻腔。每日熏洗3次，连用3～5日。

（4）针灸治疗：针脾俞、中脘、足三里、气海、头维、迎香、印堂穴。用补法，每日1次，10次为1个疗程。按摩通鼻窍：两手食指按揉迎香、鼻通、印堂，捏鼻、擦鼻翼各12分钟，每日早晚各1次，发作时每日增加1～2次。可改善鼻腔局部血液循环，达到通窍之效。

3. 肾阳不足，温煦失职

【证候】 鼻塞、鼻痒、喷嚏频频，清涕长流，血色苍白，腰膝酸软，形寒肢冷，小便清长，遗精早泄。舌质淡，苔白润，脉沉细无力。

【治法】 温肾补阳，固肾纳气。

【方药】 金匮肾气丸加减。熟地20g，山茱萸15g，山药20g，丹皮10g，泽泻10g，茯苓15g，制附子12g，桂枝10g，胡桃肉10g，肉苁蓉12g，覆盆子12g，金樱子9g。

加减：若喷嚏多、清涕长流不止者，加乌梅15g、五味子12g；腰膝酸软甚者，可酌加枸杞子15g、菟丝子12g、杜仲10g；兼腹胀便溏者，加白术12g，干姜6g。

【其他疗法】

（1）中成药

1）金匮肾气丸：每次6g，每日2～3次。温开水或淡盐水送下。适用于肾阳虚诸证。

2）鹿尾羓精口服液：口服每次1支，每日3次。为滋补强壮康复保健药品，益气壮阳而不燥烈，填精益髓而无滋腻碍胃之弊。

（2）注射剂：选肾俞、风池、迎香、禾髎穴，用维生素B_1和胎盘组织液，每次注射0.5～1ml，每日1次，10次为1个疗程。

（3）针灸治疗：选风池、迎香、禾髎为主穴；肾俞、关元、命门为配穴。每次轮换使用主穴，配穴各一对，用平补平泻法，每日1次，10次为1个疗程。也可取百会、上星、膏肓、神阙、命门、三阴交、涌泉，悬灸或艾炷直接灸，每次选穴3～4个，悬灸30分钟。

（4）外治法：鹅不食草干粉，加入凡士林，制成10%药膏，涂入鼻腔，每日2～3次。或干姜研末适量，蜜调涂鼻内。

4. 肺经伏热，上犯鼻窍

【证候】 鼻塞、鼻痒、喷嚏频作，流浊涕，常在闷热天气发作。可兼有咳嗽咽痒，口干烦热，舌质红，苔黄，脉数。检查见鼻黏膜色红或暗红，鼻甲肿胀。

【治法】 清热宣肺、通利鼻窍。

【方药】 辛夷清肺饮加减。辛夷花15g，石膏25g，知母12g，黄芩12g，栀子9g，枇杷叶12g，升麻9g，百合10g，麦冬12g，桔梗10g，生甘草6g。

【其他疗法】

（1）中成药

1）辛芩冲剂：细辛、黄芩、桂枝、荆芥、防风、苍耳子、白芷、黄芪、白术、石菖蒲。本方具有清热通窍，化浊止痛之功。对肺窍被郁，肺热不宣所致鼻窍不通，鼻流长涕等症，均可使用。

2）清热解毒口服液：每次 10 ~ 20ml，每日 3 次。清热透表解毒。善治各种热性病，对肺热壅盛，鼻窍不通，可改善鼻腔通气。

（2）注射剂：选迎香、合谷、风池、尺泽穴，用丹参注射液或柴胡注射液，每次 2 穴，每穴 0.5 ~ 1ml。隔日 1 次，10 次为 1 个疗程。

（3）针灸治疗：针尺泽、上星、迎香、印堂、风池、风府、合谷、外关。每次选 3 ~ 5 穴，留针 30 分钟，每日 1 次，针用泻法，10 次为 1 个疗程。耳针法：选肺、神门、内分泌、内鼻穴埋针，或以王不留行籽贴压以上穴位，两耳交替，隔日 1 次，10 次为 1 个疗程。

（4）外治法：用斑蝥虫研粉，取少许撒于胶布，敷贴于内关或印堂穴，过 12 ~ 24 小时后取去。每周 1 次，3 次为 1 个疗程。

三、预防与调护

（1）慎起居：从平常生活作息上寻找容易发病的事、物、时，避免与变应原接触，对已明确的变应原，尽可能脱离接触。在花开季节减少外出，并戴口罩加以防护。避免不必要的应酬，烟酒不沾；常年患病者，要改善居室环境，断养猫狗、花鸟，撤换地毯、羽毛褥垫，室内通风及减少灰尘等措施皆有裨益。并靠持之以恒的运动以增强抵抗力，改善症状。

（2）慎用药：正确应用药物，不仅能减轻花粉期鼻部症状，还可使部分病人不需很长的减敏注射便可较轻松地度过花粉期。鼻黏膜对血管收缩剂敏感者，选用合适的滴鼻药，如 0.5% ~ 1% 麻黄碱生理盐水等。

（3）节饮食：避免过食生冷、辛辣、油腻、鱼虾等腥荤之物。多食蔬菜水果和清淡易消化的食物。

（4）康复法：用淡盐水每日冲洗鼻腔 6 ~ 8 次，有利于将过敏物及时排出体外，减轻鼻黏膜充血、水肿等过敏反应。注意调畅情志，锻炼身体，增强体质。

第二节　鼻　窦　炎

鼻窦炎（sinusitis）是指鼻窦黏膜的化脓性炎症。为鼻科常见病，慢性者居多。本病的发生与鼻窦口小，稍有狭窄或阻塞，导致鼻窦通气引流障碍是引起鼻窦炎发生的重要机制。鼻腔炎症蔓延和邻近病灶扩展是主要病因。临床特点浓涕多、鼻塞、局部压痛、头痛，检查可见双侧鼻窦黏膜红肿或肥厚。根除病因，解除鼻腔鼻窦引流和通气障碍，控制感染和预防并发症是治愈本病的关键。

本病属于中医的“鼻渊”，又称“脑漏”。

一、病因病机

本病的发生，实证多因外邪侵袭，内传于肺，邪热侵犯，壅结于胆，湿热郁结，伤及脾胃而发病；虚证多因肺脾虚弱，邪气久留，滞留鼻窍，以致病情缠绵难愈。其病机为风热邪毒，袭表犯肺，风热壅遏肺经，邪毒循经上犯，结滞鼻窍，灼伤鼻窦肌膜；胆失疏泄，气郁化火，邪热犯胆，胆经热盛，上蒸于脑，伤及鼻窦，燔灼气血，腐灼肌膜；或湿热内生，郁困脾胃，清阳不升，浊阴不降，湿热邪毒循经上乘，停聚窦内，灼损窦内肌膜而致。肺气虚寒，脾气虚弱，余邪滞留不清，久困窦内，伤肌损膜，亦可致浊涕常流。

二、辨证论治

（一）辨证要点

本病有实证与虚证之分，实证起病急，病程短；虚证病程长，缠绵难愈。可有伤风鼻塞病史，风热邪毒、肺脾气虚是主要病因，并且可使本病病情反复发作。本病以浓涕量多为主要症状，常伴有鼻塞和嗅觉减退，鼻内肌膜红赤或淡红肿胀；部分病人可伴有明显的头痛；前额、眉间、鼻根部有压痛等症状及体征。

（二）治疗原则

本病急性期以邪实居多，治疗重在疏风清热，解毒祛湿，芳香通窍；久病或慢性期以脏气虚弱为主，治当温肺气、疏散风寒，健脾气、清利湿浊，以收散寒、升阳、通窍之功。

（三）分证论治

1．肺经风热证

【证候】 鼻塞、鼻涕黄稠或黏白而量多，嗅觉减退，头痛，以头额、眉棱骨或颌面部叩痛，或压痛。可兼有发热恶风，汗出，或咳嗽痰多，舌质红，舌苔微黄，脉浮数。

【治法】 疏风清热，宣肺通窍。

【方药】 银翘散加减。金银花 15g，连翘 12g，牛蒡子 10g，淡豆豉 10g，荆芥 9g，薄荷 9g，桔梗 10g，甘草 9g。

加减：若头痛者，加柴胡 12g、藁本 10g、菊花 12g；鼻塞甚者，加苍耳子 12g、辛夷 10g；鼻涕量多者，加蒲公英 15g、鱼腥草 30g、瓜蒌 15g；鼻涕带血者，加白茅根 30g、仙鹤草 15g、茜草 12g。

【其他疗法】

（1）中成药

1）鼻渊丸：每次 1 ～ 2 丸，每日 3 次，空腹温开水送服，小儿减半。清肺泻火，消肿排脓，止痛通窍，用于鼻渊证之属风热实证，肺经郁热。

2）急支糖浆：口服，每次 10 ～ 30ml，每日 3 ～ 4 次，小儿酌减。清热解毒，宣肺化痰，用于风热犯肺，痰热阻肺，肺热壅盛之鼻渊。

（2）注射剂：鱼腥草注射液，每次 0.5ml，取肺俞穴，进针 0.3 ～ 0.5cm，隔天 1 次，15 天为 1 个疗程。

（3）针灸治疗：针印堂、迎香、尺泽、合谷、大椎、曲池、丰隆穴。每次 3 ～ 4 穴，针用泻法，每日 1 次，10 次为 1 个疗程。耳针法：取耳尖、肺、肾上腺、内鼻、神门，毫针刺法，或耳穴贴压法，留针 30 分钟。

（4）外治法：滴鼻灵滴鼻，每次 3 ～ 5 滴，每日 3 ～ 4 次，以疏风清热通窍。

2. 胆腑郁热证

【证候】 鼻涕黄浊或黄绿，黏稠量多，或有腥臭味，鼻塞，嗅觉减退，头痛剧烈，头额、眉棱骨或颌面部叩压痛明显。可兼有烦躁易怒，口苦咽干，耳鸣耳聋，寐少多梦，小便黄赤，舌质红，舌苔黄或腻，脉弦数等胆腑郁热之证。

【治法】 清胆泄热，利湿通窍。

【方药】 龙胆泻肝汤加减。龙胆草 10g，柴胡 12g，黄芩 12g，栀子 10g，泽泻 10g，车前子 9g，生地 15g，当归 12g，苍耳子 15g、石菖蒲 10g，鱼腥草 30g，甘草 6g。

加减：头痛剧烈，加白芷 12g，蔓荆子 12g 以利窍止痛；痰多、色黄稠加瓜蒌皮 12g，桔梗 10g 清热化痰；大便干结加大黄 6g（后下）通腑泄热。

【其他疗法】

（1）中成药

1）藿胆鼻炎胶囊：口服，每次 1 ～ 2 粒，每日 3 次；白开水送服。清热利湿，化湿通窍之剂，用于鼻渊病之属肝胆湿热者。

2）鼻炎康胶囊：口服，每次 4 粒，每日 3 次；白开水送服。用于急慢性鼻窦炎。

（2）注射剂：5% 当归注射液 1ml，加入少量 0.5% 普鲁卡因，在两侧迎香穴注射 0.5ml，每日 1 次，7 次为 1 个疗程。

（3）针灸治疗：针印堂、迎香、合谷、行间、风池。用泻法，每日 1 次，留针 20 ～ 30 分钟，10 次为 1 疗程。耳针法：内鼻、肺、额、肾上腺，毫针中等强度刺激，留针 20 ～ 30 分钟，间歇运针 2 次，双耳交替。

（4）外治法：用葱白滴鼻液，每次 3 ～ 5 滴，每日 3 ～ 4 次，或用冰连散吹入鼻腔，每天 3 ～ 4 次。以疏风清热通窍，改善鼻腔通气。

3. 脾胃湿热证

【证候】 鼻涕黄浊而量多，鼻塞重而持续，嗅觉减退甚至消失，头昏闷胀，颌面、额头或眉棱骨压痛。可有胸脘痞闷，倦怠乏力，纳呆食少，小便黄赤，舌质红，苔黄腻，脉濡或滑数等脾经湿热之证。

【治法】 清热利湿，化浊通窍。

【方药】 甘露消毒丹加减。藿香 15g，石菖蒲 12g，白豆蔻 9g，薄荷 12g，茵陈 15g，滑石 9g，黄芩 12g，连翘 12g，薏苡仁 20g，茯苓 15g，厚朴 10g，陈皮 6g，冬瓜仁 30g，辛夷 12g。

加减：鼻塞甚者，加苍耳子 15g、白芷 10g 通鼻窍；头痛加川芎 12g、蔓荆子 12g 以利窍止痛；鼻涕带血者，加仙鹤草 15g、白茅根 30g 凉血止血。

【其他疗法】

（1）中成药

1）茵陈五苓丸：水丸，口服，成人每次 10g，每日 3 次，饭后温开水送下。儿童用量酌减。本方清利湿热，健脾和胃，湿热郁蒸，湿重热清者可用之。

2）鼻窦炎合剂：口服，每次 20 ～ 30ml，每日 3 次，15 天为 1 个疗程。清热利湿，通利鼻窍之剂，用于鼻塞、鼻渊等病。

（2）注射剂：取脾俞、胃俞穴，进针 0.3 ～ 0.5 寸，注入鱼腥草注射液，每穴 0.5ml。

（3）针灸治疗：针迎香、印堂、太阳、合谷、风池、曲池、足三里、阴陵泉。每次选 3 ～ 5 穴，强刺激。耳针法：内鼻、脾、胃、额、肾上腺。中强度刺激，留针 20 ～ 30 分钟，或埋揿针，2 ～ 3 天更换 1 次。

（4）单方验方：将蒜瓣削根去皮装入坛中，加入食醋浸泡后密封。一个月后启封，每晚食 3 ～ 4 瓣蒜，并将醋倒入小口瓶中，对准鼻孔熏疗 30 分钟。

（5）外治法：25% 牡丹皮液，或 1% 麻黄素液滴鼻，每次 3 ～ 4 滴，每日 3 次。还可用负压吸引法将鼻窦内的脓液吸出，再将适量苍耳子散药物置换进入鼻窦，以达到治疗目的。

4. 肺脾气虚证

【证候】 鼻涕白黏或黄稠，量多，鼻塞较重，嗅觉减退，头昏重，或头闷胀。偏于肺气虚，则遇风冷鼻塞加重，喷嚏时作，面色苍白，自汗畏风，咳嗽痰多，舌质淡，苔薄白，脉缓弱；偏于脾气虚，则脘腹胀满，食少纳呆，腹胀便溏，面色萎黄，舌淡胖，苔薄白，脉细弱。

【治法】 温肺补脾，益气通窍。

【方药】 温肺止流丹合参苓白术散。人参 9g，荆芥 12g，细辛 3g，诃子 10g，桔梗 12g，黄芪 20g，甘草 6g，白术 12g，茯苓 12g，山药 20g，扁豆 10g，防风 6g。

加减：鼻涕浓稠量多，加陈皮 12g、半夏 9g、薏苡仁 20g、瓜蒌 12g 化痰燥湿；鼻塞甚者，加辛夷花 10g、苍耳子 10g、白芷 9g 芳香通窍；遇寒加重，头额冷痛，加羌活 12g、川芎 10g、桂枝 9g 祛风散寒。

【其他疗法】

（1）中成药

1）补肺丸：成人每次服 1 丸（9g），每日 2 ～ 3 次。

2）补中益气丸：成人每次服 1 丸（9g），每日 2 ～ 3 次，空腹服。

（2）注射剂：取印堂、迎香、上星穴，用复合维生素 B 注射液，或维生素 B_1 注射液，每穴注入 0.2 ～ 0.5ml，隔日 1 次，15 次为 1 个疗程。

（3）针灸治疗：针肺俞、脾俞、足三里、迎香、百会、上星、合谷、攒竹、风池。每次取 2 ～ 3 穴，强刺激，留针 20 ～ 30 分钟。艾灸：前顶、上星、阳白穴，悬灸至患者灼热，皮肤潮红。

（4）外治法

1）鱼脑石散吹鼻，每日 2 ～ 3 次，疏风散寒通窍，利于脓涕排出。

2）孩儿茶 60g、鹅不食草 30g、冰片 15g，共研末用香油调成稠浆，纳鼻内，每日 2 ～ 3 次。

三、预防与调护

（1）注意保持鼻腔通畅，利于鼻窦内的分泌物排出及嗅觉恢复。

（2）及时彻底治疗伤风鼻塞及邻近器官的疾病，消除潜在的并发症。

（3）禁食辛辣刺激食物，戒除烟酒。

（4）注意正确的擤鼻方法，以免邪毒窜入耳窍阻塞咽鼓管引起中耳炎。

（5）注意个人卫生，加强劳动保护，避免大量粉尘的吸入；并积极锻炼身体，增强体质，提高机体的抗病能力。

第三节 咽 炎

咽炎（pharyngitis）是咽部黏膜、黏膜下组织及淋巴组织的急性或慢性弥漫性炎症。主要病因是病毒、细菌或混合感染。急性咽炎反复发作、邻近病灶刺激、烟酒、粉尘、有害气体的刺激及全身疾病导致机体抵抗力下降可转化为慢性咽炎。本病可单独发生，亦常继发于急性鼻炎或急性扁桃体炎。常见于秋冬及冬春之交发病，多见于成年人。慢性咽炎病程长，症状顽固，较难治愈。

本病属于中医的“喉痹”、“乳蛾”等范畴。

一、病因病机

本病的病因病理有风热与阴虚之不同，风热邪毒引起的喉痹，称为风热喉痹；由脏腑亏损、虚火上炎而致的喉痹，称为虚火喉痹。风热喉痹，常因气候急剧变化，起居不慎，肺卫失固，风热邪毒乘虚侵犯，从口鼻直袭咽喉，内伤于肺，相搏不去所致。虚火喉痹，则以肺肾亏损，津液不足，虚火上炎，循经上蒸，熏灼咽喉而造成。长期受化学气体，粉尘等刺激，以及嗜食烟酒辛辣，也是造成虚火喉痹的诱因之一。

二、辨证论治

（一）辨证要点

风热喉痹以咽部红肿热痛逐渐加重为特点，常伴外感症状，起病快，病程短，多属实属热，初起为表热，其后演变为里热或表里俱热之证。虚火喉痹以咽燥微痛，咽喉哽哽不利或痰黏着感，咽部异物感，常有“吭喀”动作为特点，症状较轻，病性较缓，病程长，易反复发作。临床所见以阴虚为多，亦有气虚、阳虚者，可兼类痰浊、瘀血，而表现为虚中夹实之证，应仔细辨别。

（二）治疗原则

本病初起多因邪实在表，治疗宜用疏风清热，解毒利咽之法；久病之后反复发作，则以本虚为主，当以补气生津，滋阴降火，清利咽喉之品扶正祛邪。

（三）分证论治

1. 风热喉痹证

【证候】 初起时，咽部干燥灼热，微痛，吞咽感觉不利，其后疼痛逐渐加重，有异物阻塞感。检查见咽部微红，微肿，随症状加重，悬雍垂色红，肿胀，喉底红肿，或有颗粒突起。

【治法】 疏风散邪，清热利咽。

【方药】 疏风清热汤加减。荆芥 12g，防风 6g，薄荷 6g，金银花 15g，连翘 15g，黄芩 12g，赤芍 12g，玄参 12g，浙贝母 9g，天花粉 20g，桑白皮 9g，牛蒡子 10g，桔梗 10g，甘草 6g。

加减：咳嗽痰多者，加瓜蒌壳 12g、杏仁 10g、前胡 10g 止咳化痰；鼻塞，流涕者，加苍耳子 12g、辛夷花 12g、白芷 10g 芳香开窍。

【其他疗法】

（1）中成药

1）清音丸：成人每次服 1 ~ 2 丸，每日 2 次，温开水送下。疏风宣肺，清热利咽，生津止渴。适应于风热邪毒侵犯，肺胃热毒壅盛之证。

2）清咽片：成人每次 4 ~ 6 片，每日 2 ~ 3 次，儿童减半，白开水送下。清热解毒，疏风利咽之剂，用于治疗风热喉痹。

（2）注射剂：取肺俞、曲池，每穴注射鱼腥草注射液或柴胡注射液 0.5 ~ 1ml，每天 1 次，10 天为 1 个疗程。

（3）针灸治疗：详见第九章。

（4）单方验方：鲜芝麻嫩茎叶 5 ~ 8 片，嚼烂，咽部稍作停留，慢慢咽下，每天早晚各 1 次，嫩丝瓜捣汁，每服 1 汤匙，日服 2 ~ 3 次，并可冲水含漱。山豆根 30g、锦灯笼 30g，水煎服。

（5）外治法：将冰硼散或珠黄散吹入咽部，每次吹药 0.3 ~ 0.5g，每隔 2 ~ 3 小时 1 次。

（6）含漱法：用荆芥 30g、菊花 18g 煎水含漱；可含服铁笛丸或润喉丸以清热润燥。

2. 虚火喉痹证

【证候】 咽中不适，微痛干痒，灼热异物感，常有“吭喀”的动作，因咽痒而致咳嗽，易受刺激而引起恶心、干呕。

全身辨证可见肺肾阴虚，虚火上炎之手足心热，舌红少津，脉细数；脾胃虚弱，咽喉失养之倦怠乏力，舌质淡红边有齿印，苔薄白，脉细弱。脾肾阳虚，咽失温煦之面色苍白，腰膝冷痛，舌质淡嫩，苔白，脉沉细弱。

【治法】 ①肺肾阴虚者，宜滋肾养肺降火；②脾胃虚弱者，宜益气健脾升清；③脾肾阳虚者，宜温肾助阳利咽。

【方药】

（1）肺肾阴虚，虚火上炎者，养阴清肺汤加减。生地黄 15g、麦冬 12g、玄参 12g、白芍 12g、牡丹皮 12g、贝母 9g、薄荷 6g、甘草 6g。

加减：肺阴虚，喉底颗粒增多者，加桔梗 12g、郁金 12g、合欢花 10g 化痰散结；咽部脉络充血，咽黏膜肥厚者，加丹参 15g、郁金 10g、川牛膝 12g 活血化瘀，散结利咽；虚火甚者加知母 12g、黄柏 9g 清虚热。

（2）脾胃虚弱，咽喉失养者，补中益气汤加减：黄芪 20g、党参 15g、白术 12g、当归 12g、陈皮 10g、柴胡 9g、升麻 9g、炙甘草 6g。

加减：恶心、呕逆者，加法半夏 12g、厚朴 9g、佛手 9g，以和胃降逆；痰黏者，加枳壳 10g、桔梗 12g、贝母 9g 以化痰利咽。

（3）脾肾阳虚，咽失温煦者，附子理中汤加减：人参 10g、白术 12g、干姜 10g、制附子 9g、甘草 6g。

加减：咽部不适，痰涎清稀量多者，加半夏 12g、陈皮 10g、茯苓 12g 燥湿化痰。

【其他疗法】

（1）中成药

1）清喉咽合剂：每次服 20 ～ 30ml，每日 2 次，白开水送下。养阴清咽，润喉解毒之剂。

2）金果饮：口服，每次 15ml，每日 3 次。养阴生津，清热利咽，润肺开音之剂。

（2）注射剂：取肺俞、天突、尺泽、孔最穴，每次取单侧穴，两侧交替使用，注射 10% 葡萄糖溶液 2ml，隔天 1 次，5 ～ 7 天为 1 个疗程。

（3）单方验方：野菊花、白花蛇舌草、白茅根各 30g，水煎服，每日 1 剂。菊花 9g、金银花 9g，桔梗、麦冬、甘草各 6g，开水冲泡当茶饮之，每日 6 ～ 8 次。

（4）外治法：含服铁笛丸或润喉丸，以清咽润肺。连翘、板蓝根、野菊花、蒲公英煎水过滤，装入保温杯中，趁热吸入药物蒸气；亦可将上述中药液置入超声雾化器中进行雾化吸入。

（5）含漱法：用金银花 30g、连翘 20g、薄荷 15g、甘草 6g，中药煎水含漱，每日 3 ～ 5 次。

三、预防与调护

（1）积极锻炼身体，增强体质，提高机体抵抗力。

（2）饮食有节，起居有常，戒除烟酒，忌过食辛辣醇酒及肥甘厚味。

（3）注意保暖防寒，改善生活工作环境，减少空气污染。

（4）注意口腔卫生，积极治疗邻近组织器官的疾病，以防诱发本病。

（5）多服清凉润肺利咽饮料，如荸荠、白茅根、竹蔗煎水，或玄参、生地、麦冬等生津滋阴之品，煎水服。

第四节　复发性口疮

复发性口疮又称为复发性阿弗他溃疡（recurrent aphthous ulcer，RAU），是一种口腔黏膜中最常见的溃疡类疾病，患病率高达 20%，居口腔黏膜病首位。本病病因复杂，与病毒感染，机体免疫功能状态低下和遗传等因素有关。表现为口腔黏膜反复出现孤立的、圆形或椭圆形浅层小溃疡，境界清晰，可单发或多发在口腔黏膜的任何部位，有明显的自发灼痛感，破溃引起口腔黏膜充血、水肿。本病有周期性反复发作的特点，但又有自限性，一般 7 ～ 10 天可自愈，故又称为复发性口疮，其预后良好，但不易根治。

本病属于中医的“口疳”、“口疮”范畴。

一、病因病机

本病的发生同紧张、外伤、戒烟、月经、食物过敏密切相关，除由外感邪毒所致外，内伤脏腑化火上蒸也可致病。其病机为外感六淫之气及温热等毒邪，从口鼻而入，直达肺胃化火，熏蒸口唇、舌而为病。其中以风、火、燥三因素较为密切，尤以火为最，所谓“诸疮痛痒皆属于火”，“疮疳皆由火毒生”。亦可因素体阴亏，病后劳伤，真阴耗损，虚火内旺，上炎口舌而生疮。

二、辨证论治

（一）辨证要点

本病虽然病在局部，但与全身有密切联系，大多病形于外，而发之于内，故应注意全身辨证。口疮多起病于火热，分实火和虚火。实火中有脾胃伏火和湿热内蕴，虚火中有阴虚火旺和脾肾虚弱。

（二）治疗原则

本病以虚火为多，既有毒热积聚，又有脾肾虚损或气血失调；所以早期治疗应清热解毒，活血散结，渗湿消肿，晚期则应补气健脾，益肾生肌。

（三）分证论治

1. 湿热内蕴，毒火熏蒸

【证候】 口腔内有多而小的浅溃疡，溃面黄白，周边红肿，灼痛剧烈，高热或低热，头痛目赤，红肿多泪，口干烦躁，腹胀纳差，舌质红，舌苔黄腻，脉滑数。

【治法】 清热解毒，化湿和营。

【方药】 甘草泻心汤合狐惑汤加减。甘草 10g，黄芩 12g，黄连 10g，金银花 15g，连翘 15g，干姜 5g，半夏 9g，茯苓 15g，党参 15g，佩兰 15g，当归 10g，赤芍 10g，丹参 30g。

加减：便秘加大黄 6g（后下）泻下通便；热盛痛甚加白花蛇舌草 30g、蒲公英 30g 清热解毒。

【其他疗法】

（1）中成药

1）牛黄解毒丸：每次服 1 丸，每日服 2 ~ 3 次。苦寒辛凉，清热解毒泻火，用于火热毒邪炽盛于内，上扰清窍者为宜。

2）银黄口服液：每次 10 ~ 20ml，每日 3 次。辛凉解表，清热解毒。或珠黄散内服，每次 0.6g，每日 2 次，有清热解毒，化腐生肌的作用。

（2）注射剂：高热不退者，用清开灵注射液 4ml 肌注，或将清开灵注射液 20 ~ 30ml 加入 0.9% 生理盐水或 5% 葡萄糖溶液 400ml 中静脉滴注。

（3）针灸治疗：针合谷、内庭、地仓、承浆、劳宫、曲池、太冲、委中。根据口疮的部位不同，酌情每次选用 3 ~ 4 穴，针用泻法，或强刺激不留针，7 ~ 10 次为 1 疗程。耳针法：口、舌、神门、肺、胃、皮质下、内分泌，用耳穴埋针法，或用王不留籽贴在上述耳穴上，每天加压揉按 3 ~ 5 次，每次 8 ~ 10 分钟。

（4）单方验方：大青叶、鲜生地、生石膏、白茅根各 30g，玄参、赤芍、丹皮各 10g，生甘草 3g。水煎服，每日 1 剂。用于口疮实证伴发热者。

（5）饮食疗法

1）硫酸锌疗法：服用硫酸锌片或 12% 硫酸锌糖浆，成人每次 40 ~ 80mg，每日 3 次，5 ~ 7 天为 1 个疗程。

2）核桃壳疗法：将 30 ~ 50g 核桃壳煎水 2 次，每天早晚各服 1 次，10 天为 1 个疗程。

（6）外治法

1）石榴皮 60g，煅炭研末，加青黛 30g，共为细末混合后涂撒在口腔部溃疡处，每日 2 次；乌梅 60g 火煨，加冰片 40g，共研细末外用，每日 2 次。

2）含漱法：金银花、竹叶、白芷、薄荷等量；黄柏、菊花、决明子、桑叶等量；黄芩、生石膏、佩兰等量。将上药水煎后过滤之药液含漱，每天 2 ～ 3 次。可清热消肿止痛，解毒祛湿化浊。

2. 肝肾阴亏，虚火外浮

【证候】 口舌生疮，溃疡面积小而数目少，周边微红，表面淡黄，灼痛轻微，好发于舌根，舌尖及舌下；头晕耳鸣，面热唇红，口燥舌干，情绪焦虑，失眠多梦，五心烦热，尿黄便干，舌苔薄黄，脉细数或弦细数。

【治法】 滋阴降火，清热化瘀。

【方药】 一贯煎合知柏地黄汤加减。生熟地各 20g，丹皮 12g，川楝子 6g，山萸肉 9g，沙参 20g，麦冬 10g，生白芍 10g，女贞子 12g，茯苓 10g，泽泻 9g，黄柏 9g，丹参 9g，赤芍 10g。

加减：大便干结者，加大黄 6g（后下）通腑泄热；尿少者，加车前子 9g、滑石 12g，利尿泄热；口渴甚者，加石膏 15g，天花粉 20g，清热生津。

【其他疗法】

（1）中成药

1）知柏地黄丸：成人每日服 2 次，早晚各服 1 丸，空服温开水下。本方治疗真水不足，相火上炎等证。

2）增液冲剂：成人每次服 1 包（20g），每日 3 次，空腹温开水送下，7 岁以上小孩服成人 1/2（10g），3 ～ 7 岁服成人 1/3（6g）。

（2）针灸治疗：针地仓、廉泉、肾俞、太溪、肝俞、行间、三阴交、劳宫、少冲。每次取 3 ～ 5 穴，毫针用平补平泻法，留针 20 分钟，每日 1 次，10 天为 1 个疗程。耳针法：口、舌、神门、肝、肾上腺、心、额、皮质下、内分泌，方法同前。

（3）单方验方：羊蹄狐惑汤：黄连 10g、黄芩 10g、羊蹄 15g、金银花 30g、连翘 20g、天花粉 15g、白芍 10g、生地 25g、竹叶 10g、甘草 20g，水煎服，每日 1 剂，10 剂为 1 个疗程。

（4）饮食疗法：蜂蜜疗法：将口腔洗漱干净，再用消毒棉签将蜂蜜涂于溃疡面上，涂擦后暂不要饮食。15 分钟左右，可用蜂蜜连口水一起咽下，再继续涂擦，1 天可重复涂擦数遍。

（5）外治法

1）蒙脱石外用，将药粉适量，撒于疮面上，每日 2 次。

2）吴茱萸 30g，捣碎用醋调和，贴敷涌泉穴，睡前固定，次晨取下，用 3 ～ 5 天，用于虚火上浮证。

3. 脾肾阳虚，经脉凝滞

【证候】 口舌生疮，溃疡少而分散，表面暗紫，周边水肿色淡，轻微疼痛。并伴面色㿠白，形寒肢冷，倦怠食少，下利清谷，小腹冷痛，小便多，舌质淡胖，舌缘齿痕，舌苔白滑，脉沉细无力。

【治法】 温补脾肾，祛湿化瘀。

【方药】 金匮肾气丸合白塞方加减。附子 10g，肉桂 5g，熟地 18g，山萸肉 10g，山药

15g，党参 15g，白术 10g，茯苓 12g，泽泻 10g，干姜 6g，半夏 9g，归尾 9g，红花 9g，赤芍 9g，甘草 9g。

【其他疗法】

（1）中成药

1）桂附地黄丸：每次 1 丸，每日 2 ~ 3 次。本方温补肾阳之剂。

2）济生肾气丸：蜜丸，每次服 1 丸，每日服 2 ~ 3 次；水丸剂，每次服 6g，每日 2 ~ 3 次，温开水送服。

（2）注射剂：维生素 B_1、维生素 B_6、维生素 B_{12} 注射液及当归注射液，在脾俞、肾俞、足三里、三阴交各注入 0.5ml，每周 3 次。

（3）针灸治疗：针脾俞、肾俞、关元、命门、气海、颊车、地仓、廉泉。每次取 3 ~ 5 穴，针用补法，或针灸并用，留针 20 分钟，10 天为 1 疗程。耳针法：口、舌、神门、脾、肾上腺、皮质下、内分泌，方法同前。

（4）单方验方：口疮消：山豆根 20g、黄连 9g、丹参 15g、太子参 12g、生地 15g，水煎服，每日 1 剂。提高机体免疫力，防止口疮复发。

（5）饮食疗法：取白木耳、黑木耳、山楂各 10g，水煎喝汤吃木耳，每日 1 ~ 2 次，可治口腔溃疡。

（6）外治法：白矾 6g、冰片 2g、蚕茧 1 个。白矾研末，装入茧内焙焦存性，再加入冰片同研细末，备用。吸入口腔患处，1 日 3 次。糊剂贴敷：醋炒吴茱萸 15g、炮姜 15g、木鳖子 5 枚，用酒将中药粉调成糊剂，每次用 2g，贴敷于脐部神阙穴处，次晨取下，连用 3 天。

三、预防与调护

对口腔溃疡的治疗方法虽然很多，但基本上都是对症治疗，目的主要是减轻疼痛或减少复发次数，但不能完全控制复发，所以预防本病尤为重要。

（1）平时应注意保持口腔清洁，常用淡盐水漱口，戒除烟酒，生活起居有规律，保证充足的睡眠，避免过度疲劳。

（2）坚持体育锻炼，饮食清淡，多吃蔬菜水果，少食辛辣、厚味的刺激性食品，养成良好的排便习惯，保持大便通畅。

（3）正确地进行局部用药：溃疡局部用药时，先进行口腔清洁，除去口腔内残渣污物，再局部用药，使药物更好地发挥作用。局部涂抹药物困难者，用喷洒药粉器将药物喷洒到口腔内，使药物均匀撒布于口腔黏膜的溃疡面上，以达到治疗的目的。

第五节　眼底出血

眼底出血（eyeground bleeding）指视网膜动脉或静脉的出血而言，见于现代医学多种眼底病变，是许多眼底血管性病变的一种共同的表现，也是眼科临床上常见、难愈、易致盲的眼疾。

引起眼底出血的原因可分为全身和局部两大类。全身性血管、血液性病变都可以从视网膜及其血管反映来，同时也可直接引起视网膜的出血性病变。如糖尿病性、高血压性、肾病性视网膜病变，甚至血液系统疾病和自身免疫性疾病都可以引起眼底出血。局部病变是指眼底本身病变，如视网膜分支静脉阻塞、血管炎、血管瘤，以及老年性黄斑变性、高度近视眼底病变等。其临床特点以患眼外观如常，视力迅速下降，有如纱幕遮盖，眼前有浮动黑影，或有蚊蝇或云雾样阴影飞舞，眼科检查见眼底出血及各病症不同的眼底变化为特征。

本病属于中医的“视瞻昏渺”、“云雾移睛”、“暴盲”范畴。

一、病因病机

本病成因较为复杂，举凡六淫外感、七情内伤、饮食劳倦、脏腑失调以及外来损伤等均可导致，发病机理与热、气、瘀三者密切相关。火热，有六气化火、五志之火，也有阴虚内热化火，皆能上炎，灼伤目络，而血溢脉外；气血相互为用，肝气郁滞，气机不利，郁于目络，或气行逆乱，上冲于目络，则络破血溢；血行受阻皆可为瘀，如寒凝血热，气虚气滞，以及撞击伤目等，均可致目血运行失畅而凝滞，血壅冲击，以致血不归经，逆经出络而外溢，造成出血。

二、辨证论治

（一）辨证要点

以全身疾病为主的眼底出血，为原发病的并发症，多见于原发病的晚期。应辨证与辨病结合，立足于整体，辨清眼底出血与全身的关系。以局部病变为主的眼底出血，一般全身症状并不明显，多属瘀热，即出血在眼球内，不能及时排出与消散，瘀久而化热。炎症性者，多属热重于瘀；血管阻塞者，多属瘀重于热；退行性者，多为阴虚火旺，或气不摄血的瘀热证。对原因不明的眼底出血，全身无明显兼证，脾胃尚健者，皆可从瘀热辨证。

（二）治疗原则

眼底出血的治疗要分清标本主次，采用体急治体，目急治目，体缓目缓则体目同治的原则，处理好眼底出血与全身的关系。一般出血初期为热重于瘀，陈旧期为瘀重于热，恢复期则重在瘀热伤阴。凉血止血与活血化瘀是其基本治法，止血是塞其流，阻止血液不再从血管内溢出，让其血液循着脉道正常循行；化瘀是活其血，将离经之血消散吸收，帮助恢复视功能，避免并发症发生。因此，止血与化瘀二者相辅相成，既要有侧重，又不能偏废。新鲜出血，发病时间短，则以凉血止血为主，活血化瘀为辅；陈旧性出血斑，发病时间较长者，则以活血化瘀为主，凉血止血为辅。眼底出血，病因多端，治疗时应注意审证求因，针对病因治疗。凡全身疾病的眼底出血，始终要坚持对原发病的治疗，以正本清源。

（三）分证论治

眼底出血一般可分初、中、末三期论治。

1. 初期（多为发病半月内）

【证候】 视力突然下降，眼前出现黑影或红影，眼底检查可见出血鲜红，或兼有口干、舌红、苔黄、脉数。

【治法】 凉血止血，佐以活血化瘀。

【方药】 生蒲黄汤加减。生蒲黄 12g，旱莲草 25g，丹参 12g，荆芥炭 12g，郁金 15g，生地 15g，丹皮 12g，赤芍 12g。

加减：若兼见口苦，咽干，目眩头痛，眼胀，脉弦数，苔黄者，为肝阳上亢，加石决明、牡蛎各 30g，天麻、菊花各 10g 以平肝潜阳。出血多者，加仙鹤草、白茅根各 30g，藕节 15g 以止血。若面白神疲，动则喘息，舌淡脉虚者，加黄芪、太子参等以益气摄血。若伴心烦，低热口干，咽燥，舌红少苔，脉数者，为阴虚火旺，加知母、黄柏各 12g，玄参 15g 滋阴降火。

【其他疗法】

（1）中成药：云南白药，每次 0.25g，每日 3 次。

（2）单方验方：三七粉，每次 3g，每日 3 次。

（3）针灸治疗：针攒竹、神庭、太阳、足三里、脾俞、阴陵泉、曲池。毫针刺用泻法，每次选 2 ~ 3 穴，每日 1 次，10 天为 1 疗程。

2. 中期（多为发病半月后）

【证候】 眼前黑影遮挡，视力低下。眼底检查：血色暗红，或见黄白色颗粒，或玻璃体呈褐色，或眼底窥不进。多伴有情志抑郁，舌质淡暗红，苔薄白，脉弦或沉涩。

【治法】 理气活血，佐以清热凉血。

【方药】 血府逐瘀汤加减。丹参 15g，桃仁、红花、当归、川芎、赤芍、生地、枳壳、柴胡、郁金各 10g，生蒲黄 12g，三七粉 3g（冲服）。

加减：气虚者加黄芪、党参各 20g，阴虚者加女贞子、旱莲草各 30g。

【其他疗法】

（1）中成药

1）眼血康口服液，每次 10ml，每日 3 次。

2）复方丹参滴丸，每次 10 粒，每日 3 次。

3）血栓通胶囊，每次 2 ~ 4 粒，每日 3 次。

（2）注射剂

1）葛根素注射液：每 2ml 含葛根素 50 ~ 100mg。静脉滴注：每次 200 ~ 400mg 加 10% 葡萄糖溶液或生理盐水 250ml 静脉滴注，每日 1 次，10 ~ 20 天为 1 个疗程，可连续用 2 ~ 3 疗程。静脉推注：每次 100 ~ 200mg 加生理盐水或葡萄糖溶液 10 ~ 20ml 静脉推注，每日 1 ~ 2 次。10 ~ 20 天为 1 个疗程。

2）血栓通注射液 静脉滴注：2 ~ 6ml 加 10% 葡萄糖溶液或生理盐水 250 ~ 500ml 每日 1 ~ 2 次，10 次为 1 疗程，可连续注射 2 ~ 3 个疗程。肌内注射：2 ~ 4ml 每日 1 ~ 2 次，可连续注射 3 周。理疗：每次 2ml 加注射用水 3ml 以负极导入，每天 1 次，10 次为 1 个疗程。

（3）针灸治疗：取球后、翳风、风池、合谷、行间、侠溪、肝俞、光明穴。用 0.25% ~ 0.5% 盐酸普鲁卡因或维生素 B_{12} 穴位注射。每次选 3 ~ 4 穴，每穴注入 0.5ml，每日或隔日 1 次，10 天为 1 个疗程。

3. 末期（多为发病 2 月后）

【证候】 视物不清，视力未复，眼底检查可见：血色黯黑，部分出血吸收，机化开始形成，原为玻璃体出血者，可见大量黄白色颗粒，并见膜状物形成，发病累及黄斑部者常出现黄斑囊样水肿。全身可伴有头昏头重，口淡而黏，纳差便溏，舌质淡胖或紫暗，脉弦滑；或见腰膝酸软，眠差心烦，舌红少苔，脉细数。

【治法】 化瘀生新，软坚散结，兼以扶正。

【方药】 驻景丸加减方加减。茺蔚子、楮实子、菟丝子、枸杞子、三棱、海藻、鸡内金、山楂各15g，浙贝、僵蚕、郁金、炮甲珠各10g，丹参20g，三七粉3g（冲服）。

加减：黄斑囊样水肿加茯苓、猪苓、车前子各15g，气虚者加黄芪、太子参各20g，纳差加生谷芽、生麦芽各20g，血虚者加阿胶、当归各12g，阴虚者去菟丝子、枸杞子，加生地20g、女贞子30g。

【其他疗法】

（1）中成药

1）杞菊地黄丸：成人每服9g，每日2次，空腹温开水送下。滋肾养肝，清头明目，用于肝肾阴虚者。

2）补中益气丸：成人每服9g，每日2次，空腹温开水送下。补气升阳健脾，用于脾虚气弱者。

（2）注射剂：详见本节“中期”。

（3）针灸治疗

1）针鱼腰、头临泣、太阳、肾俞、肝俞、太溪、行间、光明。毫针刺用平补平泻法，每次选2～3穴，每日1次，10天为1疗程。耳针法：眼、肝、皮质下、交感。

2）取瞳子髎、肝俞、肾俞、足三里、三阴交，用维生素B_1或B_{12}，双侧背俞穴交替注射，每穴注射0.5ml，隔日1次，15次为1个疗程。

三、预防与调护

（1）注意老年人易出现眼底出血，原因是老年人的血管韧性和弹性改变，较为脆硬，稍有刺激便可能出血。

（2）患高血压、糖尿病、动脉硬化、高脂血症的病人，眼底血管较为硬化，也可导致出血。

（3）发生眼底出血后，可立即用止血药，如卡巴克络（安络血）、维生素K。

（4）预防眼底出血，宜用眼适度，不要长时间看书读报、看电视等，看过40分钟后最好休息2～3分钟。不要过度兴奋、疲劳、激动或恼怒，保持良好和充足的睡眠。

（5）要少吸烟，少饮酒，少吃有刺激性的食物，禁喝浓茶或咖啡。

第九章 常见病症的针灸治疗

第一节 支气管哮喘

支气管哮喘是气管 - 支气管对各种刺激反应性过度增高而发生的以气道可逆性阻塞为特点的疾病。临床特点为发作性伴有哮鸣音的呼气性呼吸困难。中医认为，痰饮内伏是其根本原因。其发作是由于外邪、饮食或七情等诱因，引动伏痰，闭阻气道所致。属中医学“哮病”范畴。针灸临床证有虚实，治宜分期。

【治法】 宣肺理气，健脾化痰，益肾纳气。

【主穴】 肺俞、膻中、定喘、列缺、尺泽。

【配穴】 痰多者，配丰隆、足三里、中脘；喘盛者，配天突；外感者，配风门、大椎；肾虚者，配肾俞、膏肓。

【方法】 一般采用平补平泻手法，肾虚者可加灸法。发作期每日 1 次，缓解期隔日 1 次，每次留针 20 ~ 30 分钟，10 次为 1 个疗程。

【其他疗法】

1. 耳针

取肺、肾上腺、交感、神门、对屏尖、角窝中。毫针刺法或王不留行压丸法，每日 1 次。适用于发作期，有平喘作用。

2. 灸法

取肺俞、定喘、膻中、风门或胸 1 ~ 6 夹脊穴。用麦粒灸，每次每穴 3 ~ 5 壮，10 天灸 1 次，3 次为 1 个疗程。适用于缓解期，一般多在伏天用此法治疗。

3. 穴位贴敷

取肺俞、定喘、膏肓、膻中。用白芥子 30g、甘遂 15g、细辛 15 g 共研细末，使用时用生姜汁调制成蚕豆大小的药饼，上放少许丁桂散，敷于穴位上，用胶布固定。持续约 30 ~ 60 分钟后擦掉药物。敷药时局部有热、麻、痛等感觉，局部皮肤发红，若起泡，消毒后挑破，涂龙胆紫。本法在夏季初伏、中伏、末伏各进行 1 次，可连续贴敷 3 年。儿童亦可用该法。

【按语】

（1）针灸治疗本病可起到缓解支气管痉挛和减少炎症渗出的作用，但发作严重或哮喘持续状态，应配合药物治疗。

（2）属过敏体质者，须避免接触致敏原和进食过敏物质。

第二节　心律失常

心律失常是指任何病因引起心脏冲动的形成和 / 或传导异常，多见于各种器质性心脏病。按其发生机理，可分为冲动起源异常和冲动传导异常两大类，但临床常按其发作时心率的快慢分为快速性和缓慢性两大类。中医认为，本病多因体质虚弱、忧思惊恐等因素导致气血亏虚，不能养心；或肾阴亏虚，心火妄动；或心血瘀滞，心神不宁而成。属中医学“心悸”、“怔忡”范畴。

【治法】 调理心气，安神定悸。

【主穴】 内关、郄门、神门、厥阴俞、巨阙。

【配穴】 心动过缓者配通里；心动过速者配阴郄；心血不足者配膈俞、脾俞、足三里；阴虚火旺者配肾俞、太溪；心脉瘀阻者配血海、膈俞、膻中。

【方法】 针刺入后均匀地提插捻转使之得气，日 1 次，留针 20 ~ 30 分钟，10 次为 1 个疗程。

【其他疗法】

1. 耳针

取心、交感、神门、皮质下、小肠。毫针刺法用轻刺激，每日或隔日 1 次，每次留针 20 ~ 30 分钟。亦可用王不留行压丸法，左右耳交替。

2. 穴位注射

取心俞、厥阴俞、内关、郄门。以丹参注射液 2ml 穴注，每次 1 ~ 2 穴，每穴 0.5 ~ 1ml，每日或隔日 1 次，10 次为 1 个疗程。心动过缓者，亦可以硫酸阿托品 0.3 ~ 0.5mg 穴注，每次 1 穴，日 1 次，10 次为 1 个疗程。

【按语】

（1）目前针灸对冲动起源异常者疗效好，特别对心动过速疗效尤为满意，而对冲动传导异常者疗效较差。

（2）避免精神刺激，保持安静环境，充分休息。

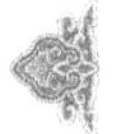

第三节　冠状动脉粥样硬化性心脏病

本病简称冠心病，因冠状动脉粥样硬化导致心肌缺血、缺氧而引起。以心慌、胸闷、心前区疼痛为主要症状，临床上分为隐匿型、心绞痛型、心律失常型、心肌梗塞型及猝死型五类。中医认为，本病多因情志内伤、外感寒邪、年老体衰等致心阳不振，痰瘀内阻而发病，又与肝、脾、肾三脏功能失调相关联。属中医学“胸痹”、“心痛”、“真心痛”范畴。

【治法】 扶正祛邪、标本兼顾。标急危重者，处理见“急痛”心绞痛一节，平时根据不同证型选用行气活血、补气养阴、化痰除湿等法。

【主穴】 心俞、内关、厥阴俞、通里、神门、足三里。

【配穴】 血瘀者配血海、三阴交、气海；肝阳上亢者配太冲；痰浊重者配丰隆、阴陵泉；心阳不振者配关元、气海。

【方法】 一般采用平补平泻手法，每次 3 ~ 4 穴，每日 1 次，留针 20 ~ 30 分钟，10

次为1个疗程。

【其他疗法】

1. 灸法

取心俞、内关；膻中、足三里；关元、气海。每次选一组，每穴灸10～15分钟，每日2次。10～15天为1个疗程。此法多用于心阳不振型。

2. 耳针

取心、神门、交感、皮质下、肝、脾、肾、胸、肾上腺。每次3～4穴，针刺或王不留行压丸法

【按语】

（1）针灸对冠心病疗效较好，不仅能改善症状，而且心电图改善率也较高。

（2）避免精神刺激，情绪激动，充分休息。

第四节　高血压病

以血压增高作为主要临床表现而病因不明者称为高血压病或原发性高血压。本病发病率高，与年龄、职业、家族史有一定关系。中医认为，本病多由情志失调、饮食劳倦和内伤虚损等致阴阳失调而发病。属中医学"眩晕"范畴。

【治法】　平肝泻火，滋阴潜阳

【主穴】　风池、内关、太冲、行间、三阴交、太溪

【配穴】　酌情配百会、曲池、合谷、太阳

【方法】　针刺得气后，均匀地提插捻转，每日1～2次，留针20～30分钟，10次为1个疗程。

【其他疗法】

1. 耳针

取皮质下、交感、耳背沟、肾上腺、心、内分泌、神门、额。或在耳尖放血2～3滴。毫针刺法或王不留行压丸法，每日1次。

2. 刺络放血

取太冲、大椎、曲泽、委中、太阳。三棱针点刺出血，每次取1穴（双侧），曲泽、委中放血量较多，每次放血10～20ml，每周1次，5次为1个疗程。

【按语】

（1）针灸治疗本病安全有效，尤以改善症状明显，但血压较高者，应配合应用降压药。

（2）患者宜保持心情舒畅，避免精神刺激、情绪波动，避风寒，注意劳逸适度。

（3）注意饮食清淡，尽量戒烟戒酒。

第五节　胃　炎

胃炎是指各种原因所致的急性或慢性胃黏膜的炎性变化。临床上分为急性胃炎和慢性胃

炎两种。中医认为，本病多因感受外邪、饮食不节或不洁、七情内伤、脾胃虚弱致脾胃功能失调而发病。属于中医学“胃痛”、“胃脘痛”范畴。

【治法】 健脾和胃、理气祛邪。

【主穴】 中脘、内关、公孙、足三里

【配穴】 急性胃炎酌情选配合谷、阴陵泉、天枢；慢性胃炎酌情选配脾俞、胃俞。

【方法】 一般采用平补平泻手法，急性胃炎每日 1 次，慢性胃炎隔日 1 次，每次留针 20 ~ 30 分钟，10 次为 1 个疗程。

【其他疗法】

1. 耳针

取脾、胃、肝、胆、交感、神门、皮质下。毫针刺法或王不留行压丸法，每日 1 次，10 次为 1 个疗程。

2. 穴位注射

取足三里、内关、脾俞、胃俞、胸 8 ~ 12 夹脊穴、中脘。以硫酸阿托品 0.5mg 穴注，每次 1 ~ 2 穴，每日 1 次；慢性胃炎亦可选用维生素 B_{12} 0.5mg 穴注，每次 2 穴，隔日 1 次。呕吐者临时以甲氧氯普胺（胃复安）10mg 穴注中脘或足三里。

3. 灸法

取足外踝最高点下，赤白肉际处。以温和灸灸此穴 10 ~ 15 分钟，每日 2 ~ 3 次。本法用于急性胃炎。慢性胃炎可取中脘、上脘、梁门、建里、足三里等穴，采用温灸器灸法，每次 20 ~ 30 分钟，每日 2 次，30 次为 1 个疗程。

4. 拔罐

取中脘、上脘、梁门、建里。在针灸后进行拔罐。

【按语】

（1）针灸治疗胃炎效果良好。急性胃炎呕吐者，酌情禁食，给予静脉补液，注意水、电解质平衡，病情好转后，可先给少量流质饮食，以后再逐步改为清淡易消化的半流质饮食、软食到普食。

（2）慢性胃炎患者，以软食为主，应做到饮食规律，细嚼慢咽，避免刺激性食物及药物。

（3）戒烟戒酒。保持心情愉快，避免过度疲劳。

第六节 肠 炎

肠炎是指各种原因引起的急性或慢性肠壁黏膜的炎症病变。临床上分为急性肠道炎和慢性肠道炎两种。中医认为，本病多因感受外邪，饮食不节、情志失调，脾胃虚弱等致肠道传化功能失常而发病。属于中医学“泄泻”范畴。

【治法】 健脾除湿，理肠止泻。

【主穴】 天枢、上巨虚、足三里、中脘。

【配穴】 急性肠炎配下巨虚阴陵泉、曲池；慢性肠炎配脾俞、章门、关元、气海

【方法】一般采用平补平泻手法，慢性肠炎常配合灸法。急性肠炎每日 1 ~ 2 次，慢性肠炎每日 1 次，每次留针 20 ~ 30 分钟，10 次为 1 个疗程。

【其他疗法】

1. 耳针

取大肠、小肠、直肠、交感、胃、脾、肾。毫针刺法，留针 30 分钟，每日 1 次，亦可用埋针法或王不留行压丸法，每 3 ～ 5 日更换 1 次。

2. 穴位注射

取天枢、上巨虚、足三里。用维生素 B_1 50mg 或维生素 B_{12} 0.25 ～ 0.5mg 穴注，每次 1 ～ 2 穴，急性肠炎每日 1 次，慢性肠炎隔日 1 次。

【按语】

（1）针灸治疗肠炎效果较好，但急症暴泻病情急重者，应综合治疗。

（2）急性肠炎及慢性肠炎急性发作期，均应卧床休息，注意饮食卫生。

（3）慢性肠炎患者，如久病长期不愈，消化不良，贫血消瘦明显，或病情严重，伴有低蛋白血症者，应静脉补充营养。

 第七节　慢性非特异性溃疡性结肠炎 

慢性非特异性溃疡性结肠炎是一种原因不明的慢性结肠炎，病变主要局限于结肠黏膜，且以溃疡为主，多累及直肠和远端结肠，可遍及整个结肠。临床特征有腹泻、脓血便，里急后重。病程漫长，轻重不一，常反复发作。本病可见于任何年龄，以青壮年男性为多。中医认为，本病多由感受外邪或饮食不节、情志失调，导致湿热内侵，损伤脾胃，蕴结大肠，腑气不利，肠络受损，久则脾病及肾，瘀阻肠间，而致虚实夹杂之患。属中医学“肠澼”范畴。

【治法】　温补脾肾，清肠化湿。

【主穴】　上巨虚、天枢、太冲、合谷、关元、气海、足三里。

【配穴】　腹泻严重者配长强；乙状结肠炎配气冲；降结肠炎配神阙；升结肠炎配关元、公孙；全结肠炎配中脘、神阙。

【方法】　肢体腧穴针刺得气后，均匀提插捻转，并将针尖朝向病变部位，使针感走窜腹内，趋向病所。腹部腧穴行中等强度刺激。每日 1 次，留针 30 分钟，15 次为 1 个疗程。

【其他疗法】

1. 灸法

（1）温灸：取神阙、中脘、气海、天枢、大肠俞、上巨虚、足三里。以蚕豆大艾炷，行直接灸，局部发烫更换艾炷，每穴灸 5 ～ 7 壮，每日 1 次，10 次为 1 个疗程。亦可每次取 3 ～ 5 穴，行艾条悬灸，灸至局部皮肤潮红，腹中肠鸣辘辘有声为度。

（2）化脓灸：取上巨虚、足三里。每次取 1 ～ 2 穴，每月 1 次。

2. 耳针

取大肠、小肠、直肠、三焦、胃、脾、交感、皮质下、神门。毫针刺法或王不留行压丸法，每日 1 次，10 次为 1 个疗程。

3. 穴位注射

取天枢、上巨虚、大肠俞、中脘、气海。以胎盘组织液 2ml，黄芪注射液 4ml 穴注或维

生素 B_{12} 0.25mg 穴注，每次 1 ～ 2 穴，隔日 1 次，10 次为 1 个疗程。

【按语】

（1）针灸治疗慢性非特异性溃疡性结肠炎效果较好，但在急性发作期，特别是重症、暴发型病人应采取综合治疗。

（2）一般发作期宜予流质饮食，待病情好转后可改为富营养少渣饮食，并注意饮食卫生。

（3）针对病人对疾病的忧虑、恐惧心理，可予心理治疗。

第八节 便 秘

便秘是指大便秘结不通、粪便干燥艰涩难解而言。主要因大肠传导功能失常，粪便在肠内停留时间过长，水液被吸收，而致便质干燥难解。本病属中医学“脾约”范畴。

【治法】 调理肠胃，行滞通便。

【主穴】 天枢、上巨虚、支沟、大肠俞。

【配穴】 可酌情选配足三里、归来、水道、三阴交等。

【方法】 毫针刺法以平补平泻为主，每日 1 次，留针 30 分钟，10 次为 1 个疗程。

【其他疗法】

1. 耳针

取大肠、直肠、胃、脾、交感、皮质下。毫针刺法或王不留行压丸法，每日 1 次，10 次为 1 个疗程。

2. 穴位注射

取穴参照主穴。以生理盐水 2ml 或维生素 B_1 50mg、维生素 B_{12} 0.25mg 穴注，每次 1 ～ 2 穴，隔日 1 次，10 次为 1 个疗程。

【按语】

（1）针灸治疗单纯性便秘效果较好，但如经多次治疗无效者，须查明原因。

（2）患者平时应多吃蔬菜水果，多饮水，适当进行体育锻炼，养成定时排便习惯。

第九节 术后尿潴留

手术后尿潴留为外科手术后常见临床现象，常因手术后并发尿路感染而引起。中医认为，本病多由膀胱湿热互结，导致气化不利，小便不通。有实证和虚证之分，属中医学“癃闭”范畴。

【治法】 清热利湿，温补脾肾。

【主穴】 中极、膀胱俞、三阴交、次髎。

【配穴】 实证配阴陵泉；虚证配肾俞、关元、气海。

【方法】 实证以针感到达下腹和会阴部为佳；虚证可配合温针灸，每日 1 次，留针 30 分钟，10 次为 1 个疗程。如果膀胱过度充盈时，下腹部穴位宜横刺或斜刺，以免损伤膀胱。

【其他疗法】

1. 耳针

取膀胱、肾、尿道、三焦。毫针刺法或王不留行压丸法，每日 1 次，10 次为 1 个疗程。

2. 电针

取双侧维道。针尖向曲骨方向针刺约 3 ~ 5cm，采用断续波，刺激量逐渐加强，以病人能够耐受为度，通电 15 ~ 30 分钟，每日或隔日 1 次。

3. 穴位敷药法

取神阙。将食盐炒黄待冷放于神阙穴填平，大葱剥去老皮切碎，捣烂，压成 0.3cm 厚的饼置于盐上，艾炷置葱饼上施灸，至温热入腹内有尿意为止；或大蒜 2 枚，蝼蛄 2 个共捣烂，用纱布 2 ~ 3 层包裹，贴敷神阙穴；或用田螺 10 个，麝香 0.1g，先将麝香末纳入神阙穴，再将田螺捣烂敷于神阙穴，外用纱布固定，加热敷。

4. 穴位注射

取三阴交、次髎。以新斯的明 1mg 穴注，每次 1 ~ 2 穴，每日 1 ~ 2 次。

【按语】

（1）针灸治疗本病疗效满意，若膀胱充盈过度，经针灸治疗 1 小时后仍不能排尿者，应积极采取导尿措施。

（2）如属机械性梗阻或神经损伤引起者，须明确发病原因，采取相应措施。

第十节 糖 尿 病

糖尿病是一组由遗传和环境因素相互作用而引起的临床综合征。临床以高血糖为主要共同标志，久病可引起多个系统损害。中医认为，本病由于素体阴虚，复因饮食不节，情志失调，劳欲过度所致，以阴虚燥热为基本病机。属中医学“消渴”范畴。

【治法】 滋阴润肺、补肾生津。

【主穴】 脾俞、胃俞、肾俞、胃脘下俞、肺俞、足三里、三阴交、太溪。

【配穴】 上消配太渊、少府；中消配中脘、内庭；下消配照海、太冲。

【方法】 毫针刺法，每日 1 次，留针 30 分钟，10 次为 1 个疗程。

【其他疗法】

1. 耳针

取内分泌、胰胆、肾上腺、肾、三焦、肺、胃、脾、皮质下。每次 2 ~ 4 穴，毫针中度刺激，留针 30 分钟，或用王不留行压丸法，隔日 1 次。

2. 穴位注射

取脾俞、胃脘下俞、胸 3 夹脊穴；肾俞、胸 10 夹脊穴。两组交替使用。用当归注射液 2 ~ 4ml，每穴注入药液 0.5 ~ 1ml，隔 1 ~ 2 日 1 次。

3. 皮肤针

轻度或中度叩刺第三胸椎至第二腰椎两侧，隔日 1 次。

【按语】

（1）针灸治疗糖尿病，对早、中期患者及轻型患者效果较好。若病程长而病重者应积极配合药物治疗。

（2）糖尿病患者的皮肤极易感染，针刺过程中应注意严格消毒。

（3）严格控制饮食，限制糖类的摄入，饮食增加蔬菜、蛋白质和脂肪类食物。

 第十一节　脑动脉硬化症 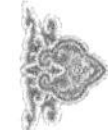

脑动脉硬化症是脑血管的慢性变性与增生性改变，是产生脑血管闭塞或破裂的重要因素之一。但如病变广泛，并未造成巨大的梗死与出血，而是普遍的脑血流减少，广泛的影响脑功能，即为脑动脉硬化症。与脂质代谢障碍、年龄、内分泌、高血压、饮食习惯、生活环境、遗传因素等有关系。中医认为，本病多因气血不足，脑失所养，或肝肾阴虚，肝阳上亢，或痰湿内阻，清阳不升引起。属中医学“眩晕”范畴。

【治法】　益气养血，滋补肝肾，健脾化痰。

【主穴】　风池、百会、丰隆、完骨、天柱、供血（风池穴下 1.5 寸）

【配穴】　记忆力减退者配本神、曲差；定向力差者配通天、正营。情感淡漠者配印堂、阳白。

【方法】　均针刺双侧，日 1 次，留针 30 分钟，中间行针 2 ~ 3 次，每次 1 ~ 2 分钟，10 次为 1 个疗程。

【其他疗法】

1. 头针

取颞后线、顶颞后斜线。毫针刺法，每日 1 次，留针 30 分钟，中间行针 3 次，每次 1 ~ 2 分钟，10 次为 1 疗程。

2. 电项针

取风池、供血、将导线正极连接风池穴的针柄，负极连接供血穴的针柄，同侧连接，选疏波，以头部轻度抖动为宜，每次 30 分钟，6 次后休息 1 天。

3. 耳针

取脑干、皮质下、额、肾、肝、脾。毫针刺法，留针 30 分钟，每日 1 次，10 次为 1 个疗程。或用王不留行压丸法，隔日 1 次。

【按语】

（1）针刺可以改善脑部血液循环，降低血黏度，调整脑部神经介质代谢。配合中药治疗效果更佳。

（2）项部腧穴是治疗脑动脉硬化的基本方，尤其是电项针可以明显改善脑部血液循环。

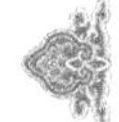 第十二节　脑　卒　中 

脑卒中是以急性起病、神经功能缺损至少持续 24 小时为特征的综合征，系因脑循环障碍导致中枢神经系统局部受累。临床上分为缺血性和出血性两大类。中医认为，风、火、痰、瘀是其主要病因，脑府为其病位，病变涉及心、肝、脾、肾等脏。本病的形成，主要在阴阳失调的情况下，风、火、痰、瘀上扰清窍，导致“窍闭神匿，神不导气”则发为中脏腑；若流窜经络，导致经络气血闭阻则发为中经络。属中医学“中风”范畴。

（一）中脏腑

【治法】 醒神开窍，启闭固脱。

【主穴】 水沟、内关。

【配穴】 闭证配十二井穴、太冲、丰隆；脱证配关元、神阙；牙关紧闭配颊车、下关；两手握固配合谷；小便失禁配三阴交；汗出不止配阴郄。

【方法】 闭证用强刺激，可配合点刺出血，每日 1 次，留针 30 分钟；脱证用大艾炷灸之，神阙穴隔盐灸或温灸器灸，直至四肢转温为止。

（二）中经络

【治法】 益气养阴，活血通络。

【主穴】 上肢：肩髃、臂臑、曲池、手三里、外关、合谷。

下肢：环跳、梁丘、血海、委中、阳陵泉、足三里、三阴交、解溪、昆仑、太冲。

【配穴】 痉挛严重者上肢配灸内旋（手三里外 0.5 寸，尺骨内缘）、天井、八邪、十宣，下肢配内庭、太溪、纠内翻（外踝后缘上 3 寸）；手指拘挛者配上八邪（八邪上 1.5 寸）；不能握拳者配十宣、后溪；足下垂、拖步者配下巨虚、足三里；大腿抬举无力者配髀关、阳陵泉；小腿后曲不能，胫部发紧者配承山；口角斜者配地仓、颊车、下关、承浆等穴。

【方法】 毫针刺法强刺激，常配合电针，每日 1 次，留针 30 分钟，10 次为 1 个疗程。

【其他疗法】

1. 头针

偏瘫者根据病变部位选对侧顶颞前斜线、顶旁 1 线、顶旁 2 线；失语者配颞前线，感觉障碍者配对侧顶颞后斜线相应部位。快速捻针，每日 1 次，留针 30 分钟，中间行针 3 次，每次 1 ～ 2 分钟，10 次为 1 个疗程，同时配合肢体运动。

2. 项针

取风池、供血、翳明。毫针刺法，每日 1 次，每次 30 分钟，10 次为 1 个疗程。本法可以改善脑供血，是治疗脑部疾病的基础疗法，与头针相结合，有标本兼治的功效，适用于脑卒中的各个阶段。

3. 穴位注射

取肩髃、曲池、环跳、阳陵泉。以当归注射液 2 ～ 4ml 穴注，每穴 1 ～ 2ml，或以 2% 利多卡因 1 ～ 2ml 穴注，每穴 0.5 ～ 1ml，每次 2 穴，每日 1 次。适用于肢体疼痛或感觉异常者。

【按语】

（1）针灸治疗本病疗效显著，尤其对偏瘫肢体功能与吞咽功能恢复有促进作用，针灸治疗越早越好，但应注意在不同阶段选取不同穴位和治疗方法。脑卒中所致的偏瘫可分为六个阶段，即迟缓、痉挛、连带运动、部分分离运动、分离运动和正常。迟缓阶段主要表现为：患者肢体失去控制能力，随意运动消失，肌张力低下，腱反射减弱或消失，为脑休克期（轻型患者可以没有此期），采用针刺配合电针疗法，有利于解除脑休克期。痉挛阶段主要表现为：腱反射亢进，患肢肌张力增高，上肢呈屈肌痉挛并内旋，手指握屈，下肢呈伸肌痉挛并足内翻，此时，上肢针刺应以伸肌组的穴位为主，下肢以屈肌组的穴位为主，增强拮抗肌的肌力、肌张力，使作用肌与拮抗肌的力量恢复平衡，而有利于肢体的主动活动。因毫针的刺激量小，采用电针增强拮抗肌的肌力、肌张力较明显。连带运动、部分分离运动、分离运动阶段均为脑功能恢复期（轻型患者一发病即为此期），此时，腱反射活跃，瘫痪肌的肌力逐渐恢复，采用毫针或电针疗法，针对某一块肌肉，促进其肌力、肌张力同时恢复，有利于肢体功能的恢复。

（2）每日进行毫针、电针治疗以后，再进行头针、项针治疗，治疗的同时配合肢体功能锻炼，有利于病症好转。

（3）过去那种无论什么阶段都用相同的穴位，甚至在痉挛阶段刺激屈肌组穴位的治疗方法，不符合中枢性瘫痪的病理生理变化过程，应予纠正。

（4）脑卒中急性期应采取综合治疗。

第十三节　假性球麻痹

假性球麻痹是由双侧上运动神经元（运动区皮质及发出的脑干束）病损所造成的。主要症状为吞咽障碍及构音困难。常见于脑血管疾病。属于中医学的“喉痹”、“瘖痱”范畴。

【治法】　疏经通络，通关利窍（采用项针）。

【主穴】　风府、风池、翳明、治呛（在舌骨体和甲状软骨上切迹之间）、供血（风池穴下1.5寸）、提咽（乳突前下缘，下颌骨后缘）、吞咽（舌骨与喉结之间，正中线旁开0.5寸凹陷中）、廉泉。

【配穴】　舌体运动不灵者配外金津玉液（廉泉旁开0.5寸）、舌中（舌体上面正中处）；口唇麻痹者配地仓、夹承浆；强哭强笑者配头临泣、五处。

【方法】　均针刺双侧，每日1～2次，留针30分钟，中间行针2次，每次1～2分钟，10次为1个疗程。其中廉泉、外金津玉液、吞咽、治呛、舌中穴行针得气后，即刻出针。

【其他疗法】

耳针：取皮质下、交感、咽喉、口。毫针刺双侧，中等度刺激，每日1次，留针30分钟。

【按语】

（1）项针治疗假性球麻痹有特效。但有意识障碍者，须先安插胃管，鼻饲流质，静脉输液，补充营养，维持水、电解质平衡，待意识清醒后三天即可进行项针治疗。如因病重半卧位有困难或危及病情者，可先只针刺廉泉、外金津玉液、吞咽、治呛、舌中穴。

（2）针刺治疗达到可以少量进食时，停针3天后，进食会明显好转，因为针刺局部造成的局部肿胀减轻后，吞咽会更顺利。

（3）喉部组织疏松，针刺不可过深，以免引起局部血肿或水肿。

第十四节　面神经炎

面神经炎是指面神经的急性非化脓性炎症。又称贝尔（Bell）麻痹。本病原因不明，可

能是由于病毒感染后的一种变态反应性损害，或因寒冷刺激导致面神经血管收缩、缺血，而后毛细血管扩张、组织水肿压迫面神经所致。中医认为，本病多由正气不足，脉络空虚，风邪乘虚入中经络，导致气血痹阻，经脉失养而发病。属中医学“面瘫”范畴。

【治法】 疏风散寒，通经活络。

【主穴】 太阳、阳白、地仓、颊车、牵正、攒竹、合谷、阳陵泉。

【配穴】 眼睑闭合不全者配睛明；人中沟歪斜者配水沟；鼻唇沟平坦者配迎香；耳后疼痛者配翳风。

【方法】 毫针刺法，面部腧穴以浅刺透穴为主，可配合温针，每日 1 次，留针 30 分钟。早期不宜用电针。

【其他疗法】

1. 灸法

取穴以面部腧穴为主，参见主穴。采用隔姜灸，每穴 3 ～ 5 壮，或悬灸 15 ～ 20 分钟，每日 1 次。

2. 穴位注射

取牵正、下关、翳风、太阳、颊车等。以维生素 B_1 50mg 加维生素 B_{12} 0.25mg 穴注，每次 1 ～ 2 穴，隔日 1 次。

3. 拔罐法

取太阳、阳白、颧髎等穴。采用闪罐法或留罐法，每日 1 次，留罐 10 分钟左右。

4. 穴位贴敷法

取穴以面部腧穴为主，参见主穴。将马钱子挫成粉末 1 ～ 2 分，撒于胶布上，然后贴于穴位处，3 ～ 5 日换药 1 次；或用蓖麻仁捣烂加少许麝香，取绿豆粒大一团，贴于穴位处，3 ～ 5 日换药 1 次。

【按语】

（1）针灸治疗本病疗效显著，临床多采用综合治疗。

（2）治疗期间避免风吹受寒，面部可做按摩和热敷。

（3）防止眼部感染，必要时可用眼罩和眼药水点眼，每日 2 ～ 3 次。

第十五节　面肌痉挛

面肌痉挛是指反复发作的一侧面部不自主阵挛性抽搐。病因不明，可能为面神经的异位兴奋或伪突触传导引起。发病多在中年以后，女性较多。病初多从眼轮匝肌间歇性轻微颤搐开始，逐渐缓慢地扩散至一侧的其他面肌，口角部肌肉最易受累，严重者可累及同侧颈阔肌。中医认为，本病多由肝风内动、痰湿阻络或气血亏虚引起。属中医学“眼睑瞤动”、“颜面抽搐”范畴。

【治法】 疏肝健脾通络，调补气血。

【主穴】 四白、牵正、翳风、下关。

【配穴】 眼睑抽搐者配太阳、鱼腰；面颊抽搐者配颧髎、迎香；口角抽搐者配地仓、颊车。

【方法】 毫针刺法，平补平泻，面部腧穴以多针浅刺为主，或在痉挛起动点处密集排针法，针距 0.5 ~ 1cm，每日 1 次，留针 30 分钟，10 次为 1 个疗程。

【其他疗法】

1. 电针

取牵正、翳风、阿是穴（抽动点）。用连续波，每次 30 分钟，每日 1 次，10 次为 1 个疗程。

2. 穴位注射

取穴参照主穴。用维生素 B_1 50mg 加维生素 B_{12} 0.25mg，或地西泮（安定）5mg，每穴 0.5 ~ 1ml，每次 3 ~ 4 穴，每日或隔日 1 次，10 次为 1 个疗程。

3. 磁疗法

取穴同主穴。用 100 ~ 200mT 磁片贴敷穴位上，每 2 ~ 3 天换胶布 1 次，10 次为 1 个疗程。

【按语】

（1）面肌痉挛是一种难治病症，针灸治疗可以缓解症状，轻症亦可治愈。

（2）治疗期间避免风吹受寒，面部可做按摩和热敷。

（3）防止眼部感染，必要时可用眼罩和眼药水点眼，每日 2 ~ 3 次。

 第十六节　膈肌痉挛 

膈肌痉挛是一侧或两侧阵发性痉挛所致。吸气时声门突然关闭，发出短促的“呃”声。中医认为，本病多因饮食不节、情志不畅、正气亏虚，胃气上逆所致。属中医学“呃逆”、“哕”范畴。久病呃逆不止多为重危征兆。

【治法】　和胃降逆，行气解郁。

【主穴】　中脘、内关、足三里、膈俞。

【配穴】　酌情配膻中、期门等。

【方法】　毫针刺法，以强刺激为主，每日 1 ~ 2 次，留针 20 ~ 30 分钟，10 次为 1 个疗程。

【其他疗法】

1. 耳针

取耳中、胃、脾、交感、神门、皮质下。毫针刺法，呃逆不止者亦可加电针，密波或疏密波，留针 15 ~ 30 分钟，待症状缓解改用耳穴压丸法或埋针，3 ~ 7 次为 1 个疗程。

2. 穴位注射

取足三里、内关、中脘。常用注射液有：当归注射液 2ml、胎盘组织液 2ml、维生素 B_1 50mg、维生素 B_6 50mg、维生素 B_{12} 0.25mg、2% 利多卡因 1 ~ 2ml 与维生素 B_1 50mg 或维生素 B_{12} 0.25mg 的混合液，每穴 1 ~ 2ml，每日或隔日 1 次，5 次为 1 个疗程。

3. 手针

取食指掌指关节近尺侧 0.5cm 处，用 0.5 ~ 1 寸毫针斜向大鱼际方向刺入。每日 1 次，留针 30 ~ 60 分钟，每隔 15 分钟捻针 1 次，10 次为 1 个疗程。

4. 指压法

取攒竹、人迎。双手拇指持续按压双侧攒竹 1 ~ 2 分钟；或患者取仰卧位，术者双手食指按压双侧人迎 1 ~ 2 分钟，用力不宜过重，以患者感局部酸痛、酸胀为度。若 1 次效果不明显，可连做数次。

【按语】

（1）呃逆是多种原因引起的临床症状，有报道针灸治疗一般优于药物治疗。针灸对于病程短的实证疗效较好，轻症用指压双侧攒竹或用棉签压迫上额部即止；对顽固性呃逆应坚持数次才能获效。一般治愈后可再继续 1 ～ 2 次以巩固疗效。

（2）治疗中应禁食生冷、辛辣和酒等刺激性食物。

第十七节　三叉神经痛

三叉神经痛是指三叉神经分布区反复发作的阵发性、短暂性剧烈疼痛。中老年人多见，女性多于男性，有原发性和继发性之分。中医认为，本病多由风邪侵袭阳明，气血运行不畅所致。属中医学“面痛”范畴。

【治法】　祛风通络，活血止痛。

【主穴】　攒竹、四白、下关、地仓、合谷、内庭、风池。

【配穴】　眼支为主者，加丝竹空、阳白、鱼腰；上颌支为主者，加颧髎、迎香；下颌支为主者，加承浆、颊车、翳风。

【方法】局部穴位宜轻刺，远端穴位可行强刺激手法，每日 1 次，留针 30 分钟，疼痛剧烈，发作频繁时可每日 2 次，10 次 1 个疗程。

【其他疗法】

1. 耳针

取面颊、颌、额、神门。毫针刺法或王不留行压丸法。

2. 刺络拔罐法

取颊车、地仓、颧髎，用三棱针点刺，行闪罐法，隔日 1 次。

【按语】

（1）本病属顽固难治之症，针灸尚属目前各种疗法中较有效的方法之一。临床报道针灸各类方法尚有较好的止痛效果，可根据症情，选用一种疗法，或采用综合治疗。

（2）对继发性三叉神经痛一定要查明原因，针对原发病采取治疗措施。

第十八节　神经衰弱

神经衰弱是临床上常见的一种慢性功能性疾病，是指脑功能活动长期过度紧张，从而导致精神活动能力减弱。表现为兴奋、抑制失调，脑力减退，易疲劳，睡眠障碍，并伴有各种不适症状。中医认为，本病多由情志所伤。阳盛阴衰，阴阳失交为其主要病机。属中医学“不寐”范畴。

【治法】　疏肝解郁，宁心安神。

【主穴】　神门、三阴交、四神聪。

【配穴】　心脾两虚者配心俞、脾俞、足三里；阴虚火旺者配心俞、肾俞、太溪；肝火旺者配行间、太冲。

【方法】 毫针刺法，每日1次，留针30分钟。虚证用补法加灸，实证用泻法。

【其他疗法】

1. 耳针

取面神门、皮质下、交感、心、肝、脾、肾、枕、内分泌。毫针刺法或王不留行压丸法。隔日1次。

2. 穴位注射

取心俞、肝俞、肾俞、厥阴俞、三阴交。以维生素B_1 50mg配合维生素B_{12} 0.25 ~ 0.5mg穴注，严重者以地西泮（安定）5mg穴注，每次选取1 ~ 2穴，每日或隔日1次，10次为1个疗程。

3. 灸法

取神门、内关、三阴交、足三里、四神聪、百会、涌泉。每穴10 ~ 15分钟，每晚睡前灸1次，10 ~ 20次为1个疗程。

4. 皮肤针

取脊柱两旁（0.5 ~ 1.5寸）、骶部及头颞区。用皮肤针轻叩，使局部皮肤潮红即可，每日或隔日1次。

【按语】

（1）针灸治疗本病效果较好，但首先要分析患者造成失眠的原因，辅以适当的心理治疗，减轻其心理负担，树立战胜失眠的信心。

（2）针灸治疗时间以下午为宜。

第十九节 痴　呆

痴呆是由于脑功能障碍而产生的获得性和持续智能障碍综合征。主要表现为记忆减退，脑力劳动能力和效率下降，思维和情感过程障碍，性格改变。临床上分为老年性痴呆和血管性痴呆两大类。中医认为，本病多由禀赋不足、痰浊阻窍、肝肾亏虚等引起。属中医学“呆证”、“善忘”范畴。

【治法】 醒脑调神，活血通络。

【主穴】 四神聪、百会、神庭、上星、风府、风池、供血、太溪、神门。

【配穴】 肝肾不足者配肝俞、肾俞；气虚血瘀者配气海、血海、三阴交；痰湿上扰者配阴陵泉、丰隆、足三里、中脘。

【方法】 毫针刺法，头部穴位多采用透刺法，如四神聪透百会，神庭透上星，每日1次，留针30分钟，10次为1个疗程。

【其他疗法】

1. 耳针

取皮质下、神门、心、肝、肾、额、颞、枕。毫针刺法或王不留行压丸法，每日或隔日1次。

2. 头针

取顶中线、顶颞前斜线、顶颞后斜线。快速捻针或用电针，留针30分钟，每日1次，10次为1个疗程。

3. 穴位注射

取风池、足三里、肾俞。用胞二磷胆碱 0.25 ~ 5mg，或丹参注射液 2 ~ 4ml 穴注，每次取 2 穴，隔日 1 次，10 次为 1 个疗程。

【按语】

（1）对本病的治疗，首先是改善脑供血，激活脑细胞的代谢，间接抑制痴呆的发展；其次是维持残存的脑功能和生活机制；三是减轻因痴呆而产生的种种症状。针灸具有这三方面的作用。

（2）据报道，针刺对增强注意力和记忆力有一定作用。特别是短时间内可恢复脑疲劳，兴奋脑功能。

第二十节　血管神经性头痛

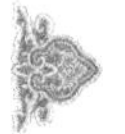

血管神经性头痛是头颅部血管神经调节障碍所引起的一种反复发作性的头痛。中医认为，本病多由内伤七情，肝气郁滞，或痰浊、瘀血阻络所致。属中医学“头痛”、“头风”范畴。

【治法】　疏肝解郁，行气通络止痛。

【主穴】　太阳、风池、合谷、太冲。

【配穴】　阳明头痛（前额痛为主）配头维、印堂、阳白、内庭；少阳头痛（侧头痛为主）配率谷、外关、足临泣；太阳头痛（枕后痛为主）配天柱、完骨、后溪、昆仑；厥阴头痛（巅顶痛为主）配百会、四神聪、内关；紧张性头痛配颈夹脊。

【方法】　毫针刺法，每日 1 次，留针 30 分钟，其间行针 2 次，每次 1 分钟，10 次为 1 个疗程。

【其他疗法】

1. 耳针

取皮质下、神门、额、颞、枕。毫针刺法，每日 1 次，留针 30 分钟，或用王不留行压丸法，隔日 1 次。疼痛剧烈者可在耳背静脉点刺出血。

2. 穴位注射

取风池、太阳、阿是穴。用丹参注射液 2 ~ 4ml 或 2% 利多卡因 2ml 穴注，每次取 2 穴，隔日 1 次，10 次为 1 个疗程。

3. 三棱针

取双侧太阳。以三棱针点刺，每穴出血 2 ~ 5ml，可配合拔罐，每周 1 ~ 2 次。适用于头痛剧烈者。

【按语】

（1）针灸治疗血管神经性头痛效果较好，中药治疗则有治本之功，故临床上针药结合更有立竿见影之效。

（2）如果多次治疗无效或逐渐加重者，应进一步明确诊断，尤其要排除颅内占位性病变。

第二十一节　痛　　经

妇女在月经前后或行经期出现周期性下腹疼痛、坠胀，伴腰骶部酸痛不适，程度较重以致影响日常工作或生活者，称为痛经。以青年妇女较为多见。中医认为，本病的发生不外虚实两方面。实者多由肝气郁结或经期受寒饮冷，导致胞中气血运行不畅，经行受阻，不通则痛；虚者多由胞宫失于濡养，不荣则痛。

【治法】　实证：疏肝理气，散寒止痛；虚证：调补气血，温养冲任。

【主穴】　实证：中极、地机、次髎、三阴交；虚证：关元、气海、足三里、三阴交。

【配穴】　气血亏虚者配脾俞、胃俞；肝郁气滞者配太冲；寒甚者配归来。

【方法】　毫针刺法，寒甚者或虚证配合温灸。每日 1 次，留针 20 ～ 30 分钟，10 次为 1 个疗程。最好在经前期 5 ～ 7 天开始治疗。

【其他疗法】

1. 耳针

取内生殖器、内分泌、神门、交感、皮质下、腹。毫针中强刺激，每日 1 次，留针 30 分钟，或用王不留行压丸法，隔日 1 次。

2. 穴位注射

取中极、次髎、三阴交、地机。用 5% 当归注射液 2ml 穴注，每次取 2 穴，每穴 1ml，每日 1 次，3 ～ 5 次为 1 个疗程。

3. 拔罐

取关元、中极、足三里、三阴交。每日 1 次，3 ～ 5 次为 1 个疗程。

4. 磁疗法

取关元、中极、曲骨、三阴交、次髎。用 100 ～ 150Gs 磁片贴于穴位，3 ～ 5 天换 1 次，20 天为 1 个疗程，连用 3 ～ 5 疗程。

【按语】

（1）痛经是妇科常见病之一，针灸治疗有止痛调经作用，可减低子宫收缩幅度、解除子宫痉挛、调整孕激素水平作用。常于月经周期前 5 ～ 7 天开始作预防治疗，月经期止痛效果甚佳。一般系统治疗 3 ～ 4 个疗程多数病人可解除症状。

（2）注意经期卫生，经期避免重体力劳动、剧烈运动和精神刺激，防止受凉和过食生冷。

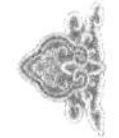

第二十二节　功能性子宫出血

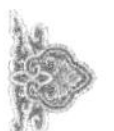

功能性子宫出血是指由于神经、内分泌功能失调而引起的子宫出血，临床常分为无排卵型子宫出血和排卵型子宫出血两种，前者多见于青春期和更年期；后者多见育龄期。表现为周期紊乱，经期延长，出血量多，妇科检查无器质性病变。中医认为，本病多由冲、任失调不能固摄所致。属中医学“崩漏”范畴。

【治法】　调节冲任，固经止血。

【主穴】　关元、隐白、三阴交。

【配穴】 气虚者配气海、足三里；血热者配阴陵泉、太溪、血海；血瘀者配血海、地机；阴虚盗汗者配太溪、阴郄。

【方法】 毫针刺法，虚补实泻，每日 1 次，留针 20 ~ 30 分钟，10 次为 1 个疗程。

【其他疗法】

1. 耳针

取内生殖器、内分泌、交感、皮质下、脾、肝、肾。毫针中强刺激，每日 1 次，留针 30 ~ 60 分钟，5 次为 1 个疗程。出血缓解期可用王不留行压丸法，2 ~ 3 天换 1 次。

2. 穴位注射

取关元、中极、三阴交、地机。用 5% 当归注射液 2ml，或维生素 B_{12} 0.25 ~ 0.5mg 穴注，每次取 2 穴，每穴 0.5 ~ 1ml，每日 1 次，10 次为 1 个疗程。

3. 灸法

取隐白、三阴交、大敦、脾俞。用艾条温和灸，每穴 10 ~ 20 分钟，每日或隔日 1 次，5 ~ 7 次为 1 个疗程。

【按语】

（1）针灸可调整机体激素和睾酮的释放，因此是一种有效的治疗方法，但应坚持数疗程，治疗以在经前期开始为好。

（2）出血量大者应采取综合治疗，并作进一步检查以明确诊断。

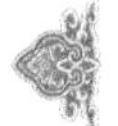

第二十三节 胎位不正

胎位不正是指妊娠 30 周后发生的非枕前位的异常胎位，是造成难产的原因之一。多无自觉症状，于产前检查时发现。中医认为多由气血亏虚或胎气失和而发病。

【治法】 补气调气，调整胎位。

【主穴】 至阴。

【方法】 艾条灸双侧至阴，每日 1 ~ 2 次，每次灸 20 ~ 30 分钟。灸时嘱孕妇放松裤带仰卧于床上或坐在靠背椅上，尽量让腹部放松。

【其他疗法】

1. 耳针

取内生殖器、交感、皮质下、腹、肝、脾、肾。用王不留行压丸法，每 2 ~ 3 天换 1 次，左右耳交替贴压。嘱孕妇早、中、晚各揉压 10 ~ 15 分钟。

2. 穴位贴敷法

取双侧至阴。将生姜洗净捣烂成姜泥，贴敷在至阴穴上，用胶布固定，每次贴敷 3 ~ 5 小时，每日 1 次，5 ~ 7 次为 1 个疗程。

【按语】

（1）至阴穴矫正胎位成功率高，且简便、安全。

（2）灸法应注意治疗时机，妊娠 30 ~ 32 周是纠胎最佳时机。

（3）因子宫畸形、骨盆狭窄或胎儿本身因素等引起的胎位不正，不属于针灸治疗范围，应由产科处理。

第二十四节　不　孕　症

不孕症是指育龄妇女，配偶生殖功能正常，婚后有正常性生活，同居两年以上未避孕而不受孕者；或曾生育或流产后，无避孕而又两年以上未再受孕者。前者称原发性不孕，中医称“全不产”、“无子”；后者为继发性不孕，中医称“断绪”。中医认为，本病多因先天肾气不足、气血虚弱，冲任虚衰，胞脉失养；或情志不畅、气滞血瘀，痰湿内生，痰瘀互结，闭塞胞宫。

【治法】　补肾健脾益气，化湿除痰祛瘀。

【主穴】　中极、三阴交、地机、太溪、足三里、子宫。

【配穴】　虚证者配气海、肾俞、关元、照海；痰瘀互结者配丰隆、阴陵泉、血海、膈俞。肝郁气滞者配太冲、曲泉。

【方法】　毫针刺法，平补平泻，每日 1 次，留针 30 分钟。多在月经周期第 2 周即开始针刺，连续针 3 ~ 5 天，可治疗数周期。

【其他疗法】

1. 耳针

取内生殖器、内分泌、皮质下、肾、脾、肝。毫针刺法在月经周期第 12 天开始，连续 3 天，中等刺激。亦可用王不留行压丸法，每 2 ~ 3 天换 1 次，左右耳交替。

2. 穴位注射

取子宫、次髎、关元、肾俞、三阴交、足三里。用 5% 的当归注射液 2 ~ 4ml 或胎盘组织液 2ml，每次取 2 ~ 3 穴，每穴注入 1 ~ 2ml，每日 1 次，7 次为 1 个疗程。月经周期第 12 天即开始治疗。

3. 穴位埋线

取三阴交、关元、子宫。每次取 1 ~ 2 穴，每月 1 次。

4. 灸法

取关元、中极、子宫、三阴交。每穴灸 5 ~ 10 壮，每日 1 次，10 次为 1 个疗程。亦可用隔附子饼灸。

【按语】

（1）男女双方都可导致此病，故针灸治疗前必须明确诊断。

（2）针灸主要对神经内分泌功能失调性不孕有良好效果。重视排卵期的治疗，即月经周期第 12 天开始治疗，连续治疗 3 ~ 5 天，以促进排卵。

（3）注意调节情志及经期卫生，掌握排卵日期，利于受精。

第二十五节　子宫脱垂

子宫脱垂是指子宫位置沿阴道下降，宫颈达坐骨棘水平以下，甚至子宫全部脱出阴道口外，或阴道壁膨出。中医认为，本病多因难产、产程过长，产时用力过大，胞络损伤；或产后过早劳动，或老年肾虚，冲任不固等所致。属中医学“阴挺”范畴。

【治法】 补脾益肾，固摄胞宫。

【主穴】 关元、气海、维道、子宫、百会。

【配穴】 肾虚者配肾俞、命门、照海；脾虚者配足三里、脾俞。

【方法】 毫针刺用补法加灸，每日 1 次，留针 30 分钟，10 次为 1 个疗程。

【其他疗法】

1. 灸法

取关元、百会、气海三阴交、足三里。腹部穴位用温灸器灸，四肢穴位用艾条悬灸。每日 1 次，每穴 20 分钟，10 次为 1 个疗程。

2. 耳针

取内生殖器、皮质下、内分泌、交感、肾、脾。毫针中等刺激，每日 1 次，留针 20 ~ 30 分钟。

3. 穴位注射

取关元、气海、子宫、三阴交、提托。用 5% 当归注射液 2 ~ 4ml，或黄芪注射液 2 ~ 4ml 穴注，每次取 2 ~ 3 穴，每穴注入 0.5 ~ 1ml，隔日 1 次，10 次为 1 个疗程。

4. 埋线法

取关元透中极，提托透子宫，带脉透维道，胃俞透脾俞。用 0 号羊肠线 2cm 植入穴位内，每次 1 ~ 2 穴，每月 1 次，3 次为 1 个疗程。

【按语】

（1）针灸治疗不同程度的子宫脱垂均有效。

（2）治疗期间应避免负重、下蹲过久，禁房事。嘱患者作提肛肌锻炼。

（3）体质虚弱或有继发感染者可配合药物治疗。

第二十六节 围绝经期综合征

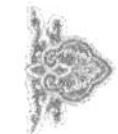

本病是因绝经期妇女卵巢功能衰退或完全丧失的过渡期，出现因激素减少引起的植物神经功能紊乱为主的症状。表现为月经紊乱，生殖器官萎缩，性欲减退，伴头晕、心慌、多汗、潮热、烦躁及情志异常等症状。中医认为，本病多由于妇女在绝经前后肾气渐衰，冲任亏虚，精血不足，脏腑失养所致。属中医学"绝经前后诸症"范畴。

【治法】 滋补肝肾，调理冲任。

【主穴】 关元、气海、肾俞、肝俞、三阴交。

【配穴】 肝肾阴虚者配太溪、照海、太冲；脾肾阳虚者配脾俞、足三里；心神不宁者配神门、心俞；痰气郁结者配中脘、阴陵泉、丰隆。

【方法】 毫针刺用补法或平补平泻法。每日 1 次，留针 30 分钟，10 次为 1 个疗程。

【其他疗法】

耳针：取内生殖器、内分泌、肝、心、脾、肾、皮质下、交感、神门。毫针轻刺激，每日 1 次或隔日 1 次，留针 20 分钟，10 次为 1 个疗程。或用王不留行压丸法。

【按语】

（1）针灸治疗本病有较好疗效。

（2）治疗期间应加强精神疏导与情绪调节，保持乐观心态，适当加强体育锻炼，增强体质。

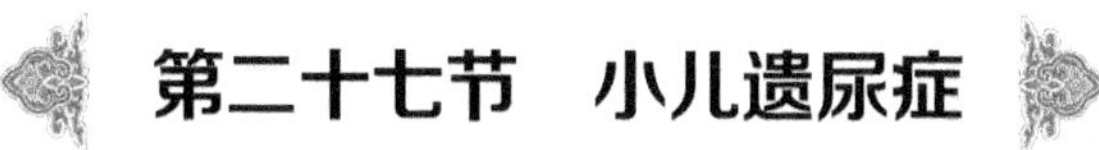

第二十七节　小儿遗尿症

年满 5 周岁以上，具有正常排尿功能的儿童，在睡眠中小便不能自行控制而排尿者，称为“小儿遗尿症”。中医认为，本病多由肾气不足，下元虚冷不能固摄致膀胱约束无权，其次肺脾气虚不能制下，亦可使水液下输失常而致遗尿。中医学也称“遗溺”。

【治法】　补脾益肾，固摄下元。

【主穴】　关元、中极、膀胱俞、三阴交。

【配穴】　肾阳虚者配肾俞、命门；肺脾气虚者配脾俞、肺俞、气海。

【方法】　毫针刺用补法，以针感向会阴部放射为好，配合灸法效果更佳。每日 1 次，留针 30 分钟，10 ～ 15 次为 1 个疗程。

【其他疗法】

1. 灸法

取穴同主穴。用艾条温和灸，或关元、中极用温灸器灸，余穴用温和灸。每日 1 次，每穴灸 10 ～ 15 分钟，10 次为 1 个疗程。

2. 耳针

取肾、膀胱、皮质下、交感、尿道。毫针轻刺激，每日 1 次或隔日 1 次，留针 20 分钟，10 次为 1 个疗程。或用王不留行压丸法，于睡前按压以加强刺激。

3. 穴位注射

取次髎、三阴交、膀胱俞、肾俞。用维生素 B_1 50mg 配合维生素 B_{12} 0.25mg 穴注，每次选取 1 ～ 2 穴，隔日 1 次，10 次为 1 个疗程。

4. 皮肤针

取关元、中极、气海、曲骨、肾俞、膀胱俞、三阴交、八髎、夹脊（11 ～ 21 椎）。每日于睡前用皮肤针轻叩，使皮肤微微潮红，每次 20 分钟。

5. 头针

取额旁 3 线、顶中线。快速捻针，每日 1 次，留针 20 钟，中间行针 2 次，每次 1 ～ 2 分钟，10 次为 1 个疗程。

【按语】

（1）针灸治疗本病疗效较好，但对器质性病变引起者，应治疗原发病。

（2）治疗期间需家长密切配合，晚饭后注意少饮汤水，临睡前排空小便，并定时叫醒患儿小便，培养自行排尿的良好习惯。

第二十八节　小儿脑性瘫痪

小儿脑性瘫痪是指由于不同原因引起的非进行性中枢性运动功能障碍，可伴有智力低下、惊厥、听觉与视觉障碍及学习困难等。根据运动障碍不同，可分为痉挛型、运动障碍型、共

济失调型及混合型。中医认为，本病多由先天不足、肾阳虚衰、脑髓失养或感受外邪，伤及脏腑气血和经络所致。属中医学“五迟”、“五软”、“胎弱”等范畴。

【治法】 益肾健脑，益智调神，疏经通络。

【主穴】 百会、四神聪、肾俞、绝骨、筋缩、足三里、夹脊穴。

【配穴】 肝肾不足者配肝俞、太溪；心脾两虚者配心俞、脾俞；痰瘀阻络者配丰隆、血海；言语障碍者配通里、廉泉；颈软者配天柱；上肢瘫者配肩髃、曲池、手三里、外关、合谷等；下肢瘫者配环跳、委中、阳陵泉、三阴交等。

【方法】 毫针刺用补法或平补平泻。主穴可分为两组，即夹脊穴为一组，其余穴为一组，隔日交替使用，每日 1 次，留针 30 分钟，或用速刺法，不留针。10 ~ 15 次为 1 个疗程。

【其他疗法】

1. 头针

取顶中线、额中线、顶颞前斜线、顶旁 1 线、顶旁 2 线、颞后线、枕下旁线。快速捻针，隔日 1 次，留针 2 ~ 4 小时，中间行针 2 ~ 3 次，每次 2 ~ 3 分钟，10 次为 1 个疗程。留针时患儿可自由活动。

2. 耳针

取枕、皮质下、心、肾、肝、脾、神门。毫针刺，每日 1 次或隔日 1 次，留针 20 分钟，10 次为 1 个疗程。或用王不留行压丸法，每隔 2 ~ 3 日换 1 次。

3. 穴位注射

取足三里、大椎、曲池、肾俞、阳陵泉、合谷。用维生素 B_1 50mg 配合维生素 B_{12} 0.25mg 穴注，或 5% 当归注射液 2 ~ 4ml，每次选取 1 ~ 2 穴，隔日 1 次，10 次为 1 个疗程。

【按语】

（1）本病属脑组织损伤，无特效药物治疗。采用中西医结合针灸治疗有提高智能，改善运动功能，防止肌肉萎缩，对痉挛型瘫痪亦有一定的松弛肌张力的作用。

（2）针灸治疗本病以早期、轻型疗效较好，重型明显智力低下者较难恢复。对手足徐动及共济失调等可使运动功能明显好转。

（3）针灸治疗的同时还应加强康复治疗。

第二十九节　带状疱疹

带状疱疹是由病毒引起的一种急性、炎症性、神经性皮肤病。以成簇疱疹沿周围神经呈带状分布，常为单侧性，伴有剧烈疼痛为主要特征。以胸、腹及面部常见。中医认为，本病多由情志内伤，郁久化火，熏于肌肤，或外受湿热邪毒蕴积肌肤所致。属中医学“蛇串疮”范畴。

【治法】 清肝祛毒，健脾利湿。

【主穴】 局部阿是穴。

【配穴】 肝胆火旺者配行间、外关、曲池；脾经湿热者配中脘、阴陵泉、内庭。

【方法】 毫针刺用平补平泻。每日 1 次，留针 30 分钟，10 ~ 15 次为 1 个疗程。

【其他疗法】

1. 耳针

取肝、脾、神门、肺、皮质下、肾上腺、相应区域。毫针重刺激，每日1次，留针30分钟，5 ~ 10次为1个疗程。

2. 刺络拔罐

取局部皮损处、曲泽、委中、大椎。在疱疹的起始部位及分布区用三棱针点刺数处使出血，再加拔火罐。其他穴可酌情选1 ~ 2穴，用三棱针刺穴位处活血通脉，待暗色血流尽，再加拔火罐。

3. 灸法

取疱疹局部。在疱疹密集处选头尾两点，各放一个麦粒大艾炷，点燃后，待皮肤有灼痛时即压灭未燃完的艾炷，每处灸3壮。也可在皮损区用2支清艾条同时做温和灸和回旋灸，每次15 ~ 20分钟，每日1 ~ 2次。

4. 皮肤针

取局部皮损处、相应夹脊穴。用皮肤针叩刺疱疹及周围皮肤，以刺破疱疹，使疱内液体流出，周围皮肤充血、微出血为度。也可在皮肤针叩刺后加拔火罐。

5. 穴位注射

取相应夹脊穴、曲池、阳陵泉。用板蓝根注射液2ml，或泼尼松龙25mg，或维生素B_1 100mg穴注，每日1次，每次选取1 ~ 2穴，10次为1个疗程。

【按语】

（1）针灸治疗本病有较好疗效，但一般应配合中药内服或外用，可提高疗效，缩短病程。

（2）病情严重者，应及时应用抗生素控制感染，并给予相应的支持治疗。

（3）针具应严格消毒，防止交叉感染。

第三十节　胆　石　症

胆石症是指胆囊、胆总管、胆管及肝内胆管等胆道系统发生的结石。主要症状有右上腹剧烈绞痛，伴发热、黄疸，间歇期可无症状或右上腹隐痛。中医认为，本病多因饮食不节，情志不畅，外邪内侵，肝胆气郁，疏泄失常所致。属中医学“胁痛”、“黄疸”等病范畴。

【治法】　疏肝利胆，清热利湿。

【主穴】　肝俞、胆俞、日月、期门、阳陵泉。

【配穴】　痛甚者配胆囊穴；腹胀者配足三里、合谷；黄疸者配曲池、大椎、至阳；呕吐者配内关。

【方法】　毫针刺用平补平泻。每日1次，留针30分，10 ~ 15次为1个疗程。

【其他疗法】

1. 耳针

取胆、肝、胃、脾、十二指肠、交感、神门、耳迷根。毫针重刺，每日1次，留针3分钟。亦可用王不留行压丸法，每日自行按压多次，每隔2 ~ 3日换1次。每日配合多饮水或吃适量的猪蹄汤，并配合做跳跃运动100次左右，有助于排石。15次为1个疗程。

2. 电针

取穴同主穴。用疏密波，每日 1 次，留针 20 ～ 30 分钟，重症可留针 1 小时，15 次为 1 个疗程。

3. 穴位磁疗

取阿是穴、胆俞、期门。用交变电磁场，每日 1 次，每穴 20 分钟，20 次为 1 个疗程。

4. 穴位注射

取胆俞、肝俞、中脘、阳陵泉、胆囊穴。每次选 1 ～ 2 对穴，用 5% 当归注射 4ml，每穴注入 2 ml；或 10% 葡萄糖溶液 10ml，每穴注入 3 ～ 5ml；或阿托品 0.5mg 注入胆囊穴。每日 1 次，10 次为 1 个疗程。

【按语】

（1）针灸治疗本病有一定疗效，针刺的同时配合口服 33% 硫酸镁 40ml 或用消炎利胆的中药可提高疗效，缩短病程。对严重感染或梗阻等必须采取综合治疗措施，结石过大不能排除者应考虑外科手术。

（2）本法对直径在 1cm 以下者效果较好，多数报道其排出率 60% ～ 95%，排净率为 4% ～ 20% 不等。

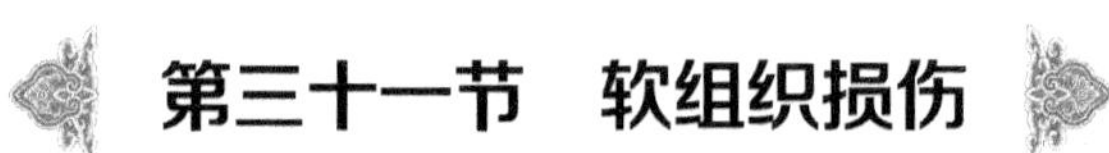

第三十一节　软组织损伤

软组织损伤是指四肢关节或躯体部的软组织（如肌肉、肌腱、韧带、血管等）损伤，而无骨折、脱臼、皮肉破损等情况。临床主要表现为损伤部位疼痛肿胀和关节活动障碍等。多发于肩、肘、腕、腰、髋、膝、踝等部位。中医认为，本症多由外伤导致局部气血滞塞、瘀阻经络所致。属中医学“筋伤”范畴。

【治法】　舒筋通络，行气活血。

【主穴】　以受伤局部取穴为主。

肩部：阿是穴、肩髃、肩髎、肩贞

肘部：阿是穴、曲池、小海、天井

腕部：阿是穴、阳池、阳溪、阳谷

腰部：阿是穴、肾俞、腰夹脊

髋部：阿是穴、环跳、秩边、承扶

膝部：阿是穴、梁丘、膝眼、血海

踝部：阿是穴、解溪、昆仑、照海、申脉

【配穴】　可根据损伤部位的经络所在，配合循经远取或循经临近取穴。如腰部配委中、人中、后溪、腰痛点等；肩部配臂臑、极泉等；肘部配手三里、外关等。另外，由于损伤导致局部气血瘀阻，不通则痛，故无论何处损伤均可配气海、血海、膈俞以行气活血，配阳陵泉舒筋通络。

【方法】　毫针刺用泻法，配合局部三棱针点刺出血。陈旧性损伤可配合灸法或温针。每日 1 次，留针 30 分钟，急性损伤 5 次为 1 个疗程，陈旧性损伤 10 次为 1 个疗程。

【其他疗法】

1. 耳针

取相应损伤部位、神门、肾上腺。毫针中强度刺激，每日 1 次，留针 30 分钟。或王不留行压丸法，隔日换 1 次。

2. 刺络拔罐

取阿是穴。皮肤针重叩局部致微出血，或三棱针点刺出血，加拔罐。适用于新伤局部血肿明显者或陈伤瘀血久留者。

3. 穴位注射

取阿是穴。用 2% 利多卡因 1 ～ 2ml 加入泼尼松龙 25mg、地塞米松 2.5mg 或维生素 B_{12} 0.25mg 注入阿是穴；或用 5% 当归注射液 2ml 穴注。每周 1 ～ 2 次，3 ～ 5 次为 1 个疗程。本法主要适用于急性损伤。

【按语】

（1）针灸治疗软组织损伤效果较好，可明显改善症状。但须排除骨折、脱位、韧带断裂等情况。

（2）可配合推拿、药物熏洗等治疗。

第三十二节　斑　　秃

斑秃是指头皮部突然发生斑状脱发。严重者头发全部脱落。一般认为与精神刺激、情绪紧张、内分泌失调、遗传等因素有关。中医认为，本病多因血虚不能濡发，风盛血燥，发失所养；或因情志抑郁，气机不畅，气滞血瘀，发失所养而成片脱落。属中医学“头风”范畴。

【治法】　养血祛风，活血化瘀。

【主穴】　阿是穴、百会、肝俞、肾俞、膈俞、风池。

【配穴】　血虚风燥者配足三里、三阴交；气滞血瘀者配血海、太冲；失眠者配神门、三阴交、四神聪；头晕者配印堂、上星。

【方法】　毫针刺用平补平泻，局部配合皮肤针叩刺。每日 1 次，留针 30 分，10 ～ 15 次为 1 个疗程。

【其他疗法】

1. 皮肤针

取局部脱发区、肝俞、肾俞、脾俞、心俞、膈俞。局部脱发区予生姜汁涂抹后，皮肤针叩刺，至皮肤微红为止，背俞穴直接叩至皮肤微红即可。每日或隔日 1 次，15 次为 1 个疗程。

2. 灸法

取局部脱发区。以艾条局部温和灸，每日 1 次，每次灸 20 分钟，以皮肤微红为度。

3. 穴位注射

取肝俞、肾俞、脾俞、心俞、膈俞、风池、足三里。以维生素 B_1 100mg 配合维生素 B_{12} 0.5mg 穴注，或 5% 当归注射液 2 ～ 4ml，每次选取 2 ～ 4 穴，隔日 1 次，10 次为 1 个疗程。

【按语】

（1）针灸治疗斑秃疗效较好，多数病例在 1 ～ 3 个月治愈。

（2）患者保持心情舒畅，饮食以清淡为宜。

第三十三节　痤　疮

痤疮是一种毛囊、皮脂腺的慢性炎症性病变。好发于颜面、胸背部。一般是青春期开始发病，青春期后大多自然痊愈或减轻。中医认为，本病多因肺经风热熏蒸皮肤或脾胃湿热挟痰凝滞皮肤所致。属中医学“酒刺”范畴。

【治法】　宣肺清热，健脾化湿，养血凉血。

【主穴】　曲池、合谷、血海、膈俞、太阳。

【配穴】　肺经血热者配少商、尺泽、上星；胃肠湿热者配内庭、足三里、中脘、丰隆、阴陵泉。

【方法】毫针刺用平补平泻或泻法，太阳点刺放血。每日 1 次，留针 20 ～ 30 分钟，10 次为 1 个疗程。

【其他疗法】

1. 耳针

取肺、脾、胃、大肠、内分泌、肾上腺、交感、面颊、耳尖。毫针刺，耳尖点刺放血。每日 1 次，留针 30 分钟，其间捻针 2 ～ 3 次，10 次为 1 个疗程。

2. 挑治

取肺俞、大杼、胃俞。用挑治针挑断白色纤维，每周 1 次。3 ～ 5 次为 1 个疗程。

3. 刺络拔罐

取大椎、肺俞、膈俞、太阳。每次选 2 穴，常规消毒后用三棱针快速刺入穴位处，使自然出血，待血色转淡后再行闪罐。隔 2 ～ 3 日 1 次。

【按语】

（1）针灸治疗本病有一定效果，但患者饮食应以清淡为宜，保持心情舒畅。

（2）皮疹忌挤压以免感染而留下瘢痕。

第三十四节　肩关节周围炎

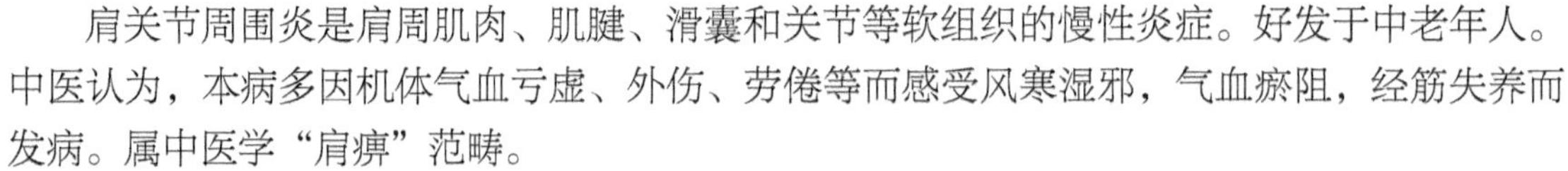

肩关节周围炎是肩周肌肉、肌腱、滑囊和关节等软组织的慢性炎症。好发于中老年人。中医认为，本病多因机体气血亏虚、外伤、劳倦等而感受风寒湿邪，气血瘀阻，经筋失养而发病。属中医学“肩痹”范畴。

【治法】　祛风散寒，行气活血，舒筋通络。

【主穴】

（1）肩前、肩髃、肩贞、臂臑、阿是穴；

（2）条口透承山、阳陵泉。

【配穴】　寒湿重者配阴陵泉；肩胛区疼痛者配天宗；瘀血者配血海、膈俞。

【方法】　毫针刺用泻法，多用强刺激，局部可加拔罐、灸法等。一般先针第一组穴位，留针 20 ~ 30 分钟后取针，再针第二组穴位，针刺同时嘱患者活动患侧肩关节，每日 1 次，10 次为 1 个疗程。

【其他疗法】

1. 耳针

神门、肾上腺、肩。毫针强刺激，同时让患者活动患侧肩关节。隔日 1 次，留针 20 分钟，10 次为 1 个疗程。

2. 拔罐

取肩前、肩髃、肩贞、臂臑、阿是穴、天宗等，行火罐、药罐，也可在肩部行走罐。每日或隔日 1 次，7 ~ 10 次为 1 疗程。

3. 穴位注射

取阿是穴为主。用 2% 利多卡因 1 ~ 2ml 加入泼尼松龙 25mg、地塞米松 2.5mg 或维生素 B_{12} 0.25mg 穴注，每周 1 ~ 2 次；用 5% 当归注射液 2 ~ 4ml 或野木瓜注射液 2ml 穴注，隔日 1 次，5 ~ 7 次为 1 个疗程。

【按语】

（1）本病早期以消炎、止痛为主，针灸治疗可与药物同用。

（2）肩关节疼痛缓解，肿胀消失后，应在医生指导下坚持关节功能锻炼。

第三十五节　落　枕

落枕是指急性单纯性颈项强痛，活动受限的一种病症。如反复发作，往往是颈椎病的反映。中医认为，本病多由睡眠时颈部姿势不当或因风寒侵袭，气血凝滞，经络闭阻而致。本病中医亦称为“落枕”。

【治法】　行气活血，舒筋通络。

【主穴】　阿是穴、落枕、后溪、悬钟、阳陵泉。

【配穴】　恶寒头痛者配风池、合谷，用温针灸；肩痛者配肩髃；背痛者配肩外俞、天宗。

【方法】　毫针刺用泻法，多用强刺激，局部可配合拔罐、灸法等。先针阿是穴，留针 20 ~ 30 分钟后取针，再针远部腧穴，针刺同时嘱患者活动颈部。一般疼痛当即可有所缓解。每日 1 次，3 次为 1 个疗程。

【其他疗法】

1. 耳针

颈、颈椎、神门、肾上腺。毫针强刺激，同时让患者活动颈部。留针 30 分钟，每日 1 次。

2. 拔罐

取颈项部。在颈项部采用排灌法，留罐 10 分钟左右，每日 1 次；或用走罐法，隔日 1 次。

3. 磁疗

取阿是穴、落枕。用 50 ~ 150Gs 磁片贴于穴位上，固定 2 ~ 3 天。

【按语】落枕是常见病症，一般用针灸治疗 1 ~ 3 次可愈，配合中药热敷或推拿治疗，效果更佳。

第三十六节　颈　椎　病

颈椎病是指颈椎间盘组织退行性改变及椎间结构继发性改变刺激、压迫神经根、脊髓、椎动脉、交感神经等，出现相应的症状和体征。临床常分为六型，即颈型、神经根型、椎动脉型、交感神经型、脊髓型和混合型。中医认为，本病多由老年肝肾亏虚，正气不足，筋失所养或创伤，或感受风、寒、湿、热邪引发。属中医学“痹证”范畴。

【治法】　行气活血，舒经通络。

【主穴】　相应颈夹脊穴、风池。

【配穴】　颈型配阿是穴、天宗、落枕、阳陵泉等；神经根型配臂臑、手三里、曲池、合谷、八邪等；椎动脉型配供血、完骨、百会、印堂等；交感神经型配神门、心俞；脊髓型配足三里、阳陵泉、三阴交等；混合型根据合并的证型选取相应的穴位。

【方法】　毫针刺用平补平泻法，每日 1 次，留针 30 分钟，10 次为 1 个疗程。

【其他疗法】

1. 耳针

颈、颈椎、枕、神门、交感、肝、肾。毫针刺法，每日 1 次，留针 30 分钟，10 次为 1 个疗程。

2. 穴位注射

取颈项部阿是穴、颈夹脊穴、风池、供血、天柱、完骨等。常用的药物有：5% 当归注射液 2 ~ 4ml，丹参注射液 2 ~ 4ml，维生素 B_1 100mg 配合维生素 B_{12} 0.5mg，每次选取 1 ~ 2 穴，隔日 1 次，3 ~ 5 次为 1 个疗程。

3. 挑刺

取颈项部阿是穴。用挑刺针将皮下白色纤维挑断。每周 1 次，3 ~ 5 次为 1 个疗程。

4. 刺络拔罐

用皮肤针沿项部督脉及膀胱经叩刺，局部发红或微出血时加罐。

【按语】

（1）颈椎病是常见引起颈、肩、上肢痛的原因之一，针灸治疗效果较好。针灸具有止痛、消肿、疏经通络、行气活血的作用，适用于各型颈椎病。必要时可配合推拿治疗和颈椎牵引。

（2）颈椎病易复发，应坚持做颈部保健操等锻炼，避免长时间低头工作，睡眠时枕头高低应适当。

第三十七节　腰椎间盘突出症

腰椎间盘突出症是腰椎间盘发生退行性改变后，在外力的作用下，纤维环破裂，髓核突出压迫神经根、血管或脊髓等组织所引起的一组症状和体征。其临床特点是腰痛和坐骨神经痛，或伴有二便障碍，并有腰椎相应的影像学改变。中医认为，本病多由筋骨劳伤、闪挫扭伤或风寒侵袭，致经络气血阻滞，经筋拘紧不畅；或年老体衰，肝肾精亏，经络气血不足，不荣筋骨所致。属中医学“痹症”、“腰腿痛”范畴。

【治法】 行气活血，舒筋通络。

【主穴】 肾俞、腰夹脊穴、委中、环跳、阳陵泉、承山、悬钟、昆仑。

【配穴】 血瘀明显者配血海、膈俞、三阴交；肝肾亏虚者配肝俞、太溪；坐骨神经痛者可酌加秩边、殷门、风市等。

【方法】 毫针刺用平补平泻法，每日1次，留针30分钟，10次为1个疗程。多配合电针治疗。

【其他疗法】

1. 头针

取顶颞后斜线、顶中线、顶旁1线。每日1次，10次为1个疗程。

2. 穴位注射

取阿是穴、腰夹脊穴。每次2穴，用2%利多卡因1～2ml加入泼尼松龙25mg、地塞米松2.5mg或维生素B_{12} 0.25mg穴注，每周1～2次；或用5%当归注射液2～4ml，或野木瓜注射液2ml穴注，隔日1次，5～7次为1个疗程。

3. 耳针

取神门、肾、坐骨神经、腰骶椎、皮质下。毫针刺法，每日1次，10次为1个疗程。或王不留行压丸法，隔日换1次。

【按语】 针灸治疗本病有较好疗效。治疗时嘱患者卧硬板床。必要时可配合推拿和腰椎牵引以及局部中药外敷。

第三十八节 腱鞘囊肿

腱鞘囊肿是手和足部关节或腱鞘内的滑液增多后发生囊性疝出的一种病症。好发于腕部、腕掌侧、足背等处。中医认为，本病由劳伤引起，导致经气运行失常，津液输布受阻，凝积成痰，形成肿块。属中医学“腕筋结”范畴。

【治法】 化痰通络。

【主穴】 囊肿局部阿是穴。

【配穴】 痰湿重者配阴陵泉、丰隆、足三里。

【方法】 用28号粗针，于囊肿正中直刺一针，又于四周基底部各平刺一针，5针均穿过囊壁，留针20分钟后取针，加压挤出囊内胶状物，然后用酒精消毒局部，予纱布、胶布加压固定。每日或隔日1次，3～5次为1个疗程。

【其他疗法】

1. 三棱针

囊肿局部常规消毒后，用左手拇、食两指固定挤压肿块，右手持消毒三棱针迅速刺破肿块顶端，左手同时用力挤压，将囊内胶状物挤出，然后用酒精消毒局部，予纱布、胶布加压固定。每日局部予艾条温和灸1次，1周后去除固定。

2. 穴位注射

用2%利多卡因2ml局部麻醉后，三棱针刺破囊壁，加压下用注射器将囊内滑液吸出，然后在同处注入泼尼松龙25～35mg，最后纱布、胶布加压包扎，每周1次，一般2～3

次即可。

【按语】

（1）针灸治疗本病有较好疗效。挤尽囊内胶状滑液是治疗的关键。

（2）治疗 1 周内避免局部活动过量。

第三十九节　近　　视

近视是屈光不正中最常见的一种。表现为视远物模糊，视近物清楚。好发于青少年。中医认为，本病与先天禀赋不足，精血亏虚有关。中医学称为“视近怯远症”。

【治法】　滋补肝肾，益气明目。

【主穴】　攒竹、瞳子髎、承泣、睛明、风池、肝俞、肾俞、光明。

【配穴】　脾胃虚弱者配脾俞、胃俞、足三里。

【方法】　毫针刺用平补平泻或用补法。每日 1 次，留针 20 分钟，10 次为 1 个疗程。

【其他疗法】

1. 耳针

取眼、目 1、目 2、肝、肾、脾。中等刺激，留针 30 分钟，每日 1 次，10 次为 1 个疗程。亦可用王不留行压丸法，2 ～ 3 天换 1 次，5 次为 1 个疗程。

2. 皮肤针

用皮肤针在眼眶周围轻叩 3 圈，然后在睛明、承泣、攒竹、瞳子髎、球后等穴叩刺，每穴 1 分钟，每日或隔日 1 次，10 次为 1 个疗程。

3. 穴位磁疗

取睛明、承泣、攒竹、瞳子髎、太阳。将 20 ～ 50Gs 磁片固定在穴位上，每次 30 ～ 60 分钟，每日 1 次，10 次为 1 个疗程。

4. 穴位注射

取球后、承泣、睛明、光明。以维生素 B_1 100mg 配合维生素 B_{12} 0.5mg 穴注，每次选取 1 ～ 2 穴，隔日 1 次，3 ～ 5 次为 1 个疗程。

【按语】

（1）近视以青少年多见，针灸治疗可调节气血，解除睫状肌痉挛，对轻度或功能性近视均能纠正至正常水平。对高度近视效果较差。

（2）治疗中应配合眼部保健操，纠正不良的用眼习惯。

第四十节　视神经萎缩

视神经萎缩是指视神经纤维发生退行性变性和传导功能障碍。中医认为，本病多因肝肾阴虚、脾肾阳虚、气血两虚、肝气郁结、气血瘀滞等致目窍失养，神光不能发越所致。属中医学“青盲”范畴。

【治法】 滋补肝肾，温补脾肾，益气养血。

【主穴】 球后、风池、翳明、睛明、承泣、太阳、光明。

【配穴】 肝肾不足者配肝俞、肾俞；脾肾阳虚脾俞、肾俞、足三里；气滞血瘀者配血海、三阴交、太冲。

【方法】 毫针刺用平补平泻或用补法。每日 1 次，留针 30 分钟，10 次为 1 个疗程。

【其他疗法】

1. 耳针

取眼、目 1、目 2、肝、肾、脾、交感、皮质下、内分泌。每次取 2 ~ 5 穴，毫针强刺激，留针 30 分钟，每日 1 次，10 次为 1 个疗程。亦可用王不留行压丸法，2 ~ 3 天换 1 次，10 次为 1 个疗程。

2. 穴位注射

取球后、翳明、风池。常用维生素 B_1 100mg 配合维生素 B_{12} 0.5mg 穴注，或丹参注射液 2ml，5% 当归注射液 2ml，每次取 1 ~ 2 穴，每穴注入 0.5ml，10 次为 1 个疗程。

【按语】

（1）视神经萎缩首先应针对病因治疗，并排除肿瘤等原因。

（2）对本病目前尚缺乏有效方法，针灸可以恢复部分视力，但须长期治疗才能获效。

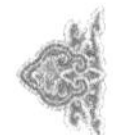

第四十一节 神经性耳鸣

人体听觉系统，从耳蜗内的听觉感受器至大脑皮质中枢的整个联系通道上发生的病变所引起的耳鸣，称为神经性耳鸣。中医认为，耳鸣的发生主要责之肝肾，肾阴不足，虚火上炎，或肝胆火旺，上扰清窍，引起耳中鸣声不断及听力下降。中医学亦称为“耳鸣”。

【治法】 清泻肝火，滋补肝肾，聪耳。

【主穴】 翳风、耳门、听会、中渚、侠溪。

【配穴】 肝胆火旺者配行间、丘墟；肾虚者配肾俞、太溪、关元。

【方法】 毫针刺法平补平泻或补泻兼施。每日 1 次，留针 30 分钟，10 次为 1 个疗程。

【其他疗法】

1. 耳针

取内耳、外耳、肾、肝、神门。毫针刺法，每日 1 次，留针 30 分钟，10 次为 1 个疗程。

2. 穴位注射

取翳风、风池。用维生素 B_1 100mg 配合维生素 B_{12} 0.5mg 穴注，或盐酸 654-2 注射液 10mg，每次取 1 ~ 2 穴，每穴注入 0.5ml，10 次为 1 个疗程。

3. 电项针

取风池、供血、完骨。每次 30 分钟，每日 1 次，10 次为 1 个疗程。

【按语】

（1）本病疗程长，需耐心治疗。耳鸣伴耳聋者效果较差。

（2）电项针疗效甚佳，多可试用。

第四十二节　牙　龈　炎

牙龈炎是一种常见的牙龈疾病。其病变部位一般局限于游离龈及龈乳头，不波及深层的牙周组织。中医认为，本病多由胃肠积热或风邪袭络，郁而化热，循经上炎而发病；或肾阴不足，虚火上炎而发病。属中医学“牙痛”范畴。

【治法】　祛风泻火，通络止痛。

【主穴】　合谷、下关、颊车。

【配穴】　风火牙痛配外关、风池；胃火牙痛配内庭、厉兑；肾虚牙痛配太溪、行间。

【方法】毫针刺法平补平泻。每日 1 次，留针 20 ~ 30 分钟，10 次为 1 个疗程。

【其他疗法】

1. 耳针

取牙痛点、神门、肾上腺、上颌、下颌。毫针强刺激。每日 1 次，留针 30 分钟，10 次为 1 个疗程。

2. 穴位注射

取下关、内庭、颊车、合谷。用 2% 利多卡因 2ml 穴注，每次取 2 穴，每穴 0.5 ~ 1ml，每日或隔日 1 次。

3. 皮肤针

取颈椎、耳前、大小鱼际、阿是穴。用皮肤针中等强度叩刺。隔日 1 次，5 次为 1 个疗程。

【按语】

（1）针灸治疗本病，止痛效果较佳。

（2）对龋齿感染、智齿难生、坏死性牙髓炎等，应同时进行病因治疗。

第四十三节　咽　　炎

咽炎是咽部黏膜及黏膜下组织的炎症性改变，有急性和慢性之分。中医认为，本病多因肺胃热甚，风热之邪内侵，风火相搏，结于咽喉所致。属中医学“喉痹”范畴。

【治法】　急性期清热泻火、利咽；慢性期滋阴降火、利咽。

【主穴】　少商、合谷。

【配穴】　风热者配曲池，大椎；胃热者配内庭、尺泽；慢性期配合谷、照海。

【方法】　毫针刺用泻法。每日 1 次，留针 20 ~ 30 分钟，5 次为 1 个疗程。

【其他疗法】

1. 耳针

取肺、咽喉、扁桃体、气管、肾上腺、耳尖、胃、大肠。毫针中强刺激。每日 1 次，留针 30 分钟，7 次为 1 个疗程。

2. 穴位注射

取大椎、曲池。用板蓝根注射液 2 ~ 4ml 或青霉素 20 万单位穴注，每次取 2 穴，每穴 0.5 ~ 1ml，每日或隔日 1 次。

3. 刺络放血

取耳尖、耳背静脉。用三棱针点刺放血 3 ～ 5 滴，每日或隔日 1 次。3 次为 1 个疗程。

【按语】

（1）针灸治疗本病效果好。

（2）禁止吸烟、饮酒以及进食酸辣等刺激性食物。

第四十四节　休　　克

休克是由多种原因引起的急性周围循环衰竭综合征。临床表现为血压下降，心率加快，脉搏微弱，皮肤苍白，四肢湿冷，表情淡漠等。中医认为，本病多由大出血、大吐、大汗、大泻，或六淫邪毒，情志内伤，或中毒等，损伤气血津液，致脏腑阴阳失调，气血不能供养全身所致。属中医学"虚脱"、"亡阴"、"亡阳"范畴。

【治法】 回阳固脱，回厥救逆。

【主穴】 素髎、水沟、内关、中冲、涌泉。

【配穴】 肢冷脉微者配关元、神阙、百会。

【方法】 素髎、水沟用泻法，强刺激；内关用补法；中冲、涌泉用点刺法。留针 20 ～ 30 分钟，留针过程中每隔 5 分钟捻转运针 1 次。

【其他疗法】

1. 耳针

取肾上腺、皮质下、心、肾、神门、交感。毫针刺，中等度刺激。

2. 灸法

取百会、关元、气海、神阙、足三里、涌泉。以艾炷或艾条或隔附子饼灸、隔姜灸，或用温灸器灸，灸至脉起、肢温、汗止为度。

【按语】

（1）休克为急重危症，宜针对病因采取综合治疗，针灸可作为抢救措施之一。

（2）针、灸、耳针要根据具体情况选用或联合应用。早期属血管痉挛，针刺疗效较好；亡阳、脱证宜用灸法，治疗中要注意观察病情变化。

第四十五节　高　　热

凡口腔温度超过 39℃即称为"高热"。可见于多种疾病中，尤其是感染性疾病。中医认为，高热可由外感风热之邪从口鼻而入，卫失宣散，肺失清肃；或温邪疫毒侵袭人体，燔于气分，或内陷营血引起；亦可因外感暑热之邪，内陷心包而致。中医学所称的"壮热"、"实热"、"日晡潮热"等，均属高热范畴。

【治法】 清泻热邪。

【主穴】 大椎、曲池、合谷、十宣、十二井穴。

【配穴】 咽喉肿痛者配少商；咳嗽胸痛者配尺泽、中府；热入营血者配内关、血海、三阴交；抽搐者配太冲、水沟、内关、神门。

【方法】 毫针刺用泻法。大椎刺络拔罐，十宣、十二井穴点刺出血。

【其他疗法】

1. 耳针

取耳尖、耳背静脉、肾上腺、神门。耳尖、耳背静脉用三棱针点刺出血，余穴用毫针刺，强刺激。

2. 刮痧

取脊柱两侧、背俞穴。用刮痧板或汤匙蘸食油或清水，刮脊柱两侧和背俞穴，刮至皮肤红紫色为度。

3. 穴位注射

取曲池。用柴胡注射液 2ml 穴注。

【按语】

针灸退热有很好的效果，但针灸只是作为处理高热的措施之一，对高热应首先查明原因，明确诊断，必要时采取综合治疗措施。

第四十六节　内脏绞痛

内脏绞痛泛指内脏不同部位出现的剧烈疼痛。现将临床常见的内脏急痛证简要叙述如下：

（一）心绞痛

心绞痛是指因冠状动脉供血不足，心肌急剧地、暂时性缺血与缺氧所引起的以胸痛为突出表现的综合征。

【治法】 通阳行气，活血止痛。

【主穴】 内关、阴郄、膻中、心俞、厥阴俞。

【配穴】 气滞血瘀者配血海、膈俞；阳气欲绝者配水沟、百会、关元。

【方法】 毫针刺用泻法。进针后须持续捻转 30 秒至数分钟，留针 20 分钟。

【其他疗法】 耳针：取心、小肠、交感、神门、胸、肾上腺。毫针刺，中等刺激强度，留针 30 ~ 60 分钟。

（二）胆绞痛

胆绞痛常见于急性胆囊炎、胆石症和胆道蛔虫症。

【治法】 疏肝利胆，行气止痛。

【主穴】 胆囊穴、阳陵泉、胆俞、日月、中脘。

【配穴】 呕吐配内关、足三里；黄疸配至阳；发热配大椎、曲池；胆道蛔虫配迎香透四白、鸠尾透日月。

【方法】 毫针刺用泻法。留针 30 ~ 60 分钟，间歇运针。

【其他疗法】

（1）耳针：取胰胆、肝、十二指肠、交感、神门、耳迷根。毫针刺，强刺激，留针

30 ~ 60 分钟。

（2）穴位注射

1）取穴同耳针。用 2% 利多卡因 1ml 穴注，每穴 0.3ml，每次取 2 穴，每日 1 次。

2）取胆囊穴或阳陵泉。用阿托品 0.5mg 或左旋四氢帕马丁（颅通定）30 ~ 60mg 穴注。

（三）肾绞痛

肾绞痛多见于泌尿系结石症。其临床表现为绞痛突然发生，疼痛多呈持续性或间歇性，并沿输尿管向髂窝、会阴、阴囊及大腿内侧放射，并出现血尿，排尿困难或尿流中断，肾区可有叩击痛。

【治法】 清热利湿，通淋止痛。

【主穴】 肾俞、三焦俞、关元、三阴交、阴陵泉。

【配穴】 血尿配血海、太冲。

【方法】 毫针刺用泻法。持续运针 3 ~ 5 分钟，留针 30 ~ 60 分钟。亦可在肾俞、三阴交用电针。

【其他疗法】

（1）耳针：取肾、输尿管、膀胱、交感、神门。毫针刺，强刺激。留针 30 分钟。

（2）穴位注射：取肾俞。用左旋四氢帕马丁（颅通定）30 ~ 60mg 穴注。

（四）胃绞痛

胃绞痛多见于胃痉挛、急性胃炎等症。其临床表现为胃脘疼痛暴作，伴恶心呕吐，嗳腐吞酸。

【治法】 和胃降逆，理气止痛。

【主穴】 中脘、足三里、内关。

【配穴】 嗳腐吞酸配建里、内庭。

【方法】 毫针刺用泻法。留针 30 分钟。

【其他疗法】

（1）耳针：取胃、交感、神门。毫针刺，强刺激，留针 30 分钟。

（2）穴位注射：取中脘、足三里。用阿托品 0.5mg 或左旋四氢帕马丁（颅通定）30 ~ 60mg 穴注，每次取 1 穴。

【按语】 针灸对各种内脏疼痛均有明显的止痛效果。但在治疗中应查明原因，结合病因治疗效果更佳。同时应随时注意病情变化，以便及时采取相应措施。

第四十七节 肥 胖 症

人体脂肪积聚过多，体重超过标准体重的 20% 以上时即称为肥胖症。临床分为单纯性和继发性两类。针灸减肥，以治疗单纯性肥胖症为主。

【治法】 祛湿化痰，通经活络。

【主穴】 关元、气海、天枢、大横、丰隆、中脘。

【配穴】 腹部肥胖者配归来、中极、下脘；便秘者配支沟、上巨虚。

【方法】 毫针刺用泻法。每日1次，留针30分钟，10次为1个疗程。嘱患者适当控制饮食，加强锻炼。

【其他疗法】 耳针：取胃、脾、大肠、三焦、内分泌、腹。毫针刺，留针30分钟；或用王不留行压丸法，每次餐前30分钟按压耳穴3～5分钟，有灼热感为宜，2～3天换1次，10次为1个疗程。

第四十八节　戒断综合征

戒断综合征是指在戒烟、戒毒、戒酒等情况下出现的一系列瘾癖症候群。本节主要介绍针灸治疗戒烟综合征和戒毒综合征。

（一）戒烟综合征

戒烟综合征是指因吸烟者长期吸入含有尼古丁的烟叶制品，当中断吸烟后所出现全身软弱无力、烦躁不安、呵欠连作、口舌无味，甚至心情不畅、胸闷、焦虑、感觉迟钝等一系列瘾癖症状。

【治法】 安神除烦，调和阴阳。

【主穴】 百会、神门、戒烟穴（列缺与阳溪连线中点）。

【配穴】 咽部不适者配颊车、三阴交；烦躁者配内关、通里；肺气虚者配肺俞。

【方法】 毫针刺用泻法或平补平泻。每日1次，留针30分钟，10次为1个疗程。

【其他疗法】 耳针：取肺、口、交感、神门、皮质下、心。毫针刺，每日1次，留针30分钟；或用王不留行压丸法，2～3天换1次，10次为1个疗程。

（二）戒毒综合征

戒毒综合征是指吸毒者因长期吸食毒品成瘾，戒断时出现渴求使用阿片、恶心呕吐、肌肉疼痛、流泪流涕、瞳孔扩大、毛发竖立或出汗、腹泻、呵欠、发热、失眠等瘾癖症候群。

【治法】 调神定志，疏调气血。

【主穴】 水沟、大陵、神门、合谷。

【配穴】 腹泻者配上巨虚、天枢；失眠者配三阴交、四神聪、太溪、太冲；恶心呕吐者配中脘、内关。

【方法】 毫针刺用泻法或平补平泻。每日1次，留针30分钟，10次为1个疗程。

【其他疗法】

（1）耳针：取肺、神门、皮质下、交感、内分泌、心、肝、肾。以低频脉冲电流刺激，每次30分钟，每日1次。刺激结束后在上述耳穴贴压王不留行籽。10次为1个疗程。

（2）电针：取内关、外关、劳宫、合谷。用1～2Hz的低频电脉冲刺激，每次30分钟，每日1次，10次为1个疗程。

附录　中医临床常用方剂

一画

一贯煎（《柳州医话》）：沙参　麦冬　当归　生地黄　枸杞子　川楝子

二画

二仙汤（《中医方剂临床手册》）：仙茅　仙灵脾　巴戟　知母　黄柏　当归

二地二冬汤（《医略六书》）：生地　麦冬　熟地　天冬

二至丸（《医方集解》）：女贞子　旱莲草

二阴煎（《景岳全书》）：生地黄　麦冬　枣仁　生甘草　玄参　茯苓　黄连　木通　灯心草　竹叶

二陈汤（《太平惠民和剂局方》）：法半夏　橘红　白茯苓　炙甘草

二妙散（《丹溪心法》）：苍术　黄柏

十灰散（《十药神书》）：大蓟　小蓟　侧柏叶　荷叶　茜草根　山栀　白茅根　大黄　丹皮　棕榈皮

十全大补丸（《太平惠民和剂局方》）：熟地黄　白芍　当归　川芎　人参　白术　茯苓　炙甘草　黄芪　肉桂

七味都气丸（《医宗已任编》）：熟地黄　山茱萸　山药　泽泻　牡丹皮　茯苓　五味子

七福饮（《景岳全书》）：党参　白术　炙甘草　远志　杏仁　当归　熟地

八正散（《太平惠民和剂局方》）：木通　车前子　瞿麦　扁蓄　滑石　灯心草　栀子　大黄　甘草梢

八珍汤（《正体类要》）：人参　白术　茯苓　甘草　当归　白芍药　川芎　熟地黄　生姜　大枣

人参养荣汤（《太平惠民和剂局方》）：白芍　当归　陈皮　黄芪　桂心　人参　煨白术　炙甘草　熟地黄　五味子　茯苓　远志　生姜　大枣

三画

三子养亲汤（《韩氏医通》）：苏子　白芥子　莱菔子

大补元煎（《景岳全书》）：熟地黄　山药　山茱萸　枸杞子　党参　当归　杜仲　白芍　女贞子　甘草

大补阴丸（《丹溪心法》）：知母　黄柏　熟地黄　龟版　猪脊髓

大定风珠（《温病条辨》）：白芍　阿胶　生龟版　生地　火麻仁　五味子　生牡蛎　麦冬　炙甘草　鸡子黄　生鳖甲

大秦艽汤（《素问病机气宜保命集》）：秦艽　石膏　甘草　川芎　当归　白芍　羌活　独活　防风　黄芩　白芷　生地　熟地　白术　茯苓　细辛

大柴胡汤（《伤寒论》）：柴胡　黄芩　半夏　枳实　白芍药　大黄　生姜　大枣

大造丸（《景岳全书》）：紫河车　龟版　黄柏　杜仲　牛膝　天冬　麦冬　熟地　五味子

大黄䗪虫丸（《金匮要略》）：大黄　䗪虫　水蛭　虻虫　蛴螬　桃仁　芍药　干漆　地黄　黄芩　甘

草　杏仁

千金犀角散（《张氏医通》）：犀角　茵陈　黄连　山栀　升麻

川芎茶调散（《太平惠民和剂局方》）：川芎　荆芥　白芷　羌活　细辛　防风　薄荷　甘草

小半夏汤（《金匮要略》）：半夏　生姜

小青龙汤（《伤寒论》）：麻黄　桂枝　芍药　甘草　干姜　细辛　半夏　五味子

小柴胡汤（《伤寒论》）：柴胡　黄芩　半夏　人参　甘草　生姜　大枣

小陷胸汤（《伤寒论》）：黄连　半夏　瓜蒌

小蓟饮子（《济生方》）：生地黄　小蓟　滑石　通草　炒蒲黄　淡竹叶　藕节　当归　山栀　甘草

四画

开郁种玉汤（《傅青主女科》）：当归　白术　白芍　茯苓　丹皮　香附　天花粉

天王补心丹（《摄生秘剖》）：生地　元参　天冬　麦冬　当归　五味子　远志　酸枣仁　人参　茯苓　柏子仁　丹参

天麻钩藤饮（《杂病证治新义》）：天麻　钩藤　石决明　山栀　黄芩　川牛膝　杜仲　益母草　桑寄生　夜交藤　朱茯神

无比山药丸（《太平惠民和剂局方》）：山药　肉苁蓉　干地黄　山茱萸　茯神菟丝子　五味子　赤石脂　巴戟天　泽泻　杜仲　牛膝

木防己汤（《金匮要略》）：木防己　石膏　桂枝　人参

五子衍宗丸（《摄生众妙方》）：北五味子　菟丝子　枸杞子　覆盆子　车前子

五苓散（《伤寒论》）：桂枝　白术　茯苓　猪苓　泽泻

五味消毒饮（《医宗金鉴》）：金银花　野菊花　蒲公英　紫花地丁　紫背天葵子

不换金正气散（《太平惠民和剂局方》）：藿香　苍术　厚朴　陈皮　半夏　甘草

止带方（《世补斋》）：猪苓　茯苓　泽泻　赤芍　丹皮　茵陈　黄柏　山栀　牛膝　车前子

止痉散（《方剂学》）：全蝎　蜈蚣

止痛如神汤（《外科启玄》）：秦艽　桃仁　皂角子　苍术　防风　黄柏　当归尾　泽泻　槟榔　熟大黄

少腹逐瘀汤（《医林改错》）：小茴香　当归　肉桂　延胡索　干姜　川芎　赤芍　苍术　茯苓　没药　蒲黄　五灵脂

中满分消丸（《兰室秘藏》）：厚朴　枳实　黄连　黄芩　知母　半夏　陈皮　茯苓　猪苓　泽泻　砂仁　干姜　姜黄　人参　白术　炙甘草

丹参饮（《时方歌括》）：丹参　檀香　砂仁

丹栀逍遥散（《医统》）：当归　白芍药　白术　柴胡　茯苓　甘草　煨姜　薄荷　丹皮　山栀

乌头汤（《金匮要略》）：麻黄　白芍　黄芪　制川乌　甘草　蜂蜜

六君子汤（《医学正传》）：人参　炙甘草　茯苓　白术　陈皮　制半夏

六味地黄丸（《小儿药证直诀》）：熟地　山药　山茱萸　茯苓　泽泻　丹皮

六磨汤（《世医得效方》）：沉香　木香　槟榔　乌药　枳实　大黄

双解汤（《医方集解》）：麻黄　黄芩　荆芥　防风　薄荷　连翘　桔梗　山栀　石膏

五画

玉女煎（《景岳全书》）：生石膏　熟地　麦冬　知母　牛膝

玉屏风散（《医方类聚》）：黄芪　白术　防风　大枣

甘草泻心汤（《伤寒论》）：甘草　半夏　黄芩　干姜　人参　黄连　大枣

甘姜苓术汤加减《金匮要略》：甘草　茯苓　白术　干姜

甘遂通结汤（《全国中草药新医疗法展览会技术资料选编》）：甘遂　桃仁　生牛膝　木香　川朴　大黄

甘露消毒丹（《温热经纬》）：滑石　茵陈蒿　黄芩　石菖蒲　木通　川贝母　射干　连翘　薄荷　白豆蔻　藿香

左归丸（《景岳全书》）：熟地　山药　山茱萸　菟丝子　枸杞子　川牛膝　鹿角胶　龟版胶

左归饮（《景岳全书》）：熟地　山萸肉　杞子　山药　茯苓　甘草

石韦散（《太平惠民和济局方》）：芍药　白术　滑石　冬葵子　瞿麦　石韦　木通　王不留行　当归　甘草

石韦散（《证治汇补》）：石韦　冬葵子　瞿麦　滑石　车前子

石韦散《普济方》：石韦　木通　车前子　瞿麦　滑石　榆白皮　冬葵子　赤芍　甘草

右归丸（《景岳全书》）：地黄　山药　山茱萸　枸杞子　杜仲　菟丝子　附子　肉桂　当归　鹿角胶

右归饮（《景岳全书》）：熟地　山药　山萸肉　杜仲　枸杞子　炙甘草　附子　肉桂

龙胆泻肝汤（《兰室秘藏》）：龙胆草　泽泻　木通　车前子　当归　柴胡　生地黄

龙胆泻肝汤（《薛氏十六种》）：龙胆草　黄芩　栀子　泽泻　木通　车前子　当归　生地黄　柴胡　生甘草

归肾丸（《景岳全书》）：菟丝子　杜仲　熟地　山萸肉　山药　茯苓　当归

归脾汤（《济生方》）：党参　黄芪　白术　茯神

炒酸枣仁　桂圆肉　木香　甘草　当归　远志　生姜　大枣

四君子汤（《太平惠民和剂局方》）：人参　白术　茯苓　炙甘草

四妙丸《成方便读》：苍术　黄柏　薏苡仁　川牛膝

四物消风饮（《外科证治全书》）：生地黄　当归

白芍　川芎　何首乌　防风　白鲜皮　乌豆衣　荆芥　蝉蜕

四逆加人参汤（《伤寒论》）：甘草　干姜　附子　人参

四逆散（《伤寒论》）：柴胡　白芍　枳壳　甘草

四神丸（《证治准绳》）：破故纸　五味子　肉豆蔻　吴茱萸　生姜　红枣

四海舒郁丸（《疡医大全》）：海蛤粉　海带　海藻　海螵蛸　昆布　陈皮　青木香

生脉饮（《千金方》）：人参　麦冬　五味子

生脉散（《内外伤辨惑论》）：人参　麦冬　五味子

生蒲黄汤（《中医眼科六经要》）：生蒲黄　丹皮　丹参　旱莲草　荆芥炭　郁金　生地　川芎

失笑散（《太平惠民和剂局方》）：五灵脂　蒲黄

代抵当丸（《证治准绳》）：大黄　归尾　生地　山甲片　芒硝　桃仁　肉桂

白头翁汤（《伤寒论》）：白头翁　秦皮　黄连　黄柏

白虎加苍术汤（《类证活人书》）：石膏　知母　甘草　粳米　苍术

白虎加桂枝汤（《伤寒论》）：石膏　知母　甘草　粳米　桂枝

白虎汤（《伤寒论》）：石膏　知母　粳米　甘草

白塞方（《中国民间疗法》）：附子　肉桂　干姜　党参　白术　茯苓　半夏　归尾　赤芍　红花　三棱　文术　甘草

瓜蒌薤白半夏汤《金匮要略》：　全瓜蒌　薤白　法半夏　白酒

半夏白术天麻汤（《医学心悟》）：法半夏　白术　天麻　陈皮　茯苓　甘草　生姜　大枣

半夏厚朴汤（《金匮要略》）：半夏　厚朴　紫苏　茯苓　生姜

加味除湿汤（《世医得效方》）：半夏　厚朴　苍术　藿香　陈皮　茯苓　甘草　官桂　木香　生姜　大枣

加减葳蕤汤（《通俗伤寒论》）：玉竹　白薇　淡豆豉　薄荷　炙甘草　桔梗　红枣　葱白　大枣

圣愈汤（《正体类要》）：熟地黄　生地黄　人参　川芎　当归　黄芪

圣愈汤（《东垣十书·兰室秘藏》）：熟地　当归　白芍　川芎　党参　黄芪

圣愈汤（《医宗金鉴》）：熟地　白芍　川芎　人参　当归　黄芪

六画

芍药甘草汤（《伤寒论》）：白芍药　炙甘草

芍药汤（《素问病机气宜保命集》）：芍药　黄芩　黄连　当归　炙甘草　木香　槟榔　大黄　肉桂

芎芷石膏汤（《医宗金鉴》）：川芎　白芷　菊花　石膏　羌活　藁本

百合固金汤（《慎斋遗书》）：熟地　生地　当归身　白芍　甘草　桔梗　元参　贝母　麦冬　百合

当归龙荟丸（《宣明论方》）：当归　龙胆　芦荟　青黛　山栀　黄连　黄芩　黄柏　大黄　木香　麝香

当归芍药散（《金匮要略》）：当归　芍药　茯苓　白术　泽泻　川芎

当归饮子（《医宗金鉴》）：当归　熟地　白芍　川芎　首乌　黄芪　荆芥　白蒺藜　甘草

当归补血汤（《内外伤辨惑论》）：黄芪　当归

当归拈痛丸（《医学发明》）：羌活　人参　苦参　升麻　葛根　苍术　炙甘草　黄芩　茵陈蒿　防风　当归　知母　泽泻　猪苓　白术

曲麦枳术丸（《医学正传》）：神曲　麦曲　枳实　白术　荷叶

朱砂安神丸（《医学发明》）：朱砂　黄连　生地　当归　甘草

血府逐瘀汤（《医林改错》）：当归　生地黄　桃仁　红花　枳壳　桔梗　赤芍药　柴胡　川芎　牛膝　甘草

安宫牛黄丸（《温热条辨》）：牛黄　郁金　犀角　黄连　朱砂　冰片　珍珠　山栀　雄黄　黄芩　麝香　金箔衣

阳和汤（《外科全生集》）：熟地黄　麻黄　鹿角胶　白芥子　肉桂　生甘草　炮姜炭

防己黄芪汤（《金匮要略》）：防己　黄芪　白术　生姜　甘草　大枣

防风通圣散（《宣明论方》）：防风　连翘　麻黄　薄荷　荆芥　白术　栀子　川芎　当归　白芍　大黄　芒硝　石膏　黄芩　桔梗　甘草　滑石　生姜

七画

麦门冬汤（《金匮要略》）：麦门冬　人参　半夏　甘草　粳米　大枣

劫劳散（《太平惠民和剂局方》）：地骨皮　前胡　荆芥　香附子　苍术　甘草　麻黄　白芷　川芎　桔梗　当归　肉桂　石膏　陈皮　天仙藤

苍耳子散（《济生方》）：辛夷　苍耳子　薄荷　白芷

苍附导痰丸（《叶天士女科诊治秘方》）：法半夏　橘红　白茯苓　炙甘草　苍术　香附　枳壳　南星　生姜

苏合香丸（《太平惠民和剂局方》）：白术　青木香　乌犀屑　香附　朱砂　诃子　白檀香　安息香　沉香　麝香　丁香　荜拨　龙脑　苏合香油　熏陆香

杏苏散（《温病条辨》）：杏仁　苏叶　陈皮　法夏　枳壳　桔梗　生姜　前胡　云苓　大枣　甘草

杞菊地黄汤（《医级》）：枸杞子　菊花　熟地黄　山茱萸　山药　泽泻　丹皮　茯苓

连朴饮（《霍乱论》）：制厚朴　川连　石菖蒲　制半夏　香豉　焦山栀　芦根

连理汤（《秘传证治要诀类方》）：人参　白术　干姜　炙甘草　黄连　茯苓

身痛逐瘀汤（《医林改错》）：桃仁　红花　当归　五灵脂　制香附　秦艽　羌活　牛膝　乳香　炙地龙　炙甘草　川芎

羌活胜湿汤（《内外伤辨惑论》）：羌活　独活　藁本　防风　川芎　蔓荆子　炙甘草

沙参麦冬汤（《温病条辨》）：沙参　麦冬　玉竹　天花粉　桑叶　扁豆　甘草

沉香散（《金匮翼》）：沉香　石苇　滑石　当归　陈皮　白芍　冬葵子　甘草　王不留行

良附丸（《良方集腋》）：高良姜　香附

启脾散（《成方便读》）：潞党参　制冬术　建莲肉　楂炭　五谷虫炭　陈皮　砂仁

补中益气汤（《脾胃论》）：人参　黄芪　白术　甘草　当归　陈皮　升麻　柴胡

补阳还五汤（《医林改错》）：黄芪　当归尾　川芎　桃仁　地龙　赤芍　红花

补肾清热治尪汤（焦树德经验方）：生地　川断　地骨皮　骨碎补　秦艽　知母　黄柏　威灵仙　地鳖虫　蚕砂　红花　制乳香　制没药

补肾强督治尪汤（焦树德经验方）：川续断　金狗脊　淫羊藿　杜仲　鹿角胶　制附片　骨碎补　生地黄　熟地黄　生薏米　独活

补肺汤（《永类钤方》）：人参　黄芪　熟地　五味子　紫菀　桑白皮

附子汤（《伤寒论》）：附子　白术　人参　芍药　茯苓

附子理中汤（《太平惠民和剂局方》）：炮附子　人参　白术　炮姜　炙甘草

八画

青蒿鳖甲汤（《温病条辨》）：青蒿　鳖甲　生地　知母　丹皮

苓桂术甘汤（《伤寒论》）：茯苓　桂枝　白术　甘草

枇杷清肺饮（《外科大成》）：枇杷叶　桑白皮　黄连　黄柏　生甘草　人参　栀子　白芷　大黄

抵当汤（《伤寒论》）：水蛭　虻虫　桃仁　大黄

固本止崩汤（《傅青主女科》）：大熟地　白术　生黄耆　当归　黑姜　人参

知柏地黄丸（《医宗金鉴》）：知母　黄柏　熟地　山茱萸　山药　茯苓　丹皮　泽泻

金匮肾气丸（《金匮要略》）（又名肾气丸）：桂枝　附子　熟地　山芋肉　山药　茯苓　丹皮　泽泻

狐惑汤方（《备急千金要方》）：黄连　薰草　白酢浆

炙甘草汤（《伤寒论》）：炙甘草　人参　桂枝　生姜　阿胶　生地　麦冬　火麻仁　大枣

泻心汤（《金匮要略》）：大黄　黄芩　黄连

定喘汤（《摄生众妙方》）：麻黄　杏仁　桑白皮　白果　黄芩　半夏　款冬花　甘草

实脾饮（重订严氏《济生方》）：厚朴　白术　木瓜　木香　草果仁　大腹皮　附子　白茯苓　炮干姜　大枣　生姜　甘草

参芪地黄汤（《沈氏尊生书》）：党参　黄芪　熟地　云苓　山药　山萸肉　泽泻　丹皮　益母草　生甘草

参苏饮（《太平惠民和剂局方》）：人参　紫苏叶　葛根　前胡　法半夏　茯苓　枳壳　橘红　桔梗

甘草　木香　生姜　大枣

参附龙牡汤（《验方》）：人参　附子　龙骨　牡蛎

参附汤（《世医得效方》）：人参　炮绵附　肉豆蔻

参附汤（《重订严氏济生方》）：人参　炮附子

参附汤（《校注妇人良方》）：人参　附子　姜　枣

参苓白术散（《太平惠民和剂局方》）：党参　白术　茯苓　砂仁　陈皮　桔梗　炒扁豆　莲子肉　炒薏苡仁　甘草　山药

参蚧散（《济生方》）：人参　蛤蚧

参蛤散（《普济方》）：人参　蛤蚧

驻景丸加减方（《中医眼科六经法要》）：楮实子　枸杞　菟丝子　五味子　茺蔚子　车前子　木瓜　生三七粉　紫河车粉　寒水石

九画

荆防败毒散（《摄生众妙方》）：荆芥　防风　羌活　独活　柴胡　前胡　川芎　枳壳　桔梗　茯苓　甘草

茵陈五苓散（《金匮要略》）：茵陈蒿　桂枝　茯苓　白术　泽泻　猪苓

茵陈术附汤（《医学心悟》）：茵陈蒿　白术　附子　干姜　炙甘草　肉桂

茵陈四苓汤（验方）：茵陈　白术　猪苓　茯苓　泽泻

茵陈蒿汤（《伤寒论》）：茵陈蒿　山栀　大黄

栀子清肝汤（《杂病源流犀烛》）：山栀　茯苓　丹皮　柴胡　白芍　当归　川芎　牛蒡子　甘草

指迷汤（《辨证录》）：人参　白术　半夏　神曲　制南星　甘草　陈皮　菖蒲　炮附片　肉苁蓉

星蒌承气汤（《临床中医内科学》）：全瓜蒌　胆南星　生大黄　芒硝

胃苓汤（《丹溪心法》）：苍术　厚朴　陈皮　官桂　茯苓　白术　泽泻　猪苓　甘草　生姜　大枣

复方大承气汤（《中西医结合治疗急腹症》）：厚朴　炒莱菔子　枳壳　大黄　赤芍　芒硝　桃仁

复方大柴胡汤（《中西医结合治疗急腹症》）：柴胡　黄芩　枳壳　川楝子　延胡索　白芍　生大黄　木香　蒲公英　生甘草

保阴煎（《景岳全书》）：生地　熟地　黄芩　黄柏　白芍　续断　山药　甘草

保和丸（《丹溪心法》）：山楂　制半夏　茯苓　莱菔子　陈皮　神曲　连翘

独活寄生汤（《千金要方》）：独活　桑寄生　秦艽　防风　细辛　生地　白芍　当归　川芎　桂心　茯苓　杜仲　人参　牛膝　甘草

独活寄生汤（《备急千金要方》）：独活　秦艽　细辛　防风　肉桂　桑寄生　杜仲（盐水炒）牛膝　当归　熟地黄　白芍　川芎　党参　茯苓　甘草

养阴清肺汤（《重楼玉钥》）：大生地　麦冬　玄参　白芍　牡丹皮　贝母　薄荷　生甘草

养胃增液汤（江育仁等《中医儿科学》）：石斛　乌梅　北沙参　麦冬玉竹　白芍　甘草　谷芽　麦芽

养精种玉汤（《傅青主女科》）：熟地　山萸肉　当归　白芍

前列腺汤（中医药科学院广安门医院经验方）：丹参　泽兰　赤芍　桃仁　红花　乳香

没药　王不留行　青皮　川楝子　白芷　败酱草　蒲公英

济生肾气丸（《济生方》）：地黄　山药　山茱萸　丹皮　茯苓　泽泻　炮附子　桂枝　牛膝　车前子

宣痹汤（《温病条辨》）：防己　杏仁　滑石　苡仁　连翘　山栀　半夏　蚕砂　赤小豆

除湿胃苓汤（《医宗金鉴》）：木瓜　吴萸　防风　全蝎　蝉衣　天麻　僵蚕　胆南星　藁本　桂枝

蒺藜　朱砂　雄黄　猪胆汁

十画

真人养脏汤（《太平惠民和剂局方》）：诃子　罂粟壳　肉豆蔻　白术　人参　木香　肉桂　炙甘草　当归　白芍

真武汤（《伤寒论》）：炮附子　白术　茯苓　芍药　生姜

桂附八味丸（《金匮要略》）：附子　肉桂　熟地　山药　茯苓　泽泻　山萸肉　丹皮

桂枝甘草汤（《伤寒论》）：桂枝　甘草

桂枝芍药知母汤（《金匮要略》）：桂枝　芍药　甘草　麻黄　生姜　白术　知母　防风　附子

桂枝汤（《伤寒论》）：桂枝　芍药　生姜　炙甘草　大枣

桂枝茯苓丸（《金匮要略》）：桂枝　茯苓　丹皮　桃仁　芍药

桂枝麻黄各半汤（《伤寒论》）：桂枝　麻黄　杏仁　芍药　甘草　生姜　大枣

桃红四物汤（《医宗金鉴》）：桃仁　红花　熟地　白芍　川芎　当归

桃红饮（《类证治裁》）：桃仁　红花　川芎　归尾　威灵仙　麝香

桃花汤（《伤寒论》）：赤石脂　干姜　粳米

柴胡疏肝散（《景岳全书》）：陈皮　柴胡　枳壳　芍药　炙甘草　香附　川芎

逍遥散（《太平惠民和剂局方》）：柴胡　白术　白芍药　当归　茯苓　炙甘草　薄荷　煨姜

健步虎潜丸(《中华人民共和国药典》1975年版)：补骨脂　羌活　独活　熟地黄　当归　白芍　龟版(清炙）　知母　黄柏　枸杞子　制附子　菟丝子　锁阳　续断　杜仲（盐炒炭）　人参　黄芪　茯苓　木瓜

射干麻黄汤（《金匮要略》）：射干　麻黄　细辛　大枣　半夏　五味子　生姜　紫苑　款冬花

益气聪明汤（《脾胃论》）：黄芪　升麻　蔓荆子　白芍　葛根　党参　黄柏　炙甘草

益肾蠲痹丸（朱良春经验方）：熟地　仙灵脾　鹿衔草　淡苁蓉　全当归　蜂房　祁蛇

地鳖虫　僵蚕　蜣螂虫　炮山甲　全蝎　蜈蚣　干地龙　甘草

益肾蠲痹汤（朱良春经验方）：熟地　炙蜂房　炙乌梢蛇　炙地鳖　炙僵蚕　当归　骨碎补　鹿衔草　仙灵脾　炙蜣螂　甘草　炙全蝎　炙蜈蚣

凉血地黄汤（《脾胃论》）：黄柏　知母　青皮　槐子　熟地黄　当归

凉血地黄汤《外科大成》：归尾　生地　赤芍　黄连　枳壳　黄芩　槐角　地榆　荆芥　升麻　天花粉　甘草

消风散（《医宗金鉴》）：荆芥　防风　当归　生地　苦参　苍术　蝉蜕　胡麻仁　牛蒡子　知母　石膏　木通　甘草

消乳丸（《证治准绳》）：香附　神曲　麦芽　陈皮　砂仁　炙甘草

消渴方（《丹溪心法》）：天花粉　生地黄　黄连　藕汁

海藻玉壶汤（《外科正宗》）：海藻　海带　昆布　陈皮　青皮　半夏　贝母　当归　川芎　连翘　独活　甘草

涤痰汤（《济生方》）：制法夏　制南星　橘红　枳实　茯苓　人参　石菖蒲　竹茹　生姜　甘草

调肝汤（《傅青主女科》）：山药　阿胶　当归　白芍　山茱萸　巴戟天　甘草

调营饮（《证治准绳》）：莪术　川芎　当归　玄胡　赤芍　瞿麦　大黄　槟榔　陈皮　大腹皮　葶苈子　赤茯苓　桑白皮　细辛　肉桂　炙甘草　生姜　大枣　白芷

通脉四逆汤（《伤寒论》）：熟附子　炙甘草　干姜　葱白

通腑排石汤（经验方）：柴胡　郁金　白芍　茵陈　金钱草　生大黄　枳实　鸡内金　鳖甲

桑白皮汤（《景岳全书》）：桑白皮　半夏　苏子　杏仁　贝母　黄芩　黄连　山栀

桑白皮散（《活人书》）：桑白皮　郁李仁　赤茯苓　木香　防己　苏子　木通　槟榔　青皮

桑杏汤（《温病条辨》）：桑叶　杏仁　沙参　浙贝母　豆豉　栀子皮　梨皮

桑菊饮（《温病条辨》）：桑叶　菊花　杏仁　连翘　薄荷　桔梗　甘草　苇根

桑螵蛸散（《本草衍义》）：桑螵蛸　龟版　龙骨　人参　茯神　菖蒲　远志　当归

十一画

理中丸（《伤寒论》）：人参　白术　干姜　炙甘草

黄芩泻白散（《症因脉治》）：黄芩　桑白皮　地骨皮　甘草

黄芩滑石汤（《中医方药学》）：黄芩　茯苓　猪苓　大腹皮　白蔻仁　滑石　葛根　天花粉

黄芪汤（《金匮翼》）：黄芪　陈皮　火麻仁　白蜜

黄芪建中汤（《金匮要略》）：黄芪　桂枝　生姜　芍药　炙甘草　饴糖　大枣

黄连阿胶汤（《伤寒论》）：黄连　阿胶　黄芩　鸡子黄　芍药

黄连解毒汤（《外台秘要》）：黄连　黄芩　黄柏　山栀

萆薢分清饮（《丹溪心法》）：益智仁　川萆解　石菖蒲　乌药

萆薢分清饮（《医学心悟》）：川萆解　黄柏　石菖蒲　茯苓　白术　莲子心　丹参　车前子

萆薢渗湿汤（《疡科心得集》）：萆薢　苡仁　丹皮　黄柏　赤苓　泽泻　通草　滑石

菟丝子丸（《济生方》）：菟丝子　肉苁蓉　牡蛎　附子　五味子　鹿茸　鸡内金　桑螵蛸　益智仁　乌药　山药

菟丝子散（《医宗必读》）：菟丝子　肉苁蓉　炮附子　益智仁　牡蛎　五味子　淮山药　乌药　鸡内金　韭子

银花蕺菜饮（《中医妇科治疗学》）：银花　蕺菜　土茯苓　炒荆芥　甘草　赤芍　丹皮　丹参　三棱　莪术　皂角刺

银翘散（《温病条辨》）：金银花　连翘　豆豉　牛蒡子　桔梗　生甘草　薄荷　荆芥穗　竹叶　鲜芦根

麻子仁丸（《伤寒论》）：麻子仁　芍药　枳实　大黄　厚朴　杏仁

麻杏石甘汤（《伤寒论》）：麻黄　杏仁　石膏　炙甘草

麻黄汤（《伤寒论》）：麻黄　桂枝　杏仁　甘草

麻黄连翘赤小豆汤（《伤寒论》）：麻黄　杏仁　生梓白皮　连翘　赤小豆　甘草　生姜　大枣

羚羊角汤（《医醇賸义》）：羚羊角　龟版　生地　牡丹皮　白芍　柴胡　薄荷　蝉衣　菊花　夏枯草　生石决明　大枣

清开灵注射液（《中华人民共和国药典》2000）：牛胆酸　猪胆酸　水牛角　珍珠母粉　黄芩素　栀子　金银花提取物　板蓝根

清中汤（《医学心悟》）：香附　陈皮　黑山栀　金铃子　延胡索　炙甘草　川黄连　姜汁

清中汤（《医宗金鉴》）：黄连　栀子　制半夏　茯苓　白豆蔻　陈皮　生甘草

清中汤（《证治准绳·类方》卷四引《医学统旨》）：黄连　炒山栀　陈皮　茯苓　半夏　草豆蔻仁　炙甘草

清金化痰汤（《统旨方》）：黄芩　山栀　桔梗　甘草　贝母　知母　麦冬　桑白皮　瓜蒌仁　橘红　茯苓

清肺饮（《证治汇补》）：茯苓　黄芩　桑白皮　麦冬　车前子　山栀　木通

清胃散（《兰室秘藏》）：生地　当归　丹皮　黄连　升麻

清胆行气汤（《新急腹症学》）：枳壳　香附　延胡索　半夏　大黄　郁金　柴胡　黄芩　木香　白芍

清胆利湿汤（《新急腹症学》）：木香　郁金　黄芩　木通　栀子　车前子　半夏　大黄　柴胡　茵陈

清宫汤（《温病条辨》）：元参心　莲子心　竹叶卷心　连翘心　犀角（水牛角代）　连心麦冬

清热固经汤（《简明中医妇科学》）：生地　地骨皮　炙龟版　牡蛎粉　阿胶　黄芩　棕榈炭　藕节　焦栀子　地榆　甘草

清热调血汤（《古今医鉴》）：当归　川芎　白芍　生地　黄连　香附　桃仁　红花　莪术　延胡索　丹皮

清胰汤（天津南开医院经验方）：柴胡　黄芩　胡连　白芍　木香　元胡　生军　芒硝）

清营汤（《温病条辨》）：犀角　生地　玄参　竹叶心　麦门冬　丹参　黄连　金银花　连翘

清瘟败毒饮（《疫疹一得》）：生石膏　生地　犀角　川连　栀子　桔梗　黄芩　知母　赤芍　玄参　连翘　甘草　丹皮　竹叶

十二画

越婢加术汤（《金匮要略》）：麻黄　生石膏　白术　大枣　生姜　大枣

越婢加半夏汤（《金匮要略》）：麻黄　石膏　生姜　大枣　甘草　法夏

越鞠丸（《丹溪心法》）：香附　苍术　川芎　山栀　神曲

葶苈大枣泻肺汤（《金匮要略》）：葶苈子　大枣

黑锡丹（《太平惠民和剂局方》）：黑锡　硫黄　川楝子　胡芦巴　木香　炮附子　肉豆蔻　阳起石　沉香　茴香　肉桂　补骨脂

程氏萆薢分清饮（《医学心悟》）：川萆薢　黄柏　石菖蒲　茯苓　白术　莲子心　丹参　车前子

痛泻要方（《医学正传》）：白术　白芍　防风　炒陈皮

阑尾化瘀汤《急腹症手册》：大黄　丹皮　桃仁　玄胡　木香　金银花　川楝子

阑尾清化汤《急腹症手册》：大黄　丹皮　桃仁　川楝子　甘草　赤芍　金银花　蒲公英

阑尾清解汤《急腹症手册》：大黄　丹皮　冬瓜仁　蒲公英　金银花　川楝子　木香　甘草

普济消毒饮（《东垣试效方》）：黄芩　黄连　陈皮　甘草　玄参　柴胡　桔梗　连翘　板蓝根　马勃　牛蒡子　薄荷　升麻　僵蚕

温肺止流丹（《辨证录》）：诃子　桔梗　甘草　石鱼脑脑骨（煅）　荆芥　细辛　人参

温胆汤（《三因极一病证方论》）：半夏　竹茹　枳实　陈皮　甘草　茯苓　生姜　大枣

犀角地黄汤（《外台秘要》）：犀角　生地黄　牡丹皮　赤芍药

犀角汤（《千金要方》）：犀角　羚羊角　黄芩　前胡　升麻　大黄　射干　豆豉

犀角散（《备急千金要方》）：犀角　黄连　升麻　山栀　茵陈

犀角散：《儒门事亲》

犀黄丸（《外科全生集》）：麝香　牛黄　乳香　没药　黄米饭

疏风清热汤（《中医耳鼻喉科学》王德鉴等）：荆芥　牛蒡子　甘草　金银　连翘　桑白皮　赤芍　桔梗　黄芩　天花粉　玄参　浙贝母

疏凿饮子（《济生方》）：商陆　泽泻　赤小豆　椒目　木通　茯苓皮　大腹皮　槟榔　生姜　羌活　秦艽

十三画

槐角地榆汤（《证治准绳·类方》）：地榆　槐角　白芍药　焦山栀　枳壳　黄芩　荆芥

槐角地榆汤（《证治准绳·类方》）：地榆　槐角　白芍药　焦山栀　枳壳　黄芩　荆芥　生地黄

解语丹（《医学心悟》）：白附子　石菖蒲　远志　天麻　全蝎　羌活　南星　木香　甘草

新加香薷饮（《温病条辨》）：香薷　金银花　鲜扁豆花　厚朴　连翘

滚痰丸（《丹溪心法附余》）：大黄　黄芩　礞石　沉香

十四画

酸枣仁汤（《金匮要略》）：酸枣仁　知母　茯苓　川芎　甘草

毓麟珠（《景岳全书》）：人参　白术　茯苓　芍药　川芎　炙甘草　当归　熟地　菟丝子（制）　鹿角霜　杜仲　川椒

膈下逐瘀汤（《医林改错》）：桃仁　丹皮　赤芍　乌药　延胡索　当归　川芎　灵脂　红花　香附　甘草　枳壳

十五画以上

噎膈膏（《类证治裁》）：人参　牛乳　蔗汁　梨汁　芦根汁　桂圆肉汁　姜汁　人乳

镇肝息风汤（《医学衷中参西录》）：怀牛膝　生龙骨　生赭石　生牡蛎　生龟版　白芍　玄参　天冬　川楝子　生麦芽　茵陈　甘草

镇肝息风汤（《医学衷中参西录》）：淮牛膝　龙骨　生白芍　天冬　麦芽　代赭石　牡蛎　玄参　川楝子　茵陈蒿　甘草　龟版

薯蓣丸（《金匮要略》）：薯蓣　人参　白术　茯苓　甘草　当归　芍药　川芎　地黄　阿胶　麦冬　杏仁　桔梗　豆黄卷　防风　柴胡　桂枝　神曲　干姜　白蔹　大枣

薏苡仁汤（《济生方》）：薏苡仁　防己　赤小豆　甘草

赞育丹（《景岳全书》）：熟地　当归　杜仲　巴戟肉　肉苁蓉　淫羊藿　蛇床子　肉桂　白术　枸杞子　仙茅　山茱萸　韭子　附子或加人参　鹿茸

黛蛤散（验方）：青黛　海蛤壳

礞石滚痰丸（《丹溪心法》）：酒蒸大黄　黄芩　礞石　沉香

藿朴夏苓汤（《感证辑要》）：藿香　厚朴　半夏　赤茯苓　杏仁　薏苡仁　白蔻仁　猪苓　豆豉　泽泻

藿香正气散（《太平惠民和剂局方》）：藿香　厚朴　苏叶　陈皮　大腹皮　白芷　茯苓　白术　半夏曲　桔梗　甘草　生姜　大枣

藻药散（《证治准绳》）：海藻　黄药子

蠲痹汤（《医学心悟》）：羌活　独活　桂枝　秦艽　海风藤　桑枝　当归　川芎　乳香　木香　甘草